巻頭言

万慧達知識産権

　万慧達知識産権サービスチーム（略称「万慧達知識産権」）は、役務商標の「万慧達知識産権」を共に使用し、信用を共に分かち合う万慧達知識産権代理公司、万慧達法律事務所などの法人に所属する商標代理人、専利代理師、弁護士およびサポートスタッフから構成されている。

　—本部は北京市にあり、上海市、広州市、深セン市、天津市、重慶市、寧波市、蘇州市、杭州市などの地域に事務所を構えている。

　—専門チームの陣容は総勢500名以上で、そのうちパートナーが50名以上、専門弁護士、専利代理師（弁理士）、商標代理人などの中堅スタッフが約400名在籍している。

　—世界各地に広く点在する数千ものクライアントにサービスを提供し、その業務は知的財産権に関するすべての法律サービスをカバーし、専利（特許・実用新案・意匠）、商標、著作権、保護および訴訟などの各分野においていずれも業界トップレベルを誇っている。

　—専門性、地域性に関するプラットフォームの優位性を活かし、チームは資源を共有し、最大限に活用し、クライアントに全方位的かつ一体的な知的財産権に関する法律サービスを提供している。

　—万慧達知識産権の優れた専門性はトップレベルの案件代理件数に示されるだけでなく、それ以上に案件へのきめ細かな対応と革新的な思考にも具体的に表れている。現在までに、すでに40件以上の案件が最高人民法院の公報や、最高人民法院知的財産権審判年度報告に掲載され、最高人民法院が発表する中国知的財産権司法保護年度10大事件、または典型事例50件に選出されさらに、数十件の案件が地方市場監督管理局、税関または法院の年間優秀案件10件に選出された。

　—万慧達知識産権のスペシャリストは、「馳名商標と著名商標の法律保護」「商標法」（第1版、第2版、第3版）、「中国商標報告」（第1～

12巻）、「中国専利報告」（第1巻、第2巻）、「12か国商標法」「12か国著作権法」「フランス知的財産権法典」（法律部分）（第1版、第2版）、「鄭成思知的財産権文集—商標と不正競争防止巻」「中国商標40年1978〜2018」「中国商標及び不正競争関連事例」「使用が商標保護範囲に及ぼす影響：中欧比較法研究」「国際知的財産権発展報告」（商標部分）などの数十冊の重要な著作の執筆、編集または翻訳・出版を手掛け、かつ中国の知的財産権戦略の策定、知的財産権に関する重要法令の制定と改正、およびその他のさまざまな専門セミナー活動に積極的に参加している。

　一万慧達知識産権およびそのスペシャリストは多くの知的財産権に関する業界団体の重要な役職に就いており、それには中華商標協会副会長、中華全国専利代理師協会常務理事、中国版権協会理事、中国知的財産権研究会副理事長、国際商標協会の複数の専門委員会の委員、国際知的財産保護協会中国分会理事および複数の専門委員会の委員などが含まれる。

　万慧達知識産権は数年連続で複数の国際的な専門メディアにより中国エリアの知的財産権業務におけるトップグループ（Tier1）に選出され、また、長年にわたり連続してメディアまたは関連業界団体により中国傑出知的財産権サービスチーム、優秀商標代理機構、北京市優秀専利代理機構、海淀区先導的法律事務所、海淀区優秀法律事務所などの多くの栄誉称号を獲得している。

巻頭言

巻頭言

まえがき

　経済のグローバル化と国際市場の競争とはある意味において知的財産権の競争であり、各国の企業はイノベーション・創造を強化するとともに、知的財産権を運用して自身の競争優位性を強化し、国際市場の開拓に力を入れることを次第に重視するようになっている。日中両国は地理的位置、文化的環境および経済の相互補完性により、協力において大きな優位性と可能性がある。日系企業は中国市場を重視しており、中国市場も常に日系企業を歓迎し、両国の企業は技術革新と産業の高度化を共同で推進し、製品とサービスの最適化を促進し、競争において共存共栄を実現することを共に望んでいる。

　効果的な知的財産権管理は企業が権利侵害リスクを低減し、自身の競争力と市場での地位を維持し、消費者の信頼感と顧客ロイヤルティを高めるための助けになる。強力な知的財産権戦略はさらに企業のためにより多くの発展の可能性を切り拓くことができる。知的財産権問題の適切な処理は企業の堅実経営のための基盤であり、適切に処理できなければ企業の発展の障害となり、時間と資源の浪費をもたらす。中国市場に参入後、日系企業はどのような知的財産権立法および実務環境に直面するのか、どのような政策誘導と支援があるのか、企業は事前にどのような知財ポートフォリオを策定することができるのか、関連の法律問題に遭遇した時にどのような対応措置を講じることができるのか、参考になるような関連の事例または実例はあるのか、これらは非常に多くの日系企業にとって関心が高い問題である。

　日系企業がより良い形で中国市場に適応するための一助となれるよう、万慧達知識産権チームは「知財コンプライアンスガイドライン」（以下、「ガイドライン」）を特に執筆した。「ガイドライン」は商標、専利（特許・実用新案・意匠を含む）、著作権、反不正当競争法（不正競争防止法）

および反壟断法（独占禁止法）など多くの知的財産権に関する分野に関係し、読者の誰もが関心を持っている問題をできる限り網羅している。「ガイドライン」では企業の視点から、事前の予防を中心とし、事後の救済を補完的措置とする考えに基づき、各分野の主な法令と典型事例の解説を通じて、異なるタイプの権利の取得、行使および保護過程において特に注意が必要な実体面および手続き面での要件を整理し、簡潔に纏め、かつ関連のリスクを提示し、紛争の解決について方向性を示すものになっている。

　読者が異なる切り口から必要な内容を容易に見つけ出すことができるよう、「ガイドライン」では実用性が比較的高いキーワード索引を特に作成した。また、企業がコンプライアンスの重要性をより十分に理解し、かつ日常の運営において実行するために役立つよう、「ガイドライン」ではさらに読者の参考のために複数の典型事例を収録している。「ガイドライン」が日系企業にとって中国の知的財産権立法および実務を理解するための身近な百科事典になり、中国市場に深く浸透し、かつ持続的な発展を遂げるための一助となれば幸いである。

　今後、我々はさらにこの「ガイドライン」を継続的に更新、改善し、絶えず変化し続ける法的環境と市場のニーズに対応し、企業が中国市場において競争優位性を確立し、安定させるための一翼を担う所存である。紙面と時間に限りがあり、読者の関心が高い幾つかの内容について「ガイドライン」で触れておらず、または説明していない部分があると思われるので、知的財産権分野のさまざまな問題に関する読者各位からのご意見を歓迎する。

本書に寄せて

　古からの良き隣人である中国とは何かと交流が深く、良いことが多い一方で、トラブルが生じることもある。そしてその原因は知識不足によることが殆どである。中国とのビジネスを成功させようと思ったのであれば、正確でしっかりとした知識を持つことが必須である。特にコンプライアンスということについては、近年では極めて慎重に取り扱う必要がある。

　しかしながら、知的財産権の世界でそういったコンプライアンスに関する知識をきちんと教えてくれる書籍というのは極めて少ないというのが現状である。これを解決するために本書が世に出されたわけなのであるが、著者である万慧達知識産権代理公司事務所所長の白剛先生は、今の中国で最も注目されている著名な有力専利代理人（日本の資格でいうところの弁理士）である。

　また、万慧達知識産権代理公司事務所は、万慧達知識産権サービスチーム（略称「万慧達知識産権」）の一部であって、同サービスチームは、「万慧達知識産権」を共に使用して信用を分かち合う万慧達知識産権代理公司、万慧達法律事務所などの法人に所属する商標代理人、専利代理師、弁護士およびサポートスタッフから構成されている。

　本部は北京市にあり、上海市、広州市、深セン市、天津市、重慶市、寧波市、蘇州市、杭州市などの地域に事務所を構えている総勢500名以上の陣容で、そのうちパートナーが50名以上、専門弁護士、専利代理師、商標代理人などの中堅スタッフが約400名在籍している。

　世界各地に広く点在する数千ものクライアントにサービスを提供し、その業務は知的財産権に関するすべての法律サービスをカバーし、専利（特許・実用新案・意匠）、商標、著作権、保護および訴訟などの各分野においていずれも業界トップレベルを誇っているといった押しも押されぬ一流事務所であり、現に万慧達知識産権の優れた専門性はトップレベルの案件代理件数に示されるだけでなく、それ以上に案件へのきめ細かな対応と革新的な思考にも具体的に表れている。現在までに、すでに40件以上の案件が最高人民法院の公報や、最高人民法院知的財産権審判年度報告に掲載され、最高人民法院が発表する中国知的財産権司法保

護年度 10 大事件、または典型事例 50 件に選出されさらに、数十件の案件が地方市場監督管理局、税関または法院の年間優秀案件 10 件に選出されている。

　また、万慧達知識産権およびそのスペシャリストは多くの知的財産権に関する業界団体の重要な役職に就いており、それには中華商標協会副会長、中華全国専利代理師協会常務理事、中国版権協会理事、中国知的財産権研究会副理事長、国際商標協会の複数の専門委員会の委員、国際知的財産保護協会中国分会理事および複数の専門委員会の委員などが含まれる。こうしたことから、本書の内容については信頼性が極めて高い。

　知的財産権の仕事、特に知財コンプライアンスの仕事を行うにあたって是非とも傍らに置いておきたい本であり、ビジネスを成功させるために活用することを推薦する次第である。

正林国際特許商標事務所
所長　**正林　真之**

目　次

第一章　知財コンプライアンス概説	1
第二章　商標のコンプライアンス	**5**

第一節　概要	5
第二節　商標の権利確定におけるコンプライアンスの要点	6
第1　適法性	6
第2　識別性	9
第3　機能性	11
第4　先行性	14
第5　強制登録	18
第6　併存登録および併存同意	22
第7　指定商品および役務の選択	27
第8　優先権および国際登録	33
第9　異議申立ておよび無効審判の期間	35
第三節　商標の存続におけるコンプライアンスの要点	39
第1　譲渡および移転	39
第2　ライセンス（使用許諾）	41
第3　質権設定	44
第4　使用義務	46
第5　識別力低下の回避	47
第6　ルールを守った使用	50
第四節　商標権利侵害におけるコンプライアンスの要点	52
第1　商標権利侵害のリスク	52
第2　記述的使用	55
第3　指示的使用	57
第4　比較的使用	58
第5　商標権の消尽および並行輸入	60
第五節　地理的表示のコンプライアンスの要点	62

| | 第1 | 概要 | 62 |

第1　概要　62

第2　地理的表示の団体・証明商標の権利確認におけるコンプライアンスの要点　64

第3　地理的表示の団体・証明商標の存続におけるコンプライアンスの要点　70

第六節　商標コンプライアンス体制の構築　73

第三章　著作権のコンプライアンス　77

第一節　概要　77

第二節　著作権のコンプライアンス創設の要点　78

第1　著作物の独創性に対する要件　78

第2　特殊な著作物の権利の帰属の確定　79

第三節　著作権および著作隣接権の使用のコンプライアンスの要点　83

第1　著作権および著作隣接権の主な内容　83

第2　著作権契約締結時のコンプライアンスの要点　90

第3　人気のある著作物のコンプライアンスの審査　94

第四節　著作権コンプライアンス体制の構築　104

第四章　専利のコンプライアンス　107

第一節　概要　107

第二節　専利の権利付与・権利確定におけるコンプライアンスの要点　108

第1　専利出願人　108

第2　保護手段の選択　111

第3　専利出願前の準備　114

第4　秘密保持審査　117

第5　専利の形式的要件と実質的要件　119

第三節　専利存続中のコンプライアンスの要点　123

第1　職務発明者への報奨・報酬　123

第2　専利の譲渡　126

第3　専利のライセンシング　128

第4　専利表示　132

第5　標準と標準必須特許　　　　　　　　　　134
第四節　専利権侵害におけるコンプライアンスの要点　　136
第1　専利権侵害行為の認定　　　　　　　　　　136
第2　専利権侵害リスクの予防・制御　　　　　　139
第3　専利権侵害への抗弁　　　　　　　　　　　140
第五節　専利コンプライアンス体制の構築　　　　　142
第1　秘密保持体制　　　　　　　　　　　　　　142
第2　技術成果評価制度　　　　　　　　　　　　142
第3　専利プロセス管理制度　　　　　　　　　　143
第4　付与済みの専利の再評価制度　　　　　　　143
第5　職務発明の帰属および発明者の報奨・報酬制度　143
第6　契約管理制度　　　　　　　　　　　　　　143
第7　技術ライセンス制度　　　　　　　　　　　144
第8　リスクの早期警告、訴訟および応訴制度　　144
第9　専利文書保管制度　　　　　　　　　　　　144
第10　専利資産評価制度　　　　　　　　　　　144

第五章　不正競争防止のコンプライアンス　147

第一節　概要　　　　　　　　　　　　　　　　　147
第二節　一般条項の保護　　　　　　　　　　　　147
第三節　標識の混同　　　　　　　　　　　　　　150
第1　一定の影響力のある商品の包装・装飾　　　150
第2　一定の影響力を有する企業名称、氏名権　　155
第3　一定の影響力を有するドメイン名、ウェブサイト名称　160
第四節　虚偽宣伝　　　　　　　　　　　　　　　163
第1　誤解を生じさせる虚偽宣伝　　　　　　　　163
第2　サクラ行為などの虚偽宣伝　　　　　　　　166
第五節　信用毀損と比較広告　　　　　　　　　　169
第1　信用毀損　　　　　　　　　　　　　　　　169
第2　比較広告　　　　　　　　　　　　　　　　172
第六節　インターネット技術のコンプライアンス　176
第1　リンクの強制挿入、リンクへの移動　　　　176
第2　消費者が他の事業者の製品をアンインストール、閉鎖する

ように誤導する 178

第3　悪意をもって他の事業者の製品と互換性を持たせない 181

第4　キーワード設定による集客 184

第5　他の事業者の製品情報を遮断する 189

第6　消費者の二者択一を「強要」する 192

第7　他の事業者の不正なデータスクレイピング 194

第七節　不正競争防止コンプライアンスの組織の構築 198

第1　コンプライアンスの管理組織の構築 198

第2　コンプライアンスの運用メカニズム 199

第3　コンプライアンスの予防意識 199

第六章　営業秘密のコンプライアンス　201

第一節　概要 201

第二節　営業秘密保護におけるコンプライアンスの要点 201

第1　営業秘密の定義 201

第2　社外コミュニケーションにおける秘密保持の要求 203

第3　合理的な秘密保持措置 204

第三節　営業秘密侵害行為の認定と法的責任 207

第1　営業秘密侵害行為 207

第2　権利侵害の法的責任 207

第四節　営業秘密のコンプライアンス体制の構築 208

第1　情報管理体制 209

第2　従業員管理体制 209

第3　秘密保持マニュアルの策定 211

第七章　知的財産分野における独占禁止法コンプライアンス　213

第一節　概要 213

第二節　知的財産分野における独占禁止法コンプライアンスの焦点 213

第1　独占禁止法上の行為を分析するための考え方 214

第2　競争を排除、制限する可能性のある知的財産権契約 215

第3　市場支配的地位の濫用行為 220

第4　事業者集中　228

第5　その他の独占行為　231

第三節　知的財産分野における独占禁止法コンプライアンス体制の構築　235

第1　知的財産権分野における独占禁止法コンプライアンス管理体制　235

第2　知的財産権分野における独占禁止法コンプライアンス確保メカニズム　236

付録一：参考事案　237

第一節　商標法関連事案　237

第1　絶対的理由の適用による大量の悪意による冒認登録の阻止　―「蜡笔小新」商標登録取消しに係る行政事件　237

第2　色彩のみからなる商標の識別性をいかに証明するか―スチール社の色彩商標に係る2つの事件　241

第3　単に商標の登録を維持することのみを目的とした単発的、象徴的な使用は商標の実際の使用に当たらない―ゼネラル・ミルズ社による他人の象徴的な使用を理由とした商標登録取消請求　248

第4　マツモトキヨシ社「薬および図」商標事件における状況の変化に応じた再審請求時期の選択　252

第5　馳名商標訳名の保護範囲―ミシュラン社と米芝蓮ミルクティーとの紛争　257

第6　「新華字典」事件に見る未登録馳名商標の権利侵害における損害賠償額算定―商務印書館の「新華字典」が未登録馳名商標に該当するとする主張が法院に認められた事例　262

第7　附帯私訴の活用による商標権の効果的な保護―スチール社登録商標模倣附帯私訴事件　270

第二節　反不正競争法関連事案　274

第1　反不正競争による悪意ある商標冒認登録の規制およびコスト低減　274

第2　商標の冒認登録をめぐる紛争―ウェイクワード「小愛同学」に法的な保護が認められた事件　283

第3 コニャック VS フォード—他人の地理的表示の不正な使用によるコラボレーションマーケティングが不正競争と認められた事件　286

第4 シャネル N°5 ボトル包装・装飾の保護—シャネル社不正競争事件　295

第三節　著作権法関連事例　300

第1 他人のライブコマースショート動画の「無断利用」で主張できるのは著作権の侵害のみか　300

第2 「皮換えゲーム」の映画に類似する著作物権利侵害の裁判実務および視点　312

第3 一部複製に実質的な類似性は認められるか—「ミシュランブローチ」事件の検討　323

第四節　特許法関連事例　327

第1 最高法院知的財産権法廷の審理による最初のキラル医薬品特許民事および行政交錯事件—特許権者の代理人として他人の無効審判請求に対抗して侵害訴訟に勝訴した事例　327

第2 最高法院が「V8 ビール缶」意匠無効審判事件において示した意匠が他人の先行権利と抵触する場合の審理の原則　332

第3 意匠優先権の判断基準—デカトロン社意匠無効事件　338

第五節　独占禁止法関連事例　341

「デスロラタジンクエン酸2ナトリウム」原薬の市場支配的地位濫用事件　341

付録二：キーワード索引　344

参考事案　巻末カラーページ

第一章
知財コンプライアンス概説

「孫子の兵法」の一節に「昔之善戦者、先為不可勝、以待敵之可勝。不可勝在己、可勝在敵（昔の善く戦う者は、先ず勝つべからざるを為して、もって敵の勝つべきを待つ。勝つべからざるは己に在るも、勝つべきは敵に在り）」とある。近年、企業コンプライアンスは「勝つべからざるは己に在る」状態を作り上げるための有力な手段として、中国で多くの注目を集めつつある。もはや企業は、法律による規制を受動的に受け取るだけではなく、関係のあるルールを自らの企業形成と経営に意識的に融合させる必要がある。これも、近代的な企業管理における必然の流れである。最高人民検察院、司法部、財政部などの9つの部・委員会が企業コンプライアンスに関する第三者監督評価機関の設立を提唱していることも、企業コンプライアンス業務にさらに現実的な意味を持たせている。

知的財産権は企業運営の重要な構成要素として、企業のブランドイメージの確立と中核技術の構築にかかわる上に、最終的には企業の短期的な損益と長期的な発展に影響するため、企業コンプライアンスにおいて重要な役割を演じている。知財コンプライアンスは商標、著作権、専利（特許、実用新案、意匠を含む──訳注）、反不正当競争法、営業秘密、ならびに独占禁止法などの多くの法制定および規則の運用に関係する。知的財産権は、権利の取得から行使までの各段階において、企業は慎重である必要がある。関連部門が公布している若干の企業知財コンプライアンスに関するガイドラインは、企業の知財コンプライアンス業務にも良好な促進の役割を果たしている。

我々がすべきことは、知的財産権分野の規則と実務に立脚して、よく

1

見られる敏感な部分やリスクポイントを整理し、企業に対してコンプライアンスに関する意見と提案を示すことである。また、企業に関する法律規定と注意事項を提示し、法の適切な履行と自社の義務について指摘し、潜在的な権利侵害または被侵害のリスクを速やかに発見し、正しく認識することである。

　商標分野においては、我々は商標の登録、維持および保護のいくつかの段階について企業コンプライアンスの要点を詳述し、企業に対しては、適時に商標登録を行うだけでなく、登録後にその使用状況に十分に注意を払うべきであり、違法な使用による不必要なリスクを回避するよう助言する。この部分では、有効な登録とは、実体の面でどのような条件を満たすべきで、どのような問題に特に注意すべきであるかを説明する。また、手順については、企業は登録の状況やリスクを追跡する上で、どのような措置を講じることができるかを記述する。さらに、有効な登録を維持するには、企業は商標をどのように使用すべきで、その使用が規定を満たさない場合には、自身の登録にどのような悪影響が及ぶか、他人の権利維持に影響が及ぶかどうかについて言及し、行政責任や民事責任、または刑事責任にさらされる可能性もあることに触れる。

　著作権分野においては、我々は権利の成立からその範囲、権利の帰属および使用などに至るまでの複数の次元について、企業実務において遭遇する可能性のあるさまざまな問題を勘案し、関連するコンプライアンスの要点を詳述した。とりわけ、著作権契約の審査については、特に文字著作物、音楽著作物、美術著作物（フォント、グラフィティ、実用的芸術品）、撮影著作物（写真など）、視聴覚著作物、パブリックドメインの作品など、注目される作品分野のコンプライアンス審査について提案を行っている。

　専利（特許、実用新案、意匠を含む——訳注）分野においては、我々は研究開発成果および技術成果の秘密保持、技術成果の評価、専利出願フローの管理、権利を付与した専利の再評価、職務発明の帰属、発明者の報奨・報酬、契約管理、技術ライセンス、訴訟および応訴、専利資産の評価、専利文書保管などについて提案を示し、企業による効果的なリ

スクの認識および管理を支援する。企業の専利に関する各種管理および
さまざまな事業活動が適法、法令遵守を確保し、専利管理の水準を高め、
専利権者と公衆における科学技術成果の利用の微妙な関係の均衡を図
り、専利によって企業の持続的で健全な発展を確保、促進する。

　反不正当競争法の分野において、我々は同法による知的財産権保護の
当該法律による補完、なかでも主に未登録の商標、商号、営業秘密の保
護について、および信用毀損、虚偽宣伝、IT 技術における権利侵害など
の分野への規制に特に注目する。この部分では、我々はさまざまな権利
侵害行為の構成、および権利侵害の結果と責任について注意を促し、企
業が条項の各構成要素の意味および価値基準を正確に把握し、競争行為
のコンプライアンスに対する予見可能性を高めるためのサポートをする。

　反不正当競争法分野の営業秘密は、近年、高い関心を集めており、「民
法典」にも特に規定されているため、本稿でも独立した章を設けた。こ
の部分では、我々は、営業秘密が成立するか否かを企業がいかに判断す
るか、およびどのようにすれば秘密保護措置を適切に講じられるかを示
し、企業に対し、制度または契約の整備などによって、事前の予防措置
を早急に講じるよう注意を促す。また、営業秘密の侵害行為において、
よく見られる形態およびその成立の条件を示し、権利侵害の行為を企業
が正確に認識し、早急にフィードバックを行うことにより、損失の拡大
を回避するためのサポートをする。

　独占禁止法分野は、この 2 年で国が制度および組織レベルで大きな調
整を行った分野であり、今後、関連の紛争が多発し得る分野でもある。
各業界の大企業は特に注意し、自身の経営行為を規律し、企業自体の発
展と経済全体の秩序との間の関係を適切に処理しなければならない。こ
の部分では主に、知的財産権と関係する以下の 4 つの分野について説明
する。第一に、経営者間における独占協定（カルテル）の締結、第二に、
経営者による市場の支配的地位の濫用、第三に競争効果を排除、制限す
る事業者の集中行為が存在し、または存在する可能性がある場合につい
て、第四に、行政権力と関係のある、競争の排除、制限行為についてで
ある。我々は、知的財産権と関係する問題に注目し、関連する事例によっ

て、独占行為の構成および相応の法的責任を明らかにする。

これらの各分野における知的財産権の整備環境を簡潔に説明するとともに、企業に関係する注意事項を充分に示した後に、各部分の「コンプライアンス」について「体制の構築」という章をそれぞれ設けた。その目的は、企業が問題をはっきり認識した後に、人的資本および制度の面で相応の調整を行い、問題の長期的な解決体制を構築するのを支援することである。これは、第三者機関による監督評価に利便を提供するものでもある。

このほか、関連する内容の検索に資するために、各章に【関係法】を列挙し、本報告書の文末に【キーワード】をまとめて記載した。

【関係法】「事件に関わる企業のコンプライアンスの第三者監督評価制度の構築に関する指導意見（試行）」（2021）、「事件に関わる企業のコンプライアンスの構築、評価および審査弁法（試行）」（2022）、「知的財産権侵害犯罪に関する企業コンプライアンス是正ガイドライン」（2022）、「企業知財コンプライアンス標準ガイドライン（試行）」（2021）

第二章

商標のコンプライアンス

第一節 概要

　商標とは、人々が商品およびサービスのさまざまな出所を区別するための重要な標識である。商標は、商品およびサービスの出所を区別する役割によって消費者が「ブランドを認識して商品を購入できる」ほか、品質保証の機能も合わせ持っている。

　商標権の取得は、商標が司法保護を獲得するための前提である。国際的には、商標取得の制度は、「先使用主義」（first-to-use system）と「先願主義」（first-to-file system）の主に2種類が存在する。1つ目の制度の考え方は、「商標の本源は使用にあり、使用の事実によって商標の保護は正当化されるため、商標権は当該商標を先に使用する主体に授ける」というものである。つまり、当該制度において、商標が司法保護を獲得する前提は、商標の使用である。一方、「先願主義」においては、商標を先に出願した出願人が商標権を取得し、登録前および出願人による出願前に当該商標を実際に使用する必要はない。つまり、商標権が司法保護を獲得する前提は使用ではなく、出願登録が条件となる。

　中国の「商標法」においては、「先願主義」に基づく登録を原則としており、同法第3条では「商標局の審査を経て登録された商標を登録商標とし、商品商標、役務商標、団体商標及び証明商標からなる。商標権者は商標専用権を享有し、法律の保護を受ける」と規定されている。中国の商標権獲得制度は、主に登録取得制である。商標がひとたび商標局の審査を経て登録されれば、登録商標となる。これ以降、商標権者は法により商標専用権を享有し、かつ、法的保護を受ける。商標権者の商標

占有権を侵害するいかなる者も、法により民事責任および行政責任を負わなければならず、犯罪を構成する場合は、さらに法により刑事責任を追及される。この点から見れば、商標を使用して中国で事業を行おうとするいかなる企業も、「反不正当競争法」に基づいて一定の保護を受けることはできるとはいえ、やはり中国で相応の商標登録をすることが望ましい。

しかしながら、商標の価値は商標の出所を識別するという経済効果の発揮にあり、登録にあるのではない。商標を登録するだけで使用しなければ、当該登録商標による価値は生まれず、登録商標のしかるべき機能と効果が発揮できないだけでなく、それと同一または類似する商標の他人による登録出願ならびに使用にも影響を及ぼすため、商標資源の浪費となる。商標の登録取得制度の基本的な枠組みにおいて、商標資源の有効な利用を促進し、登録取得制の不足を補うために、「商標使用」の要件も中国の商標の基本制度と法律実務において首尾一貫しており、商標の登録、維持および権利保護の各段階をカバーしている。たとえば、使用を目的としない悪意ある商標登録の出願は却下され、3年連続で使用されず、または違法に使用された登録商標は取り消され、実際に使用されたことのない登録商標は民事権利侵害事件で損害賠償を獲得できないことなどがある。したがって、企業は商標登録を速やかに取得するだけでなく、商標登録をした後の商標の使用状況にも十分に注意を払い、違法な使用による不必要なリスクを回避すべきである。

第二節　商標の権利確定におけるコンプライアンスの要点

第1　適法性

商標とは、識別性のある標識のことであるが、識別性のあるすべての標識を商標として使用できるわけではない。「商標法」第10条において、公共の利益を損なうおそれのある標識を商標として使用してはならないこと、および登録出願してはならない状況について定められている。使用禁止条項を理解して、欺瞞性もしくは悪影響のある商標の使用または

登録により、商業詐欺を構成することを回避すべきである。

　商標法第10条第1項において、以下の標識は商標として使用してはならないことが定められている。……（七）欺瞞性を帯び、公衆に商品の品質等の特徴又は産地について誤認を生じさせやすいもの。（八）社会主義の道徳、風習を害し、又はその他の悪影響を及ぼすもの。

　一般的に、消費者は商標により商品を識別し、認識する。したがって、商標が欺瞞性を帯びている場合は、公衆に商品の品質などの特徴または産地について誤認を生じさせやすいことから、消費者を誤った方向に導き、誤った認識の上で消費をさせるため、その利益も損害を受けることになる。消費者の権利利益を保護するために、欺瞞性を帯び、公衆に商品の品質などの特徴または産地について誤認を生じさせやすい標識について、「商標法」ではその商標としての使用および登録出願の禁止が明確に規定されている。また、中国は社会主義国であり、社会主義の道徳、風習を国が強力に提唱し、涵養しているため、社会主義の道徳、風習を害し、またはその他の悪影響を及ぼす標識によって、社会主義の道徳、風習が侵害されるおそれがある。社会主義の道徳、風習を保護し、社会全体に良好な社会的気風を作り上げるために、社会主義の道徳、風習を害し、またはその他の悪影響を及ぼす標識については、商標として使用してはならない。

　具体的には、たとえば「健康」や「長寿」という標識を「たばこ」製品に使用したり、または「万能」という文言を「医薬品」商品に使用したりすることは、いずれも欺瞞性を帯びた標識に該当する。また、欺瞞性を帯びるかどうかを判断するには、指定商品または役務そのものの特徴を勘案して、具体的に分析しなければならない。たとえば、「好土（良い土壌）」という文言を「たまご」商品に使用すれば、商品の品質、重量および飼養方法などの特徴について消費者に誤認を生じさせやすい。さらに注意すべきは、自社の名称または略称を商標として登録する企業も一部に存在するが、登録した企業名または略称に、実際の自社名または略称との実質的な違いがある場合、たとえば、行政区画の不一致、商号の不一致、業界の不一致、構成・特徴の不一致などがある場合は、い

第一一章

7

ずれも欺瞞性を帯びる標識に該当する。

　悪影響を及ぼす標識については、主に政治、経済、宗教、文化などのマクロ面から把握すべきであり、たとえば国、地域または政治的な国際機関の長の氏名と同一または類似する標識や、中国の国名または外国の国名を含む標識などのいずれも、悪影響を及ぼす標識に該当する。また、商標に使用される漢字または成語の適法性にも注意を払うべきであり、たとえば「*理想*」「大桔大利（非常に縁起が良い）」など、その違法使用の場合にも、悪影響を及ぼす標識と認定される可能性がある。

　注意すべきは、前述の標識は登録してはならないとともに、使用してはならないことである。前述の標識を使用した場合には、「商標法」第52条の規定により、地方工商行政管理部門はこれを差し止め、期間を定めて是正を命じることができ、かつ、これを公表し、過料を科すことができる。

　このほか、「広告法」第9条および第28条の規定に基づけば、商品を対外的に宣伝するときも前述の標識を使用してはならず、使用した場合には、当該広告の発表行為についても、単独で行政責任を負わなければならない。また、広告取扱業者および広告媒体業者は、そのデザインおよび発表する広告についても審査を行い、前述の標識を明らかに含むにもかかわらず、なおそれを代理し、または発表した場合にも、相応の行政責任を負わなければならない。

【キーワード】使用禁止商標、欺瞞性、悪影響、広告管理

【関係法】「商標法」(2019)第10条（商標使用禁止の状況に関する規定）、第44条（無効審判に関する規定）、第52条（使用禁止条項違反に対する罰則）。「最高人民法院 商標権利付与・権利確定行政案件の審理に係る若干の問題に関する規定」(2020)第4条（欺瞞性の認定）、第5条（悪影響の認定）。「北京市高級人民法院 商標権利付与・権利確定行政案件審理ガイドライン」(2019) 8.2～8.9（使用禁止商標の適用状況）。「商標一般的違法判断基準」(2021)第15、16条（使用禁止条項違反に対する

罰則）。「広告法」（2021）第9条（悪影響のある広告に関する規定）、第28条（虚偽の広告に関する規定）、第55条〜第57条（広告の違法な発表に対する罰則）

第2 識別性

　商標の基本機能は、商標によって、人々がさまざまな生産者・事業主の商品および役務を区別できるようにすることである。商標に顕著な特徴がない場合には、その機能を実現することはできず、商標としての意義も失われる。したがって、「商標法」第11条において、顕著な特徴に欠ける商標は、商標として登録してはならないことについて規定されている。当然ながら、使用を経て、識別性を獲得したことを証明できる商標については登録することができるため、使用の証拠を適切に保存する必要がある。なお、このような商標は登録できたとしても、他人による普通名称および記述的な語彙の正当な使用を禁止することはできない。

　「商標法」第11条では下のとおり規定されている。「次の各号に掲げる標識は、商標として登録することができない。（一）その商品の通用名称、図形、規格のみであるもの。（二）商品の品質、主要原料、効能、用途、重量、数量及びその他の特徴を直接表示したのみであるもの。（三）その他の顕著な特徴に欠けるもの。前項に掲げる標識が、使用により顕著な特徴を有し、かつ容易に識別可能なものになった場合には、商標として登録することができる」

　本条の規定に基づけば、商標として登録することができない標識には、次の3種類がある。

　第一に、その商品の通用名称、図形、規格にすぎない標識である。いわゆる通用名称、図形、規格とは、国家標準および業界標準に規定される、または習わしによって一般化した名称、図形、規格を指し、このうち名称には正式名称、略称、省略形、俗称が含まれる。たとえば、「高麗白」はあるコウライニンジンの通用名称であり、りんごの図形はりんごの通用図形であり、「XXL」は衣料品の通用サイズであるため、これ

9

らをあるコウライニンジン、果物または衣料品の商標とすると、当該商標は識別性が欠けることになる。

　第二に、商品の品質、主要原材料、効能、用途、重量、数量およびその他の特徴を直接表示したに過ぎない標識（いわゆる内容表示）である。内容表示とは、商標が、指定商品の品質、主要原材料、機能、用途、重量、数量およびその他の特徴についての、直接の説明的および記述的な標識により構成されるものを指し、このような標識のほかに、さらにその他の識別性を備える部分を加えた場合は、登録が許可される可能性がある。たとえば、「純浄（無添加）」は食用油の品質を表示したにすぎず、「彩綿（カラードコットン）」はある衣料品の主要原材料を表示したにすぎず、「法律之星」はコンピュータソフトウェアのコンテンツを表示したにすぎないため、これらを前述の商品について商標出願とすると、当該商標は識別性が欠けることになる。ただし、「菁摯純浄」（油）、「緑本彩棉」（服装）など識別力を具備する言葉と結合すれば、登録が許可される可能性がある。

　第三に、その他の顕著な特徴に欠ける標識である。いわゆるその他の顕著な特徴に欠ける標識とは、前述の二つの標識以外で、依然として、社会における通常の意識を基本としており、または指定商品に商標として使用し、商標の出所を表示する役割を持たない標識を指し、これには、過度に簡単または複雑な標識、指定商品によくある包装、容器または装飾的なデザイン、その業界の名称または略称、その業界または関連業界で一般的な通商用語または標識、企業組織の形式などが含まれる。ある企業が広告・宣伝用語を商標として登録しようとするなら、「その他の顕著な特徴に欠ける標識」として認定されるおそれがある。

　このほか、たとえば「両面針」（歯みがき粉）、「American Standard」（湯沸かし器）など、これまでは識別性がなかった商標に、使用を経た後に識別性が生じた場合は、商標として登録して保護を受けることができる。つまり、前述の識別性のない商標については、法律では登録を禁止するが実際の使用は禁止しておらず、使用を奨励さえしており、知名度の高い商標を使用し、消費者が当該商標によって対応する商品の

供給者を識別できる場合には、それに対して登録商標としての権利を与えることもできる。逆に、「優盤」（USBメモリ）「千頁豆腐」（千枚豆腐）など、元来は識別性のあった商標であっても、積極的に使用されなかった場合、または同業者に使用されたが積極的な権利行使をしなかったために当該商標が商品の普通名称として退化した場合は、当該商標は取り消される可能性がある。

　また、このような標識は商標が備えるべき識別性が欠けるため、登録が許可されたとしても他人の正当な使用を禁止することはできない。また、このような使用は、当然ながら善意を前提とすべきである。すなわち、他人が商品もしくは役務の特徴の説明または客観的な記述に基づき、必要な範囲内において、善意ある方式により、故意ではなく、必要な範囲において、分離させず、また突出させることなく、かかる商標を使用しており、関連公衆に商品又は役務について出所の混同を生じさせない場合には、正当な使用を構成する。

【キーワード】登録禁止商標、識別性、普通名称、記述性語彙、使用による識別性の獲得、正当な使用

【関係法】「商標法」（2019）第11条（登録禁止商標に関する規定）、第59条第1項（正当な使用）。「北京市高級人民法院 商標権利付与・権利確定行政案件審理ガイドライン」（2019）9.1～9.8（商標法第11条の具体的な適用規則）

第3　機能性

　「商標法」においては、立体標識を商標として登録出願することができると規定されている。立体商標を商標登録出願する場合には、平面標識の場合と比べ、それが当該商品の機能性を体現するかどうかについて、付加的に考慮する必要がある。「商標法」第12条では、立体標識の特殊性に鑑み、機能性を体現する立体標識において、商標として登録してはならない3つの具体的な状況について規定されている。このほか、商標権者であっても、他人による機能的形状の正当な使用を禁止することは

できない。

　「商標法」第12条では「立体標識としてなされた商標登録出願において、それが単に商品自体の性質により生じた形状、技術的効果を得るためになくてはならない形状又は商品に本質的な価値を備えさせるための形状である場合には、これを登録してはならない」と規定されている。

　商標として登録してはならない立体標識には、以下の3つの状況が含まれる。

　第一に、単に商品自体の性質により生じた形状とは、商品に固有の機能および用途を実現するために必ず用いなければならず、または一般に用いられる形状を指す。たとえば、書籍の形状、一般的な電球の形状などである。このような場合は、平面標識における識別性の欠如に類似する。すなわち、商品の一般的な外観形状を単に直接表示したにすぎない立体標識は、商標として登録することができない。

　第二に、技術的効果を得るために必然な商品の形状とは、商品に特定の機能を備えさせるため、または商品に固有の機能をより実現しやすくするために必ず用いられる形状を指す。たとえば、電気かみそりの形状、電源プラグの形状などである。技術的効果を得るために必然な商品の形状を商標とした場合は、当該商標には識別性が欠如するだけでなく、独占的使用によってこの種の技術の普及と応用が阻まれるおそれがあるため、商標として登録することができない。

　第三に、商品に本質的な価値を備えさせるための形状とは、商品の外観および造形によって商品の価値に影響を及ぼすために使用される形状を指す。たとえば、磁器製装飾品の形状、宝飾品の形状などである。これらの形状は、消費者にさまざまな生産者・事業者を区別させるために設計されたものではなく、一定の価値を達成するために設計されたものであるため、商標としての機能は備わっていない。したがって、商標として登録することができない。

機能性を備える立体標識は商標として登録することができないが、使用が禁じられているわけではないため、企業は当該形状の商品を依然として生産し販売することができるが、識別性の欠如とは異なり、このような機能性の形状は大量使用の方式による商標権の保護は得られない。ただし、前述の第二、第三の二つの場合に限っては法的保護を全く得られないわけではない。当該商品の形状が業界で一般的な商品の形状ではなく、新規性、創造性を備える場合には、企業はそれを実用新型（実用新案）または意匠として保護を受けられる。

　なお、立体標識については、機能性形状を登録商標とすることを回避しなければならない上に、その他の使用禁止、または登録禁止の状況の発生を回避する必要がある。たとえば、がいこつの形状や、眼球の形状などを立体標識の登録商標とした場合は、その悪影響により登録が許可されないおそれがある。また、商品の外包装および極端に簡単な立体標識などを登録商標とした場合も、識別性の欠如により、登録が許可されないおそれがある。

　このほか、識別性に欠ける標識の場合と類似し、立体標識に機能性形状が含まれる場合は、登録が許可されたとしても、当該機能性の形状に関しても、他人による正当な使用を禁止する権利はない。

【キーワード】立体標識、機能性、識別性、実用新型（実用新案）、意匠、正当な使用

【関係法】「商標法」（2019）第12条（機能性を体現する立体標識を商標として登録してはならないことに関する規定）、第59条第2項（正当な使用）。「北京市高級人民法院 商標権利付与・権利確定行政案件審理ガイドライン」（2019）10（商標法第12条の具体的な適用規則）。「専利法」（2020）第2条、第22条、第23条（商品の形状の実用新案、意匠の登録出願に関する規定）

第4　先行性

　図形および文字などの形式によって示される商標標識が、他人の商標、作品などと同一または類似を構成することを回避するとともに、先使用の未登録商標に対する悪意ある冒認出願の行為を制止するため、中国の「商標法」では、商標は、権利確定の段階において先行性の要件を満たす必要があること、つまり、先行権利と抵触してはならないことが規定されている。

　先行権利とは、主に当事者が商標の登録出願日前に享有している民事権利またはその他の保護されるべき合法的な権利利益を指し、具体的には、先行商標権、先行著作権、著名な人物の氏名、芸名、企業の商号、地理的表示などのその他の先行権利に分けられる。コンプライアンスの視点から見れば、出願人は出願前に十分な照会、検索、創作活動を行い、関わるおそれのある前述の権利を回避し、登録しないことによるリスクをできる限り回避すべきである。それだけでなく、商標が登録されたとしても、他人の先行権利を侵害した場合には、権利侵害の責任を負う可能性がある。

1.　先行性

　「商標法」第9条においては、次のように規定されている。すなわち、登録出願に係る商標は、顕著な特徴を有し、容易に識別でき、かつ他人の先に取得した合法的な権利と抵触してはならない。

　「商標法」第32条には、「商標登録出願は、他人の既存の先行権利を侵害してはならない。他人が先に使用している一定の影響力のある商標を不正な手段で冒認登録してはならない」と規定されている。

　登録商標の専用権は合法な権利として、権利の瑕疵が存在してはならず、他人が同種の商品または類似の商品にすでに登録し、または先使用する商標と同一もしくは類似してはならないだけでなく、他人が先行して保有する権利と抵触してはならない。これも、商標の権利確定段階で求められる先行性である。

14　　　第二章　商標のコンプライアンス

2. 「先行」の判断時点

商標登録時に先行性の要件への適合を確保するために、まず明確にすべきは「先行」の判断時点である。「最高人民法院 商標権利付与・権利確定行政案件の審理に係る若干の問題に関する規定」第18条に基づけば、商標法第32条に規定される先行権利には、当事者が係争商標の出願日前に享有していた民事権利またはその他の保護されるべき合法的な権利利益が含まれる。係争商標の登録許可時に先行権利がすでに存在しない場合には、係争商標の登録に影響を及ぼさない。つまり、中国の「商標法」で定める先行権利とは、商標の登録出願日より前に存在し、かつ、少なくとも商標の登録許可時まで存続した権利を指すべきことが、この規定により示されている。

当然ながら、一般的な中国国内における商標登録出願の他、中国の「商標法」第25条および第26条においては、さらに、海外出願の優先権および国際展示会における優先権について規定されている。この際の「先行」の判断時点は、優先権を主張した日を基準日とすべきである。

3. 先行権利の種類および範囲

商標登録において、先行性の要件への適合の確保は、先行権利の種類および範囲の決定が鍵となる。

1つ目は、先行商標権である。これには、同一のまたは類似の商品に先行登録された商標および先使用されている未登録商標が含まれる。先に登録が許可された商標についていえば、それらはいずれも国家知識産権局商標局のウェブサイトに掲載されるため、コンプライアンスの観点から、出願前に必ず上記ウェブサイトにログインし、登録商標について全面的に照会をしておくことである。先使用の未登録商標についていえば、「商標法」第32条において、不正な手段による悪意ある冒認登録の行為が規制されている。「最高人民法院 商標権利付与・権利確定行政案件の審理に係る若干の問題に関する規定」第23条においてはさらに、「先に使用している商標がすでに一定の影響を有し、商標出願人が当該商標を明らかに知り又は知り得る場合には、『不正な手段による冒認出願』に該当すると推定することができる」と規定されている。また、「商標法」

第15条においては、他人が先使用していることを出願人が明らかに知っている場合に登録してはならない状況についても規定されている。

したがって、出願人は、自らが出願する商標に、すでに他人に先使用されている可能性があるか否かに注意を払うべきであり、特に自らが知り得る市場または知っているべきである市場および事業などの範囲内において、先使用商標の影響力を調査すべきである。企業の経営プランの情報の流出をを防止し、冒認登録を回避するためにも、匿名による商標登録が必要か否かを考慮することができる。このほかに、出願人は馳名商標（著名商標に相当——訳注）の問題にも注意を払う必要がある。「商標法」第13条において、馳名商標の区分を越えた保護について規定されている。先行商標がひとたび、個別の案件によって馳名商標と認定された場合には、それが非同一または非類似の商品についての商標出願であっても、登録が許可されないおそれがあり、大きなリスクがある。このため、この種の馳名商標を回避するために、出願人は、出願前に、出願する商標が登録済みの馳名商標に該当するか否か、関連する事件が存在するか否かを検索することが望ましい。

2つ目は、先行著作権である。「最高人民法院 商標権利付与・権利確定行政案件の審理に係る若干の問題に関する規定」第19条において、以下のように規定されている。「当事者は、係争商標がその先行著作権を害している旨を主張する場合には、人民法院は著作権法などの関連規定に基づき、主張の対象が著作物に該当するか否か、当事者が著作権者又はその他著作権を主張する権利を有する利害関係者に該当するか否か、係争商標が著作権の侵害を構成するか否か等を審理しなければならない」。つまり、出願人は商標標識の選択の際に、自らデザインしたオリジナルの図および文章を使用することが望ましい。他人の作品を用いる必要がある場合も、関係する権利者からの明確な許可を得るべきであり、他人の作品を、授権を得ずにみだりに使用し、自らの商標として登録することが決してはあってはならない。

3つ目は、著名人の氏名権である。「最高人民法院 商標権利付与・権利確定行政案件の審理に係る若干の問題に関する規定」第20条におい

て、以下のように規定されている。「当事者が、係争商標がその氏名権を害していると主張する場合において、関連公衆が当該標章は当該自然人を指していると認識し、当該商標が記載された商品が当該自然人の許可を得ていると容易に認識するとき、又は当該自然人との間に特定の繋がりが存在すると容易に認識するときには、人民法院は、当該商標が当該自然人の氏名権を害していると認定しなければならない」。つまり、自然人の氏名権により先行権の侵害を構成する場合の鍵は、自然人の知名度、影響力および関連公衆を誤認させるおそれがあることにあり、商標においてこの種の人物に及ぶことを回避することに力を入れなければならない。また、注意すべきは、当該自然人の実名だけでなく、その筆名、芸名、訳名などの特定の名称についても、その氏名権の侵害と認定されないように、相応の回避を行うべきである。

　4つ目は、企業の称号、地理的表示など、その他の先行権利である。「商標法」第16条において、「商品の地理的表示を含む商標は、当該商品が当該表示に示された地域に由来するものでなく、公衆に誤認を生じさせる場合には、その登録を許可せず、かつその使用を禁止する」と規定されている。また、「最高人民法院 商標権利付与・権利確定行政案件の審理に係る若干の問題に関する規定」第21条において、以下のように規定されている。「当事者が主張する屋号に市場における一定の知名度があり、他人が許可を得ずに当該屋号と同一又は類似の商標を登録出願し、関連公衆に容易に商品の出所の混同を生じさせ、当事者がこれをもって先行権利利益にあたる旨を主張する場合には、人民法院は、これを支持する」。つまり、これらの先行権利の共通の特徴は、いずれも一定の知名度があるために、ある程度において、すでに市場の公衆に誤認を生じさせるに足ることであり、出願人がこうした標識を回避することは、実際には難しいことではないことが明示されている。

　5つ目は、製品の包装、装飾類の権利であり、これには意匠、一定の影響がある包装または装飾の権利が含まれる。意匠は、その登録時期および様式により、比較的容易に調査できる。一方、一定の影響がある包装、装飾は、実際の使用により一定の知名度を持つことによって形成される権利であり、不確実性を伴う。コンプライアンス審査においては、

ある製品を市場に発表する際は、市場の同種製品について充分な調査研究を行い、他人の先行する包装、装飾による権利がないかどうかを評価する必要がある。自身の製品についても、一定の影響がある先行する包装、装飾の権利を主張するのに都合が良いように、相応の使用の証拠を保存することに留意すべきである。

　注意すべきは、2019年改正の「商標法」第68条第4項に、「悪意による商標登録出願に対し、情状により警告、過料等の行政処罰を与える。悪意による商標訴訟に対し、人民法院が法に基づき処罰を与える」と規定されていることである。

【キーワード】先行権利、登録商標出願日、先行商標権、先使用、馳名商標、先行著作権、氏名権、企業商号、地理的表示、悪意ある商標登録

【関係法】「商標法」（2019）第9条（商標登録の条件）、第13条（馳名商標の保護）、第15条（先使用商標の異議申立て）、第16条（商標に含まれる地理的表示の保護）、第30条（先登録商標）、第31条（先願商標）、第32条（先行権利に対する損害の禁止及び冒認登録の禁止に関する規定）、第45条（先行権利商標に対する侵害の無効及び期限）、第68条（悪意ある商標登録の処罰）。「最高人民法院 商標権利付与・権利確定行政案件の審理に係る若干の問題に関する規定」（2020）第18条（先行権利の保護範囲）、第19条（先行著作権損害の審査要件）、第20条（自然人の氏名権に対する損害の審査要件）、第21条（先行商号の権利利益の損害に対する審査要件）、第23条（先使用商標の冒認登録の認定）

第5　強制登録

　中国では、たばこ製品および医薬品の商標使用に対する管理が比較的厳しく、未登録商標は基本的に使用を禁止されており、広告宣伝の方法と商標のサイズも相応の制限があり、商標の印刷についても特別の要件がある。

1. 強制登録

「商標法」第6条において、「法律、行政法規が登録商標を使用しなければならないと定めた商品については、商標登録出願しなければならない。登録が未だ許可されていない場合には、市場で販売することができない」と規定されている。

本条が規定されたのは、主に、1963年の「商標管理条例」によって全面登録または強制登録を実施するという原則による。1982年の商標法の制定時に、立法者は、「社会主義商品経済の発展や経済体制の改革、企業自主権の拡大に伴い、『すべての商標の登録を強制する』といった、行政手段による一律的なやり方は、企業の自発的なモチベーションの喚起に利さず、経済効果の向上にも、商品生産の発展にも利さないことが明らかになってくる」と考えた。

このため、「商標法」の草案において、全面登録の原則が変更された。立法者は、新法発効後は、主に宣伝・教育により、商標使用者が専用のニーズに基づき、自発的に登録出願を行い、商標専用権を取得するよう促した。また、国家経済と人民の生活に密接に関係する少数の商品（医薬品など）については、依然として、登録商標を必ず使用し、かつ、登録出願を行わなければならないと規定した。2001年の「商標法」第2回改正の際には、「国家規定」を「法律、行政法規による規定」と明記した。当初は、医薬品も登録商標を必ず使用しなければならなかったが、現在、強制登録を求める唯一の商品はたばこ製品となっている。

具体的には、「商標一般的違法判断基準」第4条の規定によれば、「紙巻きたばこ、葉巻、包装されている刻みたばこ及び電子たばこ等の新型たばこ製品については、登録商標を必ず使用しなければならず、中国で登録されていない場合には、中国で生産、販売してはならない」。また、「中国で販売する輸入紙巻きたばこ、葉巻、包装されている刻みたばこ及び電子たばこ等の新型たばこ製品については、中国で登録された商標を使用しなければならない」。注意すべきは、本要件においては、国内で生産されるたばこ製品のみならず、輸入のたばこ製品も含まれており、それらも外国で登録されているだけでは十分でなく、必ず中国国内で登

録しなければならない。また、従来からのたばこ製品に登録商標を使用しなければならないだけでなく、電子たばこも管理に組み入れなければならないことである。

「たばこ専売法」第33条によれば、商標登録のない紙巻きたばこ、葉巻、包装されている刻みたばこを生産、販売した場合は、工商行政管理部門が生産および販売の停止を命じ、かつ、過料を科す。具体的には、商標法第51条に基づき、未登録商標を使用して生産、販売されたたばこ製品については、地方工商行政管理部門が期間を定めて登録出願を命じ、違法経営額が5万元以上の場合は違法経営額の20％以下の過料を科すことができ、違法経営額がなく、または違法経営額が5万元未満の場合は1万元以下の過料を科すことができる。

たばこ業界の企業の商標意識および法令遵守意識を強化し、企業の合法的な権利利益をより効果的に保護するために、国家たばこ専売局は2003年に特別に「紙巻きたばこの商標管理の強化に関する通知」を公布し、紙巻きたばこメーカーは生産プロセスにおいて、紙巻きたばこの登録商標をみだりに改変してはならないことを強調した。登録商標をみだりに改変する行為があった場合はすべて、直ちにそれを停止して期間を定めて是正しなければならない。紙巻きたばこ、葉巻および包装されている刻みたばこは、必ず商標登録を出願しなければならず、登録を許可されない限り、生産、販売してはならない。

注意すべきは、「商標法」および関連する法令においては、医薬品商標の強制登録について言及されていないが、「医薬品説明書及びラベル管理規定」第27条に基づけば、医薬品の説明書およびラベルにおいては、登録されていない商標およびその他国家食品薬品監督管理局に許可されていない医薬品名称の使用が禁止されていることである。

2. 広告管理

このほか、たばこ製品については、2015年の「広告法」改正時に、たばこ広告の規制に関する特別規定、すなわち、その他の商品またはサービス（役務）の広告および公共広告を利用して、たばこ製品の名称、商

標、包装、装飾および類似の内容を宣伝することを禁止するとした規定が追加された。また、たばこ製品の生産者または販売者が発表する住所変更、名称変更、求人などの告示においては、たばこ製品の名称、商標、包装、装飾および類似の内容を含んではならない。医薬品の広告にも類似の制限的規定があり、特に医薬品の比較広告が禁止されている。

現在、たばこ製品における最も大きな課題は、たとえばオーストラリアなどの欧米の一部の国において出現している「プレーン・パッケージング」（plain packaging）という動きであり、特殊な字体を使用した商標の使用を規制し、商標の位置やサイズについても大きく規制を受けている。現在、大手たばこ会社が一部の小規模国を通じて、商標の識別に損害をもたらす作用について WTO に提訴し、局面の挽回を試みている。中国は現在、たばこ製品には必ず警告文を使用することを求めているが、商標の使用に対する明確な要件は、まだ存在しない。

一方、「医薬品説明書及びラベル管理規定」第 26 条において、商標に使用する色およびサイズに制限がある。第 27 条においては、商標の使用範囲が定められており、すなわち、医薬品ラベルに登録商標を使用する場合には、医薬品ラベルの角に印刷しなければならず、文字を含む場合には、その字体および 1 字あたりの面積の合計は、一般名称に使用される字体の 4 分の 1 の大きさを上回ってはならない。

3. 印刷管理
商標の印刷に関しては、たばこ専売法および印刷業管理条例に規定があり、たばこ製品の商標標識を違法に印刷した場合には、工商行政管理部門が印刷された商標標識を取り消し、違法に得た所得を没収し、かつ、過料を科す。

【キーワード】たばこ商標、医薬品商標、強制登録、使用制限、プレーン・パッケージング、たばこおよび医薬品の広告管理、たばこ商標の印刷管理

【関係法】「商標法」（2019）第 6 条（強制登録原則に関する規定）、第

51条（強制登録に違反した場合の罰則）。「商標一般的違法判断基準」（2021）第4条（たばこ製品の強制登録要件）。「たばこ専売法」（2015）第19条（たばこ製品の強制登録規定）、第20条（たばこ製品の商標印刷指定管理）、第33条（強制登録規定に違反するたばこ製品を違法に販売した場合の責任）、第34条（たばこ製品の商標印刷要件に違反した場合の罰則）。「たばこ専売法実施条例」（2021）第22条（強制登録を適用するたばこ製品の範囲）、第65条（電子たばこには紙巻きたばこに適用する法令を参照する）。「電子たばこ管理弁法」（2022）第13条（電子たばこの商標使用規定）。「広告法」（2021）第15条（特殊医薬品には広告を禁止、処方薬には広告を制限）、第16条（医薬品比較広告等の行為の禁止）、第22条（たばこ製品の広告規制に関する規定）、第57条（たばこに対する制限に違反して広告を発表した場合の罰則）。「印刷業管理条例」（2020）第26条（印刷業の商標印刷委託引受けの要件）、第41条（商標標識の違法印刷に対する罰則）。「医薬品の説明書及びラベル管理規定」（2006）第26条「医薬品商標名の表記規範」、第27条（医薬品の説明書及びラベルへの未登録商標使用の禁止、ならびに登録商標の使用規範）

第6　併存登録および併存同意

　商標の主な機能は、商品またはサービス（役務）の出所を識別することである。原則的に、消費者による誤認・混同を回避するために、異なる主体が使用する商業標識には区別があるべきであり、同一または類似してはならない。しかし、さまざまな原因により、市場では、異なる主体が同一または類似する商標を保有することがあり、それには商標の共有および併存同意が含まれる。関連の問題を適切に処理すれば、紛争の発生を回避することができる。

1.　商標権の共有

　「商標法」第5条において、「二以上の自然人、法人又はその他の組織は、商標局に共同で同一の商標登録を出願し、当該商標の専用権を共同で享有し、行使することができる」と規定されている。

　商標権の共有とは、共同出願により取得される商標権を指し、このほ

かに企業は以下の方式により商標権を共有することができる。契約の方式によって共有する商標権の持分の譲渡を受け、または譲渡を受けた後にその他の権利者と共有し、または企業の合併もしくは分割の方式により商標権を共有する。

　商標の管理および商標権の行使がしやすいように、「商標法実施条例」第16条において代表者制度が規定されている。すなわち、「同一の商標を共同出願し、又はその他の共有商標に関する事務を共同で行う場合には、願書において代表者を一名指定しなければならない。代表者の指定がない場合には、願書の一番目に記載された者を代表者とする。国家知識産権局の関連文書は、代表者に送達しなければならない」。したがって、企業がその関係主体またはその他の市場主体と共同で商標を出願する場合は、国家知識産権局からの各種通知文書の受け取り、およびその後、所定の期間に後続の出願が円滑に進められるよう、話し合いによって代表者を確認しなければならない。

　商標権利者が単独の主体である場合には、商標識別の出所は一義的であるが、複数の市場主体により共有される場合には、消費者のブランド認識および商品購入に影響する可能性がある。「商標法」では「共同共有と当該商標専用権の行使」についてしか規定されていないため、紛争を回避するには、各共有者間で詳細な取り決めを行うことができる。これには、それぞれの使用する商品の範囲、権利行使の持分、譲渡および許可、対外的な権利保護などが含まれる。このほか、製品品質を保証し、商標の評判を共同で守るために、商標使用許諾制度を参照し、共有関係およびそれぞれの共有主体の状況について、商品包装に明記することもできる。

　このほか、商標の共有とは、実質的には二以上の主体による商標専用権の共有であるため、商標権者間で相互に牽制することによって、共有者各自の商標の権利と利益が評価しにくくなり、それが企業の中核商標に属する場合には、企業の発展に影響を及ぼすおそれがある。たとえば、次のような事例がある。ある企業の上場の過程において、中核商標が他の企業と共有されているものの、それぞれの使用領域について協議によ

る取り決めをしていなかったため、「発行会社の権利は大きく制限されており、今後の経営における当該商標の使用には大きなリスクがある」と認識され、上場が阻まれた。その後、当該企業は、その商標を自発的に放棄し、その他の商標登録を別途出願して、この障害を克服するに至った。

商標権の共有は、他人による使用に対する共有者間における意見の不一致にも及ぶおそれがある。このとき、企業はこれをどう処理すべきだろうか。最高人民法院は、「田覇」事件（（2015）民申字第3640号）において、以下のように判断した。「商標権が共有される状況においては、商標権の使用許諾については、当事者による私的自治の原則に従い、共有者が協議により一致を確認したうえで行使すべきである。協議をしても一致しない場合、または正当な理由がない場合には、共有者のいずれの一方も、その他の共有者が、通常使用権の方式で他人に当該商標の使用を許諾することを阻止してはならない」。通常使用権での許諾であれば、一般的にはその他の共有者の利益に影響することはないため、一般的には使用許諾を得られるが、ライセンサー（許諾者）はライセンシー（被許諾者）による登録商標を使用した商品の品質を監督し、商標の信用が損なわれることを回避しなければならない。

2. 併存同意

共有商標権と異なり、商標の併存または併存同意とは、二以上の主体が協議を経て同意に至り、それぞれに類似する商標を同一または類似の商品上において市場で併存させることを許可することを指す。併存する二つの商標権はそれぞれの保有に属し、それぞれが独立して商標専用権を行使する。通常は、拒絶査定不服審判の手続中または行政訴訟手続中に、出願人が提供する、引用商標権者と締結した併存同意書が審査され、且つ審理機関から承諾を得られた場合に、商標が登録され、引用商標と市場で併存できるようになる、という状況を指す。

商標の併存同意は、当事者の私権としての商標権の処分を体現するものであり、その同意が国の利益、公共の利益および第三者の合法的な権利利益を害さない状況下において、併存同意は当事者間の権利上の対立を解消し、混同を排除する一定の証拠とすることができる。一般的な状

況において、国家知識産権局および法院はこれを考慮するが、商標の字体の類似の程度、指定商品、商標の知名度などの各要素を勘案して判断を行う。商標法の立法の目的はやはり消費者利益の保護、誤認・混同の回避にあるため、標識が基本的に同一で、または類似の程度が過度に高い併存同意については、実務において、認められない場合が多い。

　「北京市高級人民法院 商標権利付与・権利確定行政案件審理ガイドライン」15.11 において、併存同意の形式は書面でなければならず、商標に関する具体的な情報を明確に記載しなければならない旨が規定されており、条件付きまたは期限付きの併存同意は、一般的に採用されない。たとえば使用方法といった差別化の条件や、費用の取り決めなどの制限が付けられている場合は、案件における標識の類似性の判断に影響する場合が多いため、使用方式の制限は実務における管理監督が難しく、審査機関も他の事例をもって判断しがたい。期限の条件が付けられている場合は、期間満了後の商標権の処理および管理に不都合であるとともに、商標使用許諾制度においても矛盾がある。したがって、併存同意の内容については、関係する商標の情報および当事者双方の情報を記載することを前提に、引用商標権者が併存の意向を明確に示せばよいとされている。双方の商標の使用方式、指定商品またはサービス（役務）への使用範囲、使用する地域範囲、使用期間について取り決めを行わなければならない。さもなければ、一般的に認められない。

　併存同意の効力を証明するその他文書の要件については、国内の当事者は営業許可証などの主体の証明文書を提出する必要があり、海外の当事者は引用商標権者の主体の証明文書を提供しなければならないほか、署名者の署名権証明文書を提出し、アポスティーユ手続きを履行しなければならない。署名権証明文書に関しては、法院の要求は国家知識産権局より厳しく、案件の中には、署名者に引用商標権者の署名を代表する権利を有することに関する文書について証明できないために、併存同意書の効力は確認が難しいと判断され、法院の支持が得られなかったケースがある。

　では、関係主体の間での商標の併存は、受け入れられやすいのだろう

か。事例調査研究の結果、国家知識産権局および法院は一般的にこの要素について考慮しており、標識に一定の差異がある状況であれば、併存同意を認めることがわかった。たとえば、「恒大」事件（（2018）京行終707号）においては、北京知的財産法院の一審において、「登録者の恒大知産公司と引用商標権者の恒大集団はそれぞれ異なる法的主体であり、併存同意に達してはいるが、標識が高い類似性を有し、混同の可能性を排除できないため、併存同意を認められない」と判断された。一方、北京市高級人民法院の二審においては、両者の関連関係を考慮し、さらには、「標識は完全に同一ではなく類似の商標にすぎない」として、併存同意が認められている。市場の経済活動においては、関連主体が共同の利益を持ち、共同の支配主体を持つ場合が多く、商品または役務の出所にも一致性があり、または確かな関連関係も存在する。誤認・混同という観点から見れば、関連主体間における類似の商標の併存は、客観的には消費者に誤認・混同を生じさせることはなく、消費者の利益を損なう可能性も低い。したがって、関連主体間における商標の併存に対して、比較的寛容な姿勢を持たれることには合理性があり、商標法第30条の規定に背くものでもない。

　同様の状況に関していえば、関連主体間の商標を譲渡するときに、関連主体間で併存同意を締結している状況においては、類似の商標の一括譲渡を求める必要がない。これも「関連主体間においては類似の商標の併存を許可する」という審査の姿勢と、消費者による誤認・混同を回避するという立法の目的に合致している。しかし、実務においては、法院は「蘇寧置業」シリーズの商標譲渡事件（（2020）京行終1760号）において前述の見方を支持せず、「商標法第42条第2項では譲受人の身分を区別していないため、法律の明確な規定を越えることは望ましくない。関連主体間に商標使用権の譲受紛争という実際の商業ニーズが確かに存在する場合には、商標のライセンスの方式によって実現することができる」と判断した。つまり、現時点では、拒絶査定不服審判案件は、商標の一括譲渡案件において、関連主体との商標の併存に関しては法条の違いにより、併存可能な理由が一致したとしても、実務においては依然として見方があまり一致していない。企業としては、商標登録出願または商標譲渡のいずれに際しても、事前にすべき審査準備を整えておくべき

である。

　では、併存同意の案件で、さらに引用商標の譲渡にも関わる状況において、譲受人は元の権利者が締結した併存同意による制約を受けるのだろうか。北京知的財産法院および北京市高級人民法院はいずれも、マイクロソフト社の「office365」事件（（2018）京行終 5073 号）において、「商標の併存同意は、引用商標権者による、その享有する商標専用権における一部の権利空間の譲渡および処分である」と判断した。つまり、明確な表示の方式を判断基準としなければならないとして、引用商標の現権利者による併存同意の明確な表示が欠如する状況において、いずれの法院も、マイクロソフト社と現権利者の間で結ばれた併存同意を認めなかった。

【キーワード】共同登録、共有商標権、代表者、商標の併存、併存同意、関連主体の併存、関連主体による譲渡、一括譲渡、引用商標の譲渡

【関係法】「商標法」（2019）第 5 条（登録の共同出願に関する規定）、第 30 条（商標登録出願の審査）、第 42 条第 2 項（商標の一括譲渡）。「商標法実施条例」（2014）第 16 条（共同出願登録商標の代表者制度）、第 31 条第 2 項（一括して譲渡しなかった場合の補正要件）。「北京市高級人民法院 商標権利付与・権利確定行政案件審理ガイドライン」（2019）15.11（併存同意の形式要件）、15.12（併存同意の法律効果）

第 7　指定商品および役務の選択

　中国では、商標権を取得する唯一の方法は登録出願である。登録商標の使用および保護のいずれも、指定した商品／役務を判断基準としており、その後の登録商標の正常な使用、権利維持および権利保護業務に一定程度の影響を及ぼすこともある。したがって、商標登録当初の商品および役務の選択が非常に重要になってくる。

　「商標法」第 56 条では、「登録商標の専用権は、登録を許可された商標および使用を指定した商品に限られる」と規定されている。

27

本条の規定により、商標専用権の保護範囲が明確にされており、商標の登録出願、商品および役務の選択には戦略性と先見性がなくてはならないことも示されている。企業は中核業務、関連業務、業界の属性、防護要件などを正確に把握し、使用を主とし、防護を補足とする原則で商品または役務を選択し、範囲の過大または過小による不利な影響を回避する必要がある。

1. 商品または役務の選択の基本原則

　企業は主力業務に基づいて中核となる商品または役務を正確に選択し、実際の経営と極力一致させなければならない。また、「商品・役務区分表」に規定される名称要件に適合しなければならず、規定外の商品の名称であっても、規定外の商品の名称に対する商標局の承認範囲に適合しなければならない。また、企業は上位の商品または役務の名称を選択することができる。たとえば、「口紅」を生産する企業は、「化粧品」を商品として一括登録することができ、その後に事業内容を「マスカラ、アイブロウペンシル」などの分野まで拡大したとしても、商標登録はなおも企業の経営ニーズをカバーできるため、業務の拡大に向けて商標の準備を事前にしておいたことになる。

　このほか、業界の属性によっても、中核商品および役務の範囲は決定づけられ、インターネットに関係する企業は、実際には区分は複数に及ぶ。たとえば、配車アプリを例にすると、消費者は配車アプリを通じて旅客輸送情報を取得し、旅客輸送サービスを受けるため、第39類の旅客輸送役務に加え、第9類のソフトウェア等も指定商品とすることができる。また、現在流行りのライブ配信の場合は、実況プラットフォームの区分は、第9類のコンピュータソフトウェア、第35類のコンピュータネットワーク上のオンライン広告、代理セールス、オンラインマーケット等の提供、第41類のレジャーイベント、レクリエーションサービスの計画および手配、第45類のSNSサービス等に関係する可能性があるため、中核商標の正確な位置づけには、高い専門性を有する。

　密接に関係する商品または役務については、その登録の必要性は、一つには他人による抜け駆け出願および使用を防ぐためであり、もう一つ

には企業のマーケティングモデルや対外宣伝、会議の手配などの経営
ニーズを満たすためである。たとえば、企業のマーケティング案件にお
いて、景品付きのセット販売を行う場合には、景品も合わせて商標登録
すべきである。法律実務においても、景品が商標権利侵害を構成すると
認定された判例がすでに存在する。企業経営モデルの視点から見れば、
オンラインモール、加盟店管理などの分野まで関係する可能性があるた
め、第35類の代理セールスや工商管理補助等の役務への登録を考慮す
ることができる。将来的に企業が関係する可能性がある分野については、
事前に出願し、商標の備蓄とすることもできる。また、冒認登録されや
すい大衆向け消費財等の区分については防御的に登録し、その後に商品
が冒認登録されて、企業が悪意ある登録に歯止めをかけるために支払う
高額なコストを回避することができる。一定規模の企業に対しては、登
録出願は、その経営規模および商標の使用ニーズに見合う商標数であれ
ば許可されるが、数量は多すぎてはならない。

2. 商品または役務の選択範囲過大による悪影響

「商標法」第49条第2項において、以下のように規定されている。「登
録商標がその指定商品の通用名となり、又は正当な理由なく連続3年間
使用しなかった場合には、いかなる事業体または個人も、商標局に当該
登録商標の取消しを請求することができる」。したがって、商品または
役務の範囲が過大な防御性登録の場合は、理論上、商標は登録を取り消
されるリスクにさらされることになる。

「商標法」第4条において、以下のように規定されている。「自然人、
法人又はその他の組織が、生産経営活動において、その商品又は役務に
ついて商標専用権を取得する必要がある場合には、商標局に登録出願し
なければならない。使用を目的としない悪意のある商標登録出願は拒絶
しなければならない」

前述の条項後半は2019年に新規追加された内容であり、立法の目的
は「使用を目的としない」悪意の出願や投機的出願などの行為を規制し、
登録出願人の使用義務を強化することにある。商標局の「商標審査審理
ガイドライン」(以下、「ガイドライン」)の重点問題一問一答における

29

第4問への回答によれば、「出願人が防御の目的で、その登録商標標識と同一または類似の商標を出願する場合」「出願人が、現実に想定される未来の業務について、事前に適量の商標を出願する場合」の二つの状況に対しては、「商標法」第4条を適用しないことが「ガイドライン」において明確にされている。また、同回答によれば、「ガイドライン」で前述の二つの行為について一定程度の認定を行っているとしても、この認定には限度があるため、いずれの状況においても、商標出願は適量でなければならない。合理的な限度かつ必要限度を越えて、実際の使用意思のない商標を大量に出願するといった過度の防衛または過度の備蓄行為については、譲渡により私利をむさぼることが目的でない場合でも、大量の商標および行政資源を占有しているため、商標登録秩序を錯乱する行為に属し、法により「使用を目的としない悪意ある商標出願」に該当すると認定することができる。このため、たとえ企業の正当な備蓄または防御登録であっても、適量に注意し、量的変化による質的変化を招くことを防止しなければならない。

3. 商品または役務の選択範囲過小による不利な影響

「商標法」第23条において、「登録商標について、指定した商品以外の商品において商標専用権を取得する必要がある場合には、別途登録出願しなければならない」と規定されている。また、「北京市高級人民法院 商標権利付与・権利確定行政案件審理ガイドライン」19.4（使用の認定）において、次のように規定されている。「⑴次のいずれかに該当する場合には、当事者が商標登録の維持を主張しても、これを支持しない」。⑴とは、指定した商品の範囲外の類似の商品または役務のみに、係争商標を使用する場合を指す。

指定商品の記載漏れがあり、または商品を変更したが再出願していない場合は、企業が実際に使用する標識が、実際に事業に係る商品または役務が指定の範囲にない状況をもたらし、登録商標三年不使用取消請求案件として、過去に登録した商標であっても実際の使用を証明できなければ、取り消される可能性がある。たとえば、青華事件（（2015）知行字第255号）においては、最高人民法院が、実際に使用する商品は指定商品ではない旨を認定し、使用の証拠は無効と認定して、係争商標の登

録取消の判決を下した。また、上海クアルコムと米国クアルコムによる
商標権争奪戦（（2018）最高法行申 4140 号）においては、最高人民法院
は、上海クアルコムの指定商品である「汉卡」（Chinese character
card）は 1990 年代末にすでに市場から撤退しているため、フォントチッ
プの使用証拠であっても「汉卡」商品の使用を証明することはできない
と認定して、上海クアルコムの係争商標の登録取消の判決を下した。

　「北京市高級人民法院 商標権利付与・権利確定行政案件審理ガイドラ
イン」19.8（規制外の商品への実際の使用が、指定商品使用の認定を構
成する場合）によれば、実際に使用する商品が「類似商品及び役務区分
表」中の商品名称に属さないが、それが係争商標の指定商品と名称が異
なるだけで、本質的には同一商品に属する場合、または実際に使用する
商品が指定商品の下位概念に属する場合は、指定商品の使用を構成する
と認定することができる。この原則に基づき、実際に使用する商品が区
分表中に定められる商品に対応していないが、本質的に同一商品に属す
る場合には、実際の商品と並列（すなわち、含まれる関係にない）また
はさらに下位概念の商品ではなく、上位概念の商品を選択することがで
きる。「華美」取消審判の確定審決に対する再審案（（2021）京行終
3100 号）においては、北京市高級人民法院は、商標「華美」の口腔病
院（下位概念）における実際の使用は、その指定する「病院」（上位概念）
の役務での使用と見なすことができると判断し、係争商標の「病院」お
よびその類似する役務上の登録を維持した。また、砂漠駱駝案（（2016）
京 73 行初 5302 号）においては、北京知的財産法院は、実際に使用され
る「革靴」は、指定商品である「体操靴」とは異なる商品に属し、それ
と並列の概念を持つ「体操靴」商品の有効な登録を維持することはでき
ないと判断した。

　民事上の権利侵害の視点から見れば、指定する中核商品もしくは役務
の記載漏れがあり、または指定商品の概念が小さすぎると、商標権利侵
害のリスクにさらされるおそれがある。たとえば、「新果珍」事件（（2014）
民提字第 61 号）においては、競龍廠および統業公司が生産、販売する
インスタント栄養パウダー製品は第 32 類の商品に属するはずだが、当
事者は生産、販売する商品は第 30 類に属すると主張し、指定商品の範

囲に入っていないため、その登録商標の使用に当たらず、商標権利侵害を構成すると最高人民法院は判断した。

　商標法第52条においては、登録商標偽称の責任について規定されている。具体的には、国家知識産権局が2021年12月31日に公布した「商標一般的違法判断基準」第23条において、以下のように規定されている。「商標登録者又は使用者に次のいずれかの行為がある場合には、いずれも『商標法』第52条に定める登録商標偽称に該当する。……（四）登録商標に定められた使用を超えた商品又は役務について当該商標を使用し、かつ、『登録商標』と明示し、又は登録標識を表記する場合は、……商標登録者又は使用者に上記の行為があるときは、同時に『商標法』第57条に定める、他人の登録商標専用権の侵害を構成する。商標法執行を担当する部門は、『商標法』第60条第2項の規定に基づいて調査・処分を行わなければならない。犯罪が疑われる場合には、直ちに司法機関に移送し、法に基づき処理しなければならない」

　したがって、企業の指定商品または役務が実際に商標を使用する商品または役務と一致しない場合は、商標権の侵害を構成して民事責任を負うおそれがあるだけでなく、登録商標偽称に関する法的責任も負うおそれがある。

【キーワード】商標権の保護範囲、商品／役務選択の原則、防御商標、先願主義、登録商標三年不使用取消請求、悪意ある登録（使用を目的としないもの）、大量の冒認登録、商標権の侵害、登録商標偽称

【関係法】「商標法」(2019)第4条（大量の冒認登録行為に対する規制）、第23条（商標の補充登録）、第49条第2項「登録商標三年不使用取消請求」、第52条（商標の偽称登録による法的責任）、第56条（商標権の保護範囲）、第57条（商標一般的違法判断基準）第（一）号、第（二）号。「商標一般的違法判断基準」(2021)第23条（商標の偽称登録行為）。商標局「商標審査審理ガイドライン」重点問題一問一答　第4（過度の防衛行為）。「北京市高級人民法院 商標権利付与・権利確定行政案件審理ガイドライン」(2019) 19.4（使用の取り決め）、19.8（規制外の商品

に実際に使用され、指定商品の使用の認定を構成する場合）

第8　優先権および国際登録

　優先権の制度は「工業所有権の保護に関するパリ条約」における重要
な制度である。なぜなら、優先権の制度があれば、出願人はいくつもの
国で同時に登録出願する必要はなく、国際的な冒認登録も一定程度にお
いて回避されるからである。また、国際登録の基礎出願が登録から5年
以内に拒絶または取り消された場合に、国際登録の効力に影響が及ぶお
それがある。

1. 優先権

　商標法でいう優先権とは、一定の条件に適合する登録商標の出願にお
いては、その最先の登録出願または最先の商標使用の日を出願日とする
場合と同じ効果を有することをいう。中国は1985年に「工業所有権の
保護に関するパリ条約」（以下、「パリ条約」）の加盟国になり、「パリ条
約」の規定に従って優先権保護の国際義務を担っている。中国の「商標
法」第25条および第26条では、2種類の優先権に関して規定されている。

　1つ目の優先権とは、出願優先権である。すなわち、特定の外国で初
めて商標登録を出願する行為により、優先権は発生する。「商標法」第
25条において、次のように規定されている。「商標登録出願人は、その
商標を外国で初めて登録出願をした日から6か月以内に中国で同一の商
品について同一の商標登録出願をする場合には、当該国と中国が締結し
た取決め若しくは共同で加盟している国際条約、又は相互に承認する優
先権の原則により、優先権を享受することができる」

　2つ目の優先権とは、展示優先権である。すなわち、中国政府が主催し、
または承認する国際展示会で初めて商標を使用する行為により、優先権
を獲得するものをいう。「商標法」第26条において、次のように規定さ
れている。「商標は、中国政府が主催又は承認した国際展示会に出展し
た商品に最初に使用された場合に、当該商品が出展された日から6か月
以内であるときは、当該商標の出願人は優先権を享受することができる」

33

前述の二つの優先権について注意すべきは、海外で商標登録が完了した後に国内で登録する場合には、国内での出願の際に書面で優先権を主張し、かつ、海外で登録した商標の文書の副本を提出する必要があることである。優先権を主張せず、または副本を提出しない場合は、優先権を自発的に放棄したと見なされる。なぜなら、優先権に与えられる6か月という期間を逸しないために、出願人は書面で登録出願し、要件に適合する資料を遅滞なく提出する必要があるためである。国際展示会に参加するには、商標出願の際に、商品を出展する展示会の名称、使用する商標の証明書、出展期日、商品に商標を使用した証拠などの有効な証明を提出しなければならず、遅滞なく提出しない場合は優先権を放棄したものと見なされる。「パリ条約」における優先権制度の役割は、最先の出願人の保護であり、他の加盟国に同様の登録出願を行う際に、第一国出願日と第二国出願日の間に差があることによって、悪意ある第三者によって冒認登録の出願が行われる事態に至らないことを保証することである。

2. 国際登録

商標は属地主義であり、一つの国で使用または登録された商標は、その国でしか法的効力を持たず、他の国で保護を受けたい場合は、その国で使用し、または登録しなければならない。一般的な状況では、このような国ごとの登録には現地の代理人を指定し、現地の様式および言語などを使用する必要があり、審査の時間および手続きに大きな差があることが、出願人の時間コストと金銭コストの大きな負担であることは疑いようもない。したがって、こうした国ごとの登録による不便を解消するために、「パリ条約」の成立からほどなく、各国および世界知的所有権機関（WIPO）の積極的な後押しによって「標章の国際登録に関するマドリッド協定」（マドリッド協定）が成立し、さらに1989年には「標章の国際登録に関するマドリッド協定の議定書」（マドリッド協定議定書）が成立した。また、「マドリッド協定」および「マドリッド協定議定書」の規定に基づき、WIPO国際事務局を通じて手続きが行われ、マドリッド制度加盟国の間で行われる商標登録については、業界では「マドリッド制度による国際出願」と呼ばれるようになった。

国内で登録が許可された後にマドリッド制度による登録出願を行う場合と、商標局に受理されたがまだ登録が許可されない状態でマドリッド制度の商標登録に出願する商標の場合の、両者の最大の違いは、国際登録の従属性（セントラルアタック）に対するリスクの違いにある。未登録の商標を基礎として国際登録を出願する場合のほうが、セントラルアタックを受けるリスクが大きい。

いわゆる「セントラルアタック」の原則とは、商標の国際登録を出願する場合には、国内で先行して商標の登録出願があり、または先登録商標があることが必須条件となるが、国際登録出願から5年以内に、国内の基礎商標が拒絶され、または部分的に拒絶された場合は、それまでに出願したマドリッド商標も、すべての指定された締約国で保護されなくなる。つまり、国内の商標登録が取り消され、または無効とされた場合は、マドリッド商標も取り消されることになる。したがって、マドリッド商標による国際登録体制の下では、全体において出願人に商標の権利利益の利便をもたらす一方で、多くの制約も存在する。「セントラルアタック」は、そのなかでも注意を要する点である。

【キーワード】優先権、出願優先権、展示優先権、初回登録、パリ条約、国際登録、マドリッド体制、国際登録の従属性（セントラルアタック）、基礎商標

【関係法】「商標法」（2019）第25条、第26条（優先権）、第21条。「商標法実施条例」（2014）第36条。「パリ条約」第4条（優先権）、マドリッド協定および議定書

第9　異議申立ておよび無効審判の期間

商標の異議申立ておよび無効審判は、初歩査定により公告された商標および登録商標には適法性を持たない、もしくは商標登録の取得条件を備えず、他人の先行権利を侵害するもの、または不正な手段による冒認登録などについては、定められた期間内に関係部門に対し、登録してはならず、または無効とすべきとする旨申し出ることができる。

1. 商標の異議申立ておよび無効審判請求の理由

(1) 絶対的理由に関する条項

　登録出願をする商標には識別性があり、商品の出所に対する識別機能を発揮しなければならず、かつ、商標の使用および登録に際し、信義誠実の原則を遵守しなければならない。絶対的理由に関する条項の規定は、前述の原則を具象化した要件であり、商標標識そのものに商標としての使用または登録の条件が欠如すること、または商標出願人／登録者による使用を目的としない悪意ある出願、および欺瞞などの不正な手段により登録した状況がある商標は登録を許可してはならない。いかなる者も、初歩査定された商標または登録商標の違反の絶対的理由に関する条項を理由に、規定の期間内に異議を申し立てまたは無効審判を請求することができる。絶対的理由については異議申立人または無効審判請求人の主体資格に制限はない。

　絶対的理由に関する条項には、「商標法」第4条、第10条、第11条、第12条、第19条第4項および第44条の規定が含まれる。これらの条項は、第44条が、商標法第五章「登録商標の無効審判」に含まれ、「登録済みの商標」を明確に対象としていることを除き、その他の条項はいずれも商標の異議申立ておよび無効審判に適用される。しかしながら、第44条の「その他の不正な手段」によって登録出願された商標について、商標の登録前における異議申立ての手続きおよび登録不許可不服審判の手続きに適用できるか否かについては、かつて議論があった。実務において、知識産権局および法院は、継続的な個別事件の審理を通じて「商標局、知識産権局および法院は、商標出願の審査、許可および相応の訴訟手続きにおいて、商標登録出願人がその他の不正な手段により商標登録出願する場合は、『商標法』第44条の規定を参照し、適用することができる」という共通認識に達した。

(2) 相対的理由に関する条項

　相対的理由に関する条項が保護するのは特定の主体の利益であり、先行権利者または利害関係者は相応の主体資格の身分証明書を提出する必要がある。先行の権利利益には、馳名商標の登録に係る区分を越えた登録の保護、未登録の馳名商標に対する同種の保護、登録商標に対する同

36　　第二章　商標のコンプライアンス

種の保護、ならびに先行の意匠権、著作権、企業名称権、氏名権、一定の影響がある商品の包装・装飾権または商品の名称権、先使用され、かつ、一定の影響がある未登録商標権の保護などが含まれる。

相対的理由に関する条項には、「商標法」第13条第2項、第3項、第16条第1項、第30条、第31条、第32条、第45条の規定が含まれる。

2. 商標の異議申立ておよび無効審判の期間ならびに審査期間
(1) 商標異議申立ての期間

異議申立ての期間は、商標初歩査定による公告の日から3か月以内である。公告期間の満了後に異議のない場合は、登録が許可される。商標の異議申立手続きは、商標局の審査官が職権により一方のみで審査を行う補充として、商標審査手続きを構成する一部である。商標の異議申立手続きは社会公衆に開放されており、商標局の審査官個人による商標の登録可能性に対する認知の限界を補う。初歩査定を通過した商標が絶対的理由に関する条項に違反すると他人が認めた場合、またはその特定の利益を害した場合には、行政手段の救済として異議を申し立てることができる。

(2) 無効審判の期間

商標の無効審判が絶対的理由に関する条項を理由に請求された場合には、期間の要件は存在しない。相対的理由に関する条項を理由に無効審判が請求された場合には、商標登録の日から5年以内とする。悪意ある登録の場合には、馳名商標の所有者は、期間5年の制約を受けない。

無効審判が登録商標に対して請求された場合には、商標が登録された後に期待できる利益および安定性に基づいて考慮して5年の期間を設け、登録使用の期間が比較的長く、市場の信頼をすでに確立している商標が不必要な損害を受けないようにする。これは、先行権利を有する者に対し速やかに権利を行使するよう促し、悪意ある登録の状況を発見した場合には速やかに措置を講じ、無効審判を請求する時期を逸さないようにするためのものでもある。悪意ある登録に対しては、馳名商標の所有者は5年という期間の制約を受けないが、馳名状態の事件の認定に際

しては、その知名度について立証の義務を負う。

⑶ 商標異議申立ておよび無効審判の審査期間

「商標法」の規定に基づき、商標の異議申立ておよび無効審判の審査期間はいずれも 12 か月であり、特殊な状況により延長が必要な場合は、承認を経た場合に限り 6 か月延長することができる。実務においては、国家知識産権局の統計によると、審査承認制度の改革を行ったことにより、2021 年における商標異議申立ての平均審査期間は 11 か月に短縮され、複雑な事件であっても平均審理期間は 9 か月に短縮された。

3. 商標の異議申立ておよび無効審判の後続の手続き
⑴ 登録しない旨の再審査および行政訴訟

商標の異議申立ては商標局に申し立てるものである。商標登録出願人が商標局の異議申立ての決定に不服がある場合には、通知を受け取った日から 15 日以内に、国家知識産権局に対して不服申立てをすることができる。登録しない旨の不服審判の決定に不服がある場合には、通知を受け取った日から 30 日以内に、人民法院に対して提訴することができる。

異議申立人が異議申立ての決定に不服がある場合には、登録しない旨に対する不服を申し立てることはできないが、当該商標を登録した後に、無効審判を請求することができる。

⑵ 無効審判の裁定に対する行政訴訟

当事者が、国家知識産権局の無効審判裁定に不服がある場合には、通知を受け取った日から 30 日以内に人民法院に行政訴訟を提起することができる。法院は、もう一方の当事者に対し、第三者として訴訟に参加するよう、通知しなければならない。

4. 商標のリアルタイム監視

商標の監視によって、商標権の保護ならびに悪意ある登録を取り締まる重要な方法の一つとして、商標権者の商標と同一または類似する、新たな商標出願の公告情報を適時に把握することができる。また、異議申立てによって他人の悪意ある冒認登録を適時に阻止し、類似の商標に

よってもたらされるおそれのある市場での被害の芽を摘むことができる。このほか、登録商標の情報を手がかりに、市場での他人による「ブランドの不正利用」行為を適時に発見することもできる。

商標権の保護は動的なプロセスであり、リアルタイム監視は、会社の商標権保護および発展戦略の全面的な理解およびその策定に資する。特に、異議申立ておよび無効審判請求には期間の制約があるため、適時かつリアルタイムの監視は、商標の悪意ある登録を適時に発見し、効果的に抑止し、登録条件に適合しない標識を整理することで、適切な措置を講じる時期を逸することのないようにする。

【キーワード】商標異議申立て、無効審判、絶対的理由、相対的理由、不正な手段、異議申立期間、無効審判の期間、商標監視

【関係法】「商標法」（2019）第 4 条、第 10 条、第 11 条、第 12 条、第 19 条、第 44 条（絶対的理由に関する条項）、第 13 条、第 15 条、第 16 条、第 30 条、第 31 条、第 33 条、第 34 条、第 35 条、第 45 条（相対的理由に関する条項）。「北京市高級人民法院 商標権利付与・権利確定行政案件審理ガイドライン」（2019）1.8（異議申立ての事由及び主体資格の認定）、2.9（絶対的理由及び相対的理由の同時適用）、17.3（その他の不正な手段の具体的な状況の認定）、17.4（その他の不正な手段の具体的な状況の例外）、17.5（その他の不正な手段の条項適用の制限）。「商標審査審理ガイドライン」（2021）第十六章（欺瞞手段又はその他の不正な手段による商標登録の審査審理）

第三節　商標の存続におけるコンプライアンスの要点

第 1　譲渡および移転

商標の譲渡および移転は届出制を取り入れており、商標の譲渡および移転の際は、管理部門に申請し、許可を得る必要がある。このほか、登録商標を譲渡または移転する場合には、商標権者は、同一または類似の商品に登録した同一または類似の商標について、一括して譲渡し、移転

しなければならない。

1. 登録商標の譲渡および移転

登録商標の譲渡とは、登録商標の所有者が法の許す範囲内において、その登録商標を他人の所有に移すことを指す。登録商標の譲渡とは、登録商標の主体に変更が生じることであり、譲渡後は、商標所有者は元の登録者ではなくなる。

登録商標の移転とは、一般的には、譲渡以外の承継などのその他の事由により生じる商標所有権の変化を指す。登録商標の譲渡および移転は、登録者名義の変更とは異なる。後者の場合は、登録商標の主体に変更は生じておらず、登録者の名称、住所などにのみ変更が生じる。

2. 商標の譲渡および移転にあたっての注意の要点

(1) 商標の譲渡および移転は届出制を採用する。すなわち、商標の譲渡および移転を行う際は、管理部門に申請し、許可を得る必要がある。譲受人は、譲渡許可公告の日から商標専用権を享有する。登録商標を自ら譲渡し、移転した場合には、商標局は期間を定めてその商標登録を是正し、または取り消すよう命じなければならない。たとえば、最高人民法院は「金暉楊広」事件（（2019）最高法民申 6908 号）において、譲受人は譲渡合意に基づいてすでに譲渡金を支払い、かつ、実際に商標を使用しているが、当該譲渡は商標局の許可を得ておらず、公告もされていないことから、登録商標譲渡の法的効力が生じていないと判断した。また、「富橋」事件（（2020）蔵知民終 1 号）においては、譲渡がまだ終わっておらず、まだ財産が保全されるリスクがあった。さらには、iPad 事件においては、商標登録者と契約を直接結んでいない状態で、直ちに譲渡を行うと、大きな契約履行リスクが生じるおそれがあった。

(2) 登録商標の譲渡および移転の際には、商標登録者は、同一または類似の商品に登録された同一または類似の商標について、一括で譲渡および移転しなければならない。さもなければ、商標局が定められた期間内に是正するよう通知し、期間が満了しても是正しない場合

は、当該登録商標の譲渡申立てを放棄したものと見なす。注意すべきは、譲渡後は、譲渡人は同一または類似の商品および役務に同一または類似の商標を出願してはならないことである。江蘇省高級人民法院は、「富庭『FULLTEAM』」事件（（2018）蘇民終 1124 号）において、商標権者は譲渡契約の締結後に再び同種の商品および役務に類似する商標の登録出願をしており、譲渡同意がその後に登録された商標に言及していないとしても、法により一括して譲渡手続を行わなければならないと判事した。

(3) 混同を生じさせやすく、またはその他の悪影響のある譲渡については、商標局はこれを許可せず、書面により申立人に通知し、理由を説明する。

【キーワード】商標の譲渡、商標の移転、一括譲渡、一括移転、許可制

【関係法】「商標法」（2019）第 42 条（登録商標の譲渡）。「商標法実施条例」（2014）第 17 条、第 31 条、第 32 条、第 47 条。「商標審査審理ガイドライン」（2021）第十一章第 1 節（登録商標／登録出願の譲渡及び移転）

第 2　ライセンス（使用許諾）

　登録商標および未登録商標のいずれも、他人に使用を許諾することができる。ライセンサーまたはライセンシーのいずれも、商標ライセンスに関する法律関係において、法定の、取り決めた権利と義務を負う。取引の安全保護の立場から見れば、ライセンサーとライセンシーは、書面によるライセンス契約を締結し、かつ、契約の届出をすることを提案する。契約当事者は、商標ライセンス条項について全面的に考慮し、取り決めを行い、取り決めの不明による法的紛争または商業利益の損害を回避しなければならない。このほか、許諾契約の不適切な締結によって、さらに独占禁止に関するリスクを招くおそれもある。

1. ライセンス（使用許諾）

ライセンスとは、商標権者がロイヤルティを代価として受け取り、契約の方式によって、他人に対し、その商標権の有償での使用を許諾することをいう。

一般的にいえば、使用を許諾するのは、通常は登録商標である。しかし、法律実務においては、未登録商標のライセンスも除外されていないようである。最高人民法院は「wolsey」事件（（2012）民申字第1501号）において、未登録商標に対する他人の使用を許諾できるか否かについて、法令においては禁止規定がないと判断した。陝西省西安市中級人民法院も「ABIE・C」（（2012）民申字第1501号）事件において、未登録商標は、商業標識として使用を許諾して良いと判断した。

商標使用ライセンス契約の締結では商標のライセンスは成立せず、有効な強制的要求ではないが、取引の安全の観点からは、一般的にはライセンス契約書を締結すべきである。他人にその登録商標の使用を許諾する場合は、ライセンサーはライセンス契約の有効期間内に商標局に届出を行い、かつ、届出資料を送付しなければならない。当事者に別途取り決めがない限り、商標ライセンス契約の届出を行わなくてもライセンス契約の効力を妨げないが、善意の第三者に対抗できない。契約当事者の保護、とりわけ独占的ライセンス、排他的ライセンスのライセンシーの利益の保護という観点から見れば、ライセンス契約の届出を行うことによって、商標権者が独占および排他的ライセンスを与えた後に契約の取り決めに背き、さらに第三者にその商標の使用を許諾して、ライセンシーに損失をもたらす事態を回避することを提言する。

許諾を経て、他人の登録商標を使用する場合は、ライセンシーは、当該登録商標を使用する商品にライセンシーの名称および商品の生産地を明記しなければならない。さもなければ、工商行政管理部門は期間を定めて是正を命じる権利を有する。期間を徒過しても是正しない場合は、販売停止を命じ、これを拒絶して販売を停止しない場合は、10万元以下の過料を科す。

また、商標権者は、ライセンシーによるその登録商標の合法的な使用を監督しなければならない。登録商標、登録者の名義、住所またはその他の登録事項をライセンシーがみだりに変更し、登録者がそれを明らかに知り、または知るべきであったにもかかわらず、直ちに是正しない場合には、商標権者は登録商標をみだりに変更したことに対する法的責任を負う。

2. 条項の取り決め

　商標使用ライセンス契約の条項を取り決めるにあたっては、一般条項を除き、契約当事者は、以下の問題について特段の注意を払わなければならない。

(1) 登録商標の譲渡は、譲渡以前に発効した商標ライセンス契約の効力を妨げないが、商標使用ライセンス契約に別途取り決めがある場合は除く。契約当事者は、商標の譲渡が商標のライセンスの関係に影響するか否かについて、明確な取り決めをするべきである。

(2) 契約当事者は、ライセンスの関係の存続期間においては、許諾商標の信用に付加されたブランドの付加価値による法的効力、許諾商標の具体的な使用方式および範囲（たとえば、ライセンシー自身の商標と同時に使用しても良いか否か、再ライセンス、サブライセンスが可能か否か）、許諾商標の安定性がロイヤルティに与える影響、ライセンス商品に生じる新たな知的財産権およびその他の権利利益の帰属、ならびにライセンス契約の期間満了後の計画などについて明確な取り決めを行うべきである。実業界および法曹界で広く注目を集めた、最高人民法院の審理による「紅牛」事件および「王老吉」の「紅缶」漢方飲料の包装・装飾事件は、いずれもライセンス契約における取り決めの不明瞭によって解決が長引いた、複雑な紛争案件である。

(3) 中国の「独占禁止法」においては、経営者と取引相手との間で、以下のような垂直的独占協定を締結することは禁じられている。（一）第三者に対する商品販売価格の水準や、価格変動幅、利益水準また

は割引、手数料その他の費用を固定すること。（二）第三者への商品転売の最低価格を限定し、または価格変動幅、利益水準または割引、手数料その他の費用を限定することによって、第三者への商品転売最低価格を限定すること。（三）その他の方式によって、商品転売価格を固定し、または商品転売の最低価格を限定すること。したがって、ライセンス契約においては、垂直的独占協定に関係が及ぶ条項を取り決めることを回避すべきである。

【キーワード】商標の使用ライセンス契約の効力、許諾の届出、契約条項、独占禁止

【関係法】「商標法」（2019）第 43 条（登録商標の使用許諾）。「商標法実施条例」（2014）第 69 条、第 71 条（商標ライセンスの届出、ライセンシー名称の未表示に対する処分）。「商標一般的違法判断基準」（2022）第 24 条（商標登録者のライセンシーに対する監督義務）。「最高人民法院 商標民事紛争案件の審理における法律適用の若干の問題に関する解釈」（2020）第 3 条、第 4 条、第 19 条、第 20 条（商標ライセンスの種類、届出を経ていないライセンス契約の効力、登録商標の譲渡によるライセンス契約の効力への影響）。「商標審査審理ガイドライン」（2021）第十一章第 2 節（登録商標のライセンス届出）。「独占禁止法」（2022）第 18 条（垂直的独占協定）。「独占的協定禁止規定」（2022）第 14 条（垂直的独占協定の種類）

第3　質権設定

　企業の中核商標により質権設定を行うにあたっては、法的リスクを慎重に評価し、重大な債務による中核商標の流失を回避しなければならない。

1. 商標専用権の質権設定

　商標専用権の質権設定とは、商標権者が債務者または保証人の身分により、自らが保有する、法により譲渡可能な商標専用権を債権の担保とすることをいう。債務者が債務を履行しない場合に、債権者は法律の規

定によって、当該商標専用権を換算し、または競売、換金した価額によって、優先的に賠償を受ける。

2. 注意の要点

「民法典」および「登録商標専用権質権設定登記手続規定」の関連規定によれば、商標専用権の質権設定手続きの際は、以下の問題に注意しなければならない。1. 質権を設定できる商標は、譲渡可能な商標であること。2. 登録商標専用権に質権を設定する場合は、質権設定者と質権者が書面による契約を締結し、国家知識産権局において質権登録の手続きを行うこと。質権は、質権設定登記手続きをしたときに設定される。3. 登録商標専用権の質権登記手続きをする際は、質権設定者は、同一または類似の商品／役務に登録される同一または類似の商標についても、一括して質権登記をすること。4. 商標権の質権設定後は、質権設定者は譲渡または他人の使用を許諾してはならない。ただし、質権設定者と質権者が協議により同意した場合はこの限りではない。質権設定者が譲渡し、または他人の使用を許諾した、質権を設定した知的財産権中の財産権により得られた価額は、質権者の債務を前倒しで弁済し、または寄託するために使用しなければならない。

一般的に、質権設定の価値がある商標はいずれも、商標権者の中核業務と関係する中核商標である。したがって、商標権者は、商標専用権に質権を設定し、担保に入れた場合の法的リスクを慎重に評価しなければならない。債務者が債務を弁済しきれないために質権を設定した商標が流失してしまえば、商標権者の自身の経営に深刻な危害が及ぶことになる。

【キーワード】商標の質権設定、中核商標

【関係法】「民法典」(2020) 第440条（質権設定可能な権利の範囲）、第444条（知的財産権の質権）。「商標法実施条例」第70条（商標の質権設定）。「登録商標専用権質権設定登記手続規定」(2020)

第4　使用義務

　企業は、登録商標が連続三年不使用により取り消される事態を回避するために、その経営において登録商標を適切に使用するとともに、登録商標の実際の使用に関する証拠を収集し、保管しなければならない。

1. 使用義務

　中国の「商標法」においては、登録商標について、登録公告の日から連続三年以内に正当な理由なく使用されなかった場合は、いかなる者も当該登録商標の取消を申し立ててよい旨が規定されている。ここでいう商標の使用には、商標権者の自身による使用、他人の許諾を得た使用およびその他の商標権者の意志に背かないその他の使用が含まれる。

2. 注意の要点

　登録商標がその不使用によって取り消される事態を回避するために、企業は登録商標の使用過程において、以下の問題に注意する必要がある。

⑴　登録商標の使用は、「公開かつ真実による使用」でなければならない。譲渡または許諾の行為のみで、実際に使用していない場合、または商標登録情報を発表し、登録商標専用権の保有を表明するのみである場合、または商標登録を維持するための象徴的な使用のみである場合は、商標の使用に属さない。典型的な事例は、最高人民法院の審理による「Pierrefamily」事件（（2019）最高法行申7439号）、「雪花」事件（（2017）最高法行申5068号）、「湾仔埠頭」事件（（2015）知行字第181号）である。

⑵　登録商標は「元通りの形」で使用しなければならない。実際に使用する商標標識は、登録商標と全く同一、または微細な差異しか存在せず、登録商標の顕著な特徴を改変していないものであるべきである。実際に使用する商標標識が、登録商標の一部の要素、もしくは部分的な使用である場合、または商品上に表示する企業名の中にしか含まれない場合は、登録商標の使用として認定されない。典型的な事例は、最高人民法院の審理による「華佗」事件（（2017）最高

法行申字 7206 号）、北京市高級人民法院の審理による「香格里拉」事件（（2018）京行終 5474 号）である。

(3) 登録商標の実際の使用範囲は、指定商品または役務に限られるべきであり、商標を実際に使用する商品または役務が、指定商品または役務と類似の商品または役務を構成するとしても、当該使用をもって商標の登録を維持することはできない。典型的な事例は、最高人民法院の審理による「三得利 SDL および図形」事件（（2017）最高法行申 5093 号）である。

(4) 企業の経営過程においては、登録商標の実際の使用に関する証拠を適切に保管し、使用に関する証拠を提供できないことにより登録商標の取消に至る事態を回避しなければならない。収集および保管すべき証拠には、登録商標が記載された商品、ラベル、パンフレット、ならびに取引に関する、登録商標の記載された取引文書（契約書、インボイスなど）、各種の広告宣伝資料、展示会の写真、国家機関または業界団体が発行した公式資料などが含まれる。

【キーワード】商標の使用義務、連続三年不使用、登録商標三年不使用取消請求

【関係法】「商標法」（2019）第 49 条第 2 項（登録商標の取消）。「商標法実施条例」（2014）第 66 条（商標取消手続き）。「最高人民法院 商標権利付与・権利確定行政案件の審理に係る若干の問題に関する規定」（2020）第 20 条（商標使用の認定）。「北京市高級人民法院 商標権利付与・権利確定行政案件審理ガイドライン」（2019）第 19 条。「商標審査審理ガイドライン」（2021）第十七章

第 5　識別力低下の回避

「商標法」においては、「その商品の普通名称にすぎない」場合には、商標として登録することはできない旨が定められている。登録に成功した商標も、不正な使用によって商標の識別力が低下した場合は、取り消

47

されるリスクがある。

1. 商品の普通名称

法律の規定もしくは国家標準、業界標準に基づき商品の普通名称に属する場合、または関係する公衆が、ある名称が一種類の商品を指すと普遍的に認識する場合は、「商標法」でいう普通名称に属し、商標として登録することはできない。たとえば、「紅富士」はりんごの普通名称であるため、それをりんご製品の商標登録にした場合、当該商標には識別性が欠如し、消費者は当該商標によって異なる生産者の商品を区別することができなくなる。それを商標として登録を許可すると、商標登録者による独占使用が生じるおそれがあり、同種の商品を生産するその他の生産者にとって不公平となる。

2. 商標の普通名称化

出願商標が出願日の時点で普通名称に属する場合には、商標登録することはできない。登録を許可されている商標が、その後の使用中に識別力を喪失し、普通名称化した場合も、取り消されるべきである。取消の申立てがなされていないとしても、他人による当該商標の正当な使用を阻止できないという問題に直面する。国内外において、登録商標の普通名称化の例は少なからず存在する。たとえば、ドイツ製薬大手バイエル社の商標「モルヒネ」と「アスピリン」は、それぞれ麻酔薬と鎮痛薬において普通名称化し、米国オーチス・エレベータ社の「エスカレーター（Escalator）」も普通名称化の例である。また、布材の商標「ライクラ」も普通名称化の一例であり、一般によく知られるコンピュータメモリの「USBメモリ」も普通名称化されている。「千頁豆腐（千枚豆腐）」も豆腐の一種として普通名称化した例である。

北京市高級人民法院の審理による「千頁豆腐」事件（（2022）京行終2号）において、法院が「千頁豆腐」は普通名称化していると認定したときは、商標権者自身が「千頁豆腐」という名称を使用する際に、商品名として使用する状況を考慮した。法院は、それを否定できないと判断した。商標権者が商標「千頁」「千頁豆腐」の出願した時には、まだ「豆腐」の形になっていなかった。一方、「豆腐製品」は普通名称であり、

48　　第二章　商標のコンプライアンス

これはすでに過去に確定した判決と裁定において認定されているが、同社は係争商標を含む商標「千頁」「千頁豆腐」として使用していた。しかし、2016年時点の登録出願人の会社ウェブサイト上の内容を見ると、同社も「千頁豆腐」を商品名として使用している上に、同社がその登録商標「千頁」「千頁豆腐」の使用とともに「典発食品」など他の登録商標も使用することが多々あることが法院の目にとまった。同社の生産する千頁豆腐は、2009年に「中国品質優良食品」に選ばれている。2010年、同社製品は「典発食品牌千頁豆腐」という名称で、蘇州ブランド製品に選ばれている。これらの評価・受賞においても「千頁豆腐」は商品名として登場し、使用されている。

　一方、「優盤」（（2004）一中行初第1014号）事件では、商標「優盤」の登録者である朗科公司が提出した商品包装ケースと販促宣伝資料では「朗科優盤」または「優盤」という文言の後には、その他の続けて用いられる商品名の記載はなかった。そして、後に、商標に識別性があるかどうかの議論を招いた。

　商標登録者自身の使用が不当であるほか、商標権利保護が適切でないことも、登録商標が同業界の競争相手に広く使用され、普通名称化してしまう重要な要素の一つである。それは、「珈琲伴侶」事件（（2019）京73民終3611号）や、「拉拉袴 LA LA KU」事件（（2019）京73行初11070号）で体現されている。

　これらの事例から分かることは、商標取得後も決して、枕を高くして寝られるわけではないことである。商標の使用方式が不当であり、または商標の権利保護意識が不足している場合は、本来顕著な特徴があった商標でも、関連商品の普通名称になり下がるおそれがある。識別力を喪失すると、登録が取り消され、または他人による正当な使用を阻止できない事態にもなる。

　したがって、企業は自身の登録商標を使用する過程において、それを商品の名称として使用することを回避すべきである。特に、サブブランドとメインブランドを共に使用する過程においては、サブブランドをメ

インブランドの商品とすることによって、サブブランドが普通名称化することを避けなければならない。登録商標の使用過程においては、登録商標マークの表示によって、その標識が登録商標であることを示すことができる。また、商標権者は権利保護を積極的に行い、その登録商標が同業の競争相手によって一般化され、使用されてしまうことを回避すべきである。

【キーワード】商標使用、普通名称、商標の普通名称化、普通名称の取消

【関係法】「商標法」（2019）第49条第2項（登録商標の普通名称化による取消）。「商標法実施条例」（2014）第65条（普通名称化した商標の取消）。「最高人民法院 商標権利付与・権利確定行政案件の審理に係る若干の問題に関する規定」（2020）第10条（普通名称の認定）。「北京市高級人民法院 商標権利付与・権利確定行政案件審理ガイドライン」（2019）第19条

第6　ルールを守った使用

中国においては、商標はその登録された範囲内で使用する旨を定める法律は存在しないが、実際の使用においてさまざまな主体が登録商標の範囲を超えた場合には、登録商標の維持に困難を来たし、さまざまな程度において商標行政違法および商標権利侵害のリスクを招くおそれがある。

1. 商標標識を自ら変更する

商業実務においては、登録商標の標識に一定程度の変更を行う必要がある可能性がある。しかし、このような変更は極力、軽微な変更にとどめるべきである。その顕著な特徴にまで及んだ場合、変更後の商標を使用しても元の商標を使用していると見なされず、以下のリスクをもたらすおそれがある。

(1) 登録商標の登録を維持できないリスク

他人が「商標法」第49条第2項に基づいて、当該登録商標に三年不使用による取消手続きを提起したときに、企業が登録商標の顕著な特徴

を変更していた場合は、登録商標の使用を維持するための証拠として足りないために、登録商標が取り消されるリスクがある。

(2) 他人の商標権を侵害するリスク

登録商標の間の矛盾に関しては、民事訴訟または行政訴訟によって直接権利維持の主張をすることはできない。したがって、企業は自らの登録済みの商標を使用すれば、他人の商標権を侵害するリスクは存在しない。しかし、顕著な特徴を変更した後の商標が新たな商標と見なされれば、変更後の商標使用については、他人の先行する商標専用権を侵害するおそれがある。このとき、企業は抗弁として、それが既存の登録商標の使用であることを主張することができなくなる。

(3) 民事賠償を取得できないリスク

「商標法」第64条第1項において、以下のように規定されている「登録商標専用権者が損害賠償を請求し、権利侵害を訴えられた者により登録商標専用権者が登録商標を使用していないとの抗弁がなされたときは、人民法院は、登録商標専用権者に、これまでの3年以内にその登録商標を実際に使用している証拠を提供するよう求めることができる」。顕著な特徴を変更した後の登録商標を使用する行為は、前述の登録商標の使用を裏付ける証拠として不足するため、民事賠償を獲得できないリスクを招く。

(4) 行政による規制を受けるリスク

「商標法」第49条において、変形使用における法的責任が定められている。企業が自ら変更した後の商標標識を使用しているのに、なおも「登録商標」または登録標識を表示するときは、地方工商行政管理部門に期間を定めた是正を命じられ、全製品ラインを全面的に是正しなければならないリスクにさらされるおそれがある。速やかに是正しなければ、さらに商標が最終的に取り消される可能性もある。しかしながら、商標を自ら変更する行為によって取り消された事例は、現時点ではまだ存在しない。

2．指定の商品範囲を超えた使用

　一般的な状況では、登録商標は、その指定商品と同一もしくは類似の商品または役務に使用を限定しなければならない。定められた使用範囲外の商品または役務に使用する必要がある場合は、別途、登録出願をすることが望ましい。さもなければ、他人の商標権を侵害するリスクがある。また、権利侵害のリスクがなかったとしても、登録商標によるカバレッジが不足する状況では、企業が権利侵害者による模造行為を阻止するのは難しく、事業計画の潜在的リスクとなりうる。

【キーワード】商標標識を自ら変更する、商品指定範囲の超過、登録商標三年不使用取消請求、商標権利侵害、賠償責任の免除、是正命令、商標の取消

【関係法】「商標法」（2019）第 49 条、第 56 条、第 64 条。「最高人民法院 商標権利付与・権利確定行政案件の審理に係る若干の問題に関する規定」（2020）第 1 条。「最高人民法院 登録商標及び企業名称が先行権利と矛盾する民事紛争案件の審理に係る若干の問題に関する規定」（2026）第 1 条。

第四節　商標権利侵害におけるコンプライアンスの要点

第1　商標権利侵害のリスク

　消費者の混同を防ぎ、登録商標の信用を保護するために、商標権によって、権利人には、商標の有効期間内は独占して使用し、同一または類似の商品においては他人による同一または類似の商標使用を排除する権利が付与されている。企業は、登録商標を保護するとともに、商標の使用過程における権利侵害リスクに特に注意を払わなければならない。他人の商標権を侵害すれば、損失の賠償責任を負うだけでなく、悪意ある権利侵害と認定された場合に、さらに懲罰的損害賠償の責任を負うおそれがある。

1. 登録商標の保護範囲および権利侵害の構成

商標権の範囲は、登録を許可された商標と指定商品に限定される。つまり、この二つの範囲を超えたときは、他人の商標の権利の範囲と抵触するおそれがあり、他人の商標権を侵害するリスクがある。

「商標法」第57条の第（一）号から第（六）号において、商標権侵害の状況が定められている。本条の規定によれば、よくある商標権侵害行為には、以下のような状況がある。

許可を得ずに同一種類の商品に登録商標と同一の商標を登録した場合は、混同を生じやすいか否かについては判断せず、権利侵害と直接認定することができる。このような状況については、消費者の誤認・混同の結果を招くおそれがあると直接推定することができる。同一種類の商品に類似の商標を使用し、または類似の商品に同一または類似の商標を使用した場合に権利侵害を構成するか否かについては、混同を招きやすいか否かを判断基準とする。販売行為は、商標権侵害の行為として明確に規定されている。他人の登録商標標識を偽造し、みだりに製造した場合は商標権侵害を構成し、相応の販売行為も同じく商標権侵害に該当する。商標登録者の同意を得ずに、その登録商標を交換し、かつ、当該商標を交換した商品を再び市場で販売した場合。他人の商標専用権を故意に侵害して都合の良い条件を提供し、他人による商標専用権の侵害行為を助けた場合。

「商標法」第57条第（七）号は、商標専用権に損害をもたらした場合の包括条項であり、非典型的な商標の使用行為またはその他の登録商標専用権に損害をもたらすおそれのある状況も、本条項で規制することができる。たとえば、「鈦馬赫」商標権利侵害案件（（2016）京73民終817号）において、北京知的財産法院の二審判決では、「被告による『鈦馬赫(tellmac)技術宣伝大使』などのキャッチフレーズの使用方法によって、高い識別性を持つ原告の役務商標は識別性が徐々に弱められ、一般化するリスクにさらされている。このため、登録商標専用権に一定の損害が生じており、商標権侵害を構成する」と判断した。実務においては、一部の企業が商業標識を使用し、または広告宣伝の過程で他人の登録商

標を使ってしまうこともある。その時には、具体的な使用方式またはコンテクストに基づいて慎重に判断し、権利侵害のリスクを回避すべきである。

「商標法」第13条の馳名商標の保護は、前述の第57条第（二）号に定める例外状況に属する。高い知名度および営業上の信用がある馳名商標の保護については、同一または類似の商品に限定せず、類似しない商品に登録馳名商標と同一または類似する商標を使用する場合も、商標権利侵害を構成するおそれがある。未登録の馳名商標の保護については、登録商標保護の例外となるが、同一または類似の商品の範囲内に限る。たとえば、「新華字典」事件（（2016）京73民初277号）がある。

ドメイン名、企業の商号に関して商標権と矛盾がある問題に関しては、「最高人民法院 商標民事紛争案件の審理における法律適用の若干の問題に関する解釈」第1条第（三）号において「他人の登録商標と同一または類似する文字をドメイン名として登録し、かつ、当該ドメイン名により関連商品の取引を行う電子商取引が、関連公衆に誤認を生じさせやすい場合には、商標法に定める他人の登録商標専用権にその他の損害を与える行為に該当する」と規定されている。また、「最高人民法院 商標民事紛争案件の審理における法律適用の若干の問題に関する解釈」第1条第（一）号では、目立って使用される商号の混同を招きやすい行為について、商標権の侵害として規定されている。例としては、羅莱蒂斯照明（深セン）有限公司が単独で、ならびに「羅莱蒂斯／ROLEDSZ」を目立たせて使用する件に対する杭州羅莱迪思科技股份有限公司による提訴の事例がある（（2021）粤0306民初23872号）。

2. 商標権侵害の責任

「商標法」第60条、61条において、商標権利者による権利保護の方法が定められている。（商標権利者は）工商行政部門に処理を求めることができ、法により人民法院に提訴することもできる。犯罪を構成する場合には、権利者は公安機関に届け出ることができ、行政機関が事件の取り締まり過程において犯罪が疑われると判断した場合は、司法機関に直ちに移送し、法に基づいて処理しなければならない。

「商標法」第63条において、商標権侵害の賠償金額および計算方法が定められ、悪意ある商標権侵害で情状が重大な場合には、懲罰的損害賠償を適用できることが定められている。懲罰的損害賠償の倍数は、第63条の方法に従って、確定した金額の一から五倍とされ、倍数は整数でなくてもよいとされている。「最高人民法院 知的財産権侵害の民事件件の審理に適用する懲罰的損害賠償に関する解釈」第3条、第4条に、故意の権利侵害と情状が重大ないくつかの状況についてそれぞれ規定されている。

注意すべきは、販売業者の仕入れ方法についてコンプライアンス審査をしなければならないことである。「商標法」第64条の規定に従えば、善意の販売業者であり、合法的な出所を証明できる場合に限り、賠償責任を負わない。

【キーワード】商標権利侵害、混同、合法的な出所に関する抗弁、未登録の馳名商標名称、ドメイン名の権利侵害、商号の権利侵害、懲罰的損害賠償

【関係法】「商標法」(2019) 第57条 (商標権侵害の行為)、第13条 (馳名商標権侵害の状況)。「最高人民法院 商標民事紛争案件の審理における法律適用の若干の問題に関する解釈」(2020) 第1条第 (一) 号 (商号における商標権侵害の状況)、第1条第 (三) 号 (ドメイン名における商標権侵害の状況)。「商標法」(2019) 第60条、第61条 (商標権侵害における権利保護の方法)。「商標法」(2019) 第63条 (賠償責任)、第64条 (合法的出所の抗弁)。「最高人民法院 知的財産権侵害の民事件件の審理に適用する懲罰的損害賠償に関する解釈」(2021) 第3条 (故意の権利侵害の状況)、第4条 (情状が重大な状況)

第2　記述的使用

記述的使用は、中国の法律で許可される商標の合理的な使用方法である。企業は記述的使用による利便を十分に利用するにあたって、合理的な境界を超えないよう特に注意を払わなければならない。商習慣に違反

する目立った商標の使用は、他人の商標権侵害のリスクを招くおそれがある。

記述的使用の合理的な境界

「商標法」第59条第1項の規定に基づけば、登録商標に商品または役務の性質、品質、主要原材料、機能、用途、重量、数量、種類およびその他の特徴が直接表示される場合には、他人はこれを正当に使用することができる。登録商標に記述的語彙が含まれる場合において、その他の生産者が商品もしくは役務の特徴を説明し、または客観的に記述することを目的として、善意の方法によって必要な範囲内で明記し、関連公衆に商標として見られことにより出所の混同を生じさせるという状況を招かないときは、正当な使用を構成する。

善意に該当するか否か、必要であるか否かを判断するにあたっては、商習慣などの要素を参考にすることができる。法律実務の進展により、以下のいくつかの要素を審査することによって、関連の使用が記述的な使用の合理的な境界内に属するか否かを評価することができる。

1. 商標に、パブリックドメインにおいて特徴を記述する語彙が含まれるか否か。含まれる場合は、その使用には正当性があると基本的に評価できる。

2. 使用する商標は、企業の自社商品の特徴を記述するのに用いられるか否か。このことが、記述的使用の中核条件を構成する。

3. 関係する商標を目立つように使用しているか。商習慣から見れば、目立つように使用するほど、当該標識の商標性を目立たせることができ、いわゆる記述的目的を弱めることができる。

4. 関係する商標自体の知名度。記述的使用に関係する商標の知名度が高いほど、注意が必要である。なぜなら、知名度が高いほど、商標権に対する保護範囲が大きくなり、相応して記述的使用の合理的な余地が圧縮され得るからである。さらに重要なのは、知名度が高い

56 　　第二章　商標のコンプライアンス

商標の所有者は権利保護行為に積極的な場合が多く、紛争が実際に生じるリスクも高くなることである。

【キーワード】記述的使用、特徴の記述、正当、合理的、商習慣、目立つように使用

【関係法】「商標法」（2019）第 59 条第 1 項。「北京市高級人民法院『商標民事紛争案件の審理に係る若干の問題に関する解答』」(2006)第 26 条、第 27 条

第3　指示的使用

　指示的使用は、法律実務において徐々に発展した、広く受け入れられるもう一つの合理的な商標の使用方法である。指示的使用はそのシーンの特殊性のために、使用される商標も必然的に他人の登録商標となり、高い知名度を持っている場合が多い。したがって、指示的使用に際しては、商習慣に従うことに特に注意を払い、必要性の原則を厳守して、商標権利侵害のリスクとなることを防がなければならない。

指示的使用の合理的な境界

　指示的使用とは、製品の修理、部品の生産、製品の販売、製品の組み立てなどの商業分野において、経営者が消費者にその商品および役務の出所を説明し、または用途を指示するために、他人の商標を合理的に使用する状況をいう。

　指示的使用の最も古いものは、1995 年に国家工商行政管理局が発表した「自動車部品販売商店、自動車修理工場における他人の登録商標の無断使用の禁止に関する通知」（工商標字（1995）第 195 号）に見られる。当該通知では、自動車部品販売商店および自動車修理工場が自動車メーカーの登録商標を看板として使用することを禁じているが、自動車部品販売商店および自動車修理工場に「当店では×××自動車の部品を販売している」、「当店では×××自動車の修理を行っている」などの字句を使用して自身の経営内容を説明することを認めている。ただし、字

57

体は一致していなければならず、その中の文字商標の部分を目立たせてはならない。また、他人の図形商標を使用してはならず、または他人の文字商標を単独で使用してはならない。

前述の文書はすでに廃止されているが、それが体現した原則は、その後も多くの司法案件で法院に確認されており、かつ、以下の判定基準にまで徐々に格上げされている。

1. 商標の使用行為は合理的か否か、使用範囲は適度か否か。

2. 使用者の意思は善意であったか否か／使用目的は正当か否か。

3. 商標使用の必要性があるか否か。

4. 商標の使用が指示商品の出所に到達する影響をもたらすか。あるいは、出所の混同という影響を生じるに足りるか否か。

【キーワード】指示的使用、出所の説明、用途の指示、合理、商習慣、必要性

【関係法】「北京市高級人民法院『商標民事紛争案件の審理に係る若干の問題に関する解答』」（2006）第 26 条、第 27 条

第 4　比較的使用

中国の法律では比較的使用が禁じられていないが、比較的使用の敏感性と、往々にして被比較対象の信用にさまざまな程度で影響を及ぼすため、使用にあたっては、他の単独法の中傷または虚偽の宣伝に関する規定に違反しないよう、両者の比較可能性および比較の結論の真実性および客観性に特に注意しなければならない。

比較的使用にあたって注意すべきことおよび審査の要点

法律実務から見ると、比較的使用によって最も生じやすい紛争は、「反

不正当競争法」第8条に規定される虚偽宣伝の紛争および第11条に規定される信用毀損に関する紛争に集中している。

新たに発表された「最高人民法院『中華人民共和国反不正当競争法』の適用に係る若干の問題に関する解釈」第17条によれば、商品の偏った宣伝または比較を行うことは、「反不正当競争法」第8条に定める、人を誤解させる商業宣伝を構成する。これは、比較宣伝の合規性には普遍的に瑕疵と問題が存在すること、法律の適用の際には、司法解釈が特に注意すべき分野となっていることの直接の表れである。

法律実務における事例に基づき、一般的に比較使用が合理的か否かを審査するときは、往々にして以下のいくつかの点を重点的に考慮する。

1. 比較するブランドにおける競争関係の有無。

2. 比較する対象における比較可能性の有無。

3. 比較する内容が全面的で、客観的か否か。

4. 比較した結論が真実であり、公平であるか。

しかしながら、比較使用の判定基準については明確な法律の規定がまだ存在せず、法律実務においても統一されていないため、前述の項目を完全に審査したとしても、違法のリスクを100%回避することは困難である。これを勘案し、一般的な状況においては、特に必要のない限り、比較的使用を回避することが好ましい。

最後に、医療、医薬品および医療機器の分野に関しては、「広告法」第16条において、その他の医薬品、医療機器の効能および安全性またはその他の医療機器との比較広告が明確に禁じられている。したがって、この種の商品については、いかなる比較的使用も絶対にしないよう、特に注意すべきである。

59

【キーワード】比較的使用、虚偽宣伝、信用毀損

【関係法】「反不正当競争法」(2019) 第 8 条、第 11 条。「最高人民法院『中華人民共和国反不正当競争法』の適用に係る若干の問題に関する解釈」(2022) 第 17 助、第 20 条。「広告法」(2021) 第 11 条、第 13 条、第 16 条

第5　商標権の消尽および並行輸入

並行輸入した商品を代理販売する場合は、商標権の消尽の原則が適用されるため、継続販売において商標権者の支配を受けない。しかし、商品包装をみだりに変更して製品に品質リスクまたはトレーサビリティ障害を生じさせた場合、および旧製品のリニューアルにおいて誤認・混同を生じさせるおそれがある場合には、権利の消尽は適用されず、商標権侵害を構成することになる。

権利の消尽の原則の例外状況

中国の「商標法」には関連規定がないが、法律実務においては、代理販売または並行輸入した商品の状況に変更があり、しかも商標の識別性または信用を損なうおそれがある場合は、権利の消尽の原則の例外となる。

たとえば、「不二家」事件 ((2015) 杭余知初字第 416 号) においては、杭州市余杭区人民法院は、商標識別の基本機能以外の信用を支える派生的機能も保護することを指摘した。法院によれば、商品の外包装は、商品の保護および商品の基本情報の記載という基本機能に加え、商品の美化、商品の宣伝、商品価値の向上などの重要機能を発揮しているのに、銭海良は不二家社の許可を得ずに、みだりに不二家社の商品を異なる包装ケースに小分け包装し、かつ、これらの包装ケースは不二家社の包装要件と明らかな違いがあった。このため、銭海良の小分け包装行為は、商品の美化、商品価値の向上という機能を果たさず、却って関連公衆の係争商標に化体した商品に対する信用を下げた。したがって、係争商標の信用と記載機能に損害をもたらした。

60　　第二章　商標のコンプライアンス

別の例として、「MICHELIN」事件（(2009) 長中民三初字第 72 号）
においては、商品および商標自体にはいかなる変化も生じていないが、
タイヤの速度等級がみだりに変更された。長沙市中級人民法院はこれに
対し、「商標登録者は当該商標を表示して市場で発売した後に、登録商
標と当該商標に蓄積された商標権者の信用および具体的な商品ならびに
その各種特性によって唯一の対応関係が形成された」と判断した。変更
後の商標または当該商品中のいかなる要素も、登録商標の識別、誘導機
能の損害を招く可能性があった。本件の速度レベルを変更したタイヤ製
品も、製品上に「MICHELIN」の商標を表示しているため、関連公衆に、
当該タイヤは原告の生産する Y クラスのタイヤと誤認させ、製品の出
所に対して消費者を混同させるとともに、商標権者により、製品の品質
保証について形成された信用を侵害し、商標権利侵害を構成すると判断
した。

　また、「Absolut Vodka（アブソルート・ウォッカ）」事件（(2013)
蘇中知民初字第 175 号）においては、蘇州市中級人民政府も、「被告が
販売した権利侵害係争商品には、不透明白色の中国語ラベルが許可なく
みだりに添付され、その文字および色のいずれにおいても、ウォッカの
瓶の商標および装飾とつり合わず、元の商品にあった完全性と美観を損
なった」ことを特に強調した。これらの違いは、商品の生産、販売元に
対する消費者の合理的な疑義を招くのに十分で、これによって商標権者
の認知度と信頼度は下がり、商標権者の利益は損害を受けた。このほか、
商標または商品中のいかなる要素も、みだりに変更することによって、
登録商標の識別および誘導機能に対して損害を構成するおそれがある。
一方、「アブソルート・ウォッカ」の原産品識別コードは、当該商品の
特定情報を表示する標識であり、これには生産日、生産ロット、製品の
生産地および販売地などの情報が含まれるため、商品のもう一つの標識
としてすでに当該商品と一体化しており、この商品の完全性を構成して
いる。

　こうした状況において、販売者が製品識別コードを消し去ることは、
主観的に見れば商品の出所を隠匿する悪意があり、客観的に見れば商品
の完全性を損なって商品の重要情報を逸失させている上に、実質上、消

費者と商標権者に二重の損害を招いている。第一に、商標の識別機能に影響を及ぼし、商品の出所と製品情報に関する消費者の知る権利を損ない、商品の真の出所と販売ルートに対して消費者に疑義、誤認または混同を招いた。第二に、商標権者の製品品質に関するトレーサビリティ管理を妨害し、商標権者が製品品質を管理する権利に干渉し、商標権者の商標の権利利益に損害をもたらした。

　旧製品のリニューアルは、代理販売商品、特に電子商取引製品のリニューアルに関係し、包装の二次利用や不適切な処理にも関係が及び、いずれも権利侵害を触発するリスクのおそれがある。

【キーワード】代理販売、並行輸入、包装の変更、品質の瑕疵、旧製品のリニューアル、権利の消尽原則の例外、商標権の侵害

【関係法】「商標法」（2019）第 57 条第（七）号。「深セン市検察機関の電子製品のリニューアル産業における知的財産権の刑事コンプライアンスのガイドライン（試行）」（2022）。「リサイクルされたビール瓶を利用したビールの充填・販売が商標権利侵害を構成するか否かに関する国家知識産権局の回答」（2019）

第五節　地理的表示のコンプライアンスの要点

第 1　概要

　中国の地理的表示保護に関する法体系には異なる法の淵源が存在する。本節では地理的表示および地理的表示と関係がある概念の定義について説明し、かつ地理的表示保護体系の歴史・沿革を簡単に遡り、地理的表示保護体系の構成を明確にする。

　地理的表示（geographical indication）の概念が最も早く取り入れられたのは「TRIPS 協定」第 22 条第（一）号の「地理的表示とは、ある商品がある地域に由来するものであることを表示する標識をいい、表示される商品の特定の品質、信用又はその他の特徴は主にその原産地によ

り決定する」である。「中華人民共和国商標法」（以下、「商標法」）第
16条第2項では地理的表示について「前項における地理的表示とは、
ある商品がある地域に由来するものであることを表示し、当該商品の特
定の品質、信用又はその他の特徴が、主に当該地域の自然的要素又は人
文的要素より決定する標識をいう」と定義されている。

　地理的表示の団体・証明商標。2002年8月3日に国務院が公布し、
2014年4月29日に改正された「中華人民共和国商標法実施条例」第4
条では「商標法第16条に定める地理的表示は、商標法及び本条例の規
定に従い、証明商標又は団体商標として登録を出願することができる」
と明確に規定されている。

　地理的表示産品の概念が最も早く取り入れられたのは、国家品質技術
監督局が2005年に公布した「地理的表示産品保護規定」であり、同規
定では「地理的表示産品とは、特定の地域で生産され、その品質、信用
又はその他の特性が本質的に当該生産地の自然的要素及び人文的要素に
より決定し、審査承認を経て地名を用いて命名された産品をいう」とさ
れている。同規定ではまた、地理的表示産品の種類が細かく規定されて
おり、地理的表示産品には「（一）その地域で栽培、養殖された産品。（二）
原材料のすべてがその地域に由来し、又は一部がその他の地域に由来し、
かつ、その地域で特定の技術に従い生産、加工された産品」が含まれる。

　農産物の地理的表示の定義は、2007年12月25日に農業部が公布し、
2019年4月25日に改正された中国において地理的表示保護制度につい
て専門に規定した2番目の部門規則である「農産物地理的表示管理弁法」
で確認することができる。2019年に改正された「農産物地理的表示管
理弁法」第2条第2項では、農産物の地理的表示は、「本弁法における
農産物の地理的表示とは、農産物が特定の地域に由来するものであるこ
とを示し、産品の品質及び関連の特徴が主に自然・生態環境及び歴史・
人文的要素により決定し、かつ地名を冠する特有の農産物標識をいう」
と定義されている。

　上述の概念の定義の出所である行政法規、部門規則を見ると、中国の

地理的表示保護は他部門と並行的に進められていることが容易に見てとれる。2018年の国務院機構改革では、国家知識産権局が旧国家工商行政管理総局の商標管理に関する職責と旧国家品質監督検査検疫総局の原産地の地理的表示管理に関する職責を統合し、地理的表示産品及び地理的表示の団体商標と証明商標の2種類の管理に関する職責を統一的に行使した。2020年4月3日、国家知識産権局が「地理的表示専用標識使用管理弁法（試行）」を公布し、2022年11月17日付け農業農村部第623号公告により「農産物地理的表示登記手続き」が廃止された。このため、国家知識産権局は地理的表示の団体・証明商標、地理的表示産品および農産物の地理的表示の協調・統一的な保護制度の制定を実施した。

　地理的表示保護は、「中華人民共和国民法典」を上位法とし、「中華人民共和国商標法」「地理的表示産品保護弁法」「農産物地理的表示管理弁法」「国外地理的表示産品保護弁法」を中心とする保護体系を形成している。

　ここでは主に地理的表示の団体商標、地理的表示の証明商標（以下、「地理的表示の団体・証明商標」）の権利確定・存続におけるコンプライアンスの要点を詳細に説明する。

第2　地理的表示の団体・証明商標の権利確認におけるコンプライアンスの要点

1. 合法性

「商標法実施条例」第4条では「商標法第16条に定める地理的表示は、商標法及び本条例の規定に従い、証明商標又は団体商標として登録を出願することができる」と明確に規定されている。「商標法」第3条第2項、第3項ではそれぞれ団体商標、証明商標について次のように定義されている。「本法における団体商標とは、団体、協会又はその他の組織の名義により登録し、当該組織の構成員が商事活動において使用する、使用者の当該組織における構成員資格を明確に示す標識をいう。本法における証明商標とは、ある商品又は役務に対して監督能力を有する組織が管理し、当該組織以外の組織又は個人がその商品又は役務に使用し、当該

商品又は役務の原産地、原料、製造方法、品質又はその他の特定の品質を証明するために用いる標識をいう」。

地理的表示の団体・証明商標の登録は商標法第10条の関連規定に違反してはならない。商標法第10条第1項では、「次の各号に掲げる標識は商標として使用してはならない。……（七）欺瞞性を帯び、公衆に商品の品質等の特徴又は産地について誤認を生じさせやすいもの。（八）社会主義の道徳、風習を害し、又はその他の悪影響を及ぼすもの」と規定されている。

地理的表示の特徴の1つとして、その表示する産品の特性がその所在地域の自然的要素、人文的因素と密接な関係があることである。例えばこの特定の地域の範囲を超えた商品上での地理的表示の使用が禁止される。「商標法」第16条第1項によると、商品の地理的表示を含む商標は、当該商品が当該表示に示された地域に由来するものでなく、公衆に誤認を生じさせる場合には、その登録を許可せず、かつその使用を禁止する。当然、善意により取得した登録は引き続き有効である。

【キーワード】登録を許可せず、かつ使用を禁止する。

【関係法】「商標法」（2019）第3条（団体商標、証明商標）、第10条（商標として使用してはならない標識）、第16条（地理的表示）。「商標法実施条例」（2014）第4条（地理的表示の証明商標、団体商標）

2. 地理的表示の構成および識別性要件

地理的表示の特徴は次の4点である。第1に標識という点である。地理的表示は当該地理的表示が示す地域の名称でも、ある商品が当該地域に由来するものであることを示すことができるその他の可視的標識、つまり図形でもよく、通常最も多い形式は「地名＋商品名」である。第2に特定の地域という点である。明らかに特定の地域で生産された産品であり、かつ基準を満たしている場合に初めて地理的表示と呼ぶことができる。第3に特定の品質という点である。地理的表示商品には他の商品と異なる特定の品質と信用がある。第4に2つの要素により決定するこ

とである。つまり地理的表示商品の特定の品質は当該特定地域の自然的要素および人文的要素により決定する。

　地理的表示の特徴はやはりまず標識という点であり、当該標識を地理的表示の団体・証明商標として登録・保護する場合には、「商標法」の識別性に関する要件に適合する必要がある。2023年12月29日に国家知識産権局が公布し、2024年2月1日より施行されている「団体商標、証明商標登録及び管理規定」において、地理的表示の団体・証明商標が備えるべき識別性について詳細かつ明確に規定されている。

　「団体商標、証明商標登録及び管理規定」第7条によると、地理的表示を証明商標、団体商標として登録する場合には、当該地理的表示が示す地域の名称でも、ある商品が当該地域に由来するものであることを示すことができる他の標識でもよい。ここでいう地域は、当該地域の現行の行政区画の名称、範囲と完全に一致しなくてもよい。第8条ではさらに次のように規定されている。複数のワインの地理的表示が同音語または文字の形状が酷似する語を構成するが、互いに区分可能であり、かつ公衆に誤認を生じさせない場合には、各地理的表示は証明商標または団体商標として登録を出願することができる。他人が証明商標、団体商標として登録したワイン、蒸留酒の地理的表示を使用し、当該地理的表示が示す地域に由来しないワイン、蒸留酒を表示する時に、同時に商品の真の出所を表記し、翻訳文字を使用し、又は「種」「型」「式」「類」その他の類似表現を付記するいずれの場合であっても、商標法第16条の規定を適用する。第9条ではこれらの商標の登録基準が明確に規定されている。県級以上の行政区画の地名または周知の地名を構成要素として団体商標、証明商標の登録を出願する場合には、標識は顕著な特徴を有し、識別しやすいものでなければならない。標識に商品名が含まれている場合には、指定商品は商標中の商品名との間に一致性、または密接な関係がなければならない。商品の信用は地名と密接な関係がある。ただし、公共の利益を損ねる標識は、登録してはならない。

【キーワード】地理的表示の構成　地理的表示の団体・証明商標の識別性要件

【関係法】「団体商標、証明商標登録及び管理規定」（2023）第7条、第8条、第9条（地理的表示の証明商標、団体商標の登録要件及び基準）

3. 地理的表示の団体・証明商標の出願と登録

　地理的表示の団体・証明商標の要素の構成は前段で説明したとおり、地理的表示は当該地理的表示が示す地域名でも、可視的な図形標識でもよい。ただし、地理的表示を団体・証明商標として登録出願する場合には、図形のみの登録出願を行うことは推奨されない。現在、通常の地理的表示の団体・証明商標の構成要素の多くは「地名＋商品名」または「地名＋商品名＋図」となっている。地理的表示の団体・証明商標を出願し、保護する商品は地理的表示の構成要素の商品名と一致していなければならず、その主な根拠は「団体商標、証明商標登録及び管理規定」第9条の「……標識に商品名が含まれている場合には、指定商品は商標中の商品名と一致し、又は密接な関係がなければならない」の部分である。例えば、平谷大桃は、「桃」と指定しなければならず、「果物」と指定してはならない。

　地理的表示の団体・証明商標の登録を出願する場合には、以下の資料・文書を提出しなければならない。

☆「商標登録出願の願書」

☆出願人の主体資格証明文書

☆地理的表示の団体・証明商標使用管理規則

☆人民政府または業界管理部門の委任状

☆検査測定能力に関する証明資料

☆地域の範囲

☆地理的表示の客観的な記載

67

☆特定の品質が自然的要素または人文的要素により決定することを示す
　証明資料

◆注意事項：
☆人民政府または業界管理部門の委任状とは、地理的表示が示す地域の
　県級以上の人民政府または業界管理部門が出願人に対して当該地理的
　表示の登録出願および管理監督の権限を付与する旨の文書をいう。

☆地理的表示の客観的な記載とは、当該地理的表示商品の客観的な存在
　および信用状況を示す証明資料（県誌、農業専門誌、産品専門誌、年
　鑑、教科書、正規に公開、出版された書籍、国レベルの専門分野の定
　期刊行物、古書など）で、当該資料の発行部門の公印が押印されたも
　のをいう。

☆地域の範囲とは、地理的表示が示す地域の範囲の区画に関する文書、
　資料をいう。例えば、県誌、農業専門誌、産品専門誌、年鑑、教科書
　内で説明された地域の範囲、または地理的表示が示す地域の人民政府
　もしくは業界管理部門が発行した地域の範囲に関する証明文書などが
　ある。

☆検査測定能力に関する証明資料は、出願人に検査測定能力がある場合
　には、出願人が保有する検査測定資格証書または当地政府が発行した
　検査測定能力を有することを証明する文書、および出願人が所有する
　専門検査測定設備リストと専門検査測定員名簿を提出しなければなら
　ない。出願人が他人に検査測定を委託する場合には、出願人と検査測
　定資格を有する機構が締結した検査測定委託契約の原本を併せて提出
　し、かつ当該検査測定機構の検査測定資格証書および検査測定設備リ
　ストと検査測定員名簿を提出しなければならない。

☆外国人または外国企業が地理的表示の団体・証明商標の登録を出願す
　る場合には、当該地理的表示がその名義により自国で法的保護を受け
　ていることを示す証明を提出しなければならない。

68　　第二章　商標のコンプライアンス

地理的表示の団体・証明商標は商標の1つの種類であり、「商標法」の関連規定に基づき審査を行わなければならない。先行権利と矛盾するか否かについても、「商標法」第30条、第31条の規定に従わなければならない。第30条によると、「登録出願に係る商標が本法の関連規定に適合せず、又は他人が同一の商品若しくは類似の商品上ですでに登録し、若しくは初歩査定が行われた商標と同一若しくは類似する場合には、商標局は出願を拒絶し、公告しない」。また、第31条によると、「2人又は2人以上の商標登録出願人が、同一の商品又は類似の商品について、同一又は類似の商標の登録を出願した場合には、先に出願された商標の初歩査定を行い、かつ公告する。同日に出願された場合には、先に出願された商標の初歩査定を行い、かつ公告し、他方の出願は拒絶し、公告しない」

ただし、地理的表示の団体・証明商標は機能、用途、産品の特定の品質、歴史的な経緯などの面で普通商標との違いが明らかであることから、地理的表示の団体・証明商標は普通商標との同一性、類似性の対比審査において、案件ごとの個別対応の原則に従わなければならない。地理的表示の団体・証明商標と普通商標の類似性について対比を行う時に、地理的表示の団体・証明商標の出願が後で、普通商標の出願が先である場合には、地理的表示の団体・証明商標の知名度、識別性、関連の公衆の認知度などの要素を踏まえ、関連の公衆の誤認・混同を生じさせるおそれがない場合には、登録を許可すべきである。地理的表示商標の出願が先で、普通商標の出願が後である場合には、関連の公衆の商品または役務の出所に対する誤認・混同を生じさせ易く、地理的表示の団体・証明商標に不当に便乗するという観点から、類似と認定し、普通商標の出願を拒絶する。

【キーワード】地理的表示の団体・証明商標の登録、地理的表示の団体・証明商標の審査審理

【関係法】「団体商標、証明商標登録及び管理規定」（2023）、「商標審査審理基準」（2021）

第3 地理的表示の団体・証明商標の存続におけるコンプライアンスの要点

1. 地理的表示の団体・証明商標の使用と管理
（一）使用義務

　地理的表示の団体・証明商標の権利者は、一般的な商標権利者と同様に「商標法」に定める使用義務を負う必要がある。「商標法」の規定によると、登録商標が登録公告の日から3年連続で正当な理由なく使用されない場合には、いかなる者も当該登録商標の取消しを請求することができる。「団体商標、証明商標登録及び管理規定」第26条にさらに具体的な規定がある。登録者が権利の行使を怠り、団体商標、証明商標が使用を指定された商品の普通名称となり、または正当な理由なく3年連続で使用されない場合には、いかなる者も商標法第49条に基づき当該登録商標の取消しを請求することができる。地理的表示の団体・証明商標には独自の特徴があることから、使用においても異なる特性が見られる。

　地理的表示の団体商標には次の3つ特徴がある。第1に閉鎖的という点で、商標は団体が登録、使用を行い、地理的表示の地域の範囲内の団体構成員以外は使用することができない。第2に特定の構成員に限定されている点である。第3に商品または役務の基準が定められている点であり、団体構成員が団体商標を使用する場合には、関連の商品または役務の共通の基準を満たさなければならない。

　地理的表示の証明商標の特徴は次の3点である。第1に開放的という点で、地理的表示の証明商標の使用者は特定の主体ではなく、地理的表示の証明商標の基準要件を満たせば、使用を申請することができ、登録者は拒絶してはならない。ただし、地域の範囲外で生産される商品に使用してはならない。第2に使用者が限定されていない点である。第3に商品または役務の基準が明確かつ安定している点である。地理的表示の証明商標の特徴により、地理的表示の証明商標は登録者以外の者が使用しなければならず、登録者は使用することができない。それは商品または役務がある原産地に由来するものであり、またはある種の特定の品質を有することを証明するために用いられる標識である。当事者が提供す

る当該地域の範囲内の商品または役務がこの特定の品質に適合し、かつ登録者が規定の手続きを履行すれば、当該証明商標を使用することができ、登録者は拒絶してはならない。

（二）管理の職責

地理的表示の団体・証明商標の登録者は、「団体商標、証明商標登録及び管理規定」第11条の規定に基づき、次の各号に掲げる管理の職責を遂行し、商品の品質を保証する。（一）使用管理規則に従い団体構成員による団体商標の使用を許可し、他人による証明商標の使用を許諾する。（二）団体構成員、使用者の情報、使用管理規則を速やかに公開する。（三）団体構成員、使用者の使用行為が使用管理規則に適合するか否かを検査する。（四）団体商標、証明商標を使用する商品が使用管理規則の品質要件に適合するか否かを検査する。（五）使用管理規則に適合しない団体構成員、使用者の団体商標、証明商標の使用資格を速やかに取り消し、かつ変更、届出手続きを行う。

2. 地理的表示の団体・証明商標の変更と譲渡
（一）地理的表示の団体・証明商標の変更

地理的表示の団体商標の登録者の構成員に変化が生じた場合には、登録者は変化が生じてから3か月以内に国家知識産権局に登録事項の変更を申請しなければならず、かつ国家知識産権局がこれを公示する。

地理的表示の証明商標の登録者が他人による商標使用を許諾した場合には、登録者は許諾してから3か月以内に国家知識産権局に届出を行わなければならず、かつ国家知識産権局がこれを公示する。

地理的表示の団体・証明商標の使用者が使用する産品が団体・証明商標の使用管理規則の品質要件に適合しない場合には、地理的表示の団体・証明商標の登録者はその使用資格を取り消し、かつ3か月以内に国家知識産権局に届出を行わなければならず、国家知識産権局がこれを公示する。

地理的表示の団体・証明商標の登録者は、使用管理規則を変更する場合には、変更申請を提出しなければならず、国家知識産権局の審査・許

可を経て、公告日に発効する。

（二）地理的表示の団体・証明商標の譲渡／移転

地理的表示の団体・証明商標は譲渡／移転を申請することができる。地理的表示の団体・証明商標の譲受人は相応の主体資格を備え、かつ「商標法」、「商標法実施条例」および「団体商標、証明商標登録及び管理規定」の規定に適合しなければならない。

地理的表示の団体・証明商標の譲渡は、普通商標と同様に許可制を採用する。すなわち、商標の譲渡および移転を行う場合には、管理部門に申請し、許可を得る必要がある。譲受人は、譲渡許可公告の日から商標専用権を享有する。登録商標を自ら譲渡し、移転した場合には、商標局は期間を定めてその商標登録の是正または取消しを命じなければならない。地理的表示の団体・証明商標の譲渡／移転を申請する場合には、以下の資料を提出しなければならない。

☆県級以上の人民政府または業界管理部門が当該地理的表示の譲渡に同意する旨の回答

☆譲渡人の公印が押印された譲渡人の主体資格証明文書の写し

☆譲受人の公印が押印された譲受人の主体資格証明文書の写し

☆譲受人の監督・監視能力に関する証明資料

☆商標譲渡契約

管理部門は法に基づき地理的表示の団体・証明商標の登録主体の要請に従い譲受人の主体資格が適格であるか否か審査する。

【キーワード】地理的表示の団体・証明商標の譲渡／移転 許可制 地理的表示の団体・証明商標の特有事項の審査

第二章　商標のコンプライアンス

【関係法】商標法（2019）第42条（登録商標の譲渡）。商標法実施条例（2014）第17条、第31条、第32条、第47条。商標審査審理ガイドライン（2021）第九章第6節（地理的表示の団体商標及び地理的表示の証明商標の特有事項の審査）

第六節　商標コンプライアンス体制の構築

　知的財産権のコンプライアンスリスクを効果的に予防、解決し、コンプライアンス管理の目標をより確実に実現するために、企業はコンプライアンス管理体系を構築し、絶えず改善しなければならない。効果的なコンプライアンス管理体系を構築しても、コンプライアンスリスクの発生を完全に根絶できるわけではないが、一定程度において、コンプライアンスに違反するリスクが発生する可能性を大幅に引き下げることはできる。

　2017年における中国標準化研究院の「コンプライアンス管理体系ガイドライン」国家標準に関する意見募集書稿、および2022年に上海市浦東新区人民検察院が公布した「企業知的財産権コンプライアンス基準ガイドライン（試行）」によると、また実務における経験をふまえると、コンプライアンス管理体系の構築は、主にコンプライアンスの管理組織体系、管理制度体系、管理運営体系およびリスク識別処理体系に関係している。

1.　コンプライアンス管理組織体系

　企業のコンプライアンス管理組織体系の構築の重点は、企業内部における知的財産権コンプライアンス管理機構および人員の設置により、管理機構およびさまざまな人員の職権および責任を明確にし、コンプライアンス管理業務体制を引き続き整備することである。

　企業の健全な知的財産権コンプライアンス管理体系とは、一般的には主要責任者が指導し、顧問弁護士が采配を振るい、法務管理部門が取りまとめを行い、関連部門が協力、連携するコンプライアンス管理体系をいう。知的財産権法務管理部門が取りまとめ・調整、推進、実施促進の

役割を発揮し、コンプライアンス制度の構築を強化し、コンプライアンス審査および評価を実施し、体系の効果的運営を確保する。

2. コンプライアンス管理制度体系

企業は、体系化された知的財産権事務管理および意思決定のフローを構築して整備し、知的財産権コンプライアンス審査を企業の規則・制度の制定、重要事項に関する意思決定、重要契約の締結、重要プロジェクトの運営などの経営管理行為において必要な手続きとし、法令を遵守していない内容については直ちに修正提案を提起し、コンプライアンス審査を経ていないものは実施してはならないものとする。

コンプライアンスの検査、通報、調査体系の設置を通じて、全面的な知的財産権コンプライアンス管理体系を構築する。また、業務部門、経営事業体およびプロジェクト最前線の主体的責任を強化し、コミュニケーション要件を職位の職責と業務フローを組み込み、知的財産権コンプライアンスの業績考査評価を各部門および関連責任者の年度総合考査に組み入れることにより、重点分野のコンプライアンス管理などの措置を強化し、知的財産権コンプライアンスリスクを効果的に防止し、速やかに処分する。

企業は、さらに文書情報化管理制度を構築し、企業管理において形成された知的財産権に関する重要プロセスを記録、表示、保管、保護、検索、保存し、処理できるようにするとともに、秘密保持管理制度の補足とする。このほか、企業は技術者、知的財産権管理者、ならびに全従業員を等級分けしたコンプライアンスの研修制度を構築し、知的財産権保護意識および知的財産権価値観を強化しなければならない。

3. コンプライアンス管理運営体系

企業は知的財産権の取得、維持および運用に関して規則・制度を設定し、権利の管理運用におけるコンプライアンスリスクを回避すべきである。権利取得の面においては、企業は商標を含む各種知的財産権の登録登記を適時に出願し、関係する管理措置および作業手順を明らかにしなければならない。保護の面においては、企業は、知的財産権の管理規定、

商標権などの知的財産権の譲渡、許諾、投資、質権設定の管理措置および作業手順を明確に処理、運営しなければならない。最後に、運用の面では、企業は生産経営段階における知的財産権の管理を重視し、使用リスクの全面調査を適切に行い、知的財産権侵害の告発に遭わないよう予防しなければならない。登録商標または特許番号などの知的財産権標識を正しく使用し、消費者および関係する市場主体に対して必要な注意喚起を行う。製品販売市場の監視体制を構築し、同種製品の市場状況を多様なルートから監視する。権利侵害を発見した場合は、重点部分の情報収集を行い、必要に応じて公証を行う。

4. コンプライアンスリスク識別・処理体系

　企業はコンプライアンスリスク情報の収集体制の整備を通じて、企業活動中に起こりうるコンプライアンスリスクを全面的かつ体系的に整理しなければならない。コンプライアンスリスク台帳を作成し、リスク源、リスクの種類、リスクの形成要素、発生し得る結果および発生する確率などについて系統的に分析する。典型的な意義があり、普遍的に存在し、深刻な結果をもたらすおそれのあるリスクについては、速やかに警告を発しなければならない。

　リスク等級の違いにより、知的財産権リスクの対応策を制定、選択する。対応策には、全体計画と特別計画が含まれる。重大リスクに関する事項については、企業のコンプライアンス管理部門と各部門は共同で検討して具体的な是正計画を策定し、是正主体、具体的な責任者、是正期限などの具体的な要件を明確にする。コンプライアンス管理部門は、毎月を区切りとする統計によって達成状況を統計し、企業の意思決定層・指導者層に対して直ちに報告する。

第三章

著作権のコンプライアンス

第一節　概要

　著作権法とは、「文学、芸術及び科学作品の作者の著作権、並びに著作権に隣接する権利利益を保護する」法律[1]である。同法が保護する対象は著作物（すなわち、狭義の著作権）と著作物以外のその他の対象（すなわち、著作隣接権または著作関連権）に分かれる。

　著作権者が享有する独占権は人格権と財産権[2]に分かれる。著作者人格権とは、作者の人格と密接に関連する精神と人格の権利であって、通常はその本人のみが行使でき、継承、譲渡または放棄はできない。具体的には公表権、氏名表示権、改変権および同一性保持権が含まれる。著作財産権には複製権、頒布権、貸与権、展示権、上演権・演奏権、上映権、放送権、情報ネットワーク伝達権、撮影制作権、翻案権、翻訳権、編集権および著作権者が享有すべきその他の権利が含まれる。前述の財産権は、すべての著作物がすべての権利を享有できるわけではない。例えば、文字著作物は貸与権、展示権などを持たず、絵画作品は上演権・演奏権、撮影制作権などを持たない。

　著作隣接権とは、著作権法が、同法上における独創性を備えないものの、同様に奨励の必要がある創作または投資行為のために特に設けられた権利[3]である。中国の「著作権法」では特に一章を設けて「著作権に

---

[1]　「著作権法」第一条を参照。
[2]　「著作権法」第十条を参照。
[3]　崔国斌『著作権法の原理と案例』、北京大学出版社、2019.12、第510ページ参照。

隣接する権利」[4]について規定し、出版者、実演家、録音・録画制作者およびラジオ局、テレビ局などの権利に触れている。著作隣接権と前述の狭義の著作権の違いは、両者が対象とするものの違いである。前者は著作物を構成しないその他の成果を対象とし、後者は一定の独創性を有する著作物を対象とする。しかし同時に、著作隣接権の対象は著作物と密接にして不可分の関係にある。例えば、ラジオ局、テレビ局と音楽などの著作物との関係がこれにあたる。著作隣接権の独占権の設定については、一部の著作物の権利と同じである。例えば、録音制作者は複製権、頒布権、情報ネットワーク伝達権および貸与権などを享有する。

第二節　著作権のコンプライアンス創設の要点

第1　著作物の独創性に対する要件

著作物とは、「文学、芸術および科学分野において独創性を備え、一定の形式で表現可能な知的成果」[5]を指す。企業自身が著作物を創作する際には、以下の事項に注意する必要がある。

1. 著作物の独創性の判断について。独創性とは「初めて創られた」ことを意味せず、当該著作物が、労働者が独自に完成させた、知的創作の成果であることを指す

宝佳商標有限公司が陳釣賢、中華人民共和国国家工商行政管理総局商標評議委員会を訴えた異議申立行政訴訟再審案件における「（2012）知行字第38号」において、最高人民法院は次の点を明確に示した。「著作権法」が保護するのは、独創性を備える著作物であり、「独自に創作された」「最低限度の創作性を備える」という二つの面での条件を同時に満たして初めて「著作権法」が保護を目的とする著作物となり得る。「著作権法」の保護を受ける著作物には独自に完成させたことが要求されるだけでなく、知的創造物としてのレベルが一定の水準に達しており、その知的創造性が、作者独自の知的判断および選択を体現し、作者の個性

---

[4] 「著作権法」第四章を参照。
[5] 「著作権法」第三条参照。

を示し、かつ一定の創作レベルに到達していることを十分に体現できていなければならない。この「独自性」と「創造性」はどちらも欠けてはならない。

2. 著作権が保護しているのは創作的な表現であり、技術的解決手段、実用的な機能、事実そのもの編集などはいずれも保護の対象とならない

企業は、営利活動計画の策定時に、営利活動計画の文字著作物自体は著作権の保護を得られるが、当該著作物に記載されている営利計画そのものは保護を得られないという点に注意すべきである[6]。胡明方らが曹文志らを著作権侵害および不当競争で訴えた紛争案件における「(2005)昆民六初字第64号」で、昆明中級人民法院は次のように判示した。自身が『北方行方案(北京訪問計画)』の著作権者であることを認めよとする原告・胡明方の主張は、法に基づき支持されるべきである。しかし、原告は『北方行方案』に記載の北京訪問イベントの企画・プラン、準備の方法および具体的な実施ステップなどに基づいてイベントで当該著作物を使用、実施したのであって、このイベントで再現された著作物中の企画・計画、準備の方法および具体的な実施ステップといった内容は著作物のコンセプトおよび思想に属するが、著作権法上の複製行動には該当しない。よってこのイベントを根拠に権利を主張しても、その権利は「著作権法」が規定する著作権者が享有すべき権利の範疇に属するものではないため、訴えは棄却されるべきである。

【キーワード】著作物、独創性、独自に創作、創作的な表現、著作権保護

【関係法】「著作権法」(2020) 第3条

第2　特殊な著作物の権利の帰属の確定

「著作権法」第9条が規定する著作権者には、作者およびその他の著作権を享有する自然人、法人または非法人組織が含まれる。通常、著作

---

[6] 崔国斌『著作権法の原理と案例』、北京大学出版社、2019.12、第60ページ参照。

物の創作者を著作権者とするが、著作権法では、いくつかの特殊な状況においては著作物の創作者がそのまま著作権者とはならない場合がある旨が規定されている。中国の著作権法は職務著作物、委託著作物、共同著作物という三種類の特殊な著作物を規定しており、これらの著作物の特定の権利の帰属に関する規則は、企業が権利の帰属関係を審査する際に注意を払うに値する。

1. 職務著作物

「著作権法」第18条の規定によれば、職務著作物とは、自然人が法人または非法人組織の職務上の任務のために創作した著作物である。職務著作物とするには、次の二つの条件を満たす必要がある。1つ目は、自然人と法人または非法人組織の間に労働雇用関係があること。2つ目は、自然人の創作行為が、法人または非法人組織の職務上の任務のために行われたものであること。

職務著作物は、通常の職務著作物および特殊な職務著作物に分けられる。このうち、通常の職務著作物の著作権は創作者が享有し、法人または非法人組織は2年間の優先使用権を享有する。特殊な職務著作物の創作者は氏名表示権を享有し、著作権的その他の権利は法人または非法人組織が享有する。

「著作権法」では3種類の特殊な職務著作物が規定されている。1つ目は、主に、事業体の物質上の技術条件を利用して創作され、事業体が責任を負う著作物であり、これには工事の設計図、製品の設計図、地図、見取り図、コンピュータソフトウェアなどが含まれる。2つ目は、新聞社、雑誌社、通信社、ラジオ局、テレビ局の職員が創作した職務著作物である。3つ目は、法律で定められ、または契約の取り決めに従って著作権を法人または非法人組織が享有する職務著作物である。著作権法以外には、次の二つの行政法規に特殊な職務著作物の著作権に関する規定がある。「コンピュータソフトウェア保護条例」（2013）第13条[7]では、従業員がその事業体の在職期間中に開発した3種類のソフトウェアの著作権は事業体に帰属する旨が規定されている。「地方志工作条例」（2006）第15条[8]では、地誌書、地方総合年間の著作権は、その編纂を企画した地

誌業務に責任を負う機関に帰属する旨が規定されている。このほか、自
然人は法人または非法人組織と契約で取り決めるという方式で権利の帰
属を確定させ、自然人が著作物の氏名表示権を享有し、法人または非法
人組織は著作権のその他の権利を享有する旨を取り決めることができる。

2. 委託著作物

　「著作権法」第19条が規定する委託著作物とは、契約の取り決めによっ
て一方が別の一方に委託して創作した著作物である。当該著作物の著作
権の帰属は、委託者および受託者が契約により取り決める。契約に明確
な取り決めがないまたは契約を締結していない場合、著作権は受託者に
帰属する。「最高人民法院 著作権民事紛争案件の審理における適用法律
の若干の問題に関する解釈」第12条では、委託者が権利を享有してい
る状況、すなわち、委託著作物の著作権が受託者に帰属する状況では、
委託者は取り決めに従って著作物を使用することができ、取り決めを
行ってない場合には、委託者は、創作を依頼した際の特定の目的の範囲
内で、無償で当該著作物を使用することができる旨が規定されている。

3. 共同著作物

　「著作権法」第14条が規定する共同著作物とは、二人以上の者が共同
で創作した著作物を指す。共同著作物の著作権は、共同著作者によって
共有される。著作権法はこの権利の帰属について2種類のルールを挙げ
ている。1つ目は、共同著作物が分割できる場合、著作者は各自の創作

---

7 「コンピュータソフトウェア保護条例」(2013) 第13条：自然人が法人又はその他
　の組織での任職期間中に開発したソフトウェアで、次のいずれかの状況に該当す
　る場合には、当該ソフトウェアの著作権は当該法人又はその他の組織が享有する。
　当該法人又はその他の組織は、ソフトウェアを開発した自然人に対して報奨を行
　うことができる。(一) 自身の職務のうちで明確に指定されている開発目標に従っ
　て開発したソフトウェア。(二) 開発したソフトウェアが、自身の職務活動に従事
　することによる予見され得る結果又は自然の結果である。(三) 主に法人又はその
　他の組織の資金、専用設備、未公開の専門情報等の物質・技術条件を利用して開
　発し、法人又はその他の組織が責任を負うソフトウェア。

8 「地方志工作条例」(2006) 第15条：県級以上の行政区域の名称を冠する地方誌、
　地方総合年鑑は職務著作物であり、「中華人民共和国著作権法」第十六条第二項の
　規定に基づき、その著作権は編纂を企画した地誌業務に責任を負う機関が共有す
　る。編纂に参画した職員は署名権を享有する。

部分に対して単独で著作権を享有できる。2つ目は、共同著作物が分割できない場合、著作権は共同著作者が協議をし、合意の上で行使される。合意に至らず、正当な理由がない場合、いずれの一方も他の一方が譲渡、他人に対する専用利用の許可、質権設定以外のその他の権利を行使することを妨げてはならない。ただし、それで得られる収益はすべての共同著作者に合理的に分配しなければならない。「最高人民法院 著作権民事紛争案件の審理における適用法律の若干の問題に関する解釈」第14条では次のように規定されている。「当事者が特定の人物の経歴を題材に完成させることに合意した自伝的作品について、当事者が著作権の帰属について取り決めている場合には、その取り決めに従う。取り決めが無い場合には、著作権は当該特定の人物の享有に帰するが、執筆者又は整理人が当該作品の完成に労力を費やした場合には、著作権者は執筆者又は整理人に適当な報酬を支払うことができる」

　北京衆得文化伝播有限公司が、天津金狐文化伝播有限公司、万達影視伝媒有限公司、岳竜剛、新麗伝媒集団有限公司を著作物の翻案権侵害で訴えた紛争案件、すなわち「五環之歌権利侵害訴訟」案件（（2019）津03知民終6号）において、天津市第三中級人民法院は次のように判断した。『牡丹之歌』の歌詞部分と曲のメロディー部分はそれぞれ独立しており、分割可能な共同著作物に属する。また、『五環之歌』の歌詞は元の歌詞とは異なっており、新たな作品を構成する。したがって被控訴人の四者は、『牡丹之歌』の歌詞の翻案権を侵害していないと判断する。

【キーワード】著作権者、著作権、著作物の権利の帰属、職務著作物、特殊な職務著作物、委託著作物、共同著作物、共同著作者

【関係法】「著作権法」（2020）第9条（著作権者）、第14条（共同著作物）、第18条（職務著作物）、第19条（委託著作物）。「最高人民法院著作権民事紛争案件の審理における適用法律の若干の問題に関する解釈」（2020）第14条（自伝的作品の共同著作）。「コンピュータソフトウェア保護条例」（2013）第13条。「地誌業務条例」（2006）第15条

第三節　著作権および著作隣接権の使用のコンプライアンスの要点

「著作権法」では、著作者人格権4項目、著作財産権13項目および著作隣接権4項目がそれぞれ規定されている。著作権者は、自身が享有する著作財産権のすべてまたは一部について、他者の使用を許諾または他者に譲渡することができる。企業は、日常的な営利活動の中で、常に著作権法の保護を受けている著作物（文字、画像、音楽、製品の設計図、コンピュータソフトウェアなど）を使用している。著作権者による授権を得ずにこれらの著作物を使用した場合、他者の権利を侵害するおそれが生じる。このため、関連する著作物および著作隣接権を使用する際には、以下の方面にも注意を払うべきである。

第1　著作権および著作隣接権の主な内容

1. 著作権者が享有する著作財産権

「著作権法」第10条では、著作権者は自身の著作財産権について他者が行使することを許諾または他者に譲渡し、取り決めまたは本法の関連規定に照らして報酬を得ることができる旨が規定されている。企業は日常的な営利活動の中で、自社の商業的使用のニーズを明確にし、そのニーズに関わる著作物の関連著作権の帰属状況を周到かつ慎重に審査し、第三者の著作物を使用する際には第三者の著作権を譲受しまたは第三者の許諾を得る／授権を受けるという方法で合法的な権利を取得し、著作権者に相応の報酬を支払うことで、権利侵害を犯すリスクを回避すべきである。著作権者が享有する著作財産権には、複製権、頒布権、貸与権、展示権、上演権・演奏権、上映権、放送権、情報ネットワーク伝達権、撮影制作権、翻案権、翻訳権、編集権およびその他の合計13項目がある。

(1)　**複製権**とは、著作物を一部または複数部制作する権利を指す。複製行為の形式は多様で、一般的にはコピー、活字印刷、印刷、写真の焼き増し、音声テープ・ビデオテープなどのダビング、平面的美術著作物を基にした立体的芸術品の制作、彫刻や建築物などの立体芸術品に対して行われる写真撮影などが含まれる。洪福遠、鄧春香が、

貴州五福坊食品有限公司、貴州今彩民族文化研発有限公司を著作権
侵害で訴えた案件[9]（（2015）筑知民初字第17号）において、法院は、
五福坊公司が授権を得ずに、同社が生産、販売している貴州辣子鶏
（貴州省の名物料理——訳注）などの包装箱および商品パンフレッ
トに原告の著作物を一部使用したことは、原告の絵画・美術の著作
物に関わる複製権を侵害していると認定した。

(2) **頒布権**とは、有償譲渡または贈与という2種類の方法に限って公衆
に著作物の原本または複製品を提供する権利である。頒布権の特徴
は、著作物の原本または複製品の所有権が移動することにある。例
えば、書店で本を売ったり、音楽・映像ソフト販売店で音楽・映像
商品を売ったり、オークションで画家の作品を競売にかけたりする
行為はいずれも、著作権法が意図する頒布行為に該当し、まず授権
を受ける必要がある。海賊版の本、音楽・映像商品、ソフトウェア
の光ディスクを販売するなどの行為は、いずれも合法的な授権を受
けていないため、著作権者の頒布権を侵害する行為となる。頒布権
は「第一次譲渡による消尽」の原則に則るため、中古本、中古の音
楽・映像商品を販売する、転売するなどの行為は権利侵害を構成し
ない。

(3) **貸与権**とは、他者が視聴覚著作物、コンピュータソフトウェア著作
物の原本または複製品の使用を有償にて許諾する権利を指す。すな
わち、視聴覚著作物、コンピュータソフトウェア著作物の著作権者
は貸与権のみを享有する。著作権法は、貸与権について一つの例外
を設定しており、コンピュータソフトウェア自体が貸与の主な対象
でない場合には、貸与権を享有しないとしている。

(4) **展示権**は、美術著作物および撮影著作物という二種類の著作物を対
象に、それらの原本または複製品を公開陳列する権利を指す。例え
ば、美術館、博物館、絵画展、写真展などで、他者が著作権を享有
する美術著作物または撮影著作物を展示する場合、著作権者から授

---

[9]　最高人民法院指導案例80号

84　　第三章　著作権のコンプライアンス

権を受ける必要がある。「著作権法」第 20 条[10]の規定によると、作品の原本の所有権が移動した場合、作品の著作権は依然として譲渡人の所有に帰するが、美術、撮影著作物の原本の展示権は譲受人が享有する。張林英ら 4 人が広元公司、革命博物館、工美集団を著作権侵害で訴えた紛争案件[11]（（2002）高民終字第 728 号）において、法院は、革命博物館が油彩画『開国大典』の原本の所蔵者として展示権を享有することは認めたものの、当該油彩画作品の著作権の他の権利は依然として著作権者の享有に帰するとし、営利目的での使用の許諾を得ずに他者に授権し、金箔張りの『開国大典』を制作させ、頒布した革命博物館の行為は権利侵害に当たるとした。

(5) **上演権・演奏権**には、実演作品を公開する権利と、各種手段を用いて作品の実演を公開放送する権利が含まれる。実演の公開とは、人が主体となって生の実演を行うことで、詩歌の朗読、音楽著作物の歌唱、演奏、ダンスなどが含まれる。各種手段を用いた公開放送とは通常、機械を用いた実演を指す。例えば、理髪店、スーパーマーケット、レストランなどの営利施設でバックグラウンドミュージックとして放送することがこれにあたる。どのような方法で作品を実演するにせよ、いずれも著作権者の許諾を得なければならない。

(6) **上映権**は、美術、撮影、視聴覚の 3 種類の著作物の著作権者が享有する、上映機材、スライド映写機などの技術設備を利用して、その著作物を公開、再現する権利である。現在、上映権の侵害紛争は、娯楽・レジャー施設で多発している。例えば、カラオケなどの娯楽施設で、歌曲または音楽・テレビ作品の著作権者からの授権を経ないまま公衆のリクエストを受けて放送するサービスを提供したり、喫茶店などのレジャー施設で映画・テレビ作品の著作権者からの授権を得ずにプロジェクターでの投影などの方法により公衆に対して上映したりすることなどが挙げられる。

---

[10] 「著作権法」（2020）第 20 条：著作物の原本に係る所有権の移転は、著作権の帰属を変更しない。ただし、美術著作物及び撮影著作物の原本の展示権は、原本の所有者が享有する。

[11] 2002 年最高人民法院公報案例。

(7) **放送権**には、著作物を遠隔で伝達する権利および生で伝達する権利が含まれる。遠隔での伝達は無線方式での伝達、優先ケーブルでの伝達、ウェブキャストまたは中継などの方式で公衆に著作物を伝達することであり、この種の伝達は、非双方向的な伝達である。ライブでの伝達は、ラジオ、テレビなどを通じて現場にいる公衆のために伝達することである。例えば、レストラン、バーなどが店内の観衆に映像ソフトなどの著作物を放送することがこれに当たる。法律実務においては、授権を経ないままに映画・テレビ作品を放送したことで、著作権者の放送権を侵害したと判決を受けた事例[12]がかなりあるほか、インターネットプラットフォームで授権を得ずにリアルタイムでテレビ番組を中継し、著作権者の放送権の侵害と認定された事例[13]もある。

(8) **情報ネットワーク伝達権**は、有線または無線方式で公衆に著作物を伝達する権利であるという点で放送権と似ているが、著作物を受け取る公衆が著作物を鑑賞する時間と場所を自分で選べるという点が異なる。すなわち、情報ネットワーク伝達権が規制するのは、双方向なやり方での伝達行為である。著作権者の許諾を経ないままに著作物をネットワークにアップロードし、公衆が自ら閲覧、観覧またはダウンロードできるようにする行為は、典型的な情報ネットワーク伝達権侵害行為である。「最高人民法院 情報ネットワーク伝達権侵害の民事紛争案件の審理における法律適用の若干の問題に関する規定」第2条では、情報ネットワークに対して比較的幅広い解釈がなされており、コンピュータ・インターネット、ラジオ・テレビネット、固定通信ネット、モバイル通信ネットなどの情報ネットワークおよび公衆向けに開放されているローカルエリアネットワーク（LAN）を含むとしている。「北京市高級人民法院 ネットワーク著作権紛争案件の若干の問題に関する指導意見（一）（試行）」第9

---

[12] （2014）長中民五初字第00721号、国家広播電影電視総局電影衛星頻道節目制作中心と湖南電視台瀟湘電影頻道の著作物放送権侵害紛争案件。

[13] 北京法院2013年度知的財産権司法保護十大革新案例の三番目：「春節聯歓晩会（中国で毎年旧正月の前夜に放送される娯楽番組——訳注）」ネットワークライブ配信著作権案件。

条[14]は、LAN内で著作物を伝達する行為を、情報ネットワーク伝達権規制の範囲内に盛り込むとしている。

(9) **撮影制作権、翻案権、翻訳権、編集権**は、「著作権法」が規定する4種類の派生的権利であって、原著作物を土台に新たな著作物を形成する権利である。撮影制作権が規制するのは、原著作物を土台に新たな視聴覚著作物を撮影、制作する行為である。例えば、他者が小説、脚本などの著作物をもとに映画・テレビ作品を撮影するにあたっては、小説、脚本などの著作物の著作権者の許諾が必要となる。翻案権が規制するのは著作物を改編する行為である。例えば、小説を改編して脚本化または漫画化することなどがある。翻訳権が規制するのは、著作物をある言語から別の言語に置き換える行為である。編集権が規制するのは、著作物または著作物の一部を選択または改編し、集約して新たな著作物を作り出す行為である。

「著作権法」第13条では、既存の著作物に対する翻案、翻訳、注釈の追加、整理によって生み出された著作物について、その著作権は翻案、翻訳、注釈、整理を行ったものが共有するが、著作権を行使する場合に原著作物の著作権を侵害してはならない旨が規定されている。第15条では次のように規定されている。「若干数の著作物、著作物の一部または著作物として構成されていないデータ又はその他の資料を編集し、その内容を選択又は改編して独創性を体現している著作物は、編集著作物として、その著作権は編集者が享有する。ただし、著作権を行使する場合には、原著作物の著作権を侵害してはならない」

---

[14] 「北京市高級人民法院 ネットワーク著作権紛争案件の若干の問題に関する指導意見（一）（試行）」（2010）第9条：著作物、実演、録音・録画製品をアップロード又はその他の方式で公衆向けにオープンなLAN内に置き、公衆がその者が選んだ時間および場所でこれらを得られるようにすることは、情報ネットワークでの伝達行為に属する。

2. 著作権法ではさらに、専用出著作権、実演家の権利、録音・録画制作者権および放送事業者権という合計 4 項目の著作隣接権について規定されている

(1) **専用出著作権**とは、「著作権法」第 33 条[15]および第 63 条[16]の規定によると、図書出版者が著作権者と交わした契約の取り決めに従って著作物に対して独占的に複製と頒布を行う権利を指す。図書出版者は自身が出版する図書、雑誌のレイアウトデザイン権も享有する。

(2) **実演家の権利**とは、実演家が自身の実演活動に対して享有する独占権を指し、実演家が享有する実演家本人が身分を表示する権利および実演する著作物のイメージが歪曲されないよう保護する権利という二種類の人格権と、現場中継権、録音・録画権、録音・録画製品に対する複製・頒布・貸与権および録音・録画製品に対する情報ネットワーク伝達権の財産権 4 項目が含まれる。他者の著作物を実演する場合、著作権者の授権を受けなければならない。実演活動を現場中継しまたは録音・録画する場合、録音・録画製品の複製・頒布・貸与を行いまたは情報ネットワークを通じて録音・録画製品を伝達する場合は、著作権者および実演家の授権を受けなければならない。

(3) **録音・録画制作者権**は、録音・録画制作者が自身の製作する録音製品、録画製品に対して享有する独占権を指し、複製権、頒布権、貸与権、情報ネットワーク伝達権が含まれる。加えて、録画制作者はテレビ局に放送を許可する権利を単独で享有し、録音制作者は録音製品を伝達し、報酬を得る権利を単独で共有する。

(4) **放送事業者権**とは、ラジオ局、テレビ局が他者の著作物を放送する際に享有する独占権を指し、中継放送権、録音・録画・複製権および情報ネットワーク伝達権が含まれる。

---

[15] 「著作権法」(2020) 第 33 条：図書出版者は、著作権者から出版用に渡された著作物について、契約により享有が取り決められた専用出版権に基づき本法による保護を受ける。その他の者は、当該著作物を出版してはならない。

[16] 「著作権法」(2020) 第 63 条：本法第 2 条にいう出版とは、著作物の複製および頒布を指す。

企業は、商業的使用のニーズを踏まえ、上記で言及されている著作権および著作隣接権の帰属関係を審査することで、関連する使用行為が合法的な授権を受けているか否かを確認すべきである。著作権者の許諾を得ずに他者の著作物を使用した場合、権利侵害となる可能性があるだけでなく、情状が重大であると判断されれば、著作権侵害罪に問われる場合がある。

最高人民法院が 2014 年に公表した十大知的財産権案件の十件目、動画サイト「思路網」の運営者である周志全ら 7 人による著作権侵害案件[17]（（2014）一中刑終字第 2516 号）において、被告人・周志全ら 7 人は、著作権者の許可を得ずに、会員制方式で、他者が著作権を享有する大量の映画・テレビ、音楽などの著作物をトレント（ファイル共有ソフトの一つ——訳注）形式でインターネット掲示板の HDstar にアップロードし、延べ 2.6 万人余りの登録会員のダウンロードに供し、思路網サイト内には広告を掲載して、サイト登録招待コードおよび VIP 会員資格を販売する営利行為をした。法院は著作権侵害罪と判定し、主犯に有期懲役 5 年、過料 100 万元を命じる判決を下した。

【キーワード】著作財産権、複製権、頒布権、貸与権、展示権、上演権・演奏権、上映権、放送権、情報ネットワーク伝達権、撮影制作権、翻案権、翻訳権、編集権、派生的権利、著作隣接権、レイアウトデザイン権、専用出著作権、実演家の権利、録音・録画制作者権、放送事業者権

【関係法】「著作権法」（2020）第 10 条（著作財産権の許諾または譲渡）、第 13 条（派生的著作物の著作権）、第 15 条（改編によって作られた著作物の著作権）、第 20 条（展示権）、第 33 条、第 63 条（専用出著作権）。「最高人民法院 情報ネットワーク伝達権侵害の民事紛争案件の審理における法律適用の若干の問題に関する規定」（2020）第 2 条。「北京市高級人民法院 ネットワーク著作権紛争案件の若干の問題に関する指導意見（一）（試行）」（2010）第 9 条

---

[17] 北京市海淀区人民検察院が周志全のほか、賈、李、蘇、曹、寇、崔合計 7 名を訴えた著作権侵害罪案件。

第2 著作権契約締結時のコンプライアンスの要点

1. 権利の帰属関係の審査では、授権者が原権利者かサブライセンサーかに注意する

　企業が権利者から授権を受ける際には、権利者の授権資格を審査することで、授権主体が権利を与える権利を持っているかどうかを確認しておくべきである。企業は通常、原著作権者から直接授権を受けるが、時として著作権のライセンシーを中継する形で利用権限または許諾を得る場合もあるからである

　授権者が原権利者である場合、企業は授権者から提供された著作権のドラフト、原本、合法的出版物、著作権登記証明書、認証機関の証明書などの権利の帰属証明書類を重点的に審査することで、授権者の授権資格を確定しなければならない。著作物の種類が異なれば、原権利者も異なる。例えば、映画・テレビ作品の著作権者は制作者であり、その原権利者も制作者である。ただし、映画・テレビ作品に関わる脚本、音楽、キャラクターのイメージ、アニメーションのキャラクターなどの著作物の作者も、その著作物に対してそれぞれ単独で著作権を享有している。これらの著作物を単独で使用する必要がある場合、原授権者も脚本の脚本家、音楽著作物の作詞者や作曲者、アニメキャラクターのデザイナーなどとなる。原権利者を審査する際には、共同権利者の有無について審査することにも注意を払うべきである。映画・テレビ作品には通常、共同権利者がいる。このほか、企業は授権者への問い合わせ、コンプライアンス調査、または授権者に担保の提供または取り決めた一部残金を後払いする方式を要求し、事前に矛盾のない授権を確保すべきである。

　サブライセンサーは著作権のライセンシーである。もし授権者がサブライセンサーであれば、原権利者の検証事項以外にも、授権者が受けた授権の帰属関係は明確で完全か、自らの前に存在するすべてのライセンサーから一つ一つ授権を受けているかどうかを審査すべきである。権利の契約書、業界の慣例に合った権利者の声明などを受け取る場合、これらの書類に記載されている授権者が授権を受けた権利の種類、権利期間などに特に注目し、権利の範囲または期間の超過によって権利侵害紛争

が引き起こされることを避けるべきである。このほか、サブライセンサーの授権資格も注目すべきポイントであり、関連書類を検証する際には、サブライセンサーが再委託権を享有しているかどうかに注意し、サブライセンサーが再委託を行う権利を持っていないにもかかわらず委託を行ったことで、得た権利が形だけで中身のないものとなることを回避すべきである。

2. 著作権使用許諾契約（ライセンス契約）または権利譲渡契約

「著作権法」第26条では、使用許諾契約（ライセンス契約）の主な内容について規定されており、これには、使用を許諾する権利の種類、ライセンス方式、地域、期間、報酬支払いの基準と方法、違約責任および双方が取り決めたその他の内容が含まれる。このうち、ライセンス方式には、専有使用権ライセンスと非専有使用権ライセンスがある。専有使用権ライセンスは、ライセンシーに排他独占的に権利を享有させるもので、ライセンシーのみが与えられた権利を使用できる。非専有ライセンスは排他性を備えておらず、著作権者、授権ライセンシーおよび授権を受けた第三者はいずれも、与えられた権利を使用できる。権利の地域的範囲は、世界規模なのか、それとも具体的にどこ（一つの国・地域または複数の国・地域）なのか明確にする必要がある。権利の期間は永久なのか、具体的な期間に限定されるのか明確にする必要がある。このほか、使用許諾契約（ライセンス契約）では通常、与えられた権利を使用する手段についても取り決められる。権利を使用するプラットフォームはソーシャルメディアか、テレビか、販売所か、印刷出版物なのか、インターネットなどなのか取り決める。

「著作権法」第27条では、権利譲渡契約に含めるべき主な内容が次のように規定されている。「著作権の名称、譲渡する権利の種類、地域、譲渡金額並びにその支払い期日及び方式、違約責任及び双方が取り決めたその他の内容。権利の譲渡を通じて、譲受人は著作財産権の所有権を得る。

著作権使用許諾契約（ライセンス契約）および権利譲渡契約の審査の重点は、授権／譲渡する権利の種類および範囲であり、ライセンシー／

譲受人はライセンス契約／譲渡契約を通じて著作権者のどの権利を得られるのかを明確にすべきである。著作権者が契約の中で許諾、譲渡する権利を明確にしていない場合、実際に使用する過程で別途、著作権者の授権を受けなければならない。実際には、著作物の種類が異なるため、許諾／譲渡主体が複数に及び、そのそれぞれの主体が許諾／譲渡する権利の範囲および制限もそれぞれ異なる可能性もあり、企業が行う契約審査の難度がある程度高まることになる。企業は実際の商業上のニーズに基づき、使用する著作物の種類を確定し、上記法律の規定を踏まえて対応する許諾／譲渡契約の要点・検査リストを作成することで、契約審査の見落としを回避することができる。

このほか、「著作権法」第25条、第35条、第42条、第46条では、教科書の編纂、定期刊行物への転載、録音製品の制作、すでに発表された著作物の放送の4項目の法定許諾について規定されており、これらは法に基づき著作権者の許諾を得る必要はないが、相応の報酬を支払わなければならないとしている。「著作権法」第31条では、出版者、実演家、録音・録画制作者、ラジオ局、テレビ局などが本法の関連規定に従って他者の著作物を使用する場合には、作者の氏名表示権、改変権、同一性保持権および報酬を得る権利を侵害してはならない旨が規定されている。

上海美術電影制片廠が浙江新影年代文化伝播有限公司、華誼兄弟上海影院管理有限公司を訴えた著作権侵害紛争案件（(2015) 滬知民終字第730号）において、法院は次のように判断した。本案件で問題とされている映画ポスターは1980年代の少年・児童の特徴を説明するという特殊な事情のため、当時の子供向けアニメのイメージとして代表的な「葫芦娃（ひょうたん童子）」、「黒猫警長（黒猫警部）」という美術著作物を適切に引用し、当時の年代的特徴を備えるその他の要素とともに映画ポスターの背景デザインとしており、係争作品の芸術的美感を単純にそのまま示したわけではない上、その価値と機能には移り変わりが生じており、移り変わりの程度もやや高く、転換的使用、合理的な使用と見なせるものになっている。

3. 授権・ライセンスの期限が切れた場合の善後策

　法律実務において、いくつかの紛争は、授権・ライセンスの期限が切れた後も著作物の使用を続けたことで権利侵害となったことにより発生している。例えば、使用許諾期間内に制作した広告物を、許諾期間経過後も、自社のメディア上で表示を続ける行為などが挙げられる。元陸上競技選手の劉翔が独・BMW を訴えた肖像権侵害紛争案件（（2020）京03 民終 4725 号）において、一審、二審法院はいずれも次のように認定した。BMW が劉翔とのイメージキャラクター契約を解除した後も、それまで微博（ウェイボー）、微信（ウィーチャット）の自社メディアプラットフォームで公表していたイメージキャラクター画像を削除していなかったことは、劉翔の肖像使用であり、かつこの使用は劉翔の授権を得ず、同意を得ないものであった。また、その他の使用状況も合理性を備えるものではなく、劉翔の肖像権に対する侵害行為を構成する。

　許諾の期限が切れたことによる権利侵害紛争の発生を回避するため、企業はライセンシーと契約の中で、授権の期限が切れた後の関連の権利帰属状況について取り決めを交わしておくとよい。また、授権期間中、インターネット上で著作物を使用する場合に、かかるサイト上に「著作権の帰属先と未許諾での転載を禁止すること」を明記しておくとよい。期限が切れると、継続使用可能な権利の根拠は原則としてすでに失われているので、契約に別途取り決めがある場合を除き、企業はただちに使用を停止しなければならない。第三者が転載している授権期間中に発表した関連コンテンツについては、企業は期限が切れた後、原則的には削除義務を負わない。

【キーワード】原権利者、共同権利者、著作権授権、著作権許諾、使用ライセンス契約、専有使用権ライセンス、非専有ライセンス、権利譲渡契約、再委託権、法定許可、合理的使用、著作隣接権

【関係法】「著作権法」（2020）第 26 条（使用ライセンス契約）、第 27条（権利譲渡契約）、第 25 条、第 35 条、第 42 条、第 46 条（法定許諾）、第 31 条（著作隣接権の義務）

第3 人気のある著作物のコンプライアンスの審査

「著作権法」第3条は主要な著作物の種類を列挙している。文字、音楽、演劇関連、美術、建築物、撮影・視聴覚関連、図形および模型、コンピュータソフトウェアなどであり、これらの著作物はいずれも著作権法の保護の範囲内に含まれる。企業が商業的使用においてよく触れるであろう著作物の種類は、文字著作物、音楽著作物、美術著作物（フォント、グラフィティ、実用的芸術品）、撮影著作物（画像など）、視聴覚著作物、パブリックドメインの著作物などがある。

1. 文字著作物

「著作権法実施条例」第4条第（一）号の規定によると、文字著作物とは小説、詩歌、散文、論文などの文字形式で表現される著作物を指す。文字著作物の著作権者は創作者または著作物上に署名のある自然人、法人または非法人組織となる。多くの文字著作物の著作権者は中国文字著作権協会と「文字著作物著作権集合管理契約」を締結することになる。文字著作物の授権が必要な場合は、著作権者または中国文字著作権協会に問い合わせることができる。企業は、授権を受ける過程で、文字著作物に係る著作権者や著作隣接権者について、ならびに著作権者が中国文字著作権協会および交わした授権書類について、それらの授権権限の範囲について検証すべきである。

2. 音楽著作物

「著作権法実施条例」第4条第（三）号の規定によると、音楽著作物とは、歌曲、交響楽などの、歌唱または演奏可能な、歌詞が付属するまたは付属しない著作物を指す。音楽著作物の著作権者には作詞者や作曲者が、著作隣接権者には主に実演家、録音・録画制作者が含まれる。音楽著作物については、歌詞と楽曲は独立した著作物としてそれぞれ使用可能である。音楽著作物の歌詞と曲を両方使う場合、歌作詞者と曲の作者両方から授権を受ける必要がある。例えば、音楽著作物の原曲のみ使い、元の歌詞は使わずに新たに歌詞を創作する場合、授権を受ける必要があるのは曲の作者からのみとなる。同じ理屈で、音楽著作物の歌詞のみを使い、曲を新しく創作する場合、作詞者から授権を受けるだけでよい。

中国において、多くの音楽著作物の著作権者は中国音楽著作権協会（以下「音著協」と略す）と「音楽著作権契約」を締結する。音楽著作物の授権が必要な場合、著作権者または音著協に連絡してみるとよいだろう。音著協を通じて授権の許諾を得る場合、企業は逐次、音楽著作物の歌作詞者、曲の作者について、それらと音著協の授権書類について、それらの授権権限の範囲について検証すべきである。著作権者が音著協に与えているかどうか明確でない権利については、なお単独で著作権者の許諾を得る必要がある。

北京華楽成盟音楽有限公司と深セン市騰訊計算機系統有限公司（テンセント）、浙江広播電視集団（広電集団）、上海燦星文化伝播有限公司の著作権侵害紛争案件（（2016）京0105民初43676号）において、法院は次のように判断した。広電集団、テンセントなどは音著協と授権契約を交わしてはいるものの、本案件で問題となっている著作物の作詞者は情報ネットワーク伝達権を音著協に付与していなかった。このことから、浙江広電集団、テンセントが作詞者の授権を受けないまま、情報ネットワークを通じて新藍網（広電集団が運営するメディアサイト——訳注）、騰訊音楽（テンセントの音楽配信サービス——訳注）、騰訊視頻（テンセントの動画サービス——訳注）などで、係争著作物を使用したテレビドラマ番組を伝達したことは、権利侵害と見なすべきである。

3. 美術著作物

「著作権法実施条例」第4条第（八）号の規定によると、美術著作物とは絵画、書、影像・塑像などの線、色彩またはその他の方式で構成される審美的意義を持つ平面または立体的に造型された芸術作品を指す。企業が日常的な経営や宣伝活動で触れることが多い美術著作物はフォント、グラフィティ作品および実用的芸術品である。

向佳紅が中国電影股份有限公司（中影公司）らを訴えた著作物の複製権、氏名表示権侵害紛争案件（すなわち、映画『九層妖塔（ドラゴン・クロニクル 妖魔塔の伝説）』案件）（（2018）京73民終1428号）、北京北大方正電子有限公司が暴雪娯楽股份有限公司らを訴えた著作権侵害紛争案件（（2007）高民初字第1108号）、北京漢儀科印信息技術有限公司

が青蛙王子（中国）日化有限公司らを訴えた著作権侵害紛争案件（すなわち、「城市宝貝」フォント案件）（(2012) 蘇知民終字第 0161 号）などを見ると、タイプフェイス全体が著作権法の保護を受ける著作物となることに議論の余地はないが、タイプフェイスの中の一つの文字（フォント）が著作権法上の美術著作物となるかどうかは、現状、法院が個別の案件ごとに認定を下す傾向にある。

　タイプフェイスの中の一つの文字（フォント）が著作物の独創性の要件を満たしている場合、通常、法院はいずれも美術著作物であると判断する。企業が日常業務を実行する中で、いくつかの無料のフォントのみ使用する場合、その権限は大衆向けに開放されているため、商業目的以外で使うのであれば通常は制限を受けない。しかし、正規版のフォントについて、商業利用する必要がある場合、著作権者の許諾を得て、または授権を受け、使用において著作権者が設定した使用方式、範囲および持続時間などの制限条件に注意する必要がある。通常、タイプフェイス商品の権利者（上記の案例では方正、漢儀）はフォントの商業利用の方式や範囲について授権の説明を付している。タイプフェイス購入時には、フォントの商業利用の方式、範囲および制限を仔細に読み込み、自身の商業上のニーズを満たし得るかどうかを総合的に考慮し、適時に授権者と交渉し、相応の変更を加えるべきである。

　美術著作物グラフィティに含まれる内容は多い。英文フォントを変形させたものが中心で、続いて 3D グラフィティ、人物グラフィティ、風景グラフィティ、アニメキャラクターなどがある。美しく鮮やかな配色は、見る人に強烈な視覚効果と宣伝効果を与える。他者の美術著作物では、他者の美術著作物にグラフィティを行う場合は著作権者の同一性保持権の侵害を回避すべきである。原作品を使用または改編する際には、原作品の著作権者の許諾を得る必要があり、さらに改変した作品の権利の帰属について前もって取り決めておく必要がある。グラフィティ作品が他者の美術著作物の二次創作である場合、新たな著作物と見なされ、当該グラフィティ作品の著作権は改編者に帰属する可能性がある。改編者が不特定の大衆である場合、改変に参加する大衆は当該グラフィティ作品の権利の帰属について前もって取り決めておくべきである。改変後

の作品を使用する場合は、改編作品と原作品、それぞれの著作権者から許諾を得なければならない

　実用的芸術品は美術著作物の範疇に属し、著作権法の保護を受ける。当該著作物の実用性と芸術性は相互に独立可能なものでなくてはならず、かつ、芸術性は美術著作物と見なせる最低要件を満たす必要がある。そうして初めて法律の保護を得られる。スウェーデンのイケアが台州市中天塑業有限公司（中天塑業公司）を訴えた著作財産権侵害紛争案件（すなわち、イケア「マンムット（イケアの子供用家具ブランド——訳注）」子供用チェア・スツール案件）（（2008）滬二中民五知初字第187号）において、法院は、マンムットの子供用チェアおよびスツールは、その芸術性が美術著作物と見なせる最低要件を満たしていないため、著作権の保護は得られないと判断した。また、欧可宝貝有限公司（OKBABY）が慈渓市佳宝児童用品有限公司らを訴えた著作権侵害紛争案件（すなわち、「OKBABY」子供用洋式便器・浴槽案件）（（2008）二中民初字第12293号）において、法院は次のように判断した。案件で問題とされている子ウサギがデザインされた子供用おまる「Spidy」、アヒルがデザインされた子供用洋式補助便座「Ducka」および子グマがデザインされた子供用バスチェア「Buddy」は、動物のイメージと子供が使用するおまる、補助便座、バスチェアとが相互に結びついており、造形は独特で、審美的意義と芸術性、独創性、複製可能性を備えている。中国の著作権法に定められた作品の構成要件を満たしており、同法の保護を受けるべきである。

4. 撮影著作物

　「著作権法実施条例」第4条第（十）号の規定によると、撮影著作物とは、器械を使って感光材料またはその他のメディアに客観的物体のイメージを記録した芸術作品を指す。現代の科学技術条件のもとでは、撮影著作物を記録および保存する媒体には、従来のフィルムと印画紙のほか、光ディスク、メモリなども含まれる。撮影著作物の著作権者は撮影者であり、複製権、頒布権、展示権、上映権、情報ネットワーク伝達権、撮影制作権、翻案権などを享有する。法律実務においては、著作権侵害紛争全体に占める割合が比較的高いのが、画像類の著作権が関わる紛争

である。

　2020年5月20日に国家著作権局が発表した「撮影著作物の著作権秩序整備に関する通知」（国版発〔2020〕1号）第2条では、ニュース関連事業者、インターネットコンテンツサービスプロバイダ、インターネット上の公式アカウント、フォトギャラリーの運営事業者、非メディア系機構および個人などが他者の撮影著作物を使用する場合、著作権の法令を厳格に遵守し、撮影著作物の著作権者から許諾を得て、報酬を支払わなければならない旨が規定されている。ただし、法令に別途規定がある場合または当事者が別途取り決めを行っている場合はこの限りではない。撮影著作物の作者の許諾を得ずに、撮影著作物の構図、色彩などに対して実質的な修正を行ってはならず、撮影著作物のタイトルや作品の本来の意図を歪曲、改ざんしてはならない。第7条では、撮影著作物の伝達のためにサービスを提供するネットワークサービスプロバイダは、「情報ネットワーク伝達権保護条例」の関連規定を厳格に守り、オープンでスピーディな権利保護の手段を提供し、権利侵害の紛争や告訴を適時に処理し、現実に即して「通知——削除」という法的義務を履行しなければならない旨が規定されている。

　撮影著作物の使用については、原則的にすべて、撮影著作物の著作権者の許諾を得て、報酬を支払わなければならない。企業による撮影著作物である画像の使用は、通常、次に示す3種類に分けられる。1つ目は、無料の画像系ウェブサイトから画像をダウンロードし、使用するもので、使用前にはサイトが公表している許諾合意の内容をチェックし、許諾合意の内容に基づいて使用しなければならず、許諾の範囲を超えて使用してはならない。2つ目は、広告・宣伝での画像使用であるが、企業が広告主として広告会社と契約を結ぶ際に、権利侵害紛争が発生した場合には広告会社が関連する法的責任を負うよう取り決めたとしても、当該取り決めは企業と広告会社の間の内部の取り決めに属するため、これを理由に画像の権利者の主張に抵抗することはできない。このため、企業は、広告会社に広告の製作を依頼する際には広告の内容を審査し、発生する可能性のある権利侵害リスクを回避するようにすべきである。3つ目は、検索エンジン、微信（ウィチャット）の公式アカウント、フォトギャラ

リー、素材の自動生成プラットフォーム、画像編集プラットフォームなどの第三者プラットフォームを通じて画像を取得するものである。これらのプラットフォームにある作者不明、出所不明の画像は、無断で使用することができない。フォトギャラリーで購入またはダウンロードした画像については、フォトギャラリーの著作権声明を入念に審査すべきである。フォトギャラリープラットフォームが画像について「著作権を享有しない」または画像のダウンロードと使用に対して「責任を負わない」との声明を明示している場合、そのプラットフォーム内のリソースは選択、取得すべきではない。

このほか、いくつかの撮影著作物の著作権者は中国撮影著作権協会（以下「撮著協」と略す）と「撮影著作物著作権契約」を結び、自身の著作権を撮著協に付与している。撮著協を通じて授権・ライセンスを得る場合、企業は撮影著作物の著作権者について、それらと撮著協との授権書類や授権の範囲について検証すべきである。著作権者が撮著協に権利を付与しているか否かが明確でない権利については、なお単独で著作権者の許諾を得る必要がある。

5. 視聴覚著作物

2020年に改正された「著作権法」では「映画作品および映画撮影・制作と類似の方法で創作された著作物」が視聴覚著作物に統一された。改正後の「著作権法」第17条では、次のように規定されている。視聴覚著作物における映画作品、テレビドラマ作品の著作権は制作者が享有するが、脚本家、監督、カメラマン、作詞者、作曲者などの制作関係者は氏名表示権を享有し、制作者と締結した契約に基づいて報酬を得る権利を有する。前項の規定以外の視聴覚著作物の著作権の帰属については当事者が取り決める。取り決めが無い場合または取り決めが不明確な場合は制作者が共有するが、制作関係者は氏名表示権および報酬を得る権利を享有する。

視聴覚著作物の権利の帰属は特殊である。映画およびテレビドラマ作品については、著作権は制作者が享有し、脚本家、監督、カメラマン、作詞者、作曲者などの制作関係者は氏名表示権および報酬を得る権利を

享有する。映画、テレビドラマ以外の視聴覚著作物について、著作権の帰属は当事者間の取り決めを優先し、次点では制作者が享有することになる。現在の法律は、誰が「制作者」なのかを明確に規定していない。実際には、映画・テレビ作品の製作に携わる主体は多く、出品者、プロデューサー、配給者、制作者などがある。映画・テレビ作品を使用するために授権を受ける過程では、まず授権の主体を明確にする必要がある。

　「映画管理条例」「国産映画字幕管理規定」（広影字〔2003〕第 669 号）、「テレビドラマ管理規定」「ラジオ・テレビドラマ番組制作者の資格証所持・就業許可暫定規定」などの行政法規および部門規約にある規定、映画・テレビ業界の慣例を踏まえると、配給会社は一部の映画・テレビドラマの出資主体であり、出品者とは一般的に主要な出資者の法定代表者である。制作会社、プロデューサーは映画・テレビドラマ制作全体の段取りを担うが、それらが出資主体である場合もある。撮影事業者、撮影者は通常、配給会社の依頼を受けて映画・テレビドラマの撮影、制作を請け負う法人主体である。彼らが出資主体となる場合もある。一般的に、配給会社としてクレジットされている者を映画・テレビ作品の著作権者と認定することができ、制作会社、撮影事業者は、ある条件の下で著作権者となる場合がある。

　「北京市高級人民法院 著作権侵害案件審理ガイドライン」第 3.1 条では、著作物の権利の帰属証明のルールが明確にされている。このルールを用いて映画・テレビ作品の権利の帰属を認定する場合、映画・テレビ作品に明確に表記されている権利の帰属情報に基づいて著作権者を確定することができる。ただし、相反する証拠・証明がある場合はこの限りではない。例えば、映画『芳華（芳華 -Youth-）』ではエンドロールにて、「本作の著作権は、浙江東陽美拉伝媒有限公司、華誼兄弟電影有限公司ほか 5 社が享有します」と、著作権者についての声明を明示している。映画・テレビ作品に権利の帰属情報の声明が明示されていない場合、映画・テレビ作品のオープニングまたはエンドロールに配給会社としてクレジットされている者が著作権者であり、配給会社のクレジットが無い場合、撮影事業者としてクレジットされている者を著作権者と認定することができる。ただし、相反する証拠・証明がある場合はこの限りでは

ない。この二つの方法でも著作権者を確定できない場合、製作許可証、撮影許可証、配給許可証、公開上映許可証などの行政機関が交付する証明書を権利の帰属を認定する参考とすることができるが、これらの証明書を単独で帰属認定の証拠とすることはできない。

中国では映画・テレビ作品のクレジットについて整備されていないため、法律実務において著作権者を確定させる際には、通常、共同製作合意を頼りに実際の制作者を判断し、ここから著作権者を確定している。例えば、上海益通文化伝播有限公司と唐人電影国際有限公司、北京永遇楽影視文化芸術有限公司の共同製作契約紛争控訴案件（すなわち、テレビドラマ『仙剣奇侠伝』著作権契約紛争案件（（2013）滬一中民五（知）終字第171号））において、法院は、複数の映画投資家・配給会社がそれぞれの間で締結した契約の取り決めは、著作権者を認定するための最も重要な基準となり、紛争発生時の中核的判断要素でもあると判断している。北京傲游天下科技有限公司と楽視網信息技術（北京）股份有限公司の著作権侵害紛争控訴案件（（2011）一中民終字第5744号）の判決において、各当事者が映画の著作権の帰属について事前に明確な取り決めを行っていない場合において、法院は、映画の配給会社がその映画に対する著作権を享有すると判定する傾向にある。

以上をまとめると、映画・テレビ作品を使用する際には、実際の著作権者を検証することで、映画・テレビ作品の権利の帰属を確定させるべきである。通常、検証は以下の方法によって行うことができる。1つ目は、権利の帰属関係を確定させた元の契約を検証することである。これは例えば、投資合意、提携合意、撮影合意、権利付与書などがこれにあたる。2つ目は、国家著作権局の認証を受けた著作権者であるかについて、作品の登記証明書を検証することである。3つ目は、映画・テレビ作品中に注記される著作権声明で確認できる主体を検証することである。通常、「ⓒ」のマークが付されている。4つ目は、「配給会社、制作会社、合同配給会社、撮影事業者、合同撮影事業者」などとしてクレジットされている主体を検証することである。5つ目は、撮影許可証、配給許可証に署名のある主体を検証することである。同時に複数の共同著作権者が存在する場合、十分かつ有効な授権を受けることを確実に保証するため、

映画・テレビ作品の投資合意を検証することで、発生する可能性のある著作権紛争を回避すべきである。

このほか、「著作権法」はさらに視聴覚著作物のうち単独で許諾が可能な種類を規定しており、映画・テレビ作品の脚本家、作詞者、作曲者、美術デザイナーなどの制作関係者は、自身の著作物（映画・テレビの脚本、音楽、キャラクターのイメージなど）に対して単独で著作権を行使できる。また、視聴覚著作物の著作隣接権の主なものは上演権・演奏権であり、実演家は自身の身分を表示する権利および報酬を得る権利を享有する。映画・テレビ作品の脚本、音楽、キャラクターのイメージ、アフレコ音声、ナレーション／セリフ（または他者によるその声の模倣）などの著作物を単独で使用する必要がある場合、関連著作物の著作権者または肖像権者に連絡を取り、授権を受ける必要がある。同様に、広告・宣伝の中で他者（例えば、人気芸能人や著名人）の声を使用する必要がある場合も、単独で授権を受けなければならない。

6. パブリックドメイン著作物

博物館にある所蔵品の大多数はパブリックドメインとなっている。著作権の保護期間が過ぎたものはパブリックドメインとなり、博物館はこの著作権に対して開発・使用を行うことが可能となる。まだ著作権保護期間中の所蔵品については、当該所蔵品の所蔵博物館がすでに関連する授権を受けているかどうかを見る必要があり、具体的な状況に基づいて、取り決めの範囲内で著作権開発を行う。このほか、現在の大多数の博物館は、自館の商標・ロゴ、シンボルマーク、マスコットキャラクターなどを設計しており、これらのイメージはその博物館のオリジナル著作物であることから、その博物館は完全な著作権を享有しており、これらのイメージはその後の開発や商業利用でも良好な効果を得ている。このため、博物館の文化クリエイティブ開発の内容には、所蔵品の授権が含まれるがこれに限定されない。実際の取り扱いでは、社会の商業主体が良好な文化クリエイティブ製品開発効果を得たいと考えた場合、所蔵品保管機構との提携は必然の選択である。博物館は所蔵品の文化クリエイティブ開発分野では先行勢としての強みを持っており、多くの国家級文物保管機構自身がより高いブランドのアピール力および認知度を得るに

至っている。文化クリエイティブ製品の開発以外には、ブランドの垣根を越えた提携というビジネスモデルを選択する機構もますます多くなってきている。

　中国の著作権法の規定によると、他者がパブリックドメインの著作物を出版またはネットワークで伝達または改編などを行う場合、いずれも作者の親族または著作権継承者の同意を得る必要はなく、著作権実施料を支払う必要もない。ただし、著作権は財産権と人格権の二つに大別される。「著作権法」第22条および第23条では著作権の保護期間について規定されている。作者の死去から50年が過ぎると、著作物はパブリックドメインとなるが、これは財産権と人格権のうちの公表権の消失のみを意味し、人格権のうちの氏名表示権、改変権、同一性保持権は消失しない。このため、パブリックドメインの著作物を使用する際には作者の氏名表示権、同一性保持権などに注意する必要があり、許諾を得ずに著作物に名称を付けたり、内容を削ったり、悪意ある販売などを行ったりしてはならない。改編の過程では、著作物に対して歪曲、改善を行わないよう注意しなければならない。注意を怠ると、著作者の改変権、同一性保持権を侵害するおそれがある。博物館の所蔵資源は極めて重要な公共属性を持ち、派生製品の開発は博物館の名声などの一連の問題とも関係している。したがって、共同開発を行う際には、とりわけ民族精神と公共の利益を損ねないよう注意する必要がある。

【キーワード】著作物の種類、文字著作物、音楽著作物、美術著作物、撮影著作物、視聴覚著作物、パブリックドメイン著作物、創作者、作詞者、作曲者、実演家、録音・録画制作者、配給会社、撮影事業者、制作者

【関係法】「著作権法」（2020）第3条（著作物の種類）、第17条（視聴覚著作物の著作権の帰属）、第22条、第23条（著作権の保護期間）。「著作権法実施条例」（2013）第4条第（一）号（文字著作物）、第（三）号（音楽著作物）、第（八）号（美術著作物）、第（十）号（撮影著作物）。「撮影著作物の著作権秩序整備に関する通知」（国版発〔2020〕1号）第2条、第7条（撮影著作物の使用）。「映画管理条例」（2001）。「国産映画字幕管理規定」（広影字〔2003〕第669号）。「テレビドラマ管理規定」。

「ラジオ・テレビドラマ番組制作者の資格証所持・就業許可暫定規定」。
「北京市高級人民法院 著作権侵害案件審理ガイドライン」（2018）第3.1
条（著作物の権利の帰属証明のルール）

第四節 著作権コンプライアンス体制の構築

第1 自社が属する業界の特色に合わせてコンプライアンスリスク管理部門を設置し、リスクの予防・制御、早期警告および支援・メンテナンスサービスプランを提供する

1. リスク審査制度の確立

　コンプライアンスリスク管理部門は、リスクの管理・制御という職責を担う。これには早期警告、事後の監査、自社が属する業界内の著作物の創作、ライセンスなどの各プロセスの始動、実行などに対するコンプライアンス審査、著作者および著作物使用者に対するコンプライアンス面での提言および指導が含まれる。同部門は、著作権を侵害または侵害されるリスクを発見した場合に、速やかに著作物管理部門または著作者および著作物使用者にリスクの提示を行い、対応策を提示する。リスクの予防・制御形態は複雑で、専門性も高いため、その分野の専門家または弁護士を招聘し、コンプライアンスリスク管理のコンサルティングサービスを受けるとよい。

2. リスクマネジメント報告制度の推進

　コンプライアンスリスク管理部門は、発見した権利侵害のリスクと侵害されるリスクを取りまとめ、定期的に所属業界の管理部門にフィードバックと報告を行う。作者および著作物使用者がリスクの早期警告について問い合わせを行うことを奨励し、関連する権利侵害の資料を適切に保管する。定期的または不定期にリスクの制御・予防、早期警告、関係法の知識普及のための講演を実施し、関係のある職員に対するリスク診断およびリスク提示業務を展開する。リスク制御・予防の的確性と有効性を高め、業界内の権利侵害リスクを引き下げる。

3. コンプライアンス誓約書署名制度の奨励

著作者および著作物使用者が信義誠実の原則を守ることを奨励し、創作・発表、ライセンスなどのプロセスにおいてコンプライアンス誓約書への署名を行うようにする。関係のある職員も著作物に触れ、著作物を使用する中で合わせてコンプライアンス誓約書への署名を行う。所属業界の管理部門が管理監督を行い、コンプライアンス誓約書に署名を求める体制によって、関係職員が違反した際に負うべき相応の責任について明確にする。

4. リスク評価体系の明確化

所属業界の管理部門は業界内コンプライアンス管理要件および管理フローを明確にし、関連部門または職員の職責を確固たるものとし、リスクコンプライアンス審査を展開するために必要なリソースとサポートを提供する。権利侵害リスク評価体系を構築し、評価フローと評価基準を細分化し、リスクの優先等級を確定し、リスク等級に基づいて相応のリスク制御・予防措置を実施する。

5. 賞罰メカニズムの設置

所属業界の管理部門はリスクコンプライアンス業績考査メカニズムを構築し、管轄内の構成員のリスクコンプライアンス部門に関連部門または責任者に対する年度考査指標を組み入れ、管轄内の業界構成員がリスク予防・制御の意識を高めることを奨励する。

第2 所属業界に即した著作物の創作、ライセンスなどの各プロセスの流れを形成する

現在、著作者と民間資本の協力は日増しに緊密になっている。それぞれの強みを生かして良好な協力関係を築いている一方で、それぞれ分野が異なるため、著作物の創作、ライセンスなどの各プロセスの円滑な進行を確保するために、責任リストを設け、操作規範を制定し、専門の管理部門または職員を置き、管理・制御の制度を明確にし、審査フローを細分化するとよい。

1. 取り扱いガイドラインの策定

業界管理部門は法令、業界のルールに基づき、著作物の創作、ライセンスなどの通常の取り扱いについてのガイドラインを制定し、注意事項を明確にし、リスクを提示する。許諾合意などのよく用いられる書類のテンプレートを作成し、許諾事項を細分化し、「度を超す」ことを防止する。この例が『ドラゴン・クロニクル 妖魔塔の伝説』案件で、映画『ドラゴン・クロニクル』は原作となった小説『鬼吹灯』の翻案権を得ていたが、公開後、原作者が「映画作品は過度に改変されており、原作との違いが大きすぎる」との認識を示した。つまり「度を超えた」改編が双方の紛争を引き起こしたのである。

2. リスク予防・制御コンサルティング窓口の提供

業界管理部門が管轄内の構成員のために対面、ネットワーク、電話などのさまざまな形式でのリスク予防・制御コンサルティング窓口を提供し、リスク管理部門がリスク評価分析を提供する。必要な場合は、業界内の専門家または弁護士が評価・提言を提供する。構成員が実際に取り扱いを行う前にリスク評価を実施し、災いを未然に防ぐことを奨励する。

3. 登録・保管メカニズムの構築

業界管理部門は管轄内の構成員のために登録サービスを提供し、構成員が自由意志の原則に基づいて締結した合意を登録できるようにする。登録内容は業界管理部門が一元管理し、紛争発生時には構成員に法的支援を提供する。

4. 健全な秘密保護システムの構築

業界管理部門は秘密保護制度を制定し、関連職員、特に管轄内の構成員の合意関連の書類に接触する可能性のある事務職員に、秘密保護システムに厳格に従い、秘密保護合意に署名するよう要求する。守秘義務に違反した職員には相応の責任を負うことを要求し、定期的に秘密保護・損失予防研修を実施し、秘密保護意識を高め、業界管理部門が構成員を強力にサポートする。

第四章

専利のコンプライアンス

第一節 概要

専利（特許、実用新案、意匠を含む——訳注）は、技術の公開と引き換えにその技術を保護する制度である。一定の期間、技術に対する独占実施権を付与し、専利権者を奨励する一方、全体的に技術の伝播と改善に資するために、専利権者にはその技術を公衆に向けて完全に開示するよう要求する。このため専利制度は、科学技術成果の利用において専利権者と公衆の間で一種の微妙なバランスを維持する必要がある。この微妙なバランスは、専利制度の各方面における複雑さを表している。

例えば、専利は革新的なものを保護するために用いられるが、多くの状況において、この革新的なるものは完全な画期性をもつものではなく、既存技術を土台に改善を行って生み出される。このため、既存技術と専利との間には境界線を引く必要がある。専利の境界線は請求項という専利関連書類の中で描写されるが、通常、言語を用いて精細、精確な技術を説明することは難しい。そこで専利制度は、複雑な請求項の解釈のルールを発展させることで、専利の範囲を確定、拡張、縮小させてきた。専利権者は所詮自分で製品を生産するわけではないし、生産する製品はすべて自分の技術が使われているということもない。そこで、技術や専利の協力、譲渡、許諾を行う必要が出てくる。専利権者は、専利の保護を強化することを望みつつ、他者の専利によってダメージを負うことを避けるのが常である。

専利制度のこうした微妙なバランスおよび複雑さは、同制度と向き合う企業に試練をもたらす。この試練とは、専利コンプライアンスと、そ

れが関わる研究開発および技術成果の秘密保持、技術成果の評価、専利プロセス管理、権利を付与した専利の再評価、職務発明の帰属、発明者の報奨・報酬、契約管理、技術ライセンス、訴訟および応訴、専利資産の評価などが含まれる。

企業の専利コンプライアンスの目標は、専利コンプライアンスにおけるリスクを効果的に識別し、管理することで、企業が専利関連の各種管理および事業活動の合法性、コンプライアンスを確実に保証し、専利によって企業の持続的かつ健全な発展を確保し、促進することにある。

第二節　専利の権利付与・権利確定におけるコンプライアンスの要点

第1　専利出願人

専利出願する発明創造はいずれも、個人が創造したものであり、人の知的労働の成果であるが、専利の出願人は必ずしも発明者本人であるとは限らず、職務発明創造の専利出願の権利は発明者が所属する事業体に帰属する。専利法は職務発明創造と非職務発明創造の判定について規定を打ち出している。このほか、発明創造は企業が他者に開発を委託して完成させたものである可能性があり、その他の事業体または個人と共同で開発し完成させたものである可能性もあり、これらも専利出願人をどのように確定するかという問題に関係してくる。実務において、一般的に**契約で取り決めを行った**委託開発および共同開発と比べ、事業体と発明者の間で**取り決めがない**または理解の不一致のある場合は、職務発明創造とするかどうかの紛争が生じやすい。

1. 職務発明と非職務発明

職務発明創造には、その事業体の任務を遂行して完成させものと、主にその事業体の物質・技術条件を利用して完成させたものという2種類が含まれる。職務発明創造の専利出願の権利は事業体に帰属する。非職務発明創造については、専利出願権は発明者または創作者に帰属する。

2. 帰属の取り決め

事業体と発明者は発明創造の帰属について取り決めることができるが、契約により帰属を取り決める発明創造は、その事業体の物質・技術条件を利用して完成させた発明創造に限られ、本来の職務への従事または本来の職務以外の任務の履行によって完成させた発明創造はこれに含まれない。そのうち、その事業体の物質・技術条件とはその事業体の資金、設備、部品、原材料または対外公開していない技術情報および資料などをいう。その事業体の物質・技術条件を利用して完成させた発明創造とは、「主にその事業体の物質・技術条件を利用して完成させた発明創造」と「その事業体の物質・技術条件を主には利用せずに完成させた発明創造」という２種類が含まれる。このことは、発明創造が「その事業体の物質・技術条件を利用して完成させた」ものである場合の、専利法の契約した双方の意思と自律性に対する配慮を体現している。

3. その事業体の任務の遂行

その事業体の任務の遂行によって完成させた職務発明創造とは次のものを指す。(1)本来の職務中に行った発明創造。(2)その事業体が課した本来の職務以外の任務を履行して行った発明創造。(3)定年退職、元の所属事業体を定年退職、異動した後または労働関係、人事関係の終了後１年以内に行った、その者が元の所属事業体で担っていた本来の職務または元の所属事業体が配分した任務と関連のある発明創造。

「その事業体」には、短期的業務を行う事業体も含まれる。例えば出向、非常勤、実習などで一時的な労働関係を築く場合だ。このような労働関係は、きちんと労働契約を結んで築いた労働関係に限らず、契約書の無い事実上の労働関係も含まれる。

本来の職務とは、発明者または考案者・創作者の職責範囲内で行う業務である。この職責の二字を分けて見てみると、「職」は業務の性質を、「責」は業務の内容を指すと理解できる。例えば、陶義が北京市地鉄地基工程公司を訴えた特許権帰属控訴案件（(1992) 高経終字第15号）において、北京市高級人民法院は次のように判断した。陶義は構造部材工場の工場長であり、その職責の範囲は、建築物の構造部材の生産・経営

活動の指導と管理であって、建築物の基礎の施工は構造部材工場の事業内容に含まれず、これに関連する発明は当人の本来の職務ではないとすべきである。

本来の職務以外の任務とは、事業体の特別な調整に基づいて担うことになった職責範囲外の任務を指す。証明の観点から見ると、本来の職務以外の任務は発明者、考案者・創作者の正常な職責の範囲外であるため、通常、事業体は発明者、考案者・創作者に特に通知、任務書などを送付し、または関連する会議記録などの証拠を残しておかなければならない。

「専利法」の「定年退職、退職後1年以内に行われた本来の職務または本来の職務外の任務に関連する発明創造は職務発明創造に属する」とする規定は、発明創造の完成過程の複雑さと連続性に基づいて、発明者、考案者・創作者の元の所属事業体を保護するものである。このような規定があるとはいえ、信用・誠実を欠く被雇用者がすでにほぼ完成している発明創造を元の所属事業体を離れてから1年後まで保管しておき、その後完成させて専利を出願するといった事態を回避するため、事業体は厳格な研究開発管理制度を設け、研究開発の進捗記録を保存し、さらに厳格な秘密保持責任について被雇用者と取り決めを行う必要がある。

4. 協力して完成させた発明創造

二つ（または二人）以上の事業体または個人が協力して完成させた発明創造について、別途合意がある場合を除き、専利出願権は完成させた事業体または個人に帰属する。出願が認可された場合、出願した事業体または個人を専利権者とする。

5. 委託を受けて完成させた発明創造

事業体または個人がその他の事業体または個人の委託を受けて完成させた発明創造については、別途合意している場合を除き、専利出願権は完成させた事業体または個人に帰属する。出願が認可された後、出願した事業体または個人を専利権者とする。

6. 技術成果権と専利出願権

　専利の出願を提出するまで、完成させた発明創造は技術成果という存在であり、この技術成果の所有者はそれを専利として出願することを決定することができ、出願せずに他者が許可を得ずに出願することを禁止することを決定してもよい。したがって、専利出願権は民法上では技術成果権と呼ばれる権限である。これについて、民法典の技術成果の使用権、譲渡権などの技術成果権の帰属に関する規定は、専利法における専利出願権の帰属に関する規定と一致しており、職務技術成果および非職務技術成果の技術成果権、委託開発および共同開発による技術成果権の帰属などに言及している。

【キーワード】職務発明、非職務発明、帰属の取り決め、その事業体の任務の遂行、共同で完成させた発明創造、委託を受けて完成させた発明創造、技術成果権、専利出願の権利

【関係法】「専利法」（2020）第 6 条（職務発明、非職務発明）、第 8 条（共同で完成させた発明創造、委託を受けて完成させた発明創造）、「専利法実施細則」（2023）第 13 条（職務発明）、「民法典」（2020）第 847 条（職務技術成果）、第 848 条（非職務技術成果）

第 2　保護手段の選択

　専利制度は、人間の知的労働成果を保護・奨励するために用いられる一種の重要な制度設計であり、主に科学技術分野の発明創造を対象とするが、人間の知的労働の成果は発明創造だけではなく、発明創造を保護することが可能な制度も専利制度に限らない。このため、企業は知的労働の成果の保護という問題を考える時、まず専利、営業秘密、著作権などの**さまざまな保護手段からどれかを選ぶ**という状況に直面する。これらの保護手段は互いに保護対象が重なっていたり、相互互換が可能だったりするものもあれば、互いに排斥し合うものもある。一度選んだらやり直しは効かず、誤った保護手段を選ぶと企業に損失をもたらすおそれがあるため、慎重に向き合わなければならない。

1. 専利

専利とは、公開と引き換えに一定期間の独占権を得る制度である。専利の保護対象には発明、実用新型、外観設計（以下それぞれ「特許」「実用新案」「意匠」――訳注）が含まれる。専利の制度設計の基本要件として、国防専利を除き、専利によって保護される発明創造はすべて開示される。特許、実用新案、意匠の保護期間はそれぞれ 20 年、10 年、15 年となっている。特定の専利権存続期間補償要件に適合する特許については、その保護期間を相応に延長することができる。

2. 営業秘密

営業秘密とは、公衆の関知しない情報で、商業的価値を備え、権利者が相応の秘密保持措置を講じている技術情報、経営情報など商業上の情報を指す。営業秘密の保護対象には技術情報が含まれ、これは専利の保護対象とある程度重なる。ただし、専利とは逆に、営業秘密による保護を得るための基本的条件は、保護される技術情報が公衆の関知しないものであること、さらに、保護を受け続けるためには権利者が秘密保持措置を講じ続けなければならないことである。営業秘密は出願および審査認可手続きを経る必要が無く、保護期間の制限も無いが、絶対的な排他性を備えていない。

3. 著作権

著作権の保護対象となる作品には、文学、芸術、科学分野の独創性を備え、一定の形式で表現され得る知的成果が含まれる。特にコンピュータソフトウェア、製品の設計図、工事の設計図、実用的芸術品などの類型の作品は、専利および営業秘密とも保護対象が重なる可能性がある。作品は公表済みの状態でも、未公表状態でも著作権の保護を得られる。専利権と比べると、著作権は保護期間が長い。例えば、法人または非法人組織の作品は、公表権の保護期間が 50 年で、公表済みの作品の保護期間は作品が初めて公表されてから 50 年となっている。法人または非法人組織のソフトウェアの著作権保護期間は初めて公表されてから 50 年である。

4. 専利とその他の保護手段の選択

　完成させた研究開発成果について、企業が専利で保護するか、それとも営業秘密、著作権などの他の手段で保護するかを検討する時、それぞれの保護手段の特長に基づいて選択する必要がある。通常の検討要素としては、他者から（直接観察またはリバースエンジニアリングによって）模倣された場合の模倣の難易度、必要な保護期間の長短、経済価値の大小、専利権の付与の可能性などがある。例えば、製品の発売後、その製品が直接観察またはリバースエンジニアリングによっても模倣できるものではなく、かつ長い保護期間を必要とする研究開発成果である場合、営業秘密による保護を検討するとよい。反対に、発売後、その技術的解決手段が直接観察またはリバースエンジニアリングによって容易に模倣可能なものである場合、または企業は一定期間内に独占排他権を得て最大の経済価値を実現したい場合、専利による保護を選択するのが適切である。さらに、研究開発の成果が授権を受けられるかどうかやや不確定なアルゴリズム・プログラムである場合、または長い保護期間を要する実用芸術品である場合は、著作権による保護を検討するとよい。

　間違った保護手段を選択すると、企業に損失、ひいては挽回困難な損失をもたらす可能性さえある。例えば、営業秘密によって保護したい研究開発の成果について、専利を出願すると、非公知性が喪失するために、後に営業秘密によって保護できなくなる。したがって、専利を出願するかどうか選ぶ際、企業は当該研究開発の成果の公開と引き換えに、専利の保護期間のようなある一定の長さの期間で独占排他権による保護を望むかどうか検討する必要がある。

【キーワード】専利、営業秘密、著作権、保護手段の選択、保護期間

【関係法】「専利法」（2020）第 2 条（専利の保護対象）。「反不正当競争法」（2019）第 9 条（営業秘密）。「著作権法」（2020）第 3 条（作品）。「専利法」（2020）第 42 条（専利権の保護期間）、「専利法実施細則」（2023）第 77 条〜第 84 条（専利権期限補償）、「著作権法」（2020）第 23 条（著作権の保護期間）。「コンピュータソフトウェア保護条例」（2013）第 14 条（ソフトウェア著作権保護期間）

第3 専利出願前の準備

専利制度の目的の一つが、イノベーションの奨励だ。専利の保護対象は「新たな」技術的解決手段または「新たな」設計でなければならない。このため、新規性は専利法が保護対象に課す各種要求の中でも最も基本的な要求であり、これに伴い専利出願を準備している企業には出願前に研究開発の成果を公開することを避けることが要求される。そうでないと専利出願もしくは専利が新規性を喪失することによって権利を付与されず、または将来的に専利が無効になる可能性がある。専利法は新規性が喪失しない猶予期間（グレースピリオド）制度も定めている。だが、全体的には、中国の専利法の下での猶予期間制度が適用可能な状況は少ない。このため、企業の日常的な専利出願管理においてはやはり、出願前の公開を避けることを基本原則とし、猶予期間は慎重に適用すべきである。専利出願前に、企業は一つの専利出願のある主題とその関連出願主題の公開範囲を検討し、出願主題と公開内容が整合するようにし、その他の価値ある内容を不必要に公開することを避けるべきである。

1. 出願前公開は避ける

専利法では3種類の専利すべてに新規性の要求について規定されている。すなわち、権利を取得できる特許または実用新案は既存技術に属さないものでなければならず、意匠の場合は既存設計に属さないものでなければならない。加えて、いかなる事業体または個人からも同様の特許、実用新案または意匠が出願日以前に出願されたこと、出願日以降に公表されたことがないものでなければならない。ここで言う既存技術／設計とは、出願日以前に国内外で公衆の知るところとなった技術／設計を指す。

出願日前に公開された既存技術はいずれも専利の新規性に影響を及ぼし得るとはいえ、専利出願を準備している企業にとっては、少なくとも自社の専利出願日前の行動によって専利出願が事前公開されることがないよう保証すべきである。このため、社内規約およびその他の秘密保持措置を通じて、研究開発の成果が出願前までは営業秘密として保護を受けられるよう保証する必要がある。

2. 猶予期間（グレースピリオド）について

実際には出願人が、出願日前に研究開発の成果を公開する必要がある場合を考えると、出願内容が出願人の同意を得ない状況で他者によって事前に漏洩されることもあり得る。仮に新規性の規定を一律に適用すれば、これらはすべて新規性を喪失した公開と認定され、現実的ニーズから逸脱しまたは出願人に対する公平性を失うことになる。このため「専利法」では、以下のような新規性を喪失しない例外が定められており、これを猶予期間とも言う。

専利出願する発明創造について、出願日前6か月以内に以下のいずれかの状況があった場合、その新規性を喪失しない。

(1)　国に緊急の状態または非常事態が生じた際に、公共利益を目的として初めて公開されたもの。

(2)　中国政府が主催または承認する国際展示会で初めて出展されたもの

(3)　定められた学術会議または技術会議で初めて公表されたもの

(4)　他者が出願人の同意を得ずにその内容を漏洩させたもの

実際に、(1)から(3)までの各状況は非常に限られた特定の状況でのみ発生する。そのうち(2)と(3)は、その展示会または会議が同項の規定に適合するレベルのものであるかどうかに注意する必要があるほか、関連証明書類の提出も必要となる。(4)が適用される具体的な条件は次の二つである。1つ目は、他者が公開した発明創造が直接または間接的に出願人のところから知り得たものであること。2つ目は、他者が公開した発明創造を公開した行為が出願人の意志に反していること。2つ目の条件を満たすためにも、企業は事前に研究開発成果の漏洩を防止するための必要な措置を講じておくべきである。例えば、秘密保持規定の制定、秘密保持合意の締結、秘密保持への適切な対処などである。たとえこのような措置を講じても、研究開発の成果が複数の他者の手を転々としてから公開され、または公開の形式に一定の差異がある場合は、公開された内容

が直接または間接的に出願人から漏洩したものであると証明できるかについて、なお大きな不確実性が存在する。この点を鑑み、企業はやはり日常的な専利出願管理において出願前の公開を避けることを基本原則とし、猶予期間の使用は慎重に行うべきである。

3. 出願する主題および公開範囲を確定させる

一件の専利出願は限られた内容しか含めることができない。これは単に「専利法」に単一性の要件、すなわち、一件の専利出願は一件の発明創造に限定しなければならないとする要件があるからで、このことは専利出願過程における検索および審査、ならびに権利付与後の権利行使および紛争の処理に役立つ。企業にとっては、専利出願では秩序立てて戦略を立て、出願前までに一件の専利出願にどの主題を含めるのか確定させる必要がある。

専利出願の主題を決定したら、当該主題が公開する関連技術内容の範囲を確定させる必要がある。専利法では、専利の明細書は特許または実用新案について明確、完全に説明しなければならないと定められており、当業者が実現可能であることが条件となる。これは、公開と引き換えに保護するという専利制度の基本的制度要件である。

出願主題および当該主題を巡る公開範囲を確定することは、企業が専利出願前に行う重要な作業である。出願によって公開する内容が過度に少ない場合、公開の不十分により権利を得られないということもあり得る。公開を望まない出願主題および関連技術内容を公開してしまうと、企業の専利ポートフォリオに支障が及ぶおそれがあり、本来勝ち得たはずの競争上の優位性を失い、最悪の場合、営業秘密が公になる事態にもなりかねない。

【キーワード】出願前公開を避ける、新規性、新規性の猶予期間、出願主題の決定、公開範囲の確定、単一性、十分な開示

【関係法】「専利法」（2020）第 22 条、第 23 条（特許、実用新案及び意匠の新規性）、第 24 条（新規性の猶予期間）、第 26 条（明細書の十分な

開示）、第31条（単一性の要件）、「専利法実施細則」（2023）第33条（新規性の猶予期間）

第4　秘密保持審査

　知的成果に対する私権保護以外の、「専利法」の主旨の一つは、専利の公開を通じて科学技術情報の伝播を実現することにより、他者が公開された専利情報を土台にさらなる改善とイノベーションを行えるようにすることである。専利に含まれる科学技術情報は、国の安全または重大な利益に関係する重要技術である可能性があるため、他の多くの国と同じく、中国も未公開の専利出願および外国での専利出願をしようとする技術に対して秘密保持審査を行うことで、秘密保持措置を講じて関連技術情報が公開されまたは国外に流出することを阻止できるようにしている。関連規定に違反すると、専利出願が拒絶されまたは専利が無効にされる可能性があり、最悪の場合、秘密保持法、刑法などに違反するとして行政責任または刑事責任を問われる可能性もある。

1.　秘密保持審査の対象

　中国の専利には特許、実用新案、意匠の3種類が含まれる。意匠は基本的に国の安全および重大な利益に影響を与える技術情報ではないため、秘密保持審査の対象に意匠出願は含まれておらず、特許と実用新案のみが対象となっている。このほか、外国で完成させた発明創造そのものは、完成時は中国の法律の管轄ではないため、当然、中国の秘密保持問題も存在しない。このため、秘密保持審査の対象は、技術的解決手段の実質的な内容を中国内で完成させた技術系の発明創造となる。

2.　中国で専利を出願する場合の秘密保持審査

　秘密保持審査制度は2種類の特殊な専利を設けている。一つは、国防専利、2つ目は秘密保持専利である。国防専利は、国防専利機構が直接受理するか、国家知識産権局の審査を経て国防専利機構の審査に引き渡され、審査を経て拒絶理由を発見しなかった場合は、国務院の専利行政部門が国防専利権の付与を決定する。国防上の利益以外の国の安全または重大な利益に関わり、秘密保持が必要な専利出願に対して、審査を経

117

て拒絶理由を発見しなかった場合、国務院の専利行政部門が秘密保持専利権の付与を決定し、秘密保持専利証書の発行と登記を行う。専利出願が秘密保持審査の結果、秘密保持措置を講じる必要がないと認定された場合は、国家知識産権局が通常の専利出願と同様に処理する。通常の専利出願は権利付与の後にすべて公表されるが、国防専利と秘密保持専利は権利付与後であっても公表されることはない。

3. 外国で特許または実用新案を出願する場合の秘密保持審査

いかなる事業体または個人も、中国内で完成させた特許または実用新案を外国で特許出願する場合は、以下の方法のいずれか一つを選んで、国務院の専利行政部門に秘密保持審査を請求しなければならない。

(1) 直接外国に出願しまたは関連する国外機構に国際出願（PCT 出願）を行う場合、まず国務院の専利行政部門に秘密保持審査を請求し、その技術的解決手段を詳細に説明しなければならない。

(2) 国務院の専利行政部門に出願した後、外国で出願または関連する国外機構に PCT 出願を行う予定がある場合は、外国で出願または関連する国外機構に PCT 出願を行う前に国務院の専利行政部門に請求しなければならない。

(3) 国務院の専利行政部門に PCT 出願を行う場合、秘密保持審査の請求も同時に行ったと見なされる。

4. 法的責任

規定に違反し、秘密保持審査を経ずに外国で出願した特許または実用新案は、中国で出願しても専利権は付与されず、すでに権利が付与されているものであっても違反を理由に無効化が提起される可能性がある。

秘密保持審査を経ずに外国で出願した特許または実用新案は、国家秘密法（国家秘密保護法）に規定された国家機密に属し、秘密保持審査を経ずに無断で外国に出願した特許または実用新案は国家機密漏洩となる可能性があり、その場合は法に基づき処分が課される。犯罪を構成する

場合は、法に基づき刑事責任が追及される可能性がある。

【キーワード】秘密保持審査、国防専利、秘密保持専利、特許または実用新案の外国出願、秘密保持法

【関係法】「専利法」（2020）第4条（秘密保持審査）、第19条（外国に特許又は実用新案を出願する場合の秘密保持審査）、「専利法実施細則」（2023）第7条（国防専利及び秘密保持専利の処理）、第8条（外国に特許又は実用新案を出願する場合の秘密保持審査方式）、「国家機密保守法」（2010）第48条（法的責任）、「刑法」（2020）第111条（違法に国家機密を提供した罪）、第432条（故意に軍事秘密を漏洩した罪）

第5　専利の形式的要件と実質的要件

　専利出願を行った後、特許出願の審査は、方式審査と実体審査があり、実用新案と意匠では方式審査のみ行う。方式審査は主に、専利出願および専利出願手続きが専利法およびその実施細則の規定に適合しているかどうかを審査する。実体審査は主に、専利の保護を受けるために出願した発明創造が新規性、進歩性などの専利性の実質条件を備えているかどうかを審査する。このため、企業は専利出願時、専利法に定められた形式的要件および実質的要件を満たす必要があり、これを満たしていないと出願が拒絶されまたは権利が付与された後に無効とされる可能性がある。このほか、専利出願または無効審判において審査意見または無効請求に応答する行為も、専利の有効性と範囲に重大な影響が生じる可能性がある。

1. 形式的要件
　「専利法」「専利法実施細則」および「専利審査ガイドライン」の規定によると、特許出願書類は完全に揃っていなければならず、これには願書、特許請求の範囲（実用新案を含む、以下「特許請求の範囲」——訳注）、明細書および明細書の構成要素、要約書が含まれる。明細書は図面を含めることができ、実用新案の出願では図面が必須となる。意匠出願の出願書類には、願書、意匠の画像または写真および簡単な説明が含

まれる。専利出願において優先権を主張する場合は、願書の中で提起し、規定に基づいて優先権証明書類を提出しなければならない。専利手続代行機構に手続きを依頼する場合も、委任状を提出しなければならない。

「専利審査ガイドライン」では専利出願書類の具体的な形式的要件を細かく規定されており、企業は出願時にこれらの具体的要件に基づいて準備すべきである。こうした要件に不慣れな企業は、専利手続代行機構に手続きを依頼することが望ましい。

2. 実質的要件

専利の実質的要件には通常、保護対象、法律および公共の利益に関する強制的要求、十分な開示、明確性、明細書の請求項に対する支持、新規性、進歩性、実用性などが含まれる。

保護対象が異なれば、対応する専利の種類も異なる。特許とは、製品、方法またはその改善について提出された新しい技術の解決手段を指す。実用新案とは、製品の形状、構造またはその組み合わせについて提出された、実用に適した新しい技術的解決手段を指す。意匠とは、製品の全体または一部の形状、模様またはその組み合わせおよび色彩と形状、模様の組み合わせについて出された美感に富み、産業での応用に適した新たな設計を指す。科学上の発見、知的活動のルールおよび方法、疾病の診断および治療法、動物および植物の品種、原子核変換方法および当該方法を用いることで得られる物質は、専利権が付与されない主題となる。平面印刷品の模様、色彩または両者の組み合わせについて出された主に標識としての機能を持つ設計は意匠の権利付与対象としない。発明創造の開示、使用、製造が法律、社会モラルに反しまたは公共の利益を損ねる場合には、専利権は付与されない。

技術系の特許および実用新案については、明細書および特許請求の範囲は、特許または実用新案およびその保護範囲の確定について記載された法律文書である。明細書および図面は主に、特許または実用新案を明瞭かつ完全に説明し、当業者に当該特許または実用新案を十分に理解させ、実施させるために用いる。特許請求の範囲は、明細書を根拠とし、

専利保護を要求する範囲を明確、簡潔に限定するものでなければならない。「特許請求の範囲は明細書を根拠としなければならない」とは、請求項は明細書の支持を得なければならないことを指す。特許請求の範囲中の各請求項が保護を要求する技術的解決手段は、当業者が、明細書が十分に開示している内容からその技術的解決手段を得られ、または総括して導き出せるものでなくてはならず、明細書が公開する範囲を超えてはならない。

　新規性、進歩性および実用性は、特許および実用新案が他の類型の知的労働成果との違いの中核的特徴にして、専利権を受けるための必要条件でもある。新規性および進歩性と比べ、実用性は一つの基本要件であり、特許または実用新案出願の主題は、産業において製造または使用が可能であり、さらには積極的効果を生み出し得るものである必要があることを示している。新規性については先に紹介したが、進歩性は専利審査および無効審判手続きで最もよく直面する問題である。進歩性とは、既存技術と比べ、専利出願した発明が際立った実質的特長と顕著な進歩を備えていなければならないこと、実用新案の場合は実質的特徴と進歩を備えていなければならないことを示している。

　意匠については、専利権を付与する意匠は既存の設計または既存の設計の特徴の組み合わせと比べて、明確な違いを備えていなければならず、かつ、他者が出願日以前に取得済みの合法的な権利と互いに矛盾してはならない。ここで言う合法的な権利とは、作品、商標、地理的表示、姓名、企業名、肖像および一定の影響力を備える商品名、包装、装飾などが享有する合法的な権利または権利利益が含まれる。

3. 審査中の注意事項

　専利出願では、願書提出時に専利法が示す各種形式的要件および実質的要件をすべて満たせていない場合には、国家知識産権局が審査中に形式的欠陥または実質的欠陥を発見し、補正書、審査意見通知書などの通達を通じて、専利出願人に補正または意見陳述を行うよう要求する。出願人は、必要な場合、専利出願書類を補正することができる。企業は、専利審査過程で、範囲を超えて必要以上に補正すること、書類の補正ま

たは意見陳述によって専利の保護範囲が狭まってしまうので、これを回避するよう特に注意すべきである。

　専利審査過程において、特許および実用新案の出願書類に対する補正は、もとの明細書および特許請求の範囲に記載されている範囲を超えてはならず、意匠出願書類に対する補正は、原画像または写真が表示する範囲を超えてはならない。その理由は、審査過程で出願書類を補正しても出願日は変わらないため、もとの出願書類に未記載の内容を補正時に追加することを認めた場合、その追加内容にも当初の出願日が適用され、他の出願人に対し不公平であるし、先願主義（同一の発明について複数の出願人が出願した場合、原則として出願日を基準として先に出願した者のみに専利が付与されること――訳注）の原則に抵触するためである。

　専利審査過程において、出願書類の補正または意見陳述によって技術的解決手段を放棄すると、専利の保護範囲の縮小につながり、専利権侵害紛争案件では、エストッペル（禁反言の原則。過去の行為と矛盾する行為を禁止するもの――訳注）により、その技術的解決手段を再び専利権の保護範囲に組み込むことができなくなる。審査過程で企業が出願書類の補正および意見陳述を行うことはごく普通のことであるため、補正および意見陳述が保護範囲および将来の権利行使に与える影響を注視する必要がある。

【キーワード】形式的要件、実質的要件、出願書類、保護対象、法律および公共の利益に関する強制的要求、専利権が付与されない主題、十分な開示、明確性、明細書の請求項に対する支持、新規性、進歩性、実用性、範囲を超える補正、エストッペル

【関係法】「専利法」（2020）第2条（保護対象）、第5条（法律及び公共利益に関する強制要求）、第22条（特許権、実用新案権付与の条件）、第23条（意匠権付与の条件）、第25条（専利権が付与されない主題）、第26条（十分な開示、明確性、明細書の請求項に対する支持）、第33条（範囲を超える補正）。「最高人民法院 専利権侵害紛争案件の審理における法律応用の若干の問題に関する解釈」（2009）第6条（エストッ

ペル）

第三節　専利存続中のコンプライアンスの要点

第1　職務発明者への報奨・報酬

　職務発明創造については、事業体は職務発明創造を専利出願し、実施することで専利制度が付与する利益を得ることができる。しかし、いかなる発明創造も人によって完成されるものであり、専利制度がこうした奨励を与えるべき発明創造を産み出す源泉もまた発明者および考案者・創作者なのである。中国を含む多くの国は専利法の中で、専利権を付与された事業体は、職務発明創造を行った発明者または考案者・創作者に報奨および報酬を与えることによって、イノベーションを鼓舞し、科学技術の進歩を促進する目的を実現しなければならない旨が規定されている。報奨および報酬は、法定基準よりも両者間の取り決めが優先的に適用される。このことは、企業がより柔軟に発明者への報奨・報酬という問題を処理するのに役立っているが、企業は「専利法」が取り決めの内容に対して制限を課していることにも注意する必要がある。

1．報奨と報酬

　事業体が職務発明創造の発明者、考案者・創作者に与える物質的見返りは、報奨と報酬の二つに大別される。専利権を付与された事業体は、職務発明創造の発明者または考案者・創作者に報奨を与えなければならない。発明創造専利の実施後、発明が普及・応用された範囲および獲得した経済効果・利益に基づいて、発明者または考案者・創作者に合理的な報酬を与えなければならない。

2．法定報奨基準

　取り決めを行っておらず、規則の中に報奨の方式および金額ついての規定がない場合、専利権の公告日から3か月以内に発明者または考案者・創作者に報奨金を支給しなければならない。一件あたりの特許の報奨金は4,000元を下回ってはならない。一軒当たりの実用新案または意匠の報奨金は1,500元を下回ってはならない。発明者または考案者・創作者

の提案を、その者が所属する事業体が受け入れ、完成させた発明創造で専利権を付与された事業体は、可能な限り報奨金を支給しなければならない。

3. 法定報酬基準

科学技術成果を完成させた事業体が科学技術者との間で報奨、報酬の方式および金額を取り決めていない場合には、次の各号に掲げる基準に従い職務科学技術成果の完成、実用化にとって重要な貢献を果たした者に報奨及び報酬を支給する。

a) 当該職務科学技術成果を譲渡し、または他人による実施を許諾した場合には、当該科学技術成果の譲渡または許諾により得た純収入の50％以上を支給する。

b) 当該科学技術成果を利用して出資した場合には、当該科学技術成果により形成された株式または出資比率の50％以上を支給する。

c) 当該職務科学技術成果を自ら実施し、または他人と協力して実施した場合には、実用化に成功し、生産を開始してから3〜5年連続で、毎年当該科学技術成果の実施により得た営業利益の5％以上を支給しなければならない。

4. 取り決め優先

専利権を付与された事業体は、発明者、考案者・創作者との取り決めまたは事業体が法に基づき制定した規則の中で報奨、報酬の方式および金額を定めることができ、さらに、事業体が発明者、考案者・創作者と行った取り決めを優先的に適用する。取り決めが無く、規則の中で規定してもいない場合のみ、法律で定められた報奨、報酬方式および金額を適用する。専利権を付与された事業体は、財産権によるインセンティブを実行し、株式、オプション、配当などを導入し、発明者または考案者・創作者にイノベーションによる収益を合理的に享受させることができる。

124 第四章 専利のコンプライアンス

5. 取り決めに対する制限

報奨および報酬に関する取り決めおよび規則が法律で定められた基準よりも優先して適用されるとはいえ、専利法実施細則では事業者が発明者、考案者・創作者と取り決められる内容に対して制限を課しており、この制限の対象は報奨、報酬の方式および金額に限定されている。これには、事業体は発明者、考案者・創作者との取り決めまたは規則の中の規定で、報奨および報酬を支払わない旨を定めてはならず、また、被雇用者へ支払う賃金が報奨および報酬などに含まれると見なす旨を取り決めることなどによって実質的に報奨および報酬を授与しないことがあってはならないということが暗示されている。

6. 専利法とその他の法律規定の相互関係

民法典、専利法、促進科技成果転化法（科学技術成果実用化促進法）はでいずれも、職務発明創造の完成者または職務科学技術成果の完成者に対する報奨について規定されている。これらの相互関係を見ると、発明者、考案者・創作者が報奨および報酬を得る前提は、それが「すでに専利を出願し、かつ専利権を付与された特殊技術成果」であるかどうかである。専利法は特別法に属することから、その職務技術成果が専利権を付与された発明創造に属する状況においては、専利法が定める発明者、考案者・創作者への報奨および報酬の関連規定を適用すべきである。

【キーワード】職務発明の報奨・報酬、報奨、報酬、法律で定められた報奨基準、法律で定められた報酬基準、取り決め優先、取り決めに対する制限

【関係法】「専利法」（2020）第 15 条（職務発明の報奨・報酬）。「専利法実施細則」（2023）第 92 条（取り決め優先）、第 93 条（法律で定められた報奨基準）、第 94 条（法律で定められた報酬基準）。「民法典」（2020）第 849 条（職務技術成果の完成者への報奨）。「科学技術成果実用化促進法」（2015）第 45 条（職務技術成果の完成者への報奨及び報酬）

第2　専利の譲渡

　専利出願権、専利権譲渡契約は、平等な主体である当事者同士が専利出願権、専利権の帰属の変更を目的として締結する合意である。同契約は一般的な契約との共通性を持ち、契約法の調整を受けなければならず、専利出願権および専利権はいずれも専利法に依拠して生じた財産権である。このため、専利法の関連規定に適合させる必要がある。このはか、専利出願権または専利権譲渡契約の当事者の一方が外国人である場合、当該譲渡契約は技術輸出入契約に該当するため、専利出願権および専利権譲渡契約は技術輸出入管理条例の関連規定に適合させる必要がある。

1. 専利の譲渡と合同登記

　専利出願権および専利権は譲渡することができる。専利出願権または専利権を譲渡する場合、当事者は書面で契約を交わすとともに、国家知識産権局で登記しなければならず、国家知識産権局がこれを公示する。

　専利出願権、専利権そのものは不動産物権と同じく、法に基づき創設された一種の財産権である。その権利の変動も不動産物権のそれと似ており、公示のために登記する必要がある。専利出願権、専利権を譲渡するには、債権契約の発効条件を満たさなければならないだけでなく、専利出願権、専利権の権利変動の公示に必要な関連手続きも履行しなければならない。このため、専利出願権または専利権の譲渡は登記の日から発効することになる。

2. 技術輸出入管理

　「民法典」によると、法律、行政法規で技術輸出入契約または専利、専利出願契約について別段の定めがある場合には、その規定に従う。専利法の規定では、中国の事業体または個人が外国人、外国企業または外国のその他の組織に専利出願権または専利権を譲渡する場合には、関連する法律、行政法規の規定に基づいて手続きをしなければならない。規定された手続きをしていない場合には、この専利出願権、専利権譲渡契約は効力を生じない。

「民法典」および「専利法」で言及される技術輸出入契約関連の法律、行政法規には主に対外貿易法および技術輸出入管理条例が含まれ、このうちの技術輸出入管理条例に基づき、国務院の対外貿易・経済協力主管部門などは、輸出を禁止または制限する技術のリストを公表する。輸出入を禁止されている技術は輸出入してはならず、当然、禁止されている技術の輸出は、たとえ技術輸出・譲渡契約を結んでいたとしても効力を生じない。輸出入が制限されている技術に対しては許可証での管理が行われており、許可を得ていない場合、輸出入はできない。技術輸出入許可を得ている場合は、国務院の対外貿易・経済協力主管部門が技術輸入または輸出許可証を発行する。技術輸入または輸出契約は許可証の発行日より発効する。自由に輸出入ができる技術については、契約は法に基づき成立した時点から発効し、登記は契約発効の条件としていない。意匠は技術に関わるものではないため、「技術輸出入管理条例」は意匠出願または専利譲渡契約に適用されない。

3. 専利の譲渡が実施および許諾行為に及ぼす影響

譲渡によって専利出願権、専利権が実現する価値のほか、権利者がその財産権の価値を実現する上でより常用される方式としては、自身での実施または他者への実施の許諾（ライセンス）が含まれる。

「最高人民法院 技術契約紛争案件の審理における法律適用の若干の問題に関する解釈」によると、専利権譲渡契約または専利出願権譲渡契約を締結する前に譲渡人が自ら実施した発明創造について、契約発効後に譲受人が譲渡人に実施の停止を要求した場合には、人民法院はこれを支持しなければならないが、当事者が別途取り決めを結んでいる場合はこの限りではない。また、譲渡人と譲受人が締結した専利権、専利出願権譲渡契約は、契約成立前に譲渡人が他者と締結した関連専利のライセンス契約または技術秘密譲渡契約の効力を妨げない。

【キーワード】専利譲渡　契約の登記、技術輸出入管理、譲渡が実施および許諾行為に及ぼす影響

【関係法】「専利法」（2020）第10条（専利出願権、専利権の譲渡及び

契約の登記）。「民法典」（2020）第847条（技術輸出入契約の特別規定）。「技術輸出入管理条例」（2020）第8条～第19条、第28条～第38条（技術輸出入管理措置）。「最高人民法院 技術契約紛争案件の審理における法律適用の若干の問題に関する解釈」（2020）第24条（譲渡が実施及び許諾行為に及ぼす影響）

第3　専利のライセンシング

　専利のライセンシングとは、専利を実施することにより財産収益を取得する重要な方式であり、その実体は専利権者が専利の使用権をライセンシーに与えることである。専利とは目に見えないものであることから、専利のライセンシングはライセンス契約書として明文化することで許諾する方式、期間、範囲、報酬などの諸事項について取り決める必要がある。このため、専利ライセンス契約は比較的複雑になりがちである。このほか、専利のライセンシングは通常、技術の伝播およびさらなる改善に資するものであるが、ある状況において、専利ライセンス契約は技術の独占のための道具と見なされ、技術の進歩を妨げることもあり得る。このため、法律は専利ライセンス契約の取り決め内容に対して一定の制限を設けている。

1. 専利のライセンシングおよびライセンス契約の形式

　「専利法」では、いかなる事業体または個人も他者の専利を実施する場合には、専利権者とライセンス契約を締結し、専利権者に専利実施料を支払わなければならない旨が規定されているが、専利ライセンス契約は必ず書面形式でなければならないとは規定されていない。とはいえ、専利のライセンシングはライセンスの関係について複雑な取り決めを行う場合が多く、実務では一般的に書面での契約形式を採ることで、契約の取り決めに不明な点があるために引き起こされる紛争を減らすべきである。

2. 専利ライセンス契約の届け出およびその効力

　「専利法実施細則」の規定によると、専利権者が他者と締結する専利ライセンス契約は、契約の発効日から3か月以内に国務院の専利行政部

128　｜　第四章　専利のコンプライアンス

門に届け出をしなければならない。ただし、専利法にもその他の法律にも、専利ライセンス契約の発効には届け出を前提とするという規定は見当たらない。このため、届け出は専利ライセンス契約の発効要件ではなく、届け出をしたかどうかは専利ライセンス契約の発効を妨げない。この観点も司法実務で確認されている。例えば、寧波啓発制刷有限公司が寧波中藺対外貿易有限公司らを訴えた専利権侵害紛争案件（（2006）甬民四初字第36号）において、寧波市中級人民法院は、届け出は専利ライセンス契約の発効条件ではないと判断している。

3. ライセンス方式

専利のライセンスは通常、次のように分類できる。(1)独占的ライセンス（独占的実施許諾）。譲渡人が専利の実施を許諾すると取り決めた範囲内で、当該専利を一つの譲受人のみが実施することを許可し、譲渡人は取り決めに従って当該専利を実施してはならない。(2)排他的ライセンス（排他的実施許諾）。譲渡人は専利の実施を許諾すると取り決めた範囲内で、当該専利を一つの譲受人のみが実施することを許諾するが、譲渡人は取り決めに従って自ら当該専利を実施できる。(3)通常ライセンス（通常実施許諾）。譲渡人が専利の実施を許諾すると取り決めた範囲内で、他者が当該専利を実施することを許諾し、さらに自らも当該専利を実施できる。専利のライセンス方式について取り決めが無く、または取り決めが不明確である場合は、通常ライセンスであると認識される。

4. 開放ライセンス（開放許諾）

専利権者が自由意志で書面形式にて国家知識産権局に対し、あらゆる事業体または個人がその専利を実施することを許諾する意思を表明し、ライセンス料の支払い方式、基準が明確な場合は、国家知識産権局が公示することにより、開放ライセンスが実行される。実用新案、意匠について開放ライセンスの意志を表明した場合には、専利権評価報告書を提供しなければならない。

いかなる事業体または個人も、開放ライセンス専利の実施を希望する場合には、書面形式にて専利権者に通知し、公示されているライセンス料の支払い方式、基準に基づいてライセンス料を支払うことで、専利の

第四章

ライセンスを取得する。

開放ライセンスを実行する専利権者は、ライセンシーとライセンス料について協議した後、通常許諾を与えることができるが、当該専利について独占的または排他的ライセンスを与えることはできない。

5. ライセンス契約の期間の制限

専利ライセンス契約は、当該専利権の存続期間中のみ有効である。専利権の有効期間が満了となり、または専利権が無効とされた場合には、専利権者は当該専利について他者と専利ライセンス契約を締結してはならない。

6. 専利の有効性を維持する義務

専利ライセンス契約譲渡人は、契約の有効期間中、専利権の有効性を維持する義務を負う。これには、法に基づき年金を納める、他者が提出した専利権無効審判請求に積極的に対応することなどが含まれるが、別途取り決めがある場合は除く。

7. 無断での再ライセンス、加工委託の禁止

ライセンシーは、契約の規定以外のいかなる事業体または個人にも当該専利の実施を許諾する権利を持たない。しかしながら実際の生産・経営活動においては、ライセンシーが許諾を受けた専利技術が関わる製品の全構成要素を自社生産することは不可能な場合が多く、極端な場合、一部ではライセンシーが許諾を受けた専利技術に関わる製品全体を、他者に生産委託しなければならないことさえある。このような加工委託は企業の実際の生産・経営においては必要である。例えば、趙建民と趙陵の専利ライセンス契約紛争案件（（2009）蘇民三終字第 0018 号）では、江蘇省高級人民法院は、加工を委託したことは、ライセンシー自身の製造行為の延長であり、無断で再ライセンスしたと見なすべきではないと判断している。ライセンサーまたはライセンシーに、他者に加工を委託することに対して特別な要求がある場合は、ライセンス契約の中で明確な取り決めを行っておくことが望ましい。

130 第四章　専利のコンプライアンス

8. 技術の独占と契約の効力

「民法典」によると、技術を違法に独占し、または他者の技術成果を侵害する技術契約は無効である。「最高人民法院 技術契約紛争案件の審理における法律適用の若干の問題に関する解釈」は、「民法典」の言う「技術を違法に独占する」行為について、次のような具体的説明を行っている。(1)契約の標的技術を基礎として行う新たな研究開発または改善技術の交換の条件を不平等なものに制限すること。(2)他の供給元からの競合技術の獲得を制限すること。(3)契約の標的技術の十分な実施を阻害すること。(4)技術受入側に対し、技術の実施において不必要な付帯条件を受け入れるよう要求すること。(5)技術受入側が原材料、パーツなどを購入するためのチャネルまたは供給元の不合理な制限をすること。(6)技術受入側による契約の標的技術の知的財産権の有効性に対する異議申立てを禁止し、または異議申立てに対して条件を付けること。

ライセンス契約などを利用して技術の独占をはかったという疑いがかかれば、最悪の場合、独占禁止法違反での調査または訴訟が引き起こされ、関連責任を問われる可能性もある。具体的には第六部を参照されたい。

【キーワード】専利のライセンシングおよびライセンス契約の形式、専利ライセンス契約の届け出およびその効力、ライセンス方式、ライセンス契約の期間の制限、専利の有効性を維持する義務、無断での再ライセンスおよび加工委託の禁止、技術の独占およびそれにより引き起こされる契約の無効化

【関係法】「専利法」(2020) 第 12 条 (専利のライセンシング及びライセンス契約の形式)。「専利法実施細則」(2023) 第 15 条 (専利ライセンス契約の届け出)。「最高人民法院 技術契約紛争案件の審理における法律適用の若干の問題に関する解釈」(2020) 第 25 条 (ライセンス方式)。「専利法」(2020) 第 50 条、第 51 条 (開放ライセンス)。「専利法実施細則」(2023) 第 85 条～第 88 条 (開放ライセンス)。「民法典」(2020) 第 865 条 (ライセンス契約の期間の制限)。「最高人民法院 技術契約紛争案件の審理における法律適用の若干の問題に関する解釈」(2020) 第 26 条 (専利の有効性を維持する義務)。「専利法」(2020) 第 12 条 (無

断での再ライセンスの禁止）。「民法典」（2020）第850条（違法な技術独占による契約の無効化）。「最高人民法院 技術契約紛争案件の審理における法律適用の若干の問題に関する解釈」（2020）第10条（違法な技術独占となる具体的な状況）

第4　専利表示

専利権者は、自身の専利製品または当該製品の包装上に専利表示を明記する権利を有する。専利表示は専利製品が専利の保護を受けていることを示し、権利侵害者に警告することに役立ち、さらには、権利侵害者が悪意を証明する一助となり、懲罰的損害賠償の検討要素にもなる。ただし、専利表示は精確に、適正に行わなければならない。さもないと専利表示の行政規約違反となり、最悪の場合、専利詐称となる可能性もある。

1．専利表示

専利権付与後の専利権有効期間中、専利権者または専利権者の同意を得て専利標識標注権（専利表示表記権）を享有するライセンシーは、その専利製品、その専利の方法に従って直接得られた製品、当該製品の包装または当該製品の説明書などの資料上に専利表示を表記することができる。

専利表示の合法的使用行為のために満たすべき三つの条件は次のとおり。1つ目は専利権が有効期間内にあること。2つ目は、使用者が専利表示を用いる権利を有すること。3つ目は、使用対象が専利と関連していること。

2．表記内容

専利表示を表記する場合には、次の二点を守らなければならない。(1)専利権の種類を中国語で明示する。例えば、「中国発明専利（特許）」「中国実用新型専利（中国実用新案）」「中国外観設計専利（意匠）」。(2)国家知識産権局が付与した専利権の番号を明示する。上記内容のほかに、その他の文字、図形、記号を追加することができるが、追加する文字、図形、記号およびその表記方式は公衆を誤った方向に導くものであっては

132　第四章　専利のコンプライアンス

ならない。

3. 専利詐称行為

「専利法実施細則」によると、以下の行為は専利を詐称する行為に当たる。(1)専利権が付与されていない製品もしくはその包装上に専利表示を表記し、専利権が無効とされ、または終了した後も引き続き製品もしくはその包装上に専利表示を表記し、または許諾を得ずに製品もしくは製品の包装上に他者の専利番号を表記する。(2)前項に記載の製品を販売する。(3)製品の説明書などの資料に、専利権を付与されていない技術もしくは設計を専利技術もしくは専利設計と称して記載し、専利出願中のものを専利と称して記載し、または許可を得ずに他者の専利番号を使用することにより、関係技術もしくは設計を専利技術もしくは専利設計であると公衆に誤認させる。(4)専利証書、専利書類または専利出願書類を偽造または変造する。(5)公衆を混同させ、専利権が付与されていない技術または設計を専利技術または専利設計と誤認させるその他の行為。

専利権の終了前に法に基づき専利製品、専利方法に基づいて直接得た製品またはその包装に専利表示を表記しており、専利権終了後に当該製品の販売の申し出をし、または販売することは、専利詐称行為には該当しない。

4. 専利詐称の責任

専利証書などの専利書類を偽造または変造するといった特殊専利詐称行為のほかに、専利詐称行為となる状況は次の2種類である。1つ目は、「他人」の専利を詐称すること。2つ目は、専利を偽称する行為で、このような状況において専利詐称行為が「他人」に関係しておらず、製品、製品の包装または説明書などの文書上に表記された専利表示が「他人」を指す有効な専利ではないこと。

専利詐称をした場合には、法に基づき民事責任を負う。このほか、専利分野の法執行を担う部門が是正を命じ、この旨を公示し、違法に得た所得を没収する。罰金を科すこともできる。犯罪を構成する場合は、法に基づき刑事責任を追及する。

第四章

「刑法」における専利詐称罪は「他者」の専利を詐称する行為にのみ適用され、専利偽称行為には適用されない。専利証書などの専利書類を偽造、変造する行為は、刑法に定められた国家機関の公文書、証書、印章を偽造、変造、売買する罪に抵触する可能性がある。

【キーワード】専利表示、基準の内容、専利詐称行為、専利詐称の責任

【関係法】「専利法」（2020）第16条（専利表示表記権）、第68条（専利詐称の責任）、専利法実施細則（2023）第101条（専利詐称行為）、「専利表示表記弁法」（2012）第5条（専利表示内容）、「刑法」（2020）第216条（専利詐称罪）

第5　標準と標準必須特許

　標準と専利は本質が明らかに異なっているが、二つは産業社会および市場経済において重要な役割を持っており、技術の汎用化とネットワーク化に伴い、標準と専利はますます広く結びついてきている。標準が追求する開放性と専利の独占性は複雑な対立・統一関係を形成し、技術標準の実施は専利のライセンシングの問題に波及している。特に標準必須特許のライセンシングが、標準の制定に参画している者が行う許諾の表明および公平、合理的、非差別の原則に則った許諾などの義務に関わるようになっている。

1. 標準および標準の類型

　標準とは、農業、工業、サービス業および社会事業などの分野で統一の必要がある技術要件を指す。標準には国家標準、業界標準、地方標準、団体標準、企業標準がある。国家標準は強制標準、推奨標準に分かれ、業界標準、地方標準はどれも推奨標準である。強制標準は必ず実行しなければならず、推奨標準は国が導入を奨励している標準である。

2. 標準必須特許

　標準必須特許とは、当該標準に準拠するために必要不可欠な専利を指す。

3. 情報開示

国家標準については、標準の制定・改正に参画している組織または個人は、可能な限り早期に、関連のある全国専業標準化技術委員会または同委員会が管轄する機関に自身が保有し知悉している必要専利を公表しなければならない。標準制定に参画する組織または個人が要求に従わずに自身が保有する専利を公表せず、信義誠実の原則に反した場合は、相応の法的責任を負わなければならない。

その他の類型の標準、特に企業が市場競争に加わる上で重要な団体標準については、標準制定組織は通常、企業に標準必須特許の表明を行うよう要求する。

4. 専利のライセンス声明

国家標準の制定・改正過程で専利に関わる場合、全国専業標準化技術委員会または同委員会の管轄機関は、専利権者または専利出願人に対して専利のライセンス声明を出すよう速やかに要求しなければならない。当該声明について、専利権者または専利出願人は以下の三つの内容から一つを選択しなければならない。(1)専利権者または専利出願人は、公平、合理的、非差別という基盤の上に、当該国家標準無償に従うすべての組織または個人がその専利を実施することを無償で許諾することに同意する。(2)専利権者または専利出願人は、公平、合理的、非差別という基盤の上に、当該国家標準に従うすべての組織または個人がその専利を実施することを有償で許諾することに同意する。(3)専利権者または専利出願人は、上記2種類の方式に基づいて専利の実施を許諾することに同意しない。

団体標準をはじめとする他の類型の標準については、標準制定組織は通常、参画する企業に対し、上記(1)、(2)のいずれかを選択し、公平、合理的、非差別の原則に従って許諾することを承諾するよう要求する。

5. 声明での承諾に違反した場合に負う責任

「最高人民法院 専利権侵害紛争案件の審理における法律応用の若干の問題に関する解釈（二）」によると、国家、業界または地方の推奨標準

における関連する必要専利の情報の明示について、専利権者と被疑侵害者が当該専利のライセンス条件について協議した場合において、専利権者が自身の標準制定において承諾した公平、合理的、非差別的な許諾義務に故意に違反し、専利ライセンス契約を締結できない事態を引き起こし、かつ、協議において被疑侵害者に明らかな過失がなかったときは、標準実施行為の差し止めを求める権利者の主張に対し、人民法院は通常これを支持しない。

【キーワード】標準、標準の類型、標準必須特許、情報開示、専利のライセンス声明、声明での承諾に違反することへの責任

【関係法】「標準化法」（2017）第2条（標準及び標準の類型）。「国家標準に関わる専利の管理規定（暫定）」（2013）第4条（標準必須特許）、第5条（情報公示）、第9条（専利のライセンス声明）。「最高人民法院専利権侵害紛争案件の審理における法律応用の若干の問題に関する解釈（二）」（2020）第24条（声明での承諾に違反した場合に負う責任

第四節　専利権侵害におけるコンプライアンスの要点

第1　専利権侵害行為の認定

専利は権利者に一定期間内の独占権を付与する。専利は目に見えないため、こうした専利権者の独占権は特に注意が必要なリスクとなる。専利権を侵害すると権利者への損失の賠償だけでなく、さらには懲罰的損害賠償を負う場合すらある。より重要なことは、侵害すると、多くの場合で生産停止の処分が課されることであり、これは企業にとっては挽回しがたい財産面と信用面での損失を意味する。

1.　専利の保護範囲

特許権または実用新案権の保護範囲は、その請求項の内容を基準とする。明細書および図面は請求項の内容の解釈に用いることができる。

意匠権の保護範囲は、画像または写真に表示されている当該製品の意

匠が基準となる。意匠の説明は、画像または写真に表示されている当該製品の意匠の解釈に用いることができる。

2. 権利侵害行為

特許権および実用新案権が付与された後、別途規定がある場合を除き、いかなる事業体または個人も専利権者の許諾を得ずにその専利を実施してはならない。すなわち、生産・経営目的でその専利製品の製造、使用、販売の申し出、販売、輸入をすること、またはその専利の方法を使用すること、当該専利方法に従って直接得た製品の使用、販売の申し出、販売、輸入をしてはならない。

意匠権が付与された後、いかなる事業体または個人も専利権者の許諾を得ずに、その専利を実施してはならない。すなわち、生産・経営目的でその意匠製品を製造、販売の申し出、販売、輸入をしてはならない。

複数の権利侵害者による共同の権利侵害行為は、共同権利侵害となる。

関連する製品が専利の実施を専門に用いられる材料、設備、パーツ、中間物などであることを明らかに知っているにもかかわらず、生産・経営目的で、当該製品を第三者に提供して専利権侵害行為を実施させた場合には、当該提供者の行為は他者による侵害を幇助する行為となる。関連する製品、方法に専利権が付与されたことを明らかに知っているにもかかわらず、専利権者の許諾を得ずに生産・経営の目的で、他者が専利権侵害行為を実施するよう積極的に誘導した場合には、当該誘導者の行為は他者へ侵害の実施を教唆する行為となる。

3. 権利侵害の責任

専利権者の許諾を得ずにその専利を実施すると、当該専利権の侵害となる。これにより紛争が起こった場合には、専利権者または利害関係者は人民法院に提訴することができ、また専利業務管理部門に処理を求めることもできる。

専利業務管理部門が処理する場合、権利侵害行為が成立すると認めら

れると、権利侵害者に権利侵害行為を即時停止するよう命じることができる。人民法院は、権利侵害行為が成立すると認定した場合に、権利侵害者に対して権利侵害行為を停止し、損失の賠償を命じる判決を下すことができる。

4. 損害賠償の確定

専利権侵害の賠償額は、権利者が権利侵害によって受けた実際の損失または権利侵害者が権利侵害によって得た利益に基づいて確定させる。権利者の損失または権利侵害者が得た利益の確定が困難である場合は、当該専利のライセンス料の倍数を参酌して合理的に確定させる。故意に専利権を侵害し、その情状が重大である場合は、上記の方法で確定した金額の一倍以上五倍以下で賠償金額を確定させることができる。

権利者の損害、権利侵害者の得た利益、専利ライセンス料を確定させることがいずれも困難である場合には、人民法院は専利権の種類、権利侵害行為の性質および情状などの要素に基づき、3万元以上500万元以下の賠償を決定することができる。賠償額には、権利者が権利侵害行為を制止するために支払った合理的な支出も含まれる。

5. 懲罰的損害賠償の確定

知的財産権侵害の故意については、主に侵害された知的財産権の対象のタイプ、権利の状態および関連製品の知名度、被告と原告または利害関係者との間の関係などの要素を根拠とし、総合的に検討し、認定する。

情状が重大であるかは、主に権利侵害の手段、回数、権利侵害行為の継続期間、地理的範囲、規模、結果、訴訟における権利侵害者の行為などの要素を根拠とし、総合的に検討し、認定する。

懲罰的損害賠償の倍数を決める際には、主に被告の主観的過失の程度、権利侵害行為の情状の重大性の程度などの要素を検討する。

【キーワード】専利の保護範囲、権利侵害行為、権利侵害の責任、損害賠償の確定、懲罰的損害賠償

【関係法】「専利法」（2020）第11条（専利権侵害行為）、第64条（専利の保護範囲）、第65条（権利侵害の責任）、第71条（損害賠償の確定）。「最高人民法院 知的財産権侵害民事事件の審理における懲罰的損害賠償の適用に係る解釈」（2021）第3条～第6条（懲罰的損害賠償の確定）

第2　専利権侵害リスクの予防・制御

　専利は量が膨大で、目に見えないものであるため、専利権侵害リスクを完全に回避することが難しい。しかし、その多くは早期警告と制御が可能なものだ。リスクの予防・制御には主に、専利リスクの早期警告と専利リスクの制御が含まれる。

1. 権利侵害リスクの早期警告

　権利侵害リスクの早期警告は通常、次の三つが含まれる。(1)先行的研究、プロジェクト立ち上げにおける専利リスクの事前計画。(2)研究開発過程での専利リスクの早期警告と分析。(3)製品発売前の専利リスクの検証。

　先行的研究およびプロジェクト立ち上げ段階は、製品の研究開発の初期に当たり、その将来的方向性がある程度決まる。先行的研究、プロジェクト立ち上げにおける専利の検索、分析、評価によって、可能な限り早期に専利リスクを発見、識別できる。研究開発過程では、製品が用いるすべての技術的解決手段を直接決定するが、製品の研究開発は既定の計画に完全に従って実行することは難しいため、研究開発過程中の技術的解決手段の変更点に基づいて、相応の動的な早期警告および評価を行う必要がある。製品の発売前には、それまでの専利リスク評価状況に基づいて、製品の技術的解決手段がリスクの早期警告および評価の結論と一致するかどうか改めて決定するとともに、販売する場所の法律に基づいて、リスクの大小を評価し、発売するかどうか、発売スケジュール、リスクの事前対応策などを決定する必要がある。

　権利侵害リスクの早期警告の手段としては、専利マップの製作、公開されている最新の専利出願および専利の定期的検索、業界内の専利訴訟および無効の状況の定期的な収集などが含まれ、これらの情報に基づい

て権利侵害分析とリスク評価を行う。

　専利製品もしくは技術を国外に輸出し、または域外で展示会に出品する場合には、専利保護の地域性が存在するため、目的国・地域における関連技術の特許状況およびリスクを評価し、専利権侵害を防止する。

2. 権利侵害リスクの制御

　企業が専利リスク制御を行う目的は、受入可能なコストに基づいて、早期警告を通じて専利権侵害リスクを発見し、かつそれを受入可能な範囲内に制御することである。どのような企業が、どのような段階でどのような専利権侵害リスクに直面したかで、専利リスクの容認度も異なる。

　リスクの制御はまず、企業が自社で研究開発および生産した製品の専利権侵害リスクを制御することである。常套手段としては、次のものが含まれる。(1)脅威となる専利出願に対して第三者・公衆の立場から意見を提出し、その専利に存在する欠陥を指摘することで、当該専利出願に権利が付与されることを阻止し、または当該専利の保護範囲を縮小させる。(2)当該専利の無効に向けて準備し、または積極的に専利の無効性を提起する。(3)侵害回避のための設計変更を行う。(4)専利のライセンスを取得し、またはクロスライセンスを行う。(5)反訴に使用が可能な専利の棚卸と準備を行う。

　多くの企業が、生産・経営において製品のすべてを自社で研究開発、生産しているわけではなく、ほかから調達した部品などを使用せざるを得ない場合が多々ある。このため、調達／サプライヤ専利コンプライアンス制度を構築し、調達、販売などの各種シチュエーションごとに契約を交わすことで自社のリスクを回避または減らす必要がある。

第3　専利権侵害への抗弁

　専利権侵害リスクの早期警告と制御を行ったとしても、企業が専利権侵害訴訟に直面することは回避しがたい。技術と専利が密集する電子、通信などの業界は特にそうである。権利侵害で告発された場合、企業は

積極的に専利権侵害への抗弁を行う必要がある。この抗弁には、専利権の効力を否定する抗弁、専利権保護範囲に入っていることを否定する抗弁、既存技術および既存設計の抗弁、専利権侵害とは見なさないという抗弁などが含まれる。

1. 効力を否定する抗弁

専利権の効力を否定することは、抗弁として常用されており、専利失効の抗弁、専利権の無効の抗弁などが含まれる。このうち、専利権の無効の抗弁は、最も典型的でよく見られる、効力を否定する抗弁である。

専利が無効となる場合の根拠は主に次の3種類に分けられる。1つ目は、既存技術の助けを借りて専利性（すなわち、新規性および進歩性）を判断していること。2つ目は、明細書および請求項そのもの（すなわち、明確性、十分な開示、明細書の請求項に対する支持）に不備があること。3つ目は、範囲を越えた補正、秘密保持審査を経ていない外国での専利出願、重複しての権利付与など、専利権者の行為が無効の理由となる場合である。

2. 保護範囲に入っていることを否定する抗弁

専利権保護範囲に入っていることを否定することとは、抗弁する際に常用される主要抗弁形式だ。専利技術特徴を欠いているとする抗弁、エストッペルの抗弁、技術の寄贈の抗弁および意匠範囲に入っていないとする抗弁などが含まれる。

3. 既存技術の抗弁

既存技術の抗弁とは、専利権侵害紛争において、実施している技術または設計が既存技術または既存設計であることを証拠を示して証明することを指す。既存技術の抗弁では専利技術または設計が既存技術または既存設計であることを証明する必要はなく、権利侵害で訴えられた技術が、ある既存の技術的解決手段の相応の技術と特徴を同じくするまたは実質的な差異が無いことを証明するだけでよい。

4. 専利権侵害と見なさない抗弁

専利権侵害と見なさない抗弁とは、権利消尽の抗弁、先使用権の抗弁、一時的越境（交通機関が一時的に中国の領域を通過する際、交通機関自体が必要とするためにその設備や装置に用いられている専利は専利権侵害とは見なさないとするもの——訳注）の抗弁、科学実験および研究の抗弁および薬品および医療器械の行政審査認可の抗弁が含まれる。

第五節　専利コンプライアンス体制の構築

コンプライアンスを実施するには、企業が完全な制度支援体系を構築する必要がある。当該体系には、秘密保持、職務発明の帰属および発明者の報奨・報酬制度、技術成果評価、専利プロセス管理、契約管理、リスクの早期警告、訴訟および応訴制度などの具体的制度が含まれる。

第1　秘密保持体制

企業の技術情報に触れる関係者（特に研究開発職員）の秘密保持体制を確立する。これには、秘密保持文書、サンプル、製品の管理制度の構築、関係者との秘密保持合意の締結、退職後の競合他社への再就職を制限する合意の締結などが含まれるがこれらに限らない。

第2　技術成果評価制度

プロジェクト立ち上げ、研究開発、製品の発売前の各過程において、専利文献の検索と分析を行い、無用な再研究および権利侵害を回避する。研究開発で完成させた発明創造が専利付与条件に適合する場合には、専利出願するかどうか評価する。

専利出願を決定したら、発明創造専利出願表に記入し、発明創造の技術の特長、新規性、進歩性、有益な効果、優先的な実施形態について明確かつ完全な説明を行わなければならない。専利出願に対して等級分けを施す。その技術的価値、経済的価値、市場競争での価値の大小に基づいて普通、重要、重大などの等級に分ける。

技術面で提携または出資を行う場合、プロジェクトが関わる技術および専利を含めて検索と評価を行い、交渉、締結のための根拠とすべきである。

第3 専利プロセス管理制度

各種期間を監視し、規定に基づいて適時に費用、次年度の年金などを支払い、専利出願および専利プロセスに瑕疵が無いことを確実に保証し、企業の専利業務運営をサポートする。

第4 付与済みの専利の再評価制度

専利の価値を定期的に評価し、今後必要のない専利については、譲渡、ライセンスまたは放棄などの方式で処理する。

第5 職務発明の帰属および発明者の報奨・報酬制度

職務発明の社内評議制度を構築し、確認を経た職務発明を評価して専利を出願するかどうかまたはその他の知的財産権保護措置を講じるかどうかを決定する。さらに、発明者と発明創造の知的財産権の帰属について取り決める。発明者に対し、入社前に行った職務発明についての関連説明の提出を要求する。発明者が退職した後の一定期間内の専利権の帰属、競合他社への再就職の禁止などについて取り決める。

職務発明報奨および報酬制度を構築、改善する。規則または契約を通じて、職務発明の報奨、報酬の条件、手順、方式および額面を明確にする。職務発明の報奨および報酬規則の制定時には、研究開発職員の意見や提案を十分に求めるようにする。

第6 契約管理制度

企業がその他の企業もしくは個人と共同で研究、開発を行い、または他者に研究、開発を委託する場合には、契約を締結し、技術成果、専利

出願権および専利権の帰属などについて取り決めるべきである。

　調達契約、サプライヤに対して監査を行い、契約書、承諾書、免責声明などの方式でサプライヤに専利権の帰属状況、権利を侵害しないことの承諾、損害賠償を負担することの保証などを確認するよう要求し、サプライヤの訴訟、専利運営、信用失墜などの状況について調査する。

第7　技術ライセンス制度

　他者が自社の専利技術を実施することを許諾し、または他者の専利技術を実施する場合、専利ライセンス契約を締結し、専利管理機関に登記し、技術の輸出入が関わる場合は技術輸出入審査認可または登記の手続きを行うべきである。

第8　リスクの早期警告、訴訟および応訴制度

　早期警告、訴訟および応訴制度を構築して、権利侵害リスクを評価し、自社の専利権を侵害する行為を発見した場合に適時に報告して、法的行動を採るかどうか評価する際に役立てる。警告状、起訴状、無効請求書といった、訴訟、無効またはその他の紛争の関連文書を受け取った場合は、最短で適時報告しなければならない。

第9　専利文書保管制度

　企業の研究開発、技術成果、専利出願、専利の保護、専利の実施、専利訴訟などの各方面の状況をまとめた管理システムおよびデータベースを構築し、関連する登記および管理を行う。

第10　専利資産評価制度

　専利資産評価制度は企業の経営において発生する以下の状況について、関連資産に対して社内検索および評価を行い、専利資産評価資格を有する資産評価機構に独立的評価を依頼する。(1)専利出願権、専利権の

譲渡。(2)専利資産で他企業または個人と共同出資、共同実施を行う。(3)他企業または個人の実施を強化する。(4)専利資産を査定し、有限責任公司（有限責任会社）または股份有限公司（株式会社）などを出資、設立した場合には、関連資産の内部検索および評価を行い、専利資産評価の資格を有する独立した資産評価機構に評価を依頼する。

第四章

第五章

不正競争防止のコンプライアンス

第一節　概要

「反不正当競争法」は、企業倫理を保護し、市場経済の秩序ある発展を確保し、事業者と消費者の合法的な権利利益を保護するための法律であり、その内容は大きく4つに分けられる。1つ目は「反不正当競争法」第2条の一般条項に基づく保護、2つ目は不正競争と不正取引行為の規制、3つ目は未登録商標、商号、信用毀損、虚偽宣伝、営業秘密などの知的財産権保護の当該法律による補完、4つ目はインターネット技術に関する不正競争行為である。

商業賄賂は知的財産権の保護とは関係ないので、この章では取り上げない。一方、「営業秘密」の内容については、次章で詳しく説明するので、ここでは省略する。

第二節　一般条項の保護

「一般条項」の判断基準

「反不正当競争法」第2条第2項では、「この法律にいう不正競争行為とは、事業者がその生産活動及び営業活動において、この法律の規定に違反し、市場における競争の秩序を乱し、他の事業者又は消費者の合法的な権利利益を侵害する行為をいう」と規定されている。

消費者の利益の評価について、審判の考慮要素は2つの面に焦点を当てている。1つ目は、製品やサービスに関する消費者の知る権利、選択権、プライバシーである。例えば、不正競争行為は通常、利用者の混乱や誤

147

認を生じさせてその自主的選択権を侵害し、または利用者の同意を直接回避してプライバシーを侵害する。2つ目は、その行為が消費者層全体の長期的利益に及ぼす影響である。例えば、「動画広告をブロックする行為は、短期的には利用者のニーズに応えるものであるが、長期的にはインターネット利用者が無料で動画を見続けることができなくなる可能性が高く、消費者の長期的利益に否定的、マイナスの影響を及ぼす」とする判例が多数を占めている。

　法院は、事業者の利益を考慮するにあたり、「反不正当競争法」は行為法として競争行為を規制するものであり、競争行為を規制した結果には権利利益の保護が含まれるが、決して絶対的な権利の保護を目的とするものではないことを強調した。市場競争においては、競争がある限り、それが正当か否かにかかわらず損害は必ず発生する。「反不正当競争法」は、個々の事業者に対する損害を必然的に禁止するものではない。ビジネスモデル、競争上の優位性、商機など、事業者の競争上の利益は絶対的な権利ではなく、排他的・独占的な保護を享受することはできない。また、北京と上海の知的財産法院は、競争行為が事業者の正常な運営に実質的な影響を与えないのであれば、過度の介入を行うべきでないと判断している。

　「市場秩序のかく乱」の判断は最も複雑で、自由で秩序ある公正な市場競争秩序と不正競争との境界を動的に検討する必要がある。「市場秩序のかく乱」自体は、侵害責任の成立における「損害結果」要件に属するが、現在の法律実務では、大半の法院がそれを競争手段の「信義誠実の原則の違反」や「企業倫理の違反」などの不正要件と必然的に結びつけ、競争秩序が「実際に」損なわれたか否かではなく、損なわれる「可能性がある」か否かを、行為そのものを通じて判断している。例えば、闘魚（Douyu）が全民（Quanmin）tvを訴えた事件では、法院は「被告の行為は業界の効率を高めず（サービスの均質化）、競争業者に実質的な損害を与え、競争の秩序と業界の発展に悪影響を及ぼし（無秩序で非効率な競争）、消費者の利益を害する（投資減少による選択肢の減少）ため、ウェブ放送業界で公認されている企業倫理に反し、不正競争に該当する」と判断した。前述の考え方は、市場の競争秩序が損なわれたか

否かを判断する際の法院の基本的な考え方でもある。法院は、競争秩序が損なわれたか否かを検討する代わりに、不正競争行為は必然的に競争秩序が損なわれるという結果をもたらすと直接認定したうえ、「市場競争秩序のかく乱」という事実の推定を行った。

　「反不正当競争法」第2条を裁判に用いることができるか否かは、大いに議論のあるところである。実務では、法院は、事業者が生産活動や営業活動において「信義誠実の原則」や公認された企業倫理に反し、市場競争の秩序を乱し、他の事業者や消費者の合法的な権利利益を害する行為を規制する必要があるが、このような行為が反不正当競争法第二章に具体的に列挙されている不正競争行為に属さない場合には、通常、反不正当競争法第2条を適用して規制する。法律実務の成果を総括した上で、「最高人民法院『中華人民共和国反不正当競争法』の適用における若干の問題に関する解釈」（以下、「2022年司法解釈」という）第1条では、法院が反不正当競争法第2条を適用して判決を下すことができ旨が明確に規定されており、さらに、裁判官が反不正当競争法第2条を適用できる状況を次のように厳格に限定している。「事業者が市場競争の秩序を乱し、他の事業者または消費者の合法的な権利利益を害し、かつ反不正当競争法第二章及び専利法、商標法、著作権法などの規定に違反する場合以外の状況には、人民法院は、反不正当競争法第2条を適用して認定することができる」。第2項を適用して不正競争行為を認定する場合には、裁判官は、当該行為が他の事業者や消費者の合法的な権利利益を害するか否かだけでなく、当該行為が「この法律の規定に違反するか否か」も考慮しなければならない。「この法律の規定」には当然、反不正当競争法第2条第1項の「信義誠実の原則」や企業倫理に関する規定も含まれる。実際には、すべての競争行為は、たとえそれが正当なものであっても、他の事業者の合法的な権利利益を害する可能性がある。他の事業者や消費者の合法的な権利利益を害する行為をすべて不正競争行為とみなすのであれば、明らかにその攻撃範囲が過度に広く、容易に誤って無実の人を傷つけることになる。したがって、その行為が「信義誠実の原則」および公認された企業倫理に反するか否かについても考慮しなければならない。

結論として、「2022年司法解釈」第1条によれば、反不正当競争法第二章および専利法、商標法、著作権法の規定によって規制されない行為であって、「信義誠実の原則」および公認された企業倫理に反し、市場の競争秩序を乱し、他の事業者または消費者の合法的な権利利益を害する行為について、当事者が反不正当競争法第2条により行為者に法的責任を負担するよう請求する場合には、法院は反不正当競争法第2条を適用して判決を下すことができる。

【キーワード】競争秩序、事業者、消費者、合法的な権利利益、企業倫理　信義誠実の原則

【関係法】「反不正当競争法（2019）」第2条（総則）。「最高人民法院『中華人民共和国反不正当競争法』の適用における若干の問題に関する解釈（2022）」第1条（一般条項の適用）

第三節　標識の混同

第1　一定の影響力のある商品の包装・装飾

　商品／役務の包装・装飾が一定の独創性を有し、使用を経て知名度を有し、一定の影響力を有するに至った場合、「反不正当競争法」第6条第（二）号により保護され、許可なく他の市場主体が使用することはできず、企業も反不正当競争法に従って自己の権利利益を保護することができる。

1．包装と装飾の違い

　包装と装飾はしばしば並列に呼ばれ、使用されるが、実際には異なる概念である。包装とは一般に、商品を識別するため、また持ち運び、保管、輸送を容易にするために商品に使用される補助具や容器のことを指す。この規定は、反不正当競争法で保護される包装は、商業的に識別可能で、かつ物理的に機能するものでなければならないことを明示している。例えば、飲料やアルコール飲料、香水はユニークな形の瓶に、キャンディーやケーキは斬新な形の箱に包装されているが、これらはすべて

150　｜　第五章　不正競争防止のコンプライアンス

保護が可能な商品包装に分類される。

　装飾とは、一般に、商品を識別し美化する目的で、商品またはその包装に付された文字、模様、色彩およびそれらの組み合わせを指す。この規定は、装飾が商品の識別と商品または包装の美化の両方に役立つ場合にのみ、法的に保護されることを明示している。装飾は商品に直接施すことも、包装に施すこともできる。例えば、「加多宝」と「王老吉」の「紅缶」漢方飲料事件および「紅星青瓶二鍋頭」事件などの訴訟事件では、両当事者間で争われている商品装飾は、包装に印刷、吹き付け、貼り付けされた文字、色、模様の組み合わせの全体内容である。商品の形状自体も装飾の一形態として法院に認められることがある。

　さらに、包装と装飾、特に装飾の保護は、営利目的のサービスにも適用される。「2022年司法解釈」第8条では、事業者の事業所の装飾、事業用器具の様式、事業従事者の服装からなる独特の様式を有する全体的な事業イメージは、人民法院は、「反不正当競争法」第6条第（一）号に定める「装飾」とし認定することができる旨が規定されている。例えば、「茶顔悦色」が「茶顔観色」を訴えた不正競争事件（（2020）湘0103民初8252号）では、法院は、店の看板、スローガン、ポスター、メニューなどのデザイン要素の全体的なビジネスイメージに基づいて、「茶顔悦色」のサービス装飾に対して全国的な保護を与えた。

2.　包装・装飾の識別可能性
　一定の影響力と識別性を持つ商品／役務の包装や装飾は、商標と同様に、いずれも商品／役務の出所を識別する機能を持つ。包装と装飾は、特定の包装材料、文字、形、色の組み合わせ、模様、装飾デザインの組み合わせなどを用いることによって、消費者が商品をより直感的に識別、認識し、商品／役務の提供者を一目で知ることができる。出所の識別におけるその役割は、商標のそれを上回ることさえある。例えば、消費者は赤い色のボトルのコーラを見ればコカ・コーラを思い浮かべ、金色の球状の包装とコーヒー色の紙トレーのチョコレート製品を見ればフェレロ・チョコレートを思い浮かべるだろう。もちろん、これらのよく知られた包装・装飾が識別可能性を有する理由は、その権利者が長期的かつ

大量に使用していることにも関係している。したがって、包装・装飾の識別可能性は、それらに本来備わっている独創性や識別性に関連するだけでなく、権利者の長期にわたる広範な使用によって形成された識別可能性にも依拠している。

3. 生来的な識別性の要件

「2022年司法解釈」第5条と第6条では、標章の識別性および正当使用による抗弁の観点から積極規定と消極規定を設け、「一定の影響力を有する商品の包装及び装飾」に「識別性」の要件を課しており、単なる商品／役務の普通名称、図形、型番、主原料、機能、用途、重量、数量、および商品自体の性質のみから生じる商品の形状は、反不正当競争法第6条で保護されない。さらに、他の市場参加者と明確に区別できる識別可能性を有する包装・装飾は、本来備わっている識別性を有するとみなされるべきである。この識別性の程度は、反不正当競争法による保護の程度に影響する場合が多い。

例えば、猫哆哩の「酸角糕（タマリンドケーキ）」および「百香果糕（パッションフルーツケーキ」事件（（2019）雲民終1282号）の場合、雲南省高級人民法院は、猫哆哩の包装および装飾の最も人目を引く特徴は、その独特な配色、「猫哆哩」という文字標識、包装における内容物と関係のある果物の模様であり、係争商品の包装および装飾には、強い識別性および識別性の特徴があり、……関連公衆が包装および装飾から猫哆哩の商品を連想するに足ると認定した。上記の判決とは反対に、本来備わっている識別性を欠き、または業界共通の標識である場合は、排他的保護を行う必要はない。

さらに、例えば、四川省高級人民法院は、斑布BABOブランドのトイレットペーパー事件（（2021）川知民終1093号）において、次のように判断した。「斑布」ブランドの製品以外にも、市場には他の複数のブランドの無漂白トイレットペーパー類製品の包装や装飾も黄色を主としており、その違いは異なる文字、模様、色などの要素の組み合わせを用いている点である。「斑布」ブランドの無漂白トイレットペーパーは関連公衆の中で一定の知名度と影響力があるが、環龍公司が保護を主張す

る関連包装、装飾は全体的に識別性が乏しく、「著名な商品特有の包装、装飾」と認定することは困難であり、「反不正当競争法」の保護を受けることはできない。

4. 知名度の要件

　包装と装飾は企業の未登録標識に相当する。知的財産権制度の下で、商標法は未登録商標に専用権および使用禁止権の保護を与えず、未登録馳名商標（日本の著名商標に相当——訳注）に同種の使用禁止権の保護を与えるのみである。「反不正当競争法」は、一定の影響力を有する包装・装飾標識に使用禁止権保護を与えている。包装や装飾は、未登録の馳名商標と同程度の知名度に達する必要があるかについては、現時点で、法律や司法解釈はこの点をさらに明確にはしていない。最高人民法院は、華文出版社と吉林文学歴史出版社の不正競争紛争案件（（2013）民申字第371号）において、次のように判断した。1993年「反不正当競争法」第5条第（二）号にいう著名な商品は、商品の出所を識別する意義を有する商品特有の名称、包装、装飾を保護するためのものであり、関連公衆の間で一定の知名度を有していればよく、関連公衆に広く知られていることを必要としない。

　「2022司法解釈」第4条2項では、「人民法院は『反不正当競争法』第6条に定める標章が一定の市場知名度を有するか否かを判断するにあたって、中国国内の関連公衆の認識の程度、商品販売の時期、地域、数量及び対象、宣伝の持続期間、程度及び地理的範囲、標章が保護されている状況などを考慮しなければならない」と規定されている。

　新華字典事件（（2016）京73民初277号）では、「新華字典」という係争商標自体が未登録の馳名商標に該当し、その知名度は年々高まっていたため、商務印刷館の「新華字典」（第11版）の特有装飾に反不正当競争法の保護を与えることになった。前述の解釈規定および先行判例によれば、「一定の影響力を有する」という知名度の基準については、公衆に広く知られる程度の知名度までは要求されないものの、「包装・装飾がその使用を通じて一定の知名度を持ち、関連公衆が包装・装飾とその権利者を関連付けることができるようになったこと、すなわち、保護

されるに足る程度の識別可能性を獲得したこと」を証明することが必要である。

　実務において、包装・装飾の知名度の基準は、被告の悪意の程度、包装・装飾を使用した商品またはサービス（役務）の購入時における消費者の注目の程度、包装・装飾自体の識別性の程度、および市場における他の主体の類似の包装・装飾またはデザイン要素の使用状況など、他の要因に影響される場合が多く、誤認・混同を生じさせやすいか否かが判断基準となる。また、知名度の高い商品の包装を変更した場合、商品自体の知名度が高く、市場占有率も広告宣伝効果も高いため、新しい包装は長期間市場に出回らなくても、短期間で知名度が高くなる可能性があるため、同様に「一定の影響力を有する」程度に達したとみなすことができる。新反不正当競争法では、包装・装飾の知名度の要件を「著名な商品特有の包装・装飾」から「一定の影響力を有する包装・装飾」に改正し、証明の基準が引き下げられたが、これは模倣・盗作の防止を一層強化し、一定の影響力を有する先行商業標識を保護し、公正な競争のための市場経済秩序をより積極的に保護することを目的としている。

5. 包装・装飾デザインの考慮事項

　商品の包装や装飾の一部の顕著な要素は、包装や装飾全体が保護されるか否かに直接影響することがある。「2022年司法解釈」第7条では、「反不正当競争法」第6条に定める標識またはその顕著な識別部分が商標法第10条第1項に定める「商標として使用することができない標識」に該当し、当事者が「反不正当競争法」第6条の規定に基づいて保護を求める場合には、人民法院はこれを支持しない。」と規定されている。例えば、「特殊兵生搾りココナッツジュース」事件（（2020）最高法民再133号）の場合、係争包装・装飾に含まれる一部の顕著な文字要素である「特殊兵」は、確定済みの行政判断により、商標法第10条第1項第8号に定める「その他の好ましくない効果があり、商標として使用できない標識」に該当すると認定されていた。これにより、最高人民法院は、係争包装・装飾は法的保護を受ける正当な根拠を有しないとし、その包装・装飾デザイン全体として保護されない旨を認定した。

したがって、企業が商品の包装・装飾のデザインを開始するにあたって、同業種の製品に既に使用されている包装・装飾を十分に調査し、他人の一定の影響力を有する先行包装・装飾と同一または類似のデザインをできる限り回避し、他人が「先行包装・装飾の権利利益を享有する」という理由で行政上の摘発申請または訴訟が提起されることを防がなければならない。また、企業独自の包装・装飾を選択することも、法律や司法解釈における包装・装飾に対する「識別性」の要件を満たし、企業標識のイメージにおいて新天地を開くことができる。特に注意すべきは、包装・装飾における顕著な要素は「商標法」によって使用が禁止されている標識の選択を避けなければならないという点である。そうでなければ権利利益は正当とは言えず、相応の保護を受けることができない。

【キーワード】商業標識性、包装、装飾、一定の影響力、識別性要件、一部の顕著な要素、知名度、法的責任

【関係法】「国家工商行政管理総局 著名な商品の名称、包装、装飾を模倣する不正競争行為の禁止に関する若干の規定」(1995) 第 3 条第（四）号（包装の定義）、第 3 条第 5 項（装飾の定義）。「反不正当競争法」(2019) 第 6 条(2)（一定の影響力を有する商標の名称、包装・装飾）、第 17 条第(1)(3)(4)項（民事責任）、第 18 条（行政責任）。「最高人民法院『中華人民共和国不正競争防止法』の適用に係る若干の問題に関する解釈」(2022) 第 4 条(1)（一定の影響力を有する標識の判断基準）、第 4 条(2)（知名度の判断基準）、第 5 条（識別性）、第 6 条（標識識別性欠如による合理的抗弁理由）

第 2　一定の影響力を有する企業名称、氏名権

企業名称は商業主体を区別する標識であり、氏名は自然人主体を区別する標識である。一定の影響力を有する企業名称、自然人氏名は市場での識別機能を果たしており、権利者が有する財産権として、「反不正当競争法」第 6 条第（二）号の保護を受けている。

「反不正当競争法」が企業名や氏名権を保護する前提も、「一定の影響

力を有する」ことである。すなわち、反不正当競争法は、使用を通じて市場主体の由来を識別できる機能を持つ企業名や氏名を保護し、他の市場主体が無断で取り入ったり便乗したりして使用することを防ぎ、市場での誤認・混同を回避することで、公平な競争のための市場経済秩序を維持している。

1. 企業略称と外国の商号の保護

現行の規定は1993年の反不正当競争法の第5条3項に由来する。現行の反不正当競争法では、「保護範囲を企業名称、略称、自然人のペンネーム、芸名、訳名等に拡大する」ことが明確にされている。このように、原則として企業や自然人と特定の対応関係を築くことができる識別可能な標識であれば、反不正当競争法によって保護される可能性がある。天津青旅（天津中国青年旅行社）事件（（2012）津高民三終字第3号）において、法院は「天津青旅」は企業の略称として、すでに天津中国青年旅行社との間に一対一の特定の関係を構築しており、経営主体を識別する商業標識の意義を有すると認定した。同事件では、法院は「天津青旅」という略称について「天津中国青年旅行社」と同様に反不正当競争法の保護を与えることにした。天津小拇指事件（（2012）津高民三終字第46号）において、法院は、天津小拇指公司が「小拇指（小指）」を企業名称として登記、使用し、「小拇指自動車修理」および「天津小拇指」の文字を単独でまたは目立たせて宣伝に使用することは、市場主体および役務の出所について関係公衆を混乱させ、誤認させるに足り、競争秩序を混乱させやすいと判断し、「小拇指」の商号権を保護した。

「2022年司法解釈」第9条によると、「反不正当競争法」で保護されている企業名には、中国域内で商業的に使用されている海外企業名も含まれている。この司法解釈は、「工業所有権の保護に関するパリ条約」第8条の「商号は本連合のすべての加盟国内で保護されるべきである」という関連規定を貫いている。商標「comcast及び図形」の商標無効審判行政訴訟事件（（2018）京73行初3621号）において、北京知的財産法院は国外の主体であるComcast Corporationの外文企業名称「comcast」に商号権を保護した。

2. 氏名権保護の一般条件

自然人の氏名を反不正当競争法で保護する事件では、同じく自然人の氏名に含まれる商業標識の意義を考慮する場合、氏名の該当分野での知名度、消費者の混同の可能性、権利者の利益を害するに足るか否かを考慮するのが一般的である。例えば、許家印事件（（2019）京行終 5954 号）において、法院は、関連公衆は「許家印」と経営者である恒大公司との間には、特定の関係が築かれており、係争商標「許家印」は関連公衆の誤認・混同を招くおそれがあることから、許家印の氏名権の侵害を構成する旨を認定した。同様に、王躍文事件（（2004）長中民三初字 221 号）では、法院は、（湖南）王躍文はそれまでの創作行為によって名声を得ており、その名前は商業標識の機能を果たしており、被告がその作品に「王躍文」を著作者として使用する行為は、消費者の混同を招く恐れがあり、不正競争に該当すると判断した。「金亀子」事件（（2018）京 73 行初 10552 号）では、法院は、「金亀子」は芸名として劉純燕との間に特定の関係があり、劉純燕は「金亀子」に対して先行氏名権を有していると認定した。

3. 商号保護の地域性に関する問題

「企業名称登記管理規定」第 6 条では、「企業は 1 つの名称のみを使用することを許可し、登記主管機関管轄区域内で登記された同業種の企業名称と同一または近似してはならない」と規定されている。企業名称の行政管理の観点から、企業名称権の保護には地域性があり、一般にその登記された県級行政区画の制限を受けている。反不正当競争法第 6 条によると、商号の保護は一般に登記された行政区画に限らず、商号の業界内での知名度が高いほど、その保護される範囲と程度が高く、後から商号を登記しようとするものが、知るべきまたは明らかに知っている程度に達しているか否かは、後行登記に正当性があるか否か、先行商号に保護を与えるべきか否かを判断する重要な考慮要因である。例えば、大峡谷事件（（2021）粤 20 民終 3733 号）において、法院は以下のように認定した。2003 年から大峡谷蘇州公司、上海大峡谷公司の持続的で広範な使用と宣伝を経て、「大峡谷」という商号およびブランドはランプ類と照明業界内で一定の影響力を有し、市場において一定の知名度がある。中山大峡谷公司の事業内容にはランプ類の製造と照明工事の施工が含ま

れ、大峡谷蘇州公司、上海大峡谷公司とは競争関係にあるにもかかわら
ず、「大峡谷」を商号として登録したことは、不正競争行為を構成する。

　保護を求める商号が同時に馳名商標に該当する場合には、その保護力
は一段と増強され、業界、地域を跨ぐ両面からの保護を与えることも可
能である。ニコン（尼康）の商号事件（（2009）西民四初字第302号）
において、西安中級人民法院は以下のように認定した。被告の浙江尼康
が「尼康」を商号としてその経営に使用することは、関連公衆に浙江尼
康およびその電動自転車製品が株式会社ニコンの製品であり、または株
式会社ニコンと何らかのつながりがあるとの誤認・混同を生じさせるに
足るため、株式会社ニコンに対する不正競争に該当する。

4. 企業の商号権と商標権の関係

　商号はメーカーを識別する機能を果たしており、商業活動において商
号は一定の程度において、商標と同様の商品の出所識別機能を発揮して
いる。「最高人民法院　現在の経済情勢における知的財産権裁判サービス
の大局における若干の問題に関する意見」第10条（以下、「大局意見」
と略称する）によると、「企業名称を目立たせて使用することで先行登
録商標の専用権を侵害した場合には、法に基づいて商標侵害行為として
処理される。企業名称を目立たせて使用していないが、その使用が市場
での混乱を生じさせ、公平な競争に違反する場合には、法に基づいて不
正競争として処理される」

　特定の歴史的原因により、企業が商号を好意的に登記、使用した場合
には、商号詐称の不正競争行為にあたらないと認定することができる。
例えば、大宝日化事件（（2012）民提字第166号）では、法院は以下の
ように認定した。被告の大宝日化工場と原告の大宝化粧品公司の間には
企業名称の授権などの歴史的要素が存在することから、大宝日化工場が
「大宝」の2文字を含む企業名称を使用することには合理性があるとし
て、大宝日化工場は「大宝」の使用を停止し、企業名称を変更する旨の
判決を下さなかった。しかし、商標登録が満期になった後も、大宝日化
工場は引続き商標「大宝日化」と商標「DABARIHUA」を目立たせて
使用した行為に対しては、法院は商標侵害を構成すると認定した。

第五章

158　　第五章　不正競争防止のコンプライアンス

また例えば、「王将餃子」事件（（2010）民提字第15号）では、先行商標が使用されていた範囲は、黒竜江省ハルビン市の地域のみであり、かつ大連王将公司が企業名称を登録登記した時点で高い知名度を有していなかった。また、大連王将公司は日本の王将株式会社が投資して設立されたものであるため、大連王将公司が王将をその商号としてすることには、一定の合理性がある。大連王将公司が後行して「王将」を登記、使用することは関連公衆の誤認・混同を招くに足りず、最高人民法院は以下のように認定した。大連王将公司が商号を登記することは不正競争にあたらない。しかし、他人がすでに先行商標権を保有している場合に商標「王将」を目立たせて使用することは、依然として商標侵害を構成する。

5.　商号権や氏名権を侵害した場合の責任

　「反不正当競争法」第17条では、企業名称、自然人氏名を模倣した場合の民事責任、すなわち、実際の損失、侵害によって得た利益、法定損害賠償の順に賠償金額を決定する旨が規定されており、その保護の程度は登録商標と同じである。第18条ではさらに、企業名称、自然人氏名を模倣した場合の行政責任、すなわち、違法行為の停止、違法商品の没収、過料などが規定されるとともに、「名称変更前に、その名称の代わりに統一社会信用コードを使用する」という臨時措置が規定されている。

【キーワード】人格権属性、商業標識属性、地域範囲保護、知名度の要件、好意的な使用、企業名称を目立たせて使用、法的責任

【関係法】「民法」（2020）第1014条（氏名権及び名称権の人格権属性）。「反不正当競争法」（2019）第6条第（二）号（一定の影響力を有する企業名称、自然人氏名）、第17条第1項、第3項、第4項（民事責任）、第18条（行政責任）。「企業名称登記管理規定」（2020）第6条（企業名称登記）。「最高人民法院『中華人民共和国反不正当競争法』の適用における若干の問題に関する解釈」（2022）（海外企業名称保護）。「最高人民法院 現在の経済情勢における知的財産権裁判サービスの大局における若干の問題に関する意見」（2009）10（企業名称を際立たせて使用）

第3 一定の影響力を有するドメイン名、ウェブサイト名称

　一定の影響力を有するドメイン名、ウェブサイト名称などは商品または役務の出所を区別する機能を果たす場合もある。反不正当競争法第6条では「事業者が他人に一定の影響力を有するドメイン名の主体部分、ウェブサイト名称、ウェブページ等を無断で使用してはならない」と規定されている。また、企業がドメイン名を登録、使用する際には、他者の合法的な先行権との矛盾に陥る可能性もある。

　一定の影響力を有するドメイン名、ウェブページ名称を保護する理由は、オンラインショッピングが異常に発達した現在、ドメイン名、ウェブサイト名称、ウェブページも商標のように商品や役務の出所を区別する機能を発揮しており、保護しなければ、善意と誠実さを持った事業者が苦心して蓄積した営業上の信用をオンライン市場において奪われるとともに、消費者の誤認を生じさせ、消費者の利益を害するからである。

1. 「誤認」の判断

　「2022年司法解釈」第12条によると、誤認を招く状況には、他人と商業連合、ライセンス、命名権取得、広告推薦などの特別なつながりがあると誤認させることが含まれる。このような「誤認」の基準は「混同」の基準よりも広い。すなわち、消費者が混同している場合に限定されず、消費者は同一主体からのものとは思わないが、両者の間には関連関係、ライセンスの関係、あるいは他の商業的な密接な協力関係があると考える可能性がある場合も含まれる。これにより、消費者に不適切な連想を生じさせ、または製品やサービスの品質が先行ドメイン名、ウェブサイト、ウェブページなどの主体権利者によって制御または保証されているとの誤認を生じさせるに足り、これらはいずれも先権者の利益を害する。ドメイン名の主体部分、ウェブサイト名称、ウェブページなどに類似する標識の判断については、商標と同一または類似する判断原則や方法を参照することができる。

2. 「一定の影響力を有する」の判断

　実務において、企業がドメイン名やウェブページ名称の保護が可能な

「一定の影響力を有する」程度に達しているかを判断する方法は、他者に権利を主張できるか否か、または他者に近似した名称を後行して使用できるか否かを判断する鍵となる。両者が同一業界に属し、先行標識の知名度の範囲が後行使用者をカバーするのに十分であれば、後行使用者が正当な理由なく無断で使用する行為には不当性があると考えられる場合が多い。後行して使用するとともに、明らかに先行標識の営業上の信用に取り入ったり便乗したりする行為がある場合には、先行標識が「一定の影響力を有する」程度に達したことへのより強力な裏付けとなり、この後行使用者に対して、先行標識を保護することができる。

3. その他の禁止規定

「2022年司法解釈」第7条ではさらに、保護されたドメイン名またはウェブページ名称が商標法第10条第1項に定める「商標として使用できない標識」に属さないことが明らかにされている。したがって、企業がドメイン名を登録、使用するにあたっては、法律で保護されない範囲に入らないようにドメイン名の主体部分を慎重に選択しなければならない。

また、ドメイン名を登録するにあたっては、他者の先行する合法的な権利利益を侵害しないように気をつけなければならない。悪意のあるドメイン名を認定するには、企業に以下のような状況が存在するか否かに注目する必要がある。1）商業目的のために他人の馳名商標をドメイン名に登録した場合、2）商業目的のために他人の登録商標、ドメイン名などと同一または近似したドメイン名を登録、使用することにより、原告が提供する製品、サービスまたは原告サイトとの混同を意図的に引き起こし、ネットワークユーザーに自社のウェブサイトまたは自社のオンラインサイトにアクセスするように誤導した場合、3）不当な利益を得るために、高価な販売、レンタル、または他の方法による譲渡を約束した場合、4）ドメイン名を登録した後に自身で使用せず、使用する計画もないにもかかわらず、権利者がそのドメイン名を登録することを意図的に阻止した場合。「最高人民法院 商標民事紛争案件の審理における法律適用の若干の問題に関する解釈」第1条の規定によると、他人の登録商標と同一または近似した文字をドメイン名として登録し、かつ当該ドメイン名を介して関連商品の電子商取引を行い、容易に関連公衆に誤認

を生じさせる場合には、商標法第57条第1条第（七）号に規定する「他人の登録商標専用権にその他の損害を与える行為」に該当する。

4. 悪意のあるドメイン名の登録行為への懲罰措置

ドメイン名の悪意ある登録行為は、権利侵害または不正競争に該当し得るため、人民法院は被告に侵害行為を停止させ、損失の賠償を命じることができる。悪意を持ってドメイン名を先に登録しただけで、実際に使用されていない行為に対しては、相応の経済手段の懲罰措置は合理的な支出に限定されず、権利者が受けた損失の賠償も含まれる。維帯亜公司が鼎天地社を訴えたドメイン名「nvidiachina.com.cn」の冒認登録事件（（2014）高民（知）終字第4833号）において、冒認登録されたドメイン名は実際に使用されていないにもかかわらず、法院は依然として被告に「原告の経済損失を賠償するとともに、関連する公証費、弁護士費などの合理的な支出に対し、併せて適宜考慮する」とする判決を下した。

5. 企業ドメイン名の選択と保護

企業が蓄積してきた営業上の信用をよりよく維持し、他人に「便乗」されないために、実行可能な方法は「商業標識一体化」の策略、すなわち商標法の関連規定を利用して全面的に自身の合法的な権利利益を守ることである。

【キーワード】一定の影響力を有する、ドメイン名、ウェブサイト名称ウェブページ、営業上の信用、市場での知名度、顕著な特徴、商業標識一体化、先行権利利益、商標権侵害

【関係法】「反不正当競争法」（2019）第6条（商業混同行為）、第18条（商業混同の法的結果）。「最高人民法院『中華人民共和国反不正当競争法』の適用における若干の問題に関する解釈」（2022）第4条、第5条（「一定の影響を有する」の判断）、第7条（保護されない標識）、第11条、第12条（近似標識の保護）。「最高人民法院 コンピュータネットワークドメイン名民事紛争案件審理の法律適用における若干の問題に関する解釈」（2020）第4条、第5条（ドメイン名侵害紛争の判断基準）。「最高人民法院 商標民事紛争案件の審理における法律適用の若干の問題に関

する解釈」（2020）第 1 条（商標法第 57 条第 7 号の具体的な解釈）

第四節　虚偽宣伝

第 1　誤解を生じさせる虚偽宣伝

1．立法の解釈

　虚偽または誤解を生じさせる商業宣伝は、「反不正当競争法」に規定されている不正競争行為の一つであり、1993 年版の「反不正当競争法」の第 5 条と第 9 条で初めて規定されたが、「虚偽」と「誤解を生じさせる」という概念は、実務において大きな議論を呼んでいる。

　「虚偽または誤解を生じさせる商業宣伝」には、虚偽の商業宣伝と誤解を生じさせる商業宣伝の 2 種類の行為が含まれる。

　虚偽の商業宣伝とは、商品宣伝の内容が商品の客観的事実と一致しないことである。例えば、フランスから輸入した商品ではないのにフランスから輸入した商品として宣伝すること、ある効果について、商品にそれがないのにその効果があると宣伝することなどがある。これは主に客観的事実によって判断されるものであり、事業者が宣伝内容を裏付ける証拠を提示できなければ、虚偽宣伝を構成すると判断されやすい。

　誤解を生じさせる商業宣伝とは、宣伝の対象者や宣伝の影響を受ける人に、商品の実情と異なる連想を抱かせ、購買決定に影響を与える可能性のある商業宣伝を指す。これは、消費者やユーザーの主観的認識を判断の根拠としている。誤解を生じさせる宣伝が必ずしも虚偽とは限らないが、宣伝の内容が真実であっても、宣伝の中で一方的な情報を提示し、またはあいまいな表現を用いれば、誤解を生じさせる結果を引き起こす可能性がある。

　2020 年に改正された「最高人民法院 不正競争民事事件の裁判における法律適用に係る若干の問題に関する解釈」第 8 条と、2022 年に公布、施行された「最高人民法院『中華人民共和国反不正当競争法』の適用に

おける若干の問題に関する解釈」第17条には、いずれも「誤解を生じ
させる商業宣伝」に関する詳細な規定がある。

2. 構成要件
(1) 商業宣伝の対象
　虚偽宣伝における商業宣伝の対象は、事業者が自ら経営している商品
または提供する役務でなければならない。商業宣伝の対象は競争相手が
経営する商品または提供する役務であり、競争相手の営業上の信用、名
声を指していれば、虚偽や誤解を生じさせる商業宣伝ではなく、営業誹
謗行為を構成する。商業宣伝の対象が競争相手の評判・営業上の信用で
あり、自社の商品やサービスを同時に宣伝していれば、信用毀損と虚偽
や誤解を生じさせる虚偽宣伝を同時に構成する可能性がある。

(2) 商業宣伝の内容
　商業宣伝の内容は、取引の意思決定に実質的に影響を与える可能性の
ある、商業宣伝者が自ら生産経営している商品または自ら提供する役務
に関する情報でなければならない。これには商品の性能、機能、品質、
販売状況、ユーザー評価、受賞暦などが含まれる。取引の意思決定に実
質的な影響を与える可能性のある宣伝情報であれば、すべて「反不正当
競争法」第8条の規制内容に該当する。宣伝の内容から見ると、欺瞞（欺
く）と誤導（誤った方向に導く）の二つの状況が含まれる。欺瞞的な虚
偽宣伝とは、無から有を作り出し、存在しない事実や意見を捏造し、ま
たは消費者を欺く商業宣伝を指す。誤導的な宣伝、すなわち誤解を生じ
させる商業宣伝とは、その内容は真実または部分的に真実であるが、表
現方法や引用の都合のよい解釈などによって宣伝の内容が不正確に表現
され、消費者に商品／役務の特性などの誤解を生じさせ、事業者がそれ
によって競争上の優位を得る商業的宣伝を指す。

(3) 行為の結果の要件は「関連公衆を欺き、誤った方向に導くに足る」
ことである
　虚偽宣伝の本質は関連公衆を誤解させることである。消費者を欺き、
誤った方向に導き、その取引の意思決定に実質的な影響を与えることは、
虚偽または誤解を生じさせる宣伝を構成するか否かを判断する鍵とな

る。「反不正当競争法」第8条第1項の規定によると、消費者とは一般
消費者を指す。一般消費者は市場で商品やサービスを購入する時に商品
やサービスの宣伝内容を詳細に選別、分析しない場合があり、商品やサー
ビスの真実の品質、特徴などの宣伝内容に対して誤解を生じやすい。商
品またはサービス（役務）の品質、特徴などの要素は、実質的に取引の
意思決定に影響を与える重要な要素である。したがって、法律実務上、
虚偽宣伝の判断の焦点は、商業宣伝そのものが客観的に真実であるか否
かを判断基準とするよりも、商業宣伝が消費者の主観的な誤解を生じさ
せるか否かにあり、法院は一般に、日常生活の経験、関連公衆の一般的
な関心、誤解発生の事実、宣伝対象の実情などに基づいて、誤解を生じ
させる商業宣伝を認定すべきである。

　「最高人民法院 不正競争民事事件の裁判における法律適用に係る若干
の問題に関する解釈」第8条第1項第（一）号によると、「商品に対す
る一方的な宣伝又は比較」によって重要な事実を省略すること、すなわ
ち消極的な宣伝を行うことも、虚偽宣伝行為を構成する可能性がある。
第8条第1項第（三）号には、「あいまいな表現又はその他の誤解を生
じさせる方式で商品宣伝を行う場合」と規定されている。ここでも、「誤
解を生じさせる」ことが強調されている。この要件は、法律は消費者の
立場から虚偽宣伝の内容を理解することをより重視していることを示し
ており、この陳述は誤解を生じさせる効果さえあれば十分であり、事業
者に主観的に消費者を欺き、または誤った方向に導く悪意があることは
明確に要求されていない。つまり、消費者を誤った方向に導く行為は悪
意によるものであることを必要条件としない。

【キーワード】誤解を生じさせる、虚偽、商業宣伝、欺瞞（欺く）、誤
導（誤った方向に導く）、競争優位性

【関係法】「反不正当競争法」（2019）第8条、第20条（虚偽宣伝の規
定及び罰則）。「広告法」（2021）第4条（虚偽広告）。「最高人民法院 不
正競争民事事件の裁判における法律適用に係る若干の問題に関する解
釈」（2020）第8条（虚偽宣伝）。「最高人民法院『中華人民共和国反不
正当競争法』の適用における若干の問題に関する解釈」（2022）第16条、

第
五
章

165

第 17 条（虚偽宣伝）

第 2　サクラ行為などの虚偽宣伝

　インターネットの発達に伴い、商品流通の形態はオフラインからオンラインへと変化し、商品と売り手のオンライン評価は消費者が選択する際の重要な参考資料となっている。そのため、一部の売り手は、より高い評価を得るために、虚偽の取引やクリック数を増やすことで、架空のデータや誤解を生じさせるような虚偽の宣伝を行い、自らの取引機会を増やそうと競い合っている。しかし、この行動には多くのリスクがある。以下、それぞれについて分析する。

1．サクラ行為の定義

　サクラ行為とは、販売者が虚偽の宣伝を行う典型的な方法の一つであり、電子商取引において、販売者が自店の信頼性、採点点数、等級を上げるため、または商品の販売量や好意的な評価投稿などを増やして、競争上の優位性や取引の機会を得るために、「サクラ」を通じて自店の商品について虚偽の購入やコメントを行うとともに、「サクラ」に相応の報酬を与える行為を指す。

2．サクラ行為の種類

　サクラ行為には、名声型サクラ行為、財産型サクラ行為、競合型サクラ行為のいくつかの種類がある。名声型サクラ行為とは、販売者がネットショップの等級、名声などを高めることによって、より大きな経営権限を獲得したり、商品販売数を増加させたりすることである。または、低評価をつけることで競合他社を誹謗中傷したり、故意に好意的な評価をしたりすることで競合他社が自らサクラ行為をしているという誤った印象を植え付ける手段もある。これは「逆サクラ行為」または「逆名声型サクラ行為」として知られている。「財産型サクラ行為」とは、一部の業者とユーザーがさまざまな手段を用いて取引注文を捏造し、それによってソフトウェア事業者からの補助金や奨励を獲得する行為を指す。「競合型サクラ行為」は、名声型サクラ行為と財産型サクラ行為の組合せであり、前述の 2 つの行為の目的を同時に備えている。

3. サクラ行為の主体

ターゲットとなるプラットフォームは電子商取引プラットフォーム、データサービスプラットフォーム、飲食サービスプラットフォームなどである。サクラ行為の依頼者は商品やサービス事業者で、サクラ行為の引受先はサクラ行為プラットフォーム、サクラ、空（中身のない）の小包物流プラットフォームなどである。各方面の主体が関与する行為や発揮する役割によって異なり、関係する法的リスクも異なる。

4. サクラ行為の手段

サクラ行為にはさまざまな種類がある。2021年7月22日、市場監督管理総局は1回目の「ネットワーク虚偽宣伝と不正競争の典型的な10件の事例」を発表した。中には以下のような「サクラ行為」の手段が含まれている。

サクラ行為プラットフォームを通じてサクラ行為の任務を公開し、ユーザーに指定商品を購入するよう指示し、購入された商品の代わりにギフトを送り、他のルートで返金することで、虚偽の注文を増やし、取引量を増加させる。

他人を雇ったり、勧誘したりして来店させ、特定のレビューを投稿させ、肯定的な評価を偽って増やし、アクセスを集めたり、誤解を生じさせるような商業的宣伝の目的を達成すること。一般的に、「インフルエンサー効果」を利用して架空の評価を作り出す。

サクラ行為プラットフォームを通じて、専門技術ソフトウェアを利用して、機械によるサクラ行為を利用し、人為的に採点を操作し、評価プラットフォーム上の店の評価、ユーザー体験を捏造する。

ランキングを上げるためにあるソフトウェア製品のダウンロード数やアクセス数を捏造し、広告スペースを得るためにプラットフォーム上の動画のクリック数や記事の閲覧数、転載数を捏造する。

5. サクラ行為の法的リスク

プラットフォームにとって、「サクラ」行為は、民事上の法的リスクを有する。これまでの法律実務では、「サクラ行為」の評価は民法の原則、法令などに合わせて理論的に分析する必要があると考えられてきた。しかし、2022年2月15日最高人民法院で発表された「インターネット消費紛争案件の法律適用における若干の問題に関する最高人民法院の規定（一）」第9条では、「電子商取引事業者が他人と締結した取引の捏造、クリック数の捏造、ユーザー評価のでっち上げ等の方式で虚偽宣伝を行う旨の契約については、人民法院は法に基づいて無効と認定しなければならない」と規定されている。この条項は、サクラ行為の効力を直接決定している。

事業者にとって、サクラ行為には行政の法的リスクがある。事業者が虚偽宣伝を構成していると認定されると、「反不正当競争法」第20条の規定が適用され処罰される。また、不良記録は常に企業に付きまとう。これは信用を第一とするネット店舗事業者にとって、店舗が壊滅的な打撃を受け、企業の後続経営、融資、資本市場への参入などに悪影響を及ぼすことを意味する。

逆サクラ行為の場合は、刑事の法的リスクにも関わる可能性がある。逆サクラ行為とは、行為者がネットワークプラットフォームで他の事業者の商品やサービスを、悪意をもって大量に購入することで関係部門に「他の事業者がサクラ行為をした」と認定させ、または他の事業者に対して「低評価」をつけることで信用を低下させ、他の事業者に損失を与える行為を指す。逆サクラ行為は相手の営業上の信用を損なうだけでなく、生産経営も破壊する。他人の営業上の信用、商品の名声を損ね、もたらした経済損失が一定の基準に達し、または他の重大な情状がある場合には、「刑法」第221条に規定する営業上の信用、商品名声毀損罪を構成する可能性がある。

【キーワード】サクラ行為、虚偽宣伝

【関係法】「反不正当競争法」（2019）第8条（虚偽宣伝禁止規定）、第

20条（虚偽宣伝罰則）、第26条（不正競争信用罰則）。「インターネット消費紛争案件の法律適用における若干の問題に関する最高人民法院の規定」（一）（2022）第9条（虚偽取引行為の性質規定）。「刑法」（2020）第221条（営業上の信用、商品名声毀損罪）

第五節　信用毀損と比較広告

第1　信用毀損

「反不正当競争法」第11条では、「事業者は虚偽情報又は誤解を生じさせる情報を捏造、流布し、競争相手の営業上の信用、商品の名声を損ねてはならない。」を規定されている。

1．情報の真実性、客観性、完全性を保証しなければならない。

事業者は競争相手に関する情報を対外的に発表する際に、情報の真実性、客観性、完全性を保証しなければならない。

真実性とは、情報が虚偽の捏造情報であってはならず、事実に適合しなければならないことを指す。この適合は100％正確である必要はなく、社会公衆の一般的な認知習慣でほぼ事実であると判断できればよい。例えば、「為儞読詩公司」と「尚客圏公司」の不正競争紛争案件（（2016）京73民終76号）では、尚客圏公司は微信（Wechat）公式アカウントで「為儞読詩公司は権利侵害を構成している」と主張し、法院に訴訟を提起したことを表明したが、実際には、情報発表の時点では、尚客圏公司は提訴前の準備を終えただけで、正式に提訴していなかった。正式な提訴は情報を発表した後であり、このような場合には、法律は不当に厳しく追及しない。

客観性とは、情報の信頼性を保証しなければならないことを指す。つまり、情報に引用される内容やデータは、自身の主観的判断ではなく、出所が必要であることを意味する。このような状況は通常、比較広告、比較評価のような商業宣伝において発生する。事業者は、この評価を行ったのは自身ではなく、自身と法的または利益的な関係にある機関でもな

169

いことを保証しなければならない。さらにこの評価を行う機関は、その
内容を評価して結論を発表する能力や権威を有していなければならず、
そうでなければ、この評価はその客観性を保証することができず、営業
誹謗行為を構成する可能性がある。

　完全性とは、一方的に事実を述べるのではなく、すべての事実を開示
しなければならないことを指す。一方的な陳述で誤解を招いた場合、競
争者の営業上の信用に損害をもたらし、同様に営業誹謗行為を構成する
可能性がある。例えば、「白水杜康」が「洛陽杜康」を訴えた信用毀損
事件（（2017）杜民終154号）では、法院は次のように判断した。洛陽
杜康はその瓶の外装に「杜康商標唯一持有企業（商標「杜康」を保有す
る唯一の企業)」という文字を印刷しているが、白水杜康はかつて洛陽
杜康と共同で商標「杜康」を使用したことがあり、「白水杜康」という「杜
康」の二文字を含む商標を登録しており、白水杜康と杜康の間には歴史
的な関係がある。洛陽杜康公司のやり方は、白水杜康と杜康の間の関係
を破壊し、それによって関連消費者に白水杜康社の関連商品に対して疑
問や否定的な評価を生じさせてしまい、営業誹謗行為を構成する。

2. 信用を毀損する対象

　信用毀損の法的結果は競争相手の営業上の信用、商品の名声に対する
損害であるため、事業者が発表した信用を毀損する情報は特定の競争相
手に限られたものでなければならない。不特定の「他の会社」や「他の
ブランド」を記述し、または対比することは信用毀損を構成しない。ま
た、信用を毀損する対象には競争相手やその商品のほかに、会社の法定
代表者、重要人物の名誉も含まれる可能性がある。虚偽情報や誤った情
報をでっち上げ、伝播することによって上記の人員の名誉権を害し、さ
らに事業者の営業上の信用、商品名声に損害を与えた場合は、信用毀損
を構成する可能性もある。

3. 信用を毀損する手段

　営業誹謗行為には一般的に「でっち上げ」「伝播」の2つの手段がある。
すなわち、根源から虚偽や誤った情報を捏造することも、他人がでっち
上げた情報を流布する行為も、信用毀損に該当する。「伝播」は故意で

はなく「未検証」という過失に起因している可能性があるが、事業者の流布する行為は通常、競争相手の名誉を損ねることを期待する主観的な心理を伴うものであり、しかも誤った情報を他人に流布する行為によって競争相手の名誉が損なわれるため、法律は両者を区別せず、「伝播」と「でっち上げ」を併せて信用毀損と認定している。

4. 侵害警告

侵害警告とは、権利機関によって侵害が成立するか否かを認定される前に、警告状や弁護士書簡などの方式で、自らその権利に基づいて侵害者に警告する行為を指す。権利者の権利とは通常、著作権、商標権、特許権などの知的財産権を指し、侵害警告は実質的に権利者の自力救済方式の1つであるため、一定の合理性がある。しかし、一定の範囲を超えていれば、信用毀損に該当する可能性もある。

例えば、上海福沁公司が繍巣公司を訴えた不正競争事件（（2003）滬高民三（知）終字第89号）では、法院は「被警告者の取引の相手方に弁護士書簡、公文書を送ることや事件において自身の意匠権の内容を誇張することは、信用毀損に該当する」と判断した。また、例えば、影児時尚集団が呂燕を訴えた信用毀損事件（（2021）粤民終382号）では、法院は「権利者は微博（Weibo）プラットフォーム上で不特定多数に向けて被警告者に剽窃されたと吹聴し続け、しかも関連する剽窃の事実はまだ結論が出ておらず、言論の内容、表現方式、伝播範囲などの面から見ると、関連の言論はすでに正当、合理的な範囲を超えており、関連公衆を誤った方向に導き、認知バイアスを生じさせるに足りるものであり、被警告者の営業上の信用、商品の名声を損なったことにより、信用毀損に該当する」と判断した。

したがって、実務では、権利者は侵害警告を出すにあたって必要な自制を維持すべきであり、警告状において自身の権利情報を可能な限り詳細かつ正確に開示し、侵害事実を事実通りかつ客観的に記述し、商業市場の占有ではなく権利の保護を目的として、不特定の社会公衆に向けてではなく、侵害者に警告状を発するべきである。

5. 同業監督

「同業監督」とは、事業者が行政機関に苦情申立て、通報などを行うことで競争相手の不法行為を監督する行為を指す。一般的に、行政苦情は消費者、事業者などの市場主体が市場経営行為を監督する重要な手段であり、同業の事業者も監督する権利を有しているが、互いに競争関係にあるため、競争相手からの苦情行為に商業目的が介在する可能性があり、営業誹謗行為と区別し難い。例えば、事業者は異なる行政機関に何度も苦情申立て、通報を行い、通報内容の事実関係が確認されていない場合または極めて軽率な場合には、信用毀損に該当する可能性がある。

6. 法的結果

「反不正当競争法」の規定によると、事業者は本法第11条の規定に違反して競争相手の営業上の信用、商品名声を損なった場合には、監督検査部門は違法行為の停止、影響の除去を命じ、10万元以上50万元以下の過料を科す。情状が重大な場合には、50万元以上300万元以下の過料を科す。

「刑法」の規定によると、虚偽の事実を捏造して散布し、他人の営業上の信用、商品名声を損ない、他人に重大な損失を与え、またはその他の情状が重大である場合は、2年以下の懲役または刑事拘留に処し、過料を併科しまたは単科する。

【キーワード】信用毀損、侵害警告、同業監督

【関係法】「反不正当競争法（2019年）」第11条（信用毀損の規定）、第23条（信用毀損の罰則）。「最高人民法院『中華人民共和国反不正当競争法』の適用における若干の問題に関する解釈」第19条（損害対象）、第20条（伝播行為のみで信用毀損に該当すると認定すべき）。「刑法」第221条（営業上の信用、商品名声毀損罪の規定）

第3　比較広告

比較広告は商業広告の一種であり、EUの「誤解を生じさせる広告と

比較広告に関する指令」では、「競争者、競争者によって提供される商品または役務を明示的または暗示的に言及する任意の広告」と定義されている。中国では比較広告について明確な定義や規定はないが、法律規定を適用してコンプライアンス審査を実施することができる。

1. 商標侵害行為またはその他の混同行為を構成するか否か

事業者は比較広告を通じて「便乗」してはならない。便乗とは、広告において自身の商品と他者の有名ブランド商品との間に本来存在しないつながりを捏造することを指す。このようなつながりによって消費者を誤った方向に導き、有名ブランド商品に対する認知に基づいて広告商品を誤って購入する可能性がある。例えば、カルティエが Mkela を訴えた事件（（2012）浦民三（知）初字第 331 号））において、権利侵害と告発された商品情報には「Cartier 款百年経典（長年愛されている Cartier）」「設計風格源自百年経典 Cartier（卡地亜）（デザインスタイルは長年愛されている Cartier（カルティエ）に由来）」という文字が含まれているため、法院は、侵害側が主観的に「有名ブランドを借りて消費者を引き込み、自社の商品の知名度を高めるとともに、自社の商品市場シェアを拡大することができる」という目的と故意を持ち、客観的に原告商標の識別性を弱め、原告商標の標識としての機能を低下させ、原告の合法的な権利利益を害しており、商標侵害行為を構成すると判断した。また、事業者が広告において競争者または競争者の商品やサービスを言及する手段に商標だけでなく、商号、ドメイン名、およびその他の任意の識別情報も含まれている場合には、「反不正当競争法」に規定されている「その他の混同行為」を構成する可能性もある。

2. 虚偽宣伝に該当するか否か

事業者が発表した広告内容は真実かつ正確、完全かつ客観的であるべきであり、虚偽の広告であってはならず、消費者を欺き、誤った方向に導いてはならない。例えば、「人人車」が「車好多」を訴えた事件（（2020）京 73 民終 302 号）において、車好多公司は広告文句に「中国中古車市場の成約数ランキングがダントツ、全国をリードしている、圧倒的な差で全国をリードしている」などを用いている。法院は、車好多公司は合理的な情報の出典を提供できない状況において、関連公衆にその日常生

第五章

173

活の経験、一般的な注意力、宣伝対象の実態などの要素によって車好多公司が中古車市場で成約数1位を占めているという結論を導き出させることは、明らかに誤解を招いているからであり、車好多公司の行為は虚偽宣伝に該当すると判断した。

3. 信用毀損に該当するか否か

事業者は、虚偽または誤解を生じさせるような情報を広告に掲載し、競合他社のビジネス上の評判を傷つけることで競争力を高めてはならない。例えば、「パイナップル靴下」事件（（2020）0782民初4841号）において、事業者はライブ配信で、自身が販売している靴下と「パイナップル靴下」を比較しながら、「ほら（パイナップル靴下を持って）このように軽くほじると糸が抜けてしまいますよね？」と話している。法院は、事業者は「パイナップル靴下」を競合製品として比較し、しかもその評論は競争相手の製品の品質をけなし、誤った方向に導くおそれがある情報を伝播し、販売代理店と消費者などの関連公衆の決定に影響を及ぼし、競争相手の営業上の信用、商品名声、市場シェアを損ねたので、信用毀損に該当すると判断した。

このような比較広告では、具体的な競争相手やその商品ブランドに言及されていなくても、関連公衆の認知基準に基づいて、どの具体的な競争相手であるかを判断または推測することができれば、同様に信用毀損に該当することに注意すべきである。例えば、「公牛ソケット」事件（（2017）滬0110民初3376号）において、事業者の店舗では、対象が「公牛」ブランドのソケットであることを直接表明していないが、公牛ソケットのソケット市場での知名度から、消費者は「ある『牛』」から「対象が公牛ソケットだろう」と推測できるため、法院は、信用毀損に該当すると認定した。また、広告法では「広告は他の生産事業者の商品又は役務を貶めてはならない」と規定されていることにも注意すべきである。つまり、事業者による広告に虚偽や誤った方向に導くおそれのある情報が含まれているか否かにかかわらず、競争相手に言及し、かつ競争相手を利用して自分の競争力を向上させる場合であればすべて、法律で禁止される。

4. 最高級、比較級などの言葉は含んではならない

「広告法」では、広告には「国家級」「最高級」「最優秀」などの用語を使用してはならない旨が規定されている。このような言葉は通常主観的な一面性を持ち、消費者の購入選択を誤った方向に導くとともに、市場の競争環境にも不利益であるため、法律で明確に禁止されている。

5. 医療・薬品・医療機器・保健食品の分野では比較広告は禁止される

また、「広告法」において、医療、医薬品、医療機器、健康食品の分野の比較広告は明確に禁止されている。これは、これらの分野は人の生命安全にかかわり、消費者の権利利益と公共利益の価値は商業の自由競争の価値よりもはるかに大きいため、公共利益を守るという観点から、法律で明確に禁止されている。

6. 比較広告の審査要点

法律では比較広告に多くの制限を設けているが、競争優位を得るために比較広告を出すことを依然として回避できない企業もあり、比較広告の審査に比較的厳しい基準を用いる必要がある。例えば、発信した情報は真実で検証可能なものであること、発信した情報は全面的で誤った方向に導くおそれのないものであること、他の競争者を貶めたり中傷したりしないこと、他の競争者の商標、商号、その他の営業上の信用を担う標識から不正な競争優位を取得しないこと、競争者間の混同を引き起こさないこと、最高級、比較級の言葉を使用しないこと、医療、医薬品などの業界では比較広告の使用を禁止することなどである。

【キーワード】比較広告、商標権侵害、混同行為、虚偽宣伝、信用毀損

【関係法】「広告法」第9条（最高級を使用してはならない規定）、第13条（競争相手を貶めてはならない規定）。「商標法」（2019）第57条（商標権侵害の規定）。「反不正当競争法」（2019）第6条（混同行為の規定）、第8条（虚偽宣伝の規定）、第11条（信用毀損の規定）

第五章

第六節　インターネット技術のコンプライアンス

第1　リンクの強制挿入、リンクへの移動

　リンクの強制挿入やターゲットリンクへの強制移動といったトラフィック乗っ取り行為の規制は、インターネット時代の新興技術の発展によってもたらされた新たな不正競争行為に対応するものである。しかし、この種の不正競争行為の定義には、司法解釈や関係法の精緻化・指導だけでなく、個々の事件における総合的な判断も必要である。

1．判断基準

　中国の「不法競争防止法」第12条第2項第（一）号に「事業者は、技術的手段を利用し、ユーザーの選択に影響を与え、又はその他の方法により、次の各号に掲げる、他の事業者が合法的に提供するネットワーク製品若しくは役務の正常な運用を妨げ、又は破壊する行為を実施してはならない。（一）他の事業者の同意を得ずに、その合法的に提供しているネットワーク製品又は役務にリンクを挿入し、対象のサイトへの移動を強要すること……」と規定されている。この条文によれば、強制的な移動には、「強制的な移動」と「リンクの挿入による移動」という2種類の方法が含まれる。

　「2022年司法解釈」第21条は「強制的な移動」を次のように定義した。他の事業者およびユーザーの同意を得ずに直接発生した対象のサイトへの移動については、人民法院は反不正当競争法第12条第2項第（一）号に規定する「強制的な対象のサイトへの移動」と認定しなければならない。リンクのみを挿入し、対象のサイトへの移動がユーザーによってトリガーされた場合には、人民法院はリンクを挿入する具体的な方式や、合理的な理由があるか否か、ユーザーの利益や他の事業者の利益への影響などの要因を総合的に考慮したうえ、その行為が「反不正当競争法」第12条第2項第（一）号の規定に違反しているか否かを認定しなければならない。この条の規定から、移動方式は「ユーザーが同意したか否か」、すなわちユーザーが発生しようとする移動を承知しているか否かという基準で認定されていることが分かる。強制的な対象のサイトへの

移動には、「ユーザーの同意」を得ていない強制的な移動と、ユーザーによってトリガーされたが本質的に「ユーザー同意」の原則に違反する「リンクの挿入による移動」が含まれるべきである。具体的には以下のとおりである。

　ユーザーの同意を得ていない移動は「強制的な移動」であり、不当性があると直接認定する。例えば、浙江淘宝ネットワーク有限公司などが北京易車情報科技有限公司を訴えた不正競争紛争案件において、易車社は携帯電話アプリのウェイクアップ戦略を利用して、アプリケーション間の移動を強制し、そのプラットフォーム上のユーザートラフィックを乗っ取り、ユーザーの元のアプリケーション選定目標も実現できず、インターネットにおける新しいタイプのトラフィック乗っ取りの不正競争行為を構成した。したがって、対象のサイトへの移動を強制的に行い、ユーザートラフィックを乗っ取る行為を合法化するには、「二重同意」の基準を達成する必要がある。

　ユーザーによってトリガーされた移動が「リンクの挿入による移動」である場合には、さらに具体的な状況といくつかの責任認定要素を加味して総合的に判断する必要がある。北京愛奇芸科技有限公司と北京捜狗信息有限公司、上海恩度網絡科技有限公司のその他の不正競争紛争控訴事件において、捜狗（Sogou）入力法の検索候補語をクリックすると、対応する捜狗検索結果ページに移動するが、ユーザーが自主的にクリックする必要があること、「検索候補」機能表示のデザインが消費者に混乱を生じさせないこと、適切なオンやオフの設置経路を持っていること、合理的な待避などを行っていることなど多重要因を総合的に考慮したうえで、不正競争行為を構成していないと判定した。

　2021年8月、国家市場監督管理局は「ネットワーク不正競争行為の禁止に関する規定（意見募集稿）」を起草した。その第14条で「リンクの挿入や対象のサイトへの移動の強要などのトラフィック乗っ取り行為」をさらに次のように定義した。「（一）他の事業者が合法的に提供するネットワーク製品又は役務の中に、移動リンクを挿入し、自社の製品又は役務へのリンクを埋め込む行為、（二）キーワード連想機能等を利

用して、自社の製品又は役務を指すリンクを設定し、ユーザーがクリックするように消費者を欺き、誤った方向に導く行為、（三）技術的手段によるその他のトラフィック乗っ取り行為」。本条は典型的な行動パターンを総括し、「雑則」によって補足しており、将来的には、「強制的な移動」という違法行為に対する具体的な判断がより明確になるだろう。

2. 法的責任

「反不正当競争法」第24条では、「事業者が本法第12条の規定に違反し、他の事業者が合法的に提供するネットワーク製品若しくは役務の正常な運用を妨害し又は破壊した場合には、監督検査部門は違法行為の停止を命じ、10万元以上50万元以下の過料を科し、情状が重大な場合は、50万元以上300万元以下の過料を科す」と規定されている。

【キーワード】リンクの挿入、強制的な移動、トラフィック乗っ取り、技術的手段

【関係法】「反不正当競争法」（2019）第12条（インターネット上の不正競争行為）、第24条（インターネット上の不正競争行為に対する罰則）。「最高人民法院『中華人民共和国反不正当競争法』の適用における若干の問題に関する解釈」（2022）第21条（インターネット上の不正競争行為の認定）。「ネットワーク不正競争行為の禁止に関する規定（意見募集稿）」（2021）第14条（トラフィック乗っ取り行為の類型）、第35条（インターネット上の不正競争行為に対する罰則）

第2　消費者が他の事業者の製品をアンインストール、閉鎖するように誤導する

「反不正当競争法」は、独立した条項により、「他の事業者が合法的に提供するネットワーク製品又は役務を修正、閉鎖、アンインストールするようユーザーを誤った方向に導き、欺き、強迫する」など、ユーザーのネットワーク製品又は役務の選択を妨害する手段を規制している。「2022年司法解釈」では、「インターネット特別規定」における「他の事業者が合法的に提供するネットワーク製品又は役務を修正、閉鎖、ア

ンインストールするようユーザーを誤った方向に導き、欺き、強迫する」
を精緻化し、実務上の重要な指針とした。

1. 判断基準

反不正当競争法第12条第2項第（二）号では、「事業者は、技術的手
段を利用し、ユーザーの選択に影響を与え、又はその他の方法により、
次の各号に掲げる、他の事業者が合法的に提供するネットワーク製品若
しくは役務の正常な運用を妨げ、又は破壊する行為を実施してはならな
い。……（二）他の事業者が合法的に提供するネットワーク製品又は役
務を修正、閉鎖、アンインストールするようユーザーを誤った方向に導
き、欺き、強迫する」と規定されている。

「2022年司法解釈」第22条には、「事業者が事前に明示的に警告し、
ユーザーの同意を得ずに、修正、閉鎖、アンインストールなどをするよ
うユーザーを誤った方向に導き、欺き、強迫することにより、他の事業
者が合法的に提供するネットワーク製品若しくはサービスを、悪意を
持って妨害し又は破壊した場合には、人民法院は、「反不正当競争法」
第12条第2項第（二）号に基づき認定しなければならない」と規定さ
れている。

この規定は、「反不正当競争法」に「事業者が事前に明示的に注意し、
ユーザーの同意を得ずに」と「他の事業者が合法的に提供するネットワー
ク製品又は役務を、悪意を持って妨害、破壊した」という2つの要素を
追加したものである。

どのように「事業者が事前に明示的に注意し、ユーザーの同意を得る
ことなく」を認定するか。事業者が義務としてユーザーに案内する注意
事項は明確でなければならず、かつ明確な注意事項の基準は中立的かつ
客観的であるべきで、ユーザーに不合理な判断をさせてはならない。例
えば、北京猟豹網絡科技有限公司らと上海二三四五網絡科技有限公司ら
の不正競争紛争において、「このソフトウェアをインストールする必要
があるか否かを確認してください」は、このソフトウェアが必要か否か
を問う表現であり、評価的なニュアンスを帯びていない。いずれのソフ

トウェアも一定のシステム資源を占有するので、「不要なソフトウェアをインストールすると、システム資源が占用される」は、常識的な表現であり、ユーザーが「インストールを継続する」という選択肢を提供した場合、セキュリティ系ソフトウェアの「客観的、中立的」の原則に明らかに反することはないため、行為自体は不正競争に該当しない。「ユーザーによるネットワーク商品又は役務の選択を妨害する」という条文に前提条件が追加されたものの、「事業者が事前に明示的に注意し、ユーザーの同意を得ることなく」という条件を満たす必要があり、ユーザーの同意があったとしても、事業者が誤った注意や虚偽の表現によって消費者の主観的意思を妨害した場合には、不正競争に該当する可能性がある。例えば、北京猟豹網絡科技有限公司らと上海二三四五網絡科技有限公司らの不正競争紛争において、法院は次のように判断した。2345 安全衛士（2345Guard）がデフォルトで「猟豹瀏覧器（Cheetah Browser）セキュリティセンター」にチェックを入れ、または「アクセラレータ」「オプティマイザ」をリストアップする行為は、ユーザーの選択権を尊重しておらず、「ワンクリックアクセラレータ」および「インスタントオプティマイザ」をクリックし、Cheetah Browser セキュリティセンターの起動を無効にして Cheetah Browser セキュリティセンターのサービス機能をオフにするようにユーザーを容易に誤った方向に導くものである。この行為は、「反不正当競争法」第 12 条第 2 項第（二）号に違反する。この事件では、「アクセラレータ」や「オプティマイザ」を起動したのはユーザーであるにもかかわらず、事業者の上記行為は「明示的に注意する」義務を怠っており、同様に「反不正当競争法」に違反する。

どのように「悪意」と認定するか。「悪意」は、「反不正当競争法」第 12 条第 2 項第（三）号の「悪意」と同様に解釈されるべきである。具体的には、「悪意」とは主に意図や目的が不当であること、つまり不正競争を行う事業者に「誤導（誤った方向に導く）、欺瞞（欺く）、脅迫」されることを指す。

どのように「ユーザーによるネットワーク商品または役務の選択を妨害する」行為手段を識別するか。ユーザーが選択するときに、事業者が

「注意喚起」の義務を果たし、十分な選択肢を与えていれば、「誤導、欺瞞、強迫」は存在しない。逆に、事業者が「誤導、欺瞞、強迫」により利用者の選択を妨害して関連行為をさせた場合、不正競争に該当する可能性がある。新司法解釈の「等」という文言は、修正、閉鎖、アンインストール、その他類似の行為の規制を拡大するものであり、誤導、欺瞞、強迫によってユーザーの選択権を妨害し、ユーザーに修正、閉鎖、アンインストール、その他類似の行為をさせた場合であれば、「2022年司法解釈」第22条の規制の対象とすべきである。

【キーワード】誤導、欺瞞、悪意をもって妨害する、アンインストール、閉鎖、修正

【関係法】「反不正当競争法」第12条（インターネット上の不正競争行為）。「最高人民法院『中華人民共和国反不正当競争法』の適用における若干の問題に関する解釈（2022）」第22条（「ユーザーの使用の妨害」の認定）

第3　悪意をもって他の事業者の製品と互換性を持たせない

　裁判実務上、「悪意をもって互換性を持たせない」不正競争は頻発しており、これまでの法律実務では、基本的に「反不正当競争法」第2条の原則条項に基づいて判断されてきた。このような紛争については、どの規定を適用し、不正競争に該当するか否かをどのように判断するかが問題となる。

1．判断基準

　「悪意をもって他の事業者の製品と互換性を持たせない」行為については、反不正当競争法第12条第2項第（三）号では、「事業者は、技術的手段を利用し、ユーザーの選択に影響を与え、又はその他の方法により、次の各号に掲げる、他の事業者が合法的に提供するネットワーク製品若しくは役務の正常な運用を妨げ、又は破壊する行為を実施してはならない。（三）悪意を持って他の事業者が合法的に提供するネットワーク製品又は役務に対して互換性を持たせない」と規定されている。また、

第五章

181

「インターネット情報サービスの市場秩序づくりに関する若干の規定」
の第5条第（三）号には、「ネットワーク情報サービス提供者は、次の
各号に掲げる他のインターネット情報サービス提供者の合法的な権利利
益を侵害する行為をしてはならない。（三）悪意を持って他のインター
ネット情報サービス提供者の役務又は製品に対して互換性を持たせな
い」と規定されている。上記の法律の表現から、「悪意をもって互換性
を持たせない」が犯罪を構成するには、次の条件を満たす必要がある。
⑴悪意、⑵「他の事業者が合法的に提供するネットワーク製品又は役務」
に対するもの、⑶「互換性を持たせない」。

　互換性は法的義務ではないため、通常は法律で干渉されるべきではな
く、またその必要もない。したがって、互換性がないことが正当である
場合は原則として許容される。例えば、微博（Weibo）が脈脈を訴えた
事件において、法院はオンラインプラットフォームがその API へのア
クセスをコントロールできることを認めた。つまり、プラットフォーム
は他者による API インターフェースの使用を阻止する権利を有し、ま
たは API インターフェースを他者に開放しない権利も有する。したがっ
て、「悪意」の理解が判断の鍵となる。北京金山網絡科技有限公司（以下、
「金山公司」）が合一信息技術（北京）有限公司（以下、「合一公司」）
を訴えた不正競争紛争案件において、金山公司が運営する猟豹ブラウザ
は、合一公司に無断で優酷網（Youku.com）のコンテンツおよびサービ
スの改ざんを繰り返し、その結果、合一公司は猟豹ブラウザに対して互
換性を持たせないようにした。法院は、金山公司の不正競争行為に対抗
するために合一公司がとった防衛手段であるため、この互換性を持たせ
ない行為が不正競争にあたらないと判断した。北京三七二一科技有限公
司が北京百度網絡科技有限公司らを訴えた不正競争紛争案件において、
法院は次のように判断した。ソフトウェア間の通常の矛盾現象は、「後
からインストールしたソフトウェアが有効になるが、先にインストール
したソフトウェアは保持される」という形で現れ、ユーザーには依然と
して先にインストールされたソフトウェアを選択する権利がある。この
事件では、「百度 IE 検索コンパニオン」ソフトが「3721 網絡実名」ソ
フトをブロックし、「3721 網絡実名」ソフトのダウンロード、インストー
ル、実行を妨害し、一般ユーザーから「3721 網絡実名」ソフトを選択

する権利を奪った。百度在線と百度網訊公司が上記の技術的手段を使用することによって引き起こされた上記の矛盾は、通常のソフトウェアの矛盾の範囲を超えており、不正競争に該当する。この事からも、インターネット事業体は正当な競争上の利益を保護するために互換性を持たせない行為を実施することができ、互換性をもたせない行為が他者の正当な利益を害する目的で行われた場合に限り、反不正当競争法で禁止されている「悪意をもって互換性を持たせない行為」を構成することがわかる。

　しかし、「反不正当競争法」第12条では、「悪意をもって互換性を持たせない行為」に対応する規定が定められているものの、法律実務においては、依然として第2条の原則規定が裁定の主な根拠として用いられている。「2022年司法解釈」第1条の趣旨は、一般条項へ逃れる問題を解決することであり、反不正当競争法第2条の適用条件を「事業者が市場競争の秩序を乱し、他の事業者又は消費者の合法的な権利利益を害し、かつ反不正当競争法第二章及び専利法、商標法、著作権法等の規定に違反する場合以外に該当する」場合に限定している。したがって、今後、法院は、「悪意をもって互換性を持たせない行為」に関する判断の根拠として、第12条を用いることが多くなると思われる。

　このほか、「ネットワーク不正競争行為の禁止に関する規定（意見募集稿）」第16条では、「悪意をもって互換性を持たせない行為」について、総合的に判断するための検討要素がいくつか示されている。例えば、互換性を持たせない行為の主観的意図、対象範囲、市場競争秩序への影響、他の事業者が合法的に提供するネットワーク商品または役務の正常な運営に及ぼす影響、消費者の合法的な権利利益および社会の利益に及ぼす影響、正当な理由の有無および信義誠実の原則、企業倫理、特定の業界慣行、就業規則、自主規約などに適合しているかなどであり、今後の実務に一定の影響を与えるものと思われる。

【キーワード】悪意、互換性を持たせない

【関係法】「反不正当競争法」（2019）第2条（原則規定）、第12条（インターネット特別規定）。「インターネット情報サービスの市場秩序づく

りに関する若干の規定」(2011) 第5条。「ネットワーク不正競争行為の禁止に関する規定（意見募集稿）」(2021) 第16条（悪意をもって互換性を持たせない）

第4　キーワード設定による集客

インターネット経済はしばしば「アテンションエコノミー」と呼ばれ、注目を集めることは商機を争うことであるため、キーワード検索、ペイドリスティングの使用は集客のための重要な方法であり、キーワードの設定も集客のための重要な一部である。通常、キーワードが検索結果のコンテンツに含まれているか否かによって、暗黙的な使用と明示的な使用に分類される。

暗黙的な使用行為とは、市場の事業者が、自身が書くタイトルや広告コンテンツにキーワードを含めずに、単に検索エンジンのバックグラウンドシステムにキーワードを設定することを意味し、ネットワーク上のユーザーは検索結果のコンテンツにキーワードを見ることができない。反対に、キーワードが検索用語として設定されるだけでなく、プロモーションコンテンツにも表示される場合は、キーワードの明示的な使用にあたる。キーワードの性質および使用方法の違いによって、さまざまな法的問題が引き起こされる可能性がある。特に商標法の分野では、商標の基本的な機能は商標標識を通じて商品または役務の出所を識別することであり、識別機能は商標の明示的な使用を通じて実現される必要があるため、商標キーワードの明示的な使用について特別な取扱いをする必要がある。

1. 商標キーワードの明示的な使用は商標専用権を侵害する可能性がある

商標キーワードの明示的な使用は商標的使用の大前提であるが、商標権者の商標専用権の侵害を構成するか否かを判断するに当たっては、商標的使用に該当するか否か、混同のおそれがあるか否かを判断する必要がある。

広義の商標の使用がすべて他人の商標専用権の侵害を構成するわけではない。商標法第48条によると、商標的使用とは、商品、商品の包装もしくは容器、および商品取引文書に商標を使用すること、または商品の出所を識別する目的で広告宣伝、展示その他の商業活動に商標を使用することと定義されている。例えば、東阿阿膠公司と姿美堂の商標権侵害および不正競争紛争案件において、「東阿阿膠」というキーワードの検索結果には東阿阿膠公司の商標「東阿阿膠」が含まれていたが、その具体的な使用方式は、商品の出所を識別するための商標的使用ではなく、商品の産地や性質についての記述的使用に該当するため、商標権侵害を構成しない、と判断された。

　商標の使用に基づいて、侵害を判断する基準は消費者の混同の可能性である。商標法第57条第1項第（一）号、第（二）号では、「商標登録者の許諾を得ずに登録商標と同一の商標を同一の商品に使用する」および「商標登録者の許諾を得ずに登録商標と類似の商標を同一の商品に使用し、又は登録商標と同一若しくは類似の商標を類似の商品に使用することで、容易に混同を生じさせるおそれのある」行為を、登録商標専用権を侵害する行為と明確に定義されており、消費者の混同の基準が明確に規定されている。例えば、北京真朴教育科学技術発展有限公司と聶碁聖源（北京）文化発展有限公司の商標権侵害紛争において、北京真朴公司は百度と360の検索エンジンで当該商標の最も認識しやすい部分である「聶衛平囲碁」および地名＋「聶衛平囲碁」の異なる組み合わせを検索のキーワードとし、検索結果に「聶衛平囲碁‐学棋的孩子懂事早（囲碁を学ぶ子供は物わかりが早い）」というタイトルのウェブサイトへのリンクを反映させたことは、商標的使用に該当し、しかも北京真朴公司が主催する囲碁教室は聶衛平が設立した聶碁聖源公司と何らかのつながりがあると関連公衆に認識させる可能性が高く、商標権侵害行為を構成する、と判断した。

2. キーワードによる集客は不正競争に該当する可能性がある

　キーワードを設定して集客する行為は、商標専用権を有する他人の商標標識を明示的に使用することによる商標権侵害行為を構成するほか、「反不正当競争法」に抵触する可能性もある。その合法性は、キーワー

ドの性質および混同の可能性の有無に基づいて具体的に判断される。

(1)　混同

「反不正当競争法」第6条では模倣について規定されている。キーワードの設定が第6条の「混同行為」に関わる場合には、不正競争に該当する。例えば、厦門盈趣科技股份有限公司、厦門盈点科技有限公司が沃太科技（北京）有限公司、厦門喵宝科技有限公司を訴えた不正競争紛争案件において、「咕咕機」は盈趣公司、盈点公司の製品名であり、その中の「咕咕」は「咕咕機」の重要な部分であり、識別性がある。沃太公司のオンラインショップで販売されている商品リンクのタイトルにこの顕著な部分を使用することは、容易に混同を引き起こし、両者の間に特定のつながりがあるとの誤認を生じさせる。本件行為は、「反不正当競争法」第6条第（一）号に違反し、不正競争に該当する。

(2)　便乗

キーワードによる集客行為は、消費者の混同だけでなく、「区別的便乗」型の非混同行為すなわちフリーライド行為を引きこす可能性もある。この場合、不正競争に該当するので、「反不正当競争法」第2条に基づいて権利を保護することができる。

キーワードを明示的に使用した事件、例えば、五常市米協会が瀋陽谷堆坡電子商務有限公司、浙江天猫網絡有限公司を訴えた商標権侵害と不正競争紛争案件において、谷堆坡社は係争商品のタイトルに「五常」の2文字を使用した。「非五常大米」と明示するとともに、20以上の文字と組み合わせて使用しているが、結果的には「五常」をキーワードに検索すると係争商品がヒットすることがあるので、「キーワードによって集客する」ことができる。表面的は「非五常大米」で区別されているが、実際には「区別的便乗」行為が行われている。また、市場競争の秩序を考える限り、米や東北米には複数の商品、ブランドがあるため、谷堆坡公司は「五常」と「非五常大米」を商品名に特に表示したことは、使用の正当性を欠くものである。したがって、次のように結論づけることができる。谷堆坡公司は、競争の目的のために、市場情報メカニズムを一定程度壊し、市場情報に混乱を引き起こし、市場における需要と供給の

正確なマッチングを妨げ、さらにはミスマッチを引き起こし、事実上自社の商機を増加させたが他者の商機を減少させ、信義誠実の原則および企業倫理に反しており、本件における谷堆坂公司の行動は不正競争に該当する。

　キーワードを暗黙的に使用する行為もフリーライド行為を構成する可能性がある。例えば、寧波暢想軟件有限公司と寧波中源信息科技有限公司、寧波中晟信息科技有限公司の商業賄賂不正競争紛争控訴事件において、中源公司と中晟公司は暢想公司の企業名を暗黙的な検索キーワードに設定したが、検索結果を見ると、この2社の情報を示すタイトルの横に「宣伝リンク」という文字が表示されており、商品やサービスの出所の混同や誤認が起こらないようになっていた。しかし、法院は、中源公司と中晟公司が不正競争の利益を得るために、暢想公司の営業上の信用を不当に利用し、その顧客資源を奪うという主観的意図があると判断した。客観的に見ても、ユーザーが「暢想軟件」を検索する時、検索結果の一行目に「富通天下」という広告のプッシュが表示されると、顧客の関心を引き寄せ、中源公司と中晟公司のウェブサイトのクリック数を増加させ、顧客のその後の選択にも影響を与え、両社に潜在的な商機をもたらす可能性が極めて高い。訴えられた侵害行為は、信義誠実の原則および企業倫理に反しており、責任があり、不正競争に該当すると認定された。

(3)　氏名権、名称権の侵害

　事業者が他人の氏名を検索キーワードとして使用する場合、他人の氏名権を侵害する可能性もある。「民法典」第1012条、第1013条および第1014条によると、自然人は氏名権を有し、法人および非法人組織は名称権を有し、いかなる組織または個人も、他人の氏名権や名称権を妨害、流用、詐称などの形で侵害してはならない。例えば、聶衛平と北京真朴教育科技発展有限公司の一般人格権紛争案件において、北京真朴公司は聶衛平の許諾を得ずに、自社の公式ウェブサイトの検索エンジンで聶衛平の名前をキーワードとして設定し、宣伝広告を行ったため、この行為は侵害行為と認定されるべきである。

第五章

187

以上から分かるとおり、「反不正当競争法」では、キーワードによる集客の問題を侵害行為の一類型として明示していないが、「ネットワーク不正競争行為の禁止に関する規定（意見募集稿）」第7条第1項第（三）号では、「他人の一定の影響力を有する商品名、企業名（略称、商号などを含む）、社会団体の名称（略称などを含む）、氏名（ペンネーム、芸名、訳名を含む）などの標識を検索用のキーワードとして無断で使用すること」が不正競争の混同行為の一種である旨が規定されている。「上海市不正競争防止条例」第8条第3項では、「事業者は、他人の一定の影響力を有する標識をキーワード検索に関連付けることにより、他の事業者による混同行為を幇助してはならない」と規定されている。つまり、同条例は「他人の一定の影響力を有する標識をキーワード検索に関連付けること」を、混同行為を幇助する行為と定義している。

3. 法的責任

　現在施行されている全国的な法令にはキーワードによる集客行為に関する具体的な規定がないため、当該行為が法令違反の疑いがある場合には、当該行為の法的責任については適用される法律条項に従って個別の案件ごとに判断する必要がある。

　ただし、地方法規である「上海市不正競争防止条例」には対応する法的責任が定められている。第31条によると、事業者が本条例第8条の規定に違反して混同行為をした場合には、監督検査部門は違法行為の停止を命じ、混同に関わる製品、ラベル、包装、宣伝資料、金型、印刷版、図面資料などの違法商品を没収する。違法経営額が5万元以上の場合は、違法経営額の五倍以下の過料を併科することができる。違法経営額がなく、または違法経営額が5万元未満の場合は、25万元以下の過料を併科することができる。情状が重大な場合には、営業許可を剥奪する。

【キーワード】キーワード、集客行為、混同、区別的便乗、氏名権　名称権

【関係法】「商標法」（2019）第48条（商標の使用）、第57条（登録商標専用権の侵害）。「反不正当競争法」（2019）第2条（原則規定）、第6

条（不正競争の混同行為）。「民法典」（2020）第 1012 条（氏名権）、第 1013 条（名称権）、第 1014 条（氏名権・名称権侵害の禁止）。「ネットワーク不正競争行為の禁止に関する規定（意見募集稿）」（2021）第 7 条（不正競争の混同行為）。「上海市不正競争防止条例」（2020）第 8 条（不正競争の混同行為）

第5　他の事業者の製品情報を遮断する

遮断とは、一種の遮蔽行為として、広告遮断、アクセス遮断、ダウンロード・インストール遮断など、一定の技術的手法により、事業者が利用者の特定のメッセージへのアクセスや配信を遮断することを指す。遮断技術は、望ましくない情報をフィルタリングし、サイバースペースの管理を便利にする上で重要な役割を果たす一方で、公正な競争を阻害し、利用者の正当な権利や利益を害する危険性もある。

1．法律適用

「反不正当競争法」およびその司法解釈は、不正な遮断を独立した規制行為の類型として扱っていないため、遮断の内容や態様によって、個別の案件ごとに異なる法律を適用する必要がある。

「反不正当競争法」第 2 条「原則規定」と第 12 条「インターネット特別条項」は、不当な遮断に適用することができる。1993 年の「反不正当競争法」の施行中、広告遮断の多くの事例において、不正行為を構成する旨の判断に第 2 条の企業倫理違反が適用されていた。例えば、深セン市騰訊計算機系統有限公司と北京世界星輝科技有限責任公司の不正競争紛争控訴事件において、法院は、「反不正当競争法」第 2 条、および捕捉として「インターネット広告管理暫定弁法」第 16 条第（一）号の「インターネット広告活動において、次の各号に掲げる行為があってはならない。（一）他人が合法的に運営する広告に対して、ブロッキング、フィルタリング、オーバーライド、早送り等の制限措置を講じるアプリケーション、ハードウェア等を提供又は利用する行為」の適用を選択し、被控訴人の行為が不正競争を構成すると認定した。

優酷信息技術（北京）有限公司と北京奇虎科技有限公司の不正競争紛争において、法院は、「反不正当競争法」第12条第2項第（四）号に依拠して、「係争プラグインがユーザーのためにYouku.comのタイトル広告をフィルタリングし、広告を一時停止する行為は不正競争を構成する」と認定した。

　広告遮断のほか、ダウンロードやインストールの遮断もよく見られる。例えば、北京三七二一科技有限公司が百度在線網絡技術（北京）有限公司らを訴えた不正競争紛争案件においては、ユーザーは、「百度検索コンパニオンソフト」をインストールした後、「一捜ツールバーソフト」をインストールしようとしたところ、「一捜ツールバーソフト」の「インストールダイアログボックス」のポップアップが開かず、インストールできないことがわかった。法院は、被告2社は「百度超級捜ソフトウェア」および「百度検索コンパニオンソフト」において三七二一社の「一捜ツールバーソフト」を妨害、阻害し、三七二一社の「一捜ツールバーソフト」の利用可能者数を減少させたとして、被告2社の行為は不正競争を構成すると認定した。このようなダウンロードやインストールの遮断は、「反不正当競争法」第2条の原則規定および第12条「インターネット特別条項」の適用に加え、第12条第2項第（三）号「他の事業者が合法的に提供するネットワーク製品又は役務に対し、悪意をもって互換性を持たせない」および第（四）号「他の事業者が合法的に提供するネットワーク製品又は役務の正常な運営を妨害、破壊するその他の行為」の適用にも関連する可能性がある。

　同様に、アクセス遮断に関しても、他の事業者のウェブサイトの遮断がリンクの強制挿入、ターゲットリンクへの強制移動を伴うか否かによって、第12条2項第1号「他の事業者の同意を得ずに、その合法的に提供しているネットワーク製品又は役務にリンクを挿入し、又は対象のサイトへの移動を強要する」と第（四）号「雑則」のいずれかを適用するという選択に関連する可能性がある。したがって、現在施行されている法律に別種の行動規制がない場合、個別の案件ごとに法律を適用する必要がある。

第五章

190　｜　第五章　不正競争防止のコンプライアンス

なお、「ネットワーク不正競争行為の禁止に関する規定（意見募集稿）」第15条第（四）号では、「事業者は、正当な理由なく、技術的手段を用いて、他の事業者が合法的に提供するネットワーク製品や役務を妨害する次の行為をしてはならない。（四）正当な理由なく、他の事業者が合法的に提供するネットワーク製品又はサービスをブロック、遮断、修正、閉鎖、アンインストールし、そのダウンロード、インストール、運用、アップグレード、転送、伝播を妨害する。」と規定されている。第18条では、「事業者は、頻繁にポップアップし利用者に支障を与える情報及びフローティング、閉じる方法を提供しないウィンドウ等の情報を除き、特定の情報サービス事業者の情報コンテンツ及びページを遮断、ブロックしてはならない。」と規定されている。2種類の不当な遮断が不正競争行為として明示的に挙げられている。今後、遮断行為の定義と規制はより精緻化され、明確になっていくと思われる。

2．法的責任

　「反不正当競争法」第24条の規定によると、事業者が本法第12条の規定に違反し、他の事業者が合法的に提供するネットワーク製品もしくは役務の正常な運用を妨害または破壊した場合には、監督検査部門は違法行為の停止を命じ、10万元以上50万元以下の過料を科し、情状が重大な場合は、50万元以上300万元以下の過料を科す。

　「インターネット広告管理暫定弁法」第26条第（二）号項によると、メディア側プラットフォームの運営者、広告情報交換プラットフォームの運営者およびメディア側プラットフォームの構成員が本弁法第15条第1項、第2項の規定に違反し、関連する義務を履行しない場合には、是正を命じ、1万元以上3万元以下の過料を科す。

【キーワード】遮断、広告、アクセス遮断

【関係法】「反不正当競争法」（2019）第2条（原則規定）、第12条（インターネット特別条項）、第24条（インターネット特別条項の法的責任）。「インターネット広告管理暫定弁法」（2016）第16条（禁止行為）、第26条（禁止行為の法的責任）。「ネットワーク不正競争行為の禁止に関

する規定（意見募集稿）」（2021）第15条（インターネット広告妨害行為）、第18条（情報サービス提供者条項）

第6　消費者の二者択一を「強要」する

　インターネット経済の急速な発展に伴い、電子商取引プラットフォーム間の競争は激しさを増しており、加盟店が「二者択一」を迫られる現象が頻発している。「二者択一」とは、事業者が取引の相手方を自社の取引のみとし、他の事業者とは取引できないようにすることであるが、このような行為はプラットフォームの利用者双方への影響のみならず、プラットフォーム間の公正な競争にも深刻な影響を及ぼす。

1. 法律適用

　二者択一の強要行為は多くの法律で規制されているが、違法性の基準は法律によって異なり、分析の枠組みもやや異なる。

　「独占禁止法」第22条第1項第（四）号では、「市場の支配的地位を有する事業者は、次の各号に掲げる市場の支配的地位を濫用する行為をしてはならない。（四）正当な理由なく、取引の相手方が自身とのみ取引を行なうよう制限し、又はそれが指定する事業者とのみ取引を行なうよう制限する」と規定されている。この規定の適用には、プラットフォーム事業者が市場において支配的地位を有していることが前提となるが、これを認定するには関連市場の定義が必要である。市場の境界が曖昧なインターネット分野の場合は、立証が一層難しくなる。

　「電子商取引法」は電子商取引分野の特別法として、その第22条と第35条を「二者択一」の行為に適用することができる。「電子商取引法」第22条では、「電子商取引事業者は、その技術的優位性、利用者数、関連業界に対する支配力、及び他の事業者の取引における電子商取引事業者への依存度などの要因により市場支配的地位を有する場合には、その市場支配的地位を濫用して競争を排除、制限してはならない」と規定されている。本条は、独占禁止法の枠組みの中では、まだ相対的に抽象的な規定であり、「市場の支配的地位」の判断要素として、「技術的優位性、

192　　第五章　不正競争防止のコンプライアンス

利用者数、関連業界に対する支配力、及び他の事業者の取引における電子商取引事業者への依存度」などを取り上げているだけで、原告の立証責任は依然として重い。また、条文に対応する法的責任はない。

電子商取引法第35条では、「電子商取引プラットフォーム事業者は、サービス契約、取引規則及び技術等の手段を利用して、プラットフォーム上の事業者のプラットフォーム上の取引、取引の価格および他の事業者との取引に不合理な制限若しくは条件を課し、又はプラットフォーム上の事業者に不合理な手数料を請求してはならない」と規定されている。しかし、当該条項はプラットフォームと加盟店の関係を規律することに限定されており、2つのプラットフォーム間の競争関係については言及されていない。

「反不正当競争法」第12条「インターネット特別条項」でも、「二者択一」行為を規制することができる。反不正当競争法第12条第2項第（二）号、第（四）号には、「事業者は、技術的手段を利用し、ユーザーの選択に影響を与え、又はその他の方法により、次の各号に掲げる、他の事業者が合法的に提供するネットワーク製品又はサービスの正常な運用を妨げ、破壊する行為を実施してはならない。（二）他の事業者が合法的に提供するネットワーク製品又は役務を修正、閉鎖、アンインストールするようユーザーを誤った方向に導き、欺き、強迫する。（四）他の事業者が合法的に提供するネットワーク製品又は役務の正常な運営を妨げ、破壊するその他の行為」と規定されている。「独占禁止法」とは異なり、プラットフォーム事業者は「市場支配的地位」を前提とする必要はない代わりに、「技術的手段」を利用して「二者択一」を実現する行為に限定する必要がある。拉扎斯網絡科技（上海）有限公司らが北京三快在線科技有限公司らを訴えた不正競争紛争案件（（2020）魯02民初580号）において、法院は、被告による複数のプラットフォームに入店する業者に対する配送範囲の変更、業者の露出率の低下、リサイクル優遇施策といった行為が、「反不正当競争法」第12条第2項第（四）号に定められた不正競争行為を構成すると判断した。また、「餓了麼（ウーラマ）」と「美団」との間の不正競争紛争において、法院は以下の通り判決を下した。「餓了麼」は、技術的手段により加盟店に「美団外売」

プラットフォームからの撤退を強要し、加盟店と消費者の選択の自由に
影響を与え、三快在線科技有限公司が合法的に提供する「美団外売」プ
ラットフォームの正常な運営を妨害し、インターネット競争のメカニズ
ムを壊し、競争の効果を歪曲させたため、「中華人民共和国反不正当競
争法」第12条第2項第（二）号に定められた不正競争行為を構成する。

2. 法的責任

「独占禁止法」第57条では、「事業者が本法の規定に違反し、市場支
配的地位を濫用した場合には、独占禁止執行機関は不法行為の停止を命
じ、不法所得を没収し、前年の売上高の1%以上10%以下の過料を併科
する」と規定されている。

「反不正当競争法」第24条では、「事業者が本法第12条の規定に違反
し、他の事業者が合法的に提供するネットワーク製品若しくは役務の正
常な運用を妨害又は破壊した場合には、監督検査部門は違法行為の停止
を命じ、10万元以上50万元以下の過料を科し、情状が重大な場合には、
50万元以上300万元以下の過料を科す」と規定されている。

【キーワード】二者択一

【関係法】「独占禁止法」（2022）第22条（市場支配的地位の濫用）、第
47条（市場支配的地位の濫用に対する法的責任）。「電子商取引法」（2018）
第22条（市場支配的地位の濫用の禁止）、第35条（プラットフォーム
上の事業者に対する不当な行為）。「反不正当競争法」（2019）第12条（イ
ンターネット上の不正競争行為）、第24条（インターネット上の不正競
争行為に対する法的責任）

第7　他の事業者の不正なデータスクレイピング

データの所有権がまだ明確でないことから、中国の法律実務の多くは
「反不正当競争法」で規制し、「一般条項」に基づいて競争行為の正当
性を判断する。近年、中国の法院は、「データスクレイピング」紛争案
件を処理する際、データ授権、利益測定、企業データ財産の側面から有

益な模索を行った。しかし、具体的な適用においては、なお大きな曖昧さが存在し、個々の事件においてより明確な判断を下す必要がある。

・判断基準

法律実務において、「反不正当競争法」を適用して「データスクレイピング行為が不正競争を構成するか否か」を判断して規制する方法は2つある。一つは営業秘密条項（「反不正当競争法」第9条）を利用する方法であり、もう一つは一般条項（「反不正当競争法」第2条）を利用する方法である

データスクレイピングの対象データが営業秘密の構成要素を満たす場合に、企業は「反不正当競争法」の営業秘密条項によって規制することができる。「非公知性」の判断は、営業秘密に関する司法解釈第3条の「一般に知られており、容易に入手可能である」と併せて行われるべきである。スクレイピングされたデータが他の手段で簡単に取得できる場合、またはスクレイピングがされたデータ自体が簡単なスクレイパーよって取得された場合には、そのデータは非公知性の要件を満たさない。例としてウェブ上のオープンデータが挙げられる。多くのウェブサイトは無料でアクセスすることができるので、そのような無料かつオープンなウェブサイトを訪れたスクレイパーがスクレイピングしたデータは非公知性を有しない。また、「秘密管理性」という要件も満たす必要がある。スクレイピングされた当事者は、データの秘密保持のための措置を講じていることを証明しなければならない。例としてオープン化しないデータが挙げられる。オープン化しないのは、データの所有者が適切な技術的手段を用いてデータを保護しているためであり、秘密管理性の特徴に適合する。データが営業秘密に該当するという前提で、さらにデータスクレイピング行為が不正競争を構成するか否かについてさらに議論する必要がある。「反不正当競争法」第9条第1項には、「電子的手段による侵入」という手段が追加されている。「国家工商行政管理総局 営業秘密侵害の禁止に関する規定」は営業秘密侵害の判断基準を提示しており、これを簡単にまとめると「実質的類似＋接触‐合法的な出所」となる。この2つの規定を組み合わせると、権利者は、データスクレイピング行為者の行為が「電子的手段による侵入」に該当することおよび使用され

第五章

195

た情報が実質的に類似していることを証明できればよい。侵入行為自体に接触の意味が隠されており、これも不正を意味する。インターネット環境では、「接触」の証拠提示は困難である。インターネット環境では、技術に精通した人々がIPアドレスを隠す、無料のプロキシサーバーのIPを使用するなどして身元を隠すことができるため、スクレイピングされた当事者はスクレイピングした当事者の身元を追跡することが困難な場合がある。実質的な類似の判断には、状況ごとの個別の分析が必要である。特に、データの類似の判断は専門性が高く、専門の鑑定機関に提出し、技術鑑定を受けて類似性または同一性の程度を確認する必要がある。

　しかし、すべてのデータが営業秘密の保護要件を満たすわけではない。このような場合、実務では「反不正当競争法」第2条の一般条項が適用されることが多い。データの所在とデータの所有権が明確でない状況のもと、中国の法院は実務において多くの裁判原則を作ってきた。例えば、微博（Weibo）が脈脈を訴えた事件において、法院は「三重授権」の原則を示した。Open API開発協力モデルに関して、法院は次のように判示した。第三者がOpen APIチャネルを通じてユーザー情報を取得する場合、「ユーザー授権＋プラットフォーム授権＋ユーザー授権」の三重授権モデルに従うべきである。第三者プラットフォームがデータ管理者のユーザーデータを取得する場合（データ管理者によるユーザーデータの取得は、ユーザーの同意を前提とする）、データ管理プラットフォームの授権を得るだけでなく、ユーザーの授権と同意も得なければならない。ユーザーがデータに対する権利を有することができるのは、個人データが人的属性を有し、個人データの任意のスクレイピング行為がプライバシーを侵害する可能性があるからである。

　データのその後の使用は実質的な代替に該当し、不正競争に該当する可能性もあり、これらも行為者に主観的な悪意があるか否かを評価することを目的として、データスクレイピング行為の合法性を判断する要素に含むべきである。データスクレイピングの後続使用行為が正当であるか否かを判断するには、データ使用の実質的な代替の判断を行う必要がある。実質的な代替とは、データスクレイピング行為者がデータをスク

第五章　不正競争防止のコンプライアンス

レイピングした後、データを不適切に使用することで、両者が提供する
サービス（役務）や情報の「実質的な代替」が行われることを指し、主
にデータをスクレイピングされた当事者の消費者を奪い、そのトラ
フィックやクリック率を低下させることに現れる。漢濤が百度を訴えた
事件において、法院は、百度は口コミサイト「大衆点評網」のある店舗
に対する評価における数十または数百件の情報のみをスクレイピング
し、使用したが、大衆点評網の同店舗に対する評価の実質的な代替を構
成するに足ると判断した。なぜなら、多くのユーザーにとって、十数件
のコメントはユーザーの店舗を調べるニーズを満たすことができるから
である。百度が提供した情報を読むことで、ユーザーは大衆点評網に行っ
て情報を調べる必要がなくなったため、百度は実質的に大衆点評網の
ユーザーとトラフィックをせき止め、大衆点評網の労働果実を奪った。
データスクレイピング行為者がデータをスクレイピングした目的は、
データをスクレイピングされた当事者が提供するサービスと同一のサー
ビスを提供し、データをスクレイピングされた当事者の競争相手となる
ことにある可能性がある。この場合、その後のデータ使用行為は不正競
争を構成する。

　データスクレイピング行為は、「反不正当競争法」第 12 条第 2 項第(四)
号「雑則」の適用対象となり得るか。通常、被疑侵害者のスクレイピン
グ行為はフロントエンドのスクレイピングに限定されている。一方、仮
想 IP アクセスによるスクレイピングは非常に隠微であり、一般ユーザー
を模倣してアクセス権を取得しスクレイピングするため、Robots 協定
に違反せず、違法な侵入行為もなく、データ管理者が提供するネットワー
ク製品又は役務の正常な運営を妨害しておらず、同条にいう「妨害、破
壊」を認めることが困難である。このような観点から、この種の不当な
データスクレイピング行為を「インターネット特別条項」で規制するこ
とは困難である。

【キーワード】データスクレイピング、データ利益、企業倫理、営業秘密

【関係法】「反不正当競争法」（2019）第 2 条（経営原則）、第 12 条（イ
ンターネット上の不正競争行為）、第 9 条（営業秘密）。「国家工商行政

管理総局 営業秘密侵害の禁止に関する規定」（1998年）第5条

第七節　不正競争防止コンプライアンスの組織の構築

　市場経済の健全な発展を促進し、市場参加者間の公正な競争を確保するため、国は不正競争行為撲滅への取り組みを強化している。また、市場統合の趨勢および事業領域の交差の現象がますます顕著になっているため、企業が直面する不正競争リスクはより複雑化・多様化している。新たな市場経済情勢と企業政策の方向性に直面し、不正競争防止のための特別な組織を構築し、重大なリスクを適時に防止し、解決する必要がある。

第1　コンプライアンスの管理組織の構築

　企業内外の不正競争行為を適時に防止するためには、不正競争に関する特別なコンプライアンス管理組織を設置し、特別なコンプライアンス管理規程を作成する必要がある。

　コンプライアンス管理組織の設立は、高い専門性、協調性、独立性を備える必要がある。1. 関連知識と経験を有する専門的なコンプライアンス管理人員を配置し、各担当者の役割分担と責任を明確にする、2. 不正競争にはさまざまな分野、複数のリスクが存在するため、コンプライアンス担当者と中核部門との協力を円滑にするための組織の構造構築に取り組み、各部門、各業務、各段階に浸透させ、リスクの予防と対応の効率を高める、3. コンプライアンス管理部門をより高い階層に設置することで、管理体制全体に相対的な独立性を持たせ、より明確な情報報告の仕組み、より正確な上層部の意思決定の仕組み、およびより効率的なコンプライアンスに関する事項のフィードバックの仕組みを確保しなければならない。

　コンプライアンス管理規程は、自社の事業内容、事業規模、市場環境などを考慮し、自社の事業特性を踏まえて、各部門の具体的な行動規範とリスク予防・管理プログラムを策定し、各部門の担当者の業務に効果

的かつ具体的なガイドラインを提示しなければならない。

第2　コンプライアンスの運用メカニズム

　コンプライアンス業務の効果的かつ整然とした実施を確保するために、コンプライアンス業務をサポートするメカニズムを設定する。コンプライアンス管理部門に関しては、企業の不正競争のリスクを定期的に評価し、リアルタイムで注意喚起するメカニズム、リスク処理メカニズムなどが考えられる。各事業部門に関しては、リスク相談・報告メカニズム、意思決定のためのコンプライアンス審査メカニズムなどが考えられる。技術的な問題やその他の複雑な問題に及ぶ場合には、企業は第三者機関に依頼して、プロジェクトのリスク審査を実施することもできる。

第3　コンプライアンスの予防意識

　定期的に企業内のスタッフに対して、不正競争行為に関する周知・教育訓練を実施し、業界と企業内の関連する行動規範を研究する。コンプライアンス評価の結果を従業員の業績評価メカニズムに組み入れる。競争のコンプライアンス文化を企業文化建設の重要な部分とし、不正競争のリスク管理意識と自主規制を遵守する意識を養う。

第五章

199

第六章

営業秘密のコンプライアンス

第一節 概要

　営業秘密には、技術情報、顧客情報などが含まれる。これらの情報は、多くの場合、企業が多くの事前費用を投資して形成されたものであり、企業の中核的競争力としてかなり高い商業的価値を有している。しかし、どのような商取引であっても、情報の交換や人の流動を伴うもので、営業秘密の保護をおろそかにすると、営業秘密の漏洩につながり、市場における企業の競争上の地位を揺るがすおそれがある。

　中国の「民法典」や「反不正当競争法」などの法律では、営業秘密を侵害してはならない旨が規定され、民事賠償や行政処罰の責任について定められている。具体的な法執行の面では、全国の各レベルの市場監督部門が積極的な行動を起こし、過去 20 年間で 1,000 件以上の営業秘密侵害事件を調査、処分してきた。司法面では、営業秘密訴訟事件の件数は知的財産権事件の少数に過ぎないが、しばしば典型的な事件として登場する。これは間違いなく営業秘密の地位と役割、事件処理の判断の難しさを反映している。

第二節 営業秘密保護におけるコンプライアンスの要点

第1 営業秘密の定義

　法律に規定される営業秘密とは、公衆に知られておらず、商業的価値があり、権利者が相応の秘密保持措置を講じている技術情報、経営情報などの商業情報を指す。このうち、技術情報には、技術に関連する構造、

原材料、成分、方式、材料、サンプル、様式、新品種の育種材料、工程、方法またはその手順、アルゴリズム、データ、コンピュータプログラムおよびその関連文書などの情報が含まれる。事業情報には、事業活動に関連するアイデア、管理、販売、財務、計画、サンプル、入札資料、顧客情報、データなどの情報が含まれる。

　法律によれば、営業秘密は、公然と知られていないこと、商業的価値があること、適切な秘密保持措置を講じていることの3つの要素を満たす必要がある。なお、これらの要素に対する理解は動的であるべきである。

　例えば、「公然と知られていない」の「公衆」とは、「不特定多数」を指す。契約上の合意や業務上の必要性から、権利者以外の者がその情報を知っていたとしても、その秘密は「公然と知られていない」ことに変わりはない（(2018) 津 0113 刑初 571 号）。また、「公然と知られる」のは情報全体でなければならない。情報の一部が既に「公然と知られる」としても、全体を営業秘密として保護することができる。原理または個々の構成要素が開示されても、情報全体としての「公然と知られていない」という性質には影響しない（(2018) 最高法民申 4529 号）。逆に、ある情報が刊行物（特許明細書を含む）もしくはその他の媒体、または公開報告会や展示会などを通じて公に開示された場合には、その情報はもはや営業秘密とはいえない。ある技術情報が営業秘密に該当するか否かは、技術調査によって確認することができる。

　もう一つの例として、商業的価値がある情報には、ビジネスの成功事例だけでなく、失敗例などのネガティブな情報も含まれ、これらも営業秘密になり得る。失敗した構造式の部分合成の場合、そのようなネガティブな情報を実務に直接応用しても、実際の経済的利益にはつながらないことが多いが、研究構想の幅を広げるのに役立ち、実用的な利用価値もある（(2012) 浦刑（知）初字第 42 号）。

　さらに、秘密のレベルに応じて、相応の秘密保持のための措置をとらなければならない。法律は、商業的価値の高い秘密を低コストで維持することを支持しない。全従業員に企業の販売、経営、生産技術の秘密を

保持することを原則的に要求するだけでは、全従業員に営業秘密情報の保護範囲、すなわち秘密保持の対象を理解させることはできない。これだけでは、技術秘密の漏洩を防止するための確実に実行可能な措置とはいえず、現実には、秘密保持の効果を発揮することができない（(2017)最高法民申 2964 号）。

　最後に、「保護と引き換えに公開する」という特許制度とは異なり、営業秘密の非公知性という属性から、異なる企業が同時に実質的に同一の営業秘密を保有する可能性がある。したがって、企業は、営業秘密の享有の正当性を証明するためにも、関連資料を適切に保管すべきである。

第2　社外コミュニケーションにおける秘密保持の要求

　企業の生産・運営活動では、イベントの開催や契約の締結など、情報のやり取りや人の移動を伴うことが多い。日常の生産・運営活動において、企業の営業秘密をいかに漏らさないようにするかは、非常に重要な課題である。参考に供するため、以下の事例を挙げてみる。

1. 公開会議
　企業が技術交流会や成果検討会に参加する場合、中核となる技術情報の公開を避け、中核となる研究者が発表した論文や講演の内容については、秘密保持審査を行うべきである。企業側も、関連する参加者に秘密保持契約の締結を求めるべきである。

2. 商業活動
　企業は、調達、販売、委託開発、委託生産などの商業活動を行う過程において、秘密情報の遮断または秘密保持契約の締結などの方法を用いて秘密情報の漏洩リスクを低減しなければならず、秘密保持契約の履行過程において、秘密情報の使用状況、営業秘密の記録媒体の流通および秘密情報の漏洩について、管理監督を行わなければならない。また、企業は、仮名または匿名の方法を用いて重要な物資の取引を行うことで、原材料や部品のサプライヤが企業の営業秘密を解読することを回避できる。また、アプリケーションソフトウェアの開発において、企業は秘密

第六章

203

情報の漏洩を防ぐため、個人のファイルに秘密情報を読み込みまたは保存しないよう、特別な注意を払う必要がある。

3．広告宣伝

　企業は、広告宣伝、実績展示、展示会広報などの活動で使用する情報について、秘密保持審査を実施し、秘密情報の開示または営業秘密の漏洩のおそれのある情報、写真および目視、分析が容易な施設、設備などの使用を避けるべきである。すでに公開された機密情報については、効果的に追跡調査を行い、問題発覚後直ちに改善措置を講じ、関係者の責任を追及できるようにすべきである。

第3　合理的な秘密保持措置

　秘密保持措置は、合理的かつ適切なものであればよく、すなわち通常の状況下で営業秘密の漏洩を防止するに足る措置であればよく、絶対的かつ完全な措置である必要はない。法院は、営業秘密およびその媒体の性質、営業秘密の商業的価値、秘密保持措置の識別可能性の程度、秘密保持措置と営業秘密との対応度、ならびに権利者の秘密保持の意思などの要素に基づいて総合的に判断する。

1．物理的な秘密保持措置

　企業は、工場や作業場など、秘密に関わる生産経営の場所について、秘密保持措置を講じるべきである。例えば、重要な生産エリアに警告表示を貼り付けること、そのようなスペースに保管される企業秘密を含む原材料については密閉容器を使用することなどがある。また、盗難防止システムや光センサによるモニタリングシステム一式を設置し、管理エリアや機械室では従業員用磁気カードとパスワードの二重操作を行い、管理権限などを設定することができる。つまり、科学技術手段を利用して、管理エリア、機密エリア、重要人物の執務室、重要な機械設備、データ・文書処理センター、文書保管所、倉庫などのセキュリティ管理を行う必要がある。

　また、企業は、情報保管設備についても秘密保持措置を講じるべきで

ある。例えば、営業秘密に接触し、営業秘密を保存するコンピュータ機器、記憶装置、ソフトウェアなどについて、その使用、アクセス、保存、複製、ネットワーク化などを禁止または制限する措置を講じること、ラベリング、分類、隔離、暗号化、封印などの措置により、関連情報にアクセスまたは取得できる者の範囲を制限し、かつ関連するアクセスや使用をバックグラウンドで包括的に記録すること、さらに一歩進んで、ハッカーによる電子的窃盗を防ぐため、関連データやファイルを暗号化し、ファイアウォールを設置することなどがある。

　企業は、外部訪問者に対して物理的な秘密保持措置を講じるべきである。第一に、訪問者の身元を確認、検証し、出入証の登記と提示を義務付けるべきである。第二に、会社の社員が同行し、訪問者が自由に歩き回ることを許可せず、訪問者が工場内を見学することを禁止すべきである。第三に、重要な生産工程には対策を講じ、部外者の視線を遮り、訪問者が電子機器を使用して記録や写真撮影を行うことを禁止すべきである。

　企業は、紙ベースの機密文書についても物理的な秘密保持措置を講じなければならない。第一に、文書管理・破棄制度を確立すべきである。第二に、機密文書が指定されたコピー機でしかコピーできないように特殊な紙とインクを使用すること、さらには社内で独自に作成した特定の言語規則を使用して文書を暗号化することもできる。

2. 制度的な秘密保持措置

　制度的な秘密保持措置とは、契約、定款、研修、規則制度、書面による通知などを通じて、営業秘密に触れる可能性のある、または、営業秘密を取得した従業員、サプライヤ、顧客、訪問者などに対して秘密保持を要求し、または退職する従業員に対して、接触または取得した営業秘密およびその媒体を登録、返却、削除、破棄し、守秘義務を負い続けることを義務付けることをいう。

　第一に、企業は営業秘密管理および教育における従業員の意識向上に注意を払うべきである。企業は中核技術者、上級管理職と個別に秘密保持契約書を締結するか、労働契約において守秘義務を取り決めることに

より、秘密保持の内容の範囲と契約違反の責任を明確にする必要がある。企業は退職する従業員に係る営業秘密管理にも注意を払う必要がある。退職する従業員には、自己所有のファイルおよび各種媒体に保存された秘密情報を破棄するか企業に返却するよう求めるほか、退職する従業員の営業秘密の守秘義務についても書面で通知する必要がある。

　第二に、企業は対外活動に関わる営業秘密管理体制を構築すべきである。例えば、企業は健全な訪問者受入システムを構築し、「許可された訪問エリア」および「訪問エリアへの持ち込みが許可された電子機器」を特定し、関連する秘密保持誓約書および契約違反責任の署名を要求すべきである。企業は外部の関係者から検査、監査などを受ける前に、外部の関係者と秘密保持契約を締結すべきである。企業は機密情報にアクセスする可能性のある専門家、コンサルタント、通訳、弁護士などの部外者を起用する場合、または彼らに業務を委任する場合は、身元調査を行い、秘密保持契約を締結すべきである。企業は技術交流と成果検討会を開催し、またはそれに参加する場合は、関連資料に秘密区分を表示し、特定の会議担当者を指名し、資料の受領と返却の責任を負わせ、かつ関連担当者と機密保持契約を締結すべきである。企業は対外技術協力を実施する場合には、相手方の営業秘密管理能力を十分に調査し、営業秘密の内容や帰属、紛争処理について取り決めた秘密保持契約を締結すべきである。企業は機密情報を含む製品を販売する場合、または他人が機密情報を含む製品を使用することを許可する場合には、「リバースクラッキング禁止」「リバースエンジニアリング禁止」の文言を表示して、契約書において相手方を拘束すべきである。

【キーワード】非公知性、価値性、秘密保持措置、技術情報、経営情報

【関係法】「民法典」（2020）第501条（営業秘密の契約付随義務）。「最高人民法院 営業秘密侵害民事事件裁判の法律適用における若干の問題に関する規定」（2020）第3条と第4条（非公知性）、第7条（価値性）、第5条、第6条（秘密管理性）、第10条（契約の守秘義務）。「労働契約法」（2012）第23条（守秘義務）。「労働法」（2018）第102条（守秘義務）。「会社法」（2023）第181条（董事（取締役）、上級管理者による秘密の

無断開示の禁止）

第三節　営業秘密侵害行為の認定と法的責任

第1　営業秘密侵害行為

　営業秘密の侵害行為には以下の行為が含まれる。1）窃盗、贈収賄、詐欺、強要、電子的手段による侵入、またはその他の不正な手段により、権利者の営業秘密を取得すること、2）前項の手段により入手した権利者の営業秘密を開示し、使用し、または他人に使用を許可すること、3）守秘義務に違反し、または営業秘密の保持に関する権利者の要求に違反して、保有する営業秘密を開示し、使用し、または他人に使用を許可すること、4）守秘義務に違反し、または営業秘密の保持に関する権利者の要求に違反して、権利者の営業秘密を取得し、開示し、使用し、または他人に使用を許可することを他人に教唆し、誘導し、または幇助すること。

第2　権利侵害の法的責任

1.刑事責任

　営業秘密を侵害する以下の行為のいずれかを実施し、その情状が重大な場合には、3年以下の有期懲役および/または罰金に処し、情状が特に重大な場合は、3年以上10年以下の有期懲役および罰金に処する。（一）窃盗、贈収賄、詐欺、強要、電子的手段による侵入その他の不正な手段により、権利者の営業秘密を取得した場合。（二）前項の手段により入手した権利者の営業秘密を開示し、使用し、または他人に使用を許可した場合。（三）守秘義務に違反し、または営業秘密の保持に関する権利者の要求に違反して、保有する営業秘密を開示し、使用し、または他人に使用を許可した場合。

2.行政責任

　監督検査部門は、違法行為の停止を命じ、違法所得を没収し、10万元以上100万元以下の過料に処し、情状が重大な場合は、50万元以上

500万元以下の過料を科す。

3. 民事責任

　不正競争行為により損害を被った事業者に対する賠償額は、侵害行為により事業者が被った実際の損失に応じて決定される。実際の損失の算定が困難な場合は、侵害の結果として侵害者が得た利益に応じて金額が決定される。事業者が悪意をもって営業秘密侵害行為を行い、その状況が深刻な場合、賠償額は上記の方法に従って決定された額の2倍以上5倍以下で決定することができる。賠償額には、侵害行為を止めるために事業者が支払った合理的な費用も含まなければならない。賠償額の決定が困難な場合、人民法院は、侵害行為の状況に応じて、権利者に500万元以下の賠償金を支払う旨の判決を下す。

【キーワード】営業秘密の侵害、営業秘密侵害罪、法的責任

【関係法】「民法典」（2020）第123条（営業秘密は知的財産の一形態）、第187条（民事責任優先履行）。「反不正当競争法」（2019）第9条（営業秘密の侵害行為）、第17条（民事責任）、第21条（行政責任）。「刑法」（2020）第219条（営業秘密侵害罪、営業秘密域外違法提供罪）。「最高人民法院 営業秘密侵害民事事件裁判の法律適用における若干の問題に関する規定」（2020）第18条（侵害停止）。「営業秘密侵害の禁止に関する若干の規定」（1998）第3条（営業秘密侵害行為）、第6条および第6条（行政責任）、第8条（罰則決定不履行の責任）

第四節　営業秘密のコンプライアンス体制の構築

　以上を総合すると、営業秘密のコンプライアンスは法律の問題だけでなく、企業の事業発展、人事管理にも密接に関係するため、企業は自社の規模や業界の特性に応じて、関連業務を担当する専門部署や職位を設置し、上述したコンプライアンスの要点に沿って以下の体制を構築し、実行することを提案する。

第1　情報管理体制

　企業のコンプライアンス部門は、企業の競争力を向上させ、または向上させ得る関連の情報を特定するために、営業秘密の定期的な評価を実施することができる。その際に、情報の秘密保持の可能性、情報の入手または保存に企業が負担し得る費用、情報を営業秘密として固定することによってもたらされる経済的利益、通常の事業活動の過程で競争相手によってリバースエンジニアリングされやすい情報であるか否か、特許など他の制度による保護がより適している情報であるか否かといった要素を参照することができる。

　第二に、コンプライアンス部門は、上述の抽出された営業秘密情報を等級別に管理し、営業秘密の非公知性、情報の価値、漏洩した場合に企業の経済的利益がどの程度損なわれるかに応じて、秘密区分を中核営業秘密、重要営業秘密、一般営業秘密に分類し、営業秘密の記録媒体に明らかな秘密区分の表示を付し、それぞれの秘密区分に応じて適切な機密措置を講じ、業務の重点を強調すべきである。

　最後に、コンプライアンス部門は、企業の具体的な事業活動が営業秘密に関わる場合の管理体制を構築し、関連情報を記録すべきである。これには、1）営業秘密の記録媒体の制作、発送・受領、伝送、使用、保存、破棄の全プロセスの管理を行い、営業秘密の記録媒体の台帳を確立し、関連情報を保管すること、2）機密エリアの空間管理体制を確立し、訪問者のデータベースを構築し、訪問者の身元、行方、活動範囲、滞在期間を登録すること、3）営業秘密に関わるコンピュータ情報システム、通信、OA などの情報設備、機器の秘密保持管理体制を構築するとともに、一定の秘密区分を持つ端末機器のアクセス情報を記録することを含む。

第2　従業員管理体制

　第一に、新入社員に対する営業秘密管理体制を確立すべきである。従業員を募集する場合には、応募する従業員の身元調査を行い、前雇用者

との守秘義務違反、競業避止契約違反、その他前雇用者の営業秘密侵害の有無を確認する。必要に応じて、前雇用者の営業秘密およびその他の知的財産権を侵害しない旨の誓約書への署名を要求することができる。採用決定後に、秘密保持の範囲と期間、双方の権利と義務、契約違反の責任などについて取り決めた秘密保持契約を新入社員との間で締結する。上級管理職、上級技術者、その他重要な営業秘密を知る基幹従業員とは競業避止契約を締結し、競業避止の制限範囲、地域、契約効力の発生条件、制限期間、違約の責任、経済的補償などについて取り決める。

　第二に、従業員の職務遂行過程に対する営業秘密管理体制を確立すべきである。従業員の職務遂行期間中に、従業員が企業の営業秘密管理の手順と制度を理解し、秘密保持意識を確立し、営業秘密保護の権利、義務、法的責任を熟知するよう秘密保持の教育を実施すべきである。また、秘密に関わる従業員のリストを作成し、業務上の必要性に応じて営業秘密の開示範囲を厳格に定め、秘密に関わる程度に応じて等級別に管理し、関係者以外の者が営業秘密にアクセスすることを禁止する。秘密に関わる従業員の職位に変更があった場合、秘密資料の引継ぎを適切に行うよう促し、適時に秘密アクセス権の調整を行う。また、従業員の在職期間中の職務行為または成果が営業秘密となった場合には、その権利帰属についても事前に秘密に関わる従業員との間で明確にしておく必要がある。

　最後に、退職する従業員に対する営業秘密管理体制を確立すべきである。従業員が退職する際には、その従業員と面談を行い、退職後も守秘義務があることを書面にて伝え、退職する従業員のコンピュータなどの機器をチェックし、営業秘密の記録媒体やそのコピーおよび関連物品の棚卸しを行い、従業員には機密情報を引き渡し、要求に従って営業秘密の記録媒体を返却または破棄するよう促すべきである。必要であれば、従業員に秘密保持誓約書への署名を求め、退職する従業員と締結した競業避止契約を尊重する必要があるか否か、または競業避止契約を再締結する必要があるか否かを評価することができる。従業員の離職当初は、機密情報の漏洩や不適切な使用の手がかりを適時に発見できるよう、その所在も定期的に追跡する必要がある。

第3　秘密保持マニュアルの策定

　企業のコンプライアンス部門は、体制的な秘密保持措置を実施するために、営業秘密を保護する秘密保持体制を確立し、秘密保持マニュアルを作成し、秘密保持体制の内容を全従業員に公表し、明確にしなければならない。秘密保持マニュアルには、一般的に以下の内容が含まれる。

⑴　営業秘密の範囲、区分、創造、使用、保護、保管、記録、アクセス権限、管理者および職責など。

⑵　営業秘密の管理プロセス、特にさまざまなプロセスや段階における営業秘密の管理を含む。例えば、研究開発管理、生産管理、販売管理、調達管理、業務提携管理、社外コミュニケーション管理、営業秘密の記録媒体の管理、秘密に関わる場所の管理、秘密に関わる人員の管理、秘密に関わるコンピュータと情報システムの管理、通信設備とOA設備の管理など。

⑶　営業秘密保護のための研修、監督・検査体制。

⑷　文書の秘密保持管理体制。例えば、1）秘密に関わる情報の範囲、講じるべき秘密保持措置を決定する、2）文書の秘密保持区分、秘密保持期間、保管と廃棄手順を明確にする、3）秘密に関わる人員の範囲を決定し、文書の秘密保持登記に基づいてアクセス権限を設定する、4）電子情報の暗号化、保管、バックアップおよびコピーの取扱い要求を体系化し、電子情報安全検査のプロセスと責任者を明確にすること。

⑸　人員の秘密保持管理体制。例えば、1）労働契約における知的財産権帰属および秘密保持条項、2）新入社員に対して競業避止義務や秘密保持などの義務を強調する、3）守秘義務の対象となる退職者に対し、引き続き守秘義務を遵守すべきことを喚起する。

　最後に、コンプライアンス部門は営業秘密の管理の全過程にわたって

記録を残すべきである。形成されたすべての文書資料や電子データは、企業の重要な情報として長期間保存すべきである。

第七章

知的財産分野における
独占禁止法コンプライアンス

第一節 概要

　知識経済の深化と経済のグローバル化に伴い、知的財産はますます企業発展の戦略的資源となり、国際競争力の中核要素となっている。独占禁止制度は、法律に従って知的財産権を享有し行使する事業者の排他的権利を保護しながら、事業者が知的財産権を濫用することを禁止している。中国の市場経済環境の急速な発展を背景に、独占禁止法執行の実務において蓄積された未解決の問題に対処するため、「全国人民代表大会常務委員会 中華人民共和国独占禁止法の改正に関する決定」が採択され、2022年8月1日に施行された。

　「独占禁止法」第68条は、事業者による知的財産権の濫用による競争の排除・制限を調整範囲に組み入れ、知的財産権の濫用による競争の排除・制限を防止、阻止するための法的根拠を提供している。市場経済の基本法である独占禁止法の指導の下で、知的財産権分野における独占禁止法コンプライアンス体制を構築し、独占禁止法と知的財産権保護制度の均衡と協調を厳格に把握し、知的財産権を保護し、イノベーションを促進するとともに、知的財産権を濫用して競争を排除、制限することを防止し、阻止することは、企業が長期的な発展を実現するための新たな時代の要求である。

第二節 知的財産分野における独占禁止法コンプライアンスの焦点

　知的財産分野における独占禁止法コンプライアンスは、知的財産権の

濫用による競争の排除・制限行為に焦点を当てており、競争を排除、制限する可能性のある知的財産権契約、知的財産権に関わる市場支配的地位の濫用行為、知的財産権に関わる事業者集中、および知的財産権に関わるその他の状況の4種類に大別される。

第1 独占禁止法上の行為を分析するための考え方

事業者が競争を排除、制限するために知的財産権を濫用したか否かを判断するための一般的な分析の考え方には、以下のようなものがある。

第一に、考えられる行為の類型を判断する。競争を排除、制限するための知的財産権の濫用の特徴と現れ方を分析し、独占行為の可能性を判断する。

第二に、関連市場を定義する。関連市場を定義する基本的な根拠と一般的な方法に従いつつ、知的財産権が新たな類型の財産権であるという特殊性を強調する。

第三に、行為の競争上の影響を分析する。市場の競争状況に応じて、行為が市場の競争に及ぼす、競争を排除、制限する影響を検討する。

第四に、イノベーションと効率性に対する行為のプラスの影響を分析する。事業者の行為は、技術の普及と利用を促進し、資源の利用効率を向上させるなど、イノベーションと効率性にプラスの影響を及ぼす可能性がある。

【キーワード】独占行為、関連市場、競争に及ぼす影響

【関係法】「知的財産権の濫用による競争の排除・制限行為の禁止に関する規定」(2023)第5条(関連市場)、第22条(分析ステップ)、第23条(競争への影響)。「国務院独占禁止委員会 知的財産分野における独占禁止ガイドライン」(2019)第2条(分析の原則)、第3条(分析の考え方)、第4条(関連市場)、第5条(競争に及ぼす影響)、第6条(競

争に及ぼすプラスの影響）。「国務院独占禁止委員会 関連市場の定義に関するガイドライン」(2009)

第2　競争を排除、制限する可能性のある知的財産権契約

共同研究開発、クロスライセンス、排他的グラントバックおよび独占的グラントバック、不争義務条項、標準制定など、知的財産権に関わる契約の内容は、市場競争に対して排除・制限の影響を及ぼす可能性がある。当該行為には独占禁止法第二章の規定を適用する。さらに、事業者は、知的財産権の行使を通じて、他の事業者を組織して独占的協定を締結させ、または他の事業者が独占的協定を締結するための実質的な支援を提供してはならない。成立した契約が独占禁止法第20条の規定に適合していることを事業者が証明できる場合には、第17条、第18条第1項および知的財産権に関する独占的協定の締結を指揮し、またはこれに対する実質的な支援を提供することに関する規定は適用されない。

1.　表現形式

(1)　共同研究開発

共同研究開発とは、事業者による技術や製品などの共同開発、および研究開発成果の利用を指す。共同研究開発は、通常、研究開発費を節約し、研究開発効率を向上させることができるが、市場競争に対して排除、制限の効果をもたらす可能性もある。適法性を判断する上で考慮すべき要素には、以下が含まれる。

(a) 事業者が、共同研究開発とは無関係の分野で、単独でまたは第三者と協力して研究開発を行うことが制限されるか否か。

(b) 共同研究開発終了後、事業者が後続の研究開発を行うことが制限されるか否か。

(c) 共同研究開発とは無関係の分野で事業者が開発した新しい技術または製品に関する知的財産権の帰属および行使が制限されるか否か。

第七章

215

⑵ クロスライセンス

クロスライセンスとは、事業者が所有する知的財産権の使用を相互に許諾することを指す。クロスライセンスは一般的に、知的財産のライセンスにかかるコストを削減し、知的財産権の運用を促進することができるが、市場における競争に排除・制限の影響を及ぼす場合もある。適法性を判断する上で考慮すべき要素には、以下が含まれる。

(a) 排他的ライセンスに該当するか否か。

(b) 第三者にとって市場参入の障壁となるか否か。

(c) 市場の下流部分における競争を排除、制限するか否か。

(d) 関連商品のコストを引き上げるか否か。

⑶ 排他的グラントバックと独占的グラントバック

グラントバックとは、ライセンシーがライセンスされた知的財産を使用して行った改良、またはライセンスされた知的財産の使用を通じて得られた新たな成果について、ライセンサーにライセンスすることをいう。グラントバックは通常、新しい成果への投資とその利用を促進することができるが、排他的グラントバックと独占的グラントバックは、ライセンシーの技術革新の意欲を減退させ、市場における競争に排除・制限の影響を与える可能性がある。

ライセンサーまたはライセンサーが指定する第三者およびライセンシーのみが、グラントバックされる改良または新たな成果を実施する権利を有する場合、排他的グラントバックに該当する。ライセンサーまたはライセンサーが指定する第三者のみが、グラントバックされる改良または新たな成果を実施する権利を有する場合、独占的グラントバックに該当する。その正当性を判断する際に考慮される要素には、以下が含まれる。

(a) ライセンサーがグラントバックに対して相当の対価を提供したか

否か。

(b) クロスライセンスにおいて、ライセンサーとライセンシーが排他的グラントバックまたは独占的グラントバックを互いに要求しているか否か。

(c) グラントバックにより、改善または新たな成果が単一の事業者に集中し、その事業者が市場支配力を獲得または増大させるか否か。

(d) グラントバックがライセンシーの技術革新の意欲に影響を与えるか否か。

　クアルコムの市場支配的地位濫用の行政処罰事件（発改弁価監処罰（2015）1号）において、クアルコムはライセンシーに特許の実施権を無償で許諾するよう要求した。発展改革委員会は、ライセンシーに特許の実施権を無償で許諾するよう求めること自体は関係法律に違反していないが、ライセンシーが保有する特許の価値を考慮しておらず、無償での実施許可の要求はライセンシーが技術革新を行うモチベーションを抑制し、無線通信技術の革新と発展を阻害し、無線通信技術市場における競争を排除、制限するものであると判断した。

(4) 不争義務条項
　不争義務条項とは、知的財産のライセンスに関する契約書の条項の一種で、ライセンサーがライセンシーに対し、その知的財産の有効性に異議を唱えないよう要求するものである。その合法性を判断する際に考慮される要素には、以下が含まれる。

(a) ライセンサーがすべてのライセンシーに対し、その知的財産権の有効性に異議を唱えないよう要求しているか否か。

(b) 不争義務条項に関わる知的財産権ライセンスが有償であるか否か。

(c) 不争義務条項に関わる知的財産権が市場の下流部分への参入障壁

となり得るか否か。

(d) 不争義務条項に関わる知的財産権が他の競合する知的財産権の運用を阻害するか否か。

(e) 不争義務条項に関わる知的財産権ライセンスが排他的であるか否か。

(f) ライセンサーの知的財産権の有効性に異議を唱えた場合、ライセンシーがこれによって多大な損害を被る可能性があるか否か。

阿斯利康有限公司（アストラゼネカ）と江蘇奥賽康製薬有限公司の特許権侵害紛争案件（（2021）最高法知民終388号）において、最高人民法院は、特許権の有効性を争わないことを主な内容とする「医薬品特許グラントバック契約」が独占の疑いのある協定に該当するか否かを判断する際、特許を取得した医薬品の市場における競争を排除、制限する疑いがあるか否かを主に考慮すべきであると判断した。これについて最高人民法院は、係争契約の競争効果を判断するために、「もしそうでなければ」というアプローチを用いることができる旨を示した。すなわち、契約を締結し、履行している現実の状況と契約を締結せず、履行していない仮定の状況とを比較することにより、後発医薬品の出願人が無効審判請求を取り下げていない状況で、この無効審判請求によって医薬品関連の特許権が無効になる可能性を分析することができる。そして、これを基に当該契約が関連市場における競争を害したか否か、およびどの程度害したかを分析することができる。「競争を害する」に関しては、関連契約が特許権者の市場での独占期間を実質的に延長したか否か、実際の後発医薬品の出願人や潜在的な後発医薬品の出願人の市場参入を実質的に遅延させたか、排除したか否か」が主な検討対象となる。

(5) 標準制定

標準制定とは、一定の範囲内で統一的に適用される知的財産権に関わる標準を、事業者が共同で開発し、または開発に参加することを指す。標準制定は、異なる製品間の共通性を実現し、コストを削減し、効率を向上させ、製品の品質を保証する上で役立つ。しかし、競合関係にある

事業者による標準制定への共同参加は、競争を排除、制限するおそれがある。その正当性を判断する際に考慮される要素には、以下が含まれる。

（a）正当な理由なく、他の特定の事業者を排除するか否か。

（b）正当な理由なく、特定の事業者の構想を排除するか否か。

（c）優位性のある他の標準を適用しない合意があるか否か。

（d）標準に含まれる知的財産権の行使を規制するための必要かつ合理的な仕組みがあるか否か。

(6) その他の制限行為

事業者による知的財産権のライセンシングは、知的財産権の使用分野を制限し、知的財産権を用いて提供される商品の販売経路または普及範囲もしくは対象を制限し、事業者が知的財産権を用いて提供する商品の数量を制限し、事業者による競合技術の使用または競合商品の提供を制限するなどの制限行為に関わることもある。上記の制限は通常、商業的に合理的であり、効率を向上させ、知的財産権の行使を促進することができるが、市場における競争に排除・制限の影響を及ぼす場合もある。その正当性を判断する際に考慮される要素には、以下が含まれる。

（a）制限の内容、範囲および実施方式。

（b）知的財産権によって提供される商品の特性。

（c）制限と知的財産権の許諾条件との関係。

（d）複数の制限が含まれるか否か。

（e）他の事業者が所有する知的財産権が代替可能な技術に関するものである場合に、他の事業者が同一または類似の制限を課しているか否か。

2. 知的財産権契約のセーフハーバールール

知的財産権契約に関するセーフハーバールールは、「ガイドライン」に具体的に規定されている。「全国人民代表大会常務委員会『中華人民共和国独占禁止法』改正に関する決定」が採択されたことにより、垂直的独占協定に関する「セーフハーバー制度」が法律レベルで正式に確立されたことになる。適用条件について、独占禁止法（2022年）第18条では、「事業者は、関連市場における市場シェアが国務院独占禁止法執行機関の定める基準より低いことを証明することができ、かつ国務院独占禁止法執行機関の定めるその他の条件を満たす場合には、禁止しない」と規定されている。現在、市場シェアの基準の決定と「その他の条件」の定義については、独占禁止執行機関のさらなる指導が必要である。

【キーワード】知的財産権契約、共同研究開発、クロスライセンス、排他的グラントバックと独占的グラントバック、不争義務条項、標準制定、制限行為、セーフハーバールール

【関係法】「独占禁止法」（2022）第16条～第21条（独占的協定）。「国務院独占禁止委員会 知的財産分野における独占禁止ガイドライン」（2019）第7条（共同研究開発）、第8条（クロスライセンス）、第9条（排他的グラントバックと独占的グラントバック）、第10条（不争義務条項）、第11条（標準制定）、第12条（その他の制限）、第13条（セーフハーバールール）。「知的財産権の濫用による競争の排除・制限行為の禁止に関する規定」（2023）第6条（知的財産の独占的協定締結の禁止）、第7条（適用除外）。「独占的協定禁止規定」（2023）

第3　市場支配的地位の濫用行為

独占禁止制度は、事業者が市場支配的地位を有することを禁止するものではなく、市場支配的地位を有する事業者によるその地位を濫用した競争の排除、制限行為を禁止するものである。「知的財産権に関わる市場支配的地位の濫用」の判断には独占禁止法第三章の規定が適用される。知的財産権に関わる市場支配的地位の濫用は通常、不当に高い価格での知的財産権のライセンシング、知的財産権のライセンス拒絶、知的財産

権に関わる抱き合わせ販売、知的財産権に関わる不合理な取引条件の付加および知的財産権に関わる差別待遇という形で表される。

1. 関連市場および市場支配的地位

　一般的に、市場支配的地位の認定には、まず関連市場の定義が必要であり、行為者が関連市場において市場支配的地位を有するか否かを分析し、その後、各事件の状況に応じて、当該行為が知的財産権を濫用して競争を排除、制限する行為を構成するか否かを分析する。ここで、関連市場には関連商品市場と関連地域市場が含まれ、これらは「独占禁止法」および「国務院独占禁止委員会 関連市場の定義に関するガイドライン」に従って定義される。知的財産権のライセンシングに関わる独占禁止法執行業務の文脈では、関連商品市場は、技術市場、特定の知的財産権を含む製品市場、またはイノベーション（研究開発）に関わる市場である可能性がある。関連技術市場とは、密接な代替関係にある1組または1種類の技術で構成される市場を指す。関連イノベーション（研究開発）市場とは、将来の新技術または新製品の研究開発において、事業者間で競争して形成される市場を指す。

　事業者が市場支配的地位を有するか否かは、「独占禁止法」および「市場支配的地位の濫用の禁止に関する規定」の規定に従って判断され、推定されるべきである。事業者による知的財産権の保有は、その市場における支配的地位を決定する要因のひとつとなり得るが、知的財産権の保有のみをもって、当該事業者が関連市場において支配的地位を有すると推定することはできない。知的財産権の特性をふまえ、知的財産権分野の事業者が市場支配的地位を有する旨を認定するにあたって、以下の要素を考慮することができる。

⑴　取引先が代替関係を有する技術または商品に切り替える可能性および切替えコスト。

⑵　知的財産権を利用して提供される商品に対する、市場の下流部分の依存度。

(3) 取引先に対する牽制能力など。

　クアルコムの市場支配的地位の濫用行政処罰事件（発改弁価監処罰（2015）1号）において、発展改革委員会は、クアルコムがワイヤレス標準必須特許ライセンス市場とベースバンドチップ市場においてそれぞれ市場支配的地位を有していると認定した。その理由は、クアルコムが上述の関連市場において、それぞれ、100％および50％を超える市場シェアを有していたこと、クアルコムがワイヤレス標準必須特許ライセンス市場およびベースバンドチップ市場を支配する能力を有していたこと、ワイヤレス通信端末メーカーがクアルコムのワイヤレス標準必須特許ポートフォリオライセンスおよびベースバンドチップへの依存度が高かったこと、他の事業者の関連市場への参入が困難であったことである。

2. 表現形式
(1) 不当に高い価格での知的財産権のライセンス供与
　市場支配的地位を有する事業者は、市場支配的地位を濫用し、不当に高い価格で知的財産権をライセンスすることにより、競争を排除、制限する可能性がある。その正当性を判断する際に考慮される要素には、以下が含まれる。

(a) ライセンス料の算定方法と、当該商品の価値に対する知的財産の貢献度。

(b) 知的財産ライセンスに関して事業者が行った約束。

(c) 知的財産のライセンス履歴または比較可能なライセンスの算定基準。

(d) 知的財産の地域的範囲または対象となる商品の範囲を超えたライセンス料の請求を含む、不当に高い価格をもたらすライセンス条件。

(e) 包括的ライセンスにおいて、期限切れまたは無効の知的財産に対してライセンス料が設定されるか否か。

クアルコムの市場支配的地位の濫用行政処罰事件（発改弁価監処罰 (2015) 1号）において、発展改革委員会は以下の理由で、クアルコムが請求したライセンス料が過度に高額であると認定した。第一に、高いライセンス料率を主張する一方で、クアルコムが保有するワイヤレス標準必須特許の適用範囲を超えた機械全体の卸売正味販売価格を請求のベースとしていたこと、第二に、ライセンシーにライセンスした特許の中に期限切れ特許が含まれていること。第三に、ライセンシーに無料のグラントバックを要求したこと。

中国華為公司（ファーウェイ）が米国のインターデジタル（Inter Digital, Inc.）を訴えた市場支配的地位の濫用事件（(2013) 粤高法民三終字第305号）において、広東省高級人民法院は、インターデジタルの複数回にわたって提示された価格は、同社が同類のメーカーに提示した価格をはるかに上回り、最大で100倍近く、少なくとも20倍近くであったことから、この特許技術企業が要求したライセンス料の水準はFRAND義務違反であると判断した。

(2) 知的財産権のライセンス拒絶

ライセンスの拒絶は、事業者による知的財産権の行使の表明である。一般的に、事業者は競合他社や取引相手と取引を行う義務を負わない。しかし、市場において支配的地位を有する事業者が正当な理由なく知的財産権のライセンスを拒絶することは、「市場支配的地位を濫用した競争の排除、制限」に該当する可能性がある。その正当性を判断する際に考慮される要素には、以下が含まれる。

(a) 当該知的財産権のライセンスに関して事業者が行った承諾。

(b) 他の事業者が関連市場に参入するための当該知的財産権のライセンス取得の必要性。

(c) 関連する知的財産権のライセンスを拒絶することが、市場の競争および事業者のイノベーションに及ぼす影響とその度合い。

(d) 拒絶された当事者が、合理的なライセンス料を支払う意思と能力などを欠いているか否か。

(e) 事業者が拒絶された当事者に合理的な申し出をしたことがあるか否か。

(f) 関連する知的財産権のライセンスを拒絶することが、消費者の利益や公共の利益を害するか否か。

　寧波科田磁業有限公司が日立金属を訴えた市場支配的地位の濫用事件（（2014）浙甬知初字第579号）において、寧波中級人民法院は、知的財産権に関わる取引拒絶は以下の要素を同時に備えるべきであるとした。第一に、被告の事業者が特定の知的財産権を有することにより、関連市場において支配的地位を有しており、他の事業者が川下市場に参入するためには、当該知的財産権の所有者の許可を得なければならないこと。第二に、被告の事業者は適切な市場取引条件下で知的財産権のライセンス供与が可能であるにもかかわらず、それを拒否していること。第三に、知的財産のライセンス拒絶が実質的に川下市場の競争を制限または排除することになるとともに、消費者の利益または公共の利益を害する恐れがあること。第四に、知的財産権のライセンスを拒絶する正当な理由がないこと。

　海能達がモトローラを訴えた市場支配的地位の濫用事件（（2017）京73民初1671号）において、海能達は、モトローラが正当な理由なく相互接続インターフェース（APIインターフェース）の開放を拒否したことにより、地下鉄プライベートネットワーク通信市場における競争を排除、制限したと主張した。北京知的財産法院は、「ISI方式、端末相互接続方式、ゲートウェイ相互接続方式などはAPIの代替方式である。被告はスイッチ相互接続において競争上の優位性を有するが、APIインターフェースのライセンスを拒絶することに競争を排除、制限する効果はない」とし、取引拒絶にあたらないと判断した。

　華僑城家楽迪と中国音像著作権集体管理協会（CAVCA）の市場支配

的地位の濫用紛争案件（（2020）最高法知民終1458号）において、最高人民法院は、次のように指摘した。華僑城家楽迪公司が提示した契約条件は合理的なものではなかったか、またはCAVCAがその条件を満たしていたかのいずれかであり、当事者が契約を締結できなかった主な理由は、CAVCAが華僑城家楽迪公司から提示された合理的な契約条件を満たさなかったことではない。契約過程においてCAVCAが独占禁止法で禁止されている取引拒絶行為をしたという華僑城家楽迪社の主張は、根拠に乏しい。

（3）　知的財産権に関わる抱き合わせ販売

知的財産権に関わる抱き合わせ販売とは、知的財産権のライセンスまたは譲渡が、事業者による他の知的財産権のライセンスもしくは譲渡の受諾、または他の商品の受諾を条件とすることを意味する。知的財産の包括的ライセンスは抱き合わせ販売の一形態である。その正当性を判断する際に考慮される要素には、以下が含まれる。

（a）取引先の意思に反しているか否か。

（b）取引慣行や消費習慣に合致しているか否か。

（c）関連する知的財産または商品の性質および関係の違いを無視しているか否か。

（d）技術的な互換性、製品の安全性、製品の性能などを達成するために必要な措置などが、合理的かつ必要なものであるか否か。

（e）他の事業者の取引機会を排除、制限するか否か。

（f）消費者の選択権を制限するか否か。

クアルコムの市場支配的地位の濫用行政処罰事件（発改弁価監処罰（2015）1号）において、発展改革委員会は、クアルコムが正当な理由なく、ワイヤレス標準必須特許ライセンスでワイヤレス標準必須特許ラ

イセンス以外の特許ライセンスを抱き合わせ販売し、市場支配的地位を濫用したと認定した。

⑷　知的財産権に関わる不合理な取引条件の付加

市場で支配的な地位を有する事業者が、正当な理由なく知的財産権に関わる取引に課す「競争を排除、制限する効果をもたらす可能性のある取引条件」には、以下のものが含まれる。

⒜　取引先に対し、その改良技術の排他的グラントバックまたは独占的グラントバックを要求する。

⒝　取引先がその知的財産権の有効性に異議を唱え、または知的財産権侵害訴訟を提起することを禁止する。

⒞　取引先が自身の知的財産権を行使し、競合する技術もしくは商品を利用または開発することを制限する。

⒟　期間が満了し、または無効とされた知的財産権に関する権利の行使を継続する。

⒠　合理的な対価を提供せずに、取引先にクロスライセンスを要求する。

⒡　取引先による第三者との取引を強制もしくは禁止し、または第三者との取引条件を制限する。

クアルコムの市場支配的地位の濫用行政処罰事件（発改弁価監処罰（2015）1号）において、ライセンシーがクアルコムのベースバンドチップを取得する条件として、ライセンシーが特許ライセンスに異議を唱えない契約を結ぶことを挙げており、潜在的なライセンシーがクアルコムとこのような契約を締結していない場合には、クアルコムは潜在的なライセンシーとの販売契約の締結を拒絶し、クアルコムと特許ライセンス契約を結んだライセンシーがその契約に関して訴訟を提起した場合には、クアルコムはそのライセンシーへのベースバンドチップの供給を停

止するとしたクアルコムの行為について、発展改革委員会は、クアルコムがベースバンドチップの販売に不合理な条件を付加することは、市場支配的地位の濫用にあたると判断した。

　華僑城家楽迪と中国音像著作権集体管理協会（CAVCA）の市場支配的地位の濫用紛争案件（（2020）最高法知民終1458号）において、最高人民法院は、CAVCA が華僑城家楽迪公司に対し、契約締結前の2年間のライセンス料を支払うよう求めたことは、CAVCA の著作権集団管理権の正当な行使であり、独占禁止法が規制する不合理な取引条件による独占的行為にあたらないと指摘した。

(5)　知的財産権に関わる差別待遇
　知的財産権に関わる取引において、市場で支配的な地位を有する事業者は、正当な理由なく、実質的に同じ条件の取引先に対して、異なるライセンス条件を課して、競争を排除、制限することがある。その正当性を判断する際に考慮される要素には、以下が含まれる。

（a）関連する知的財産の使用範囲、異なる相手方が関連する知的財産を利用して提供する商品の間に代替関係があるか否かなど、取引先の条件が実質的に同じであるか否か。

（b）ライセンスの数、地域、期間など、ライセンス条件が実質的に異なるか否か。ライセンス契約の条件の分析に加え、ライセンサーとライセンシーとの間で合意に達したその他の商業上の取決めがライセンス条件に及ぼす影響も考慮する必要がある。

（c）当該待遇の差別化がライセンシーの市場への参入に重大な悪影響を及ぼすか否か。

【キーワード】市場支配的地位の濫用、関連市場、不当に高い価格での知的財産権のライセンス供与、知的財産権のライセンス拒絶、抱き合わせ販売、不合理な取引条件の付加、待遇の差別化

【関係法】「独占禁止法」(2022) 第 22 条～第 24 条（市場支配的地位の濫用）。「国務院独占禁止委員会 知的財産分野における独占禁止ガイドライン」(2019) 第 14 条（知的財産権と市場支配的地位の認定）、第 15 条（不当に高い価格での知的財産権のライセンス供与）、第 16 条（知的財産権のライセンス拒絶）、第 17 条（知的財産権に関わる抱き合わせ販売）、第 18 条（知的財産権に関わる不合理な取引条件の付加）、第 19 条（知的財産権に関わる待遇の差別化）。「知的財産権の濫用による競争の排除・制限行為の禁止に関する規定」(2023) 第 8 条（知的財産権における市場支配的地位）、第 10 条（市場支配的地位の濫用の検討要素）、第 11 条～第 14 条（市場の支配的地位を濫用する状況）。

第 4　事業者集中

　知的財産権に関わる事業者集中には、「独占禁止法」第四章の規定が適用される。知的財産権に関わる事業者集中には一定の特殊性があり、それは主に事業者集中に該当する状況、審査における検討要素、付加された制限的条件などに反映される。

1．事業者集中に該当する状況

　事業者が知的財産権に関わる取引を通じて、他の事業者に対する支配権を取得し、または他の事業者に対して決定的な影響を与えることができ、事業者の集中に該当する場合には、「独占禁止法」および「国務院事業者集中の申告基準に関する規定」に従って申告しなければならない。申告しない場合には、集中を実施してはならない。特に、知的財産権の譲渡またはライセンスが事業者の集中に該当するか否かを分析する場合は、以下の要素を考慮することができる。

(1)　知的財産権が独立した事業を構成しているか否か。

(2)　知的財産権が、前会計年度に独立した計算可能な売上高を生み出したか否か。

(3)　知的財産権のライセンスの方法と期間。

2. 知的財産権に関わる事業者集中の審査および制限的条件

(1) 知的財産権に関わる事業者集中の審査

事業者の知的財産権に関わる取決めが集中取引の実質的な一部である場合、または取引の目的を実現するために重要である場合には、事業者集中に関する独占禁止法の審査過程において、「独占禁止法」第33条に規定する要素と知的財産権の特性を同時に考慮しなければならない。

(2) 知的財産権に関わる事業者集中の制限的条件

知的財産権に関わる事業者集中が競争に対する悪影響を緩和するために制限的条件を付加する必要がある場合、構造的条件、行動的条件または包括的条件を課すことができる。知的財産権に関わる制限的条件の付加は、通常、事業者集中が有し、または有する可能性がある競争を排除、制限する影響について、提案された制限的条件を評価した上で、個別の案件ごとに決定する。

(a) 知的財産権に関わる構造的条件

事業者は、知的財産権または知的財産権に関わる事業の分割について、制限的条件を提案することができる。事業者は通常、知的財産権の譲受人が、分割された知的財産権を使用し、または当該事業に従事することにより市場で競争するために必要な資源、能力、意思を有している状態を確保する必要がある。分割は、市場の競争状況に影響を与えることを避けるために、効果的、実行可能かつ適時でなければならない。

(b) 知的財産権に関わる行動的条件

知的財産権に関わる行動的条件は個別の案件ごとに決定され、制限的条件の提案には以下が含まれる可能性がある。

i) 知的財産権のライセンス。

ii) 知的財産権に関わる事業の独立した運営を維持する（当該事業が一定期間にわたって効果的に競争可能な条件を備えていなければならない）。

iii) 知的財産権のライセンス条件に制約を課す。これには、特許をライセンスする際に公正、合理的かつ非差別的なライセンス義務を遵守し、抱き合わせ販売を行わないことを事業者に求めることが含まれる。事業者は通常、この義務が確実に遵守されるよう具体的な取り決めをする必要がある。

iv) 合理的なライセンス料を請求する。事業者は通常、ライセンス料率の計算方法、ライセンス料の支払い方法、公正な交渉条件と機会などを詳細に説明しなければならない。

(3) 知的財産権に関わる包括的条件

事業者は、構造的条件と行動的条件を組み合わせて、知的財産権に関わる包括的な制限的条件を提案することができる。

グーグルによるモトローラ・モビリティの買収に関わる事業者集中事件（商務部公告 2012 年第 25 号）において、グーグルはモトローラ・モビリティと買収契約を締結し、グーグルは本件について事業者集中申告を提出した。商務部は審査の結果、グーグルによるモトローラ・モビリティの買収は競争を排除、制限する効果があると判断し、グーグルによるモトローラ・モビリティの買収を条件付きで承認し、グーグルに対して以下の義務の履行を求めた。

(a) グーグルはアンドロイド・プラットフォームを、現在の商慣習に従い、無償かつオープンにライセンスすること。

(b) グーグルは、アンドロイド・プラットフォームに関して、すべてのOEMを非差別的に扱うこと。

(c) グーグルは、本取引後も、モトローラ・モビリティの特許に関して、モトローラ・モビリティの既存の「公平、合理的、非差別的」（FRAND）義務を遵守すること。

(d) グーグルは、商務部の「事業者集中における資産又は事業の分割

230 | 第七章 知的財産分野における独占禁止法コンプライアンス

の実施に関する暫定規定」（商務部公告（2010年第41号））に従い、グーグルによる上記義務の履行を監督する独立した監督受託者を任命すること。

【キーワード】事業者集中、事業者集中の審査

【関係法】「独占禁止法」（2022）第25条～第38条（事業者集中）。「国務院独占禁止委員会 知的財産分野における独占禁止ガイドライン」（2019）第20条（事業者集中の状況）、第21条（事業者集中の審査）、第22条（制限的条件の種類）、第23条（構造的条件）、第24条（行動的条件）、第25条（包括的条件）。「知的財産権の濫用による競争の排除・制限行為の禁止に関する規定》（2023）第8条（知的財産権における市場支配的地位）、第10条（市場支配的地位の濫用の検討要素）、第11条～第14条（市場支配的地位を濫用する状況）。「国務院 事業者集中の申告基準に関する規定」（2024）。

第5　その他の独占行為

知的財産権に関わるその他の状況は、異なる種類の独占行為を構成するか、特定の主体に関わる可能性があり、「独占禁止法」の関連規定を適用して個別の案件ごとに分析することができる。

1. パテントプール

パテントプールとは、2以上の事業者がそれぞれの特許をパテントプールの構成員または第三者に共同してライセンスすることである。パテントプールの当事者は通常、パテントプールの管理をパテントプールの構成員または独立した第三者に委任する。パテントプールの具体的な形態としては、契約の締結または会社の設立が挙げられる。

パテントプールは一般に、取引コストを削減し、ライセンシングの効率を向上させることで、競争促進効果がある。しかし、パテントプールは競争を排除、制限する可能性もある。その正当性を判断する際に考慮される要素には、以下が含まれる。

第七章

231

⑴　関連市場における事業者の市場シェアと市場支配力。

⑵　パテントプールに含まれる特許が代替関係にある技術に関わるか否か。

⑶　パテントプールの構成員が個別に対外的な特許のライセンスまたは技術開発を行うことが制限されているか否か。

⑷　事業者がパテントプールを通じて商品価格、生産量、市場区分などの競争上の敏感な情報を交換しているか否か。

⑸　事業者がパテントプールを通じてクロスライセンス、排他的グラントバックまたは独占的グラントバック、不争義務条項の設定その他の制限を行っているか否か。

⑹　事業者がパテントプールを通じて不当に高い価格でのライセンス、抱き合わせ販売、不合理な取引条件の付加、差別的待遇などを行っているか否か。

2. 標準必須特許に関わる特殊な問題

　標準必須特許とは、標準の実施に不可欠な特許である。事業者は、知的財産権の行使の過程で、標準（国家技術仕様の強制的な要求を含む。以下同じ）の策定と実施を利用して競争を排除、制限する行為をしてはならない。市場支配的地位を有する事業者は、正当な理由なく、標準の策定および実施の過程において、以下に列挙する競争の排除、制限の行為を行ってはならない。

⑴　標準の策定に参画する過程において、標準策定団体に対して意図的に自身の権利に関する情報を開示せず、または明示的に自身の権利を放棄したにもかかわらず、標準が当該特許に関与した後に、標準の実施者に対して自身の特許権を主張する。

⑵　自身の特許が標準必須特許となった後、公平、合理的、非差別の原則に違反して、ライセンス付与の拒絶、商品の抱き合わせ販売、取

引にその他の不合理な条件を付加することなどの競争を排除、制限する行為を実施する。

標準必須特許を有する事業者が市場支配的地位を有するか否かを判断するには、一般的に考慮する必要のある要素に加えて、以下の要素を考慮することができる。

⑴　標準の市場価値、適用範囲および程度。

⑵　代替関係にある標準または技術の存在（代替関係にある標準または技術を使用する可能性および切替コストを含む）。

⑶　関連する標準への業界の依存度。

⑷　関連する標準の進化と互換性。

⑸　標準に含まれる関連技術の代替可能性。

中国華為公司（ファーウェイ）が米国のインターデジタル（Inter Digital, Inc.）を訴えた市場支配的地位の濫用事件（(2013) 粤高法民三終字第 305 号）において、広東省高級人民法院は次のように判断した。標準必須特許権者は、各標準特許ライセンス市場において支配的市場地位を有する。標準必須特許権者は「公平、合理的、非差別的」というライセンスの約束に違反し、ライセンス交渉における実施者の誠意と善意を無視し、訴訟により実施者に不当に高いライセンス条件の受入れを強制し、実施者に必須特許以外の要素に対応する対価を強要することは、市場支配的地位の濫用に該当する。

3.　著作権の集団管理に関わる独占行為

著作権集団管理団体は、権利者、使用者または他の著作権集団管理団体との関連契約において、競争に関する敏感な情報を交換し、会員資格、地理的範囲などの不合理な制限を行い、または特定の権利者もしくは使用者を共同で排斥してはならない。集団管理団体が競争を排除、制限す

る効果のある以下の行為は、市場支配的地位の濫用に該当する可能性が
ある。

(1) 特定の権利者から管理費用を、または特定の使用者からライセンス
料を不当に高い価格で徴収する。

(2) 正当な理由なく、特定の使用者が著作権または著作隣接権を使用す
ることを拒絶する。

(3) 正当な理由なく、特定の権利者による団体への加入または団体から
の脱退を制限する。

(4) 正当な理由なく、使用者に包括的ライセンスを強要する。

(5) 正当な理由なく、同一の条件の権利者または使用者に対し差別的な
取扱いをする。

(6) 国家市場監督管理総局が定める市場支配的地位のその他の濫用行為。

　恵州市歓唱壹佰娯楽と中国音像著作権集体管理協会（CAVCA）の独
占紛争案件（（2018）京73民初780号）において、北京知的財産法院は
次のように判断した。CAVCAは「独占禁止法」にいう「事業者」に属
する。関連市場は中国本土のKTVの運営における映画類似作品または
視聴覚製品のライセンスサービス市場と定義されるべきである。
CAVCAは現在、関連市場において唯一の集団管理組織であり、管理権
限を有する映画類似作品または視聴覚製品の数と規模は明らかな優位性
を有するため、関連市場において支配的地位を有すると認定されるべき
である。しかし、入手可能な証拠は、「独占禁止法」（2022年）第22条
第1項第（四）号および第（五）号で規制する取引の制限、不合理な取
引条件の付加などの独占行為をCAVCAが実施したことを証明するに
は不十分である。

【キーワード】その他の状況、パテントプール、標準必須特許、著作権

234　　第七章　知的財産分野における独占禁止法コンプライアンス

の集団管理

【関係法】「国務院独占禁止委員会 知的財産分野における独占禁止ガイドライン」（2019）第 26 条（パテントプール）、第 27 条（標準必須特許に関わる特殊な問題）、第 28 条（著作権の集団管理）、「知的財産権の濫用による競争の排除・制限行為の禁止に関する規定》（2023）第 17 条（パテントプール）、第 19 条（標準必須特許）

第三節 知的財産分野における独占禁止法コンプライアンス体制の構築

　知的財産権分野における独占禁止法コンプライアンス体制は、一般的な独占禁止法にかかるコンプライアンス体制の重要な一部である。その全体的な運用を基礎として、知的財産権の専門性を強調し、知的財産権のコンプライアンスの管理体制及びコンプライアンス担保の両面から、独占リスクを回避する必要がある。

第1　知的財産権分野における独占禁止法コンプライアンス管理体制

1.　コンプライアンスチームの構築

　知的財産権配置の重点、業種、コンプライアンスリスクなどに応じて、知的財産権独占禁止法コンプライアンス管理要員を配置し、専門的で質の高い知的財産権独占禁止法コンプライアンス管理チームを構築し、チームの能力水準を高める。

2.　コンプライアンスの審査制度

　知的財産権独占禁止法コンプライアンス管理要員は、知的財産権独占禁止法に関する早期警告と事中、事後審査などの職責を担い、企業の業務、意思決定、対外協力、発展計画における措置と方針のコンプライアンスを審査し、従業員にコンプライアンスに関する助言と指導を提供し、知的財産権独占禁止法コンプライアンスに関する事項があることを発見した場合には、適時に企業の管理層・意思決定層に報告する。

第七章

3．コンプライアンスのリスク管理

　知的財産権独占禁止法コンプライアンスに関するリスク評価の手順と基準を制定し、リスクの優先等級を決定し、各リスク優先等級に応じたリスク防止・管理体制を実施する。

　知的財産権独占禁止法コンプライアンス要員は率先して、企業の知的財産権独占禁止法コンプライアンス検査を計画し、調整する。関連部門から人員を集め、共同で検査チームを編成し、定期的に知的財産権独占禁止法コンプライアンスリスク検査を実施することができる。

第2　知的財産権分野における独占禁止法コンプライアンス確保メカニズム

1．コンプライアンス諮問メカニズム

　知的財産権の配置に基づき、事業者は、例えば、独占禁止法の専門家や知的財産権分野の弁護士を雇い、企業の知的財産権の独占禁止法コンプライアンスの問題について助言を提供するなど、必要に応じて第三者の独占禁止法リスク評価機構にコンプライアンス評価を依頼する。

2．コンプライアンス研修メカニズム

　事業者は、従業員が知的財産権独占禁止法に関する関連規定を理解し、遵守するよう支援、監督し、従業員の知的財産権独占禁止法コンプライアンスに対する意識を高め、従業員にしてはならない事項および正しい対処方法を認識させるために、教育・研修の強化を通じて効果的な資源を投入すべきである。

3．コンプライアンス文化の醸成

　事業者の経営陣は、「知的財産権独占禁止法コンプライアンスの確立と改善」を優先課題とし、従業員の知的財産権独占禁止法コンプライアンスに対する意識を高めるべきである。

付録一

参考事案

第一節　商標法関連事案

第１　絶対的理由の適用による大量の悪意による冒認登録の阻止—「蜡笔小新」商標登録取消しに係る行政事件

商標法第45条では、商標登録の日から５年間は、先行権利者または利害関係者が商標評審委員会に当該登録商標の無効審判を請求することができると規定されている。これは言葉を変えれば、商標の登録取消しは期間５年の制約を受けるということでもある。本件は、誠益社が信義誠実の原則に反して不正な手段により登録を受けたことを理由として登録取消しを請求し、法院および商標評審委員会に主張が認められた事例である。これは、信義誠実の原則に反して他人の先行著作権の商標登録が侵害された場合に、たとえ登録から５年を超過しているがために登録を取り消すことができなくても、中国商標法の「不正な手段による登録」を禁ずる規定に基づいて当該商標の登録を取り消す道を開いたという点で、商標登録の取消しについて新たな視点を提示するものである。本件は、最高人民法院の誠聯事件判決以降、法院が絶対的理由を適用して大量の悪意による商標の冒認登録を阻止した最初の、そして代表的な事例である。

【事案の概要】

「クレヨンしんちゃん（中国語表記：蜡笔小新）」は日本国民である臼井義人により創作された漫画著作物である。当該著作物は連載が開始されるや、多くの漫画ファンに愛され、連載開始から数年後にはその人気

が中国にも飛び火した。

　日本国民である臼井義人（ペンネーム臼井儀人）は 1990 年 7 月に「クレヨンしんちゃん」を創作し、同年 9 月 4 日に発表した。双葉社は 1992 年に臼井義人から、当該著作物の独占的かつ排他的な著作権および商品化権を取得した。同社は 1994 年以降、「クレヨンしんちゃん」の漫画シリーズを香港・台湾でライセンス出版していった。その後、「クレヨンしんちゃん」のアニメも日本・香港・台湾などの東アジアの国・地域で放映されるようになり、香港と中国本土との経済的・文化的交流の深まりとともに、中国市場へも浸透していった。

　誠益社（広州市）は 1996 年 1 月 9 日、中華人民共和国国家工商行政管理総局商標局（現国家知識産権局商標局。以下「商標局」）に第 1026606 号商標「蠟筆小新」（以下「本件商標」）を登録出願し、1997 年 6 月 14 日に登録が許可された。使用区分は第 18 類のナップザック・ズックリュックサック・手提げかばん・運動用手提げかばん・旅行用手提げかばん・ブリーフケース・通学用かばん・財布・乳幼児用スリング・ランドセル・雨傘およびその部品・日傘などであった。

　双葉社は 2002 年 3 月 18 日、国際影業有限公司を通じて中国本土において「蠟笔小新」商標を登録出願し、2003 年 7 月 7 日に登録が許可された。使用区分は第 21 類の歯ブラシ・コップ・ティッシュディスペンサーなどであった。双葉社は 2004 年、「クレヨンしんちゃん」のキャラクターの図形および「蠟筆小新」の文字を使用した子供服が市場に大量に出回っていることを確認した。調査の結果、「蠟筆小新」商標（本件商標）はすでに広州市の誠益社により登録出願されていることが判明した。

　双葉社は 2005 年 1 月 26 日、本件商標につき商標評審委員会に異議を申し立てたものの、商標評審委員会は、本件商標は登録されてから法律に規定する期間 5 年の異議申立期間を徒過しているとして、商評字 (2005) 第 4646 号審決をもって双葉社の異議申立てを却下した。その後、双葉社は第 4646 号審決を不服として、北京中級法院に訴訟を提起した。主な請求の趣旨は(1)本件商標の登録により双葉社の先行する著作権および商品化権が侵害された(2)本件商標は双葉社の未登録の馳名商標（日本の「著名商標に相当」——訳注）の悪意による冒認登録である(3)本件商標の登録には明らかな悪意がある(4)本件の審理には改正前の商標法が適用されるべきであり、双葉社の異議申立ては期間を超過していないとい

うものであった。一審および二審において、北京市高級法院は誠益社の
商標法第45条の規定への違反を直接認定することはなかったものの、
誠益社に他人の権利を侵害してその商標を冒認登録する明らかな悪意が
あり、信義誠実の原則に反しており、その行為は商標法第44条の規定
に反するとの判断を示した。しかしながら、双葉社は訴訟で列挙した証
拠を商標審査手続きにおいて提出しておらず、法院として判断すること
はできないとして、第4649号審決の取消しは行われなかった。

　双葉社はこの判決に対して、2007年3月8日に再度、本件商標の登
録取消請求を行った。主な申立ての理由は(1)双葉社は「蜡笔小新」の文
字および図形の商標権および著作権の合法的な権利者である。小新服飾
社による双葉社の「蜡笔小新」の図形と完全に同一の商標の登録および
使用行為は、双葉社の著作権を深刻に侵害している(2)「蜡笔小新」は馳
名商標であり、馳名商標として法的に保護されるべきである(3)本件商標
の登録は双葉社の商標の悪意による冒認登録であり、不正な手段により
登録を受けた行為であるというものであった。審理の結果、商標評審委
員会は(3)の理由を認め、2011年1月4日付商評字［2010］第39811号
の第1026606号「蠟筆小新」商標異議申立てについての審決（以下「第
39811号審決」）により本件商標の登録を取り消した。本件商標はこれ
に先立つ2010年5月21日に小新服飾社に譲渡されていた。

　小新服飾社は2011年3月10日、第39811号審決を不服として、北京
市第一中級法院に訴訟を提起した。万慧達知識産権（知的財産代理有限
公司＆法律事務所、以下「万慧達」）は第三者である双葉社から依頼され、
本件に参加することとなった。万慧達の弁護士は、本件商標の登録を受
けた誠益社には、不正な手段による他人の合法的な商標権の侵害にあた
るものが数多く存在しており、本件商標はまさにその悪意による登録を
示すものであると主張したうえで、誠益社による他人の商標の大量かつ
大規模な冒認登録、売却による利得の取得を裏付ける証拠を提出した。
北京市第一中級法院は最終的に、万慧達の弁護士の主張を認め、小新社
の請求を棄却する判決を下した。

　これに対し、小新社は控訴した。

【判決】

　北京市高級法院は2011年12月9日に控訴を棄却し、原判決を維持した。

本件の主な争点

一．北京市高級法院が前記事件で行った行政判決手続きは妥当であったか

　法院は、この事件は本件の審理範囲に含まれず、前記行政判決はすでに確定しており、小新服飾社が当該判決手続きの違法を主張するのであれば、再審請求をすべきであるという判断を示している。

二．本件は「一事不再理」の原則に反しているか

　法院は次のような判断を示した。双葉社は２つの事件においていずれも本件商標が商標法第31条の規定に反するという申立ての理由を示し、かつ、提出された証拠に実質的な違いはなく、商標評審委員会が双葉社の当該主張を退けたことは「一事不再理」の原則に適ったものである。しかし、双葉社が本件において商標法第10条第１項第（八）号に基づいて示した申立ての理由、および本件商標が商標法第44条に反することを証明するために提出した新証拠は新たな理由と証拠である。双葉社が前記事件から追加した申立ての理由および新証拠を商標評審委員会が審理することは、同一の事実および理由の再審理には当たらない。したがって、本件は「一事不再理」の原則に違背するものではない。

三．本件商標は商標法第44条第１項の規定に反しているか

　法院は次のような判断を示している。商標法第44条第１項では「登録済みの商標が、この法律の第10条、第11条、第12条の規定に違反している場合、又は欺瞞的な手段若しくはその他の不正な手段により登録を受けた場合には、商標局は当該登録商標を無効とする。その他の組織または個人は、商標評審委員会に当該登録商標の無効審判を請求することができる」と規定されている。第一に、「クレヨンしんちゃん」の漫画およびアニメシリーズは、本件商標出願日以前から日本・香港・台湾において広範に発行、放映され、高い知名度を有していた。誠益社の所在地は広州市であるが、香港と隣接しており、両地域の経済・貿易・文化における交流は緊密、情報の伝達は迅速であり、誠益社は「クレヨンしんちゃん」が高い知名度を有することを知っていたはずである。誠益社が「蠟筆小新」の文字またはキャラクターの図形の商標登録を出願したことの主観的な悪意は明らかである。第二に、証拠からは誠益社が他人の知名商標（日本の周知商標に近い——訳注）を大規模かつ大々的に冒認登録し、売却により利得を得た行為が認められ、当該事実は北京市高級法院にも認められている。上記を総合すると、本件商標は「その

他の不正な手段により登録を受けた場合」に該当し、商標法第44条第1項の規定に反している。

【解説】

　相対的理由をもって商標の無効審判が請求された場合には、通常は商標法第45条の規定が適用されるものの、当該条項には期間5年の制約があり、5年を徒過すると適用することができなくなる。一方で、「登録済みの商標が、この法律の第4条、第10条、第11条、第12条の規定に違反している場合、または欺瞞的な手段若しくはその他の不正な手段により登録を受けた場合には、商標局は当該登録商標を無効とする。その他の組織または個人は、商標評審委員会に当該登録商標の無効審判を請求することができる 」とする商標法第44条第1項の規定は、この場合も期間5年の制約を受けない。ただし、この場合、係争商標の登録に悪意があるか否か、または第44条第1項に規定するその他の状況について検討しなければならない。本件においては、商標の最先の出願人が他人の商標を大量かつ大規模に冒認登録し、売却により利得を得た行為が、その悪意、および商標法第41条第1項を適用して本件商標が悪意により登録されたことを認定するうえで重要となる。

第2　色彩のみからなる商標の識別性をいかに証明するか—スチール社の色彩商標に係る2つの事件

　色彩は雰囲気を盛り上げるトーンや衣服・靴・帽子のトナー、さらには人間の感情を表現し、伝達するための手段としてよく用いられる。この色とりどりの世界では、色彩がさまざまな役割を果たしている。色彩は次第に商標分野にも浸透し、人々が製品や主体を識別するための要件の一つとなっている。ここでは、2つの事件を例に、色彩のみからなる商標の出願および維持において注意すべきポイントをまとめた。

　権利付与段階、権利確定段階のいずれの段階においても、色彩のみからなる商標の識別性の判断には大量の論証およびデータによる裏づけが

必要となる。万慧達は幸い、「 ![chainsaw] 」「 ![black] 」（巻末カラーページ参照）の２つの色彩のみからなる商標の権利付与・権利確定事件のいずれにおいても、商標評審委員会・法院に主張が認められている。色彩のみからなる商標の出願および維持において注意すべきポイントを以下に簡単にまとめた。

1. 出願書類、中でも説明は明瞭かつ詳細なものとする必要がある

色彩のみからなる商標を出願する際には、商標に使用されている色彩の色見本帳の番号を明示し、これが添付図の色彩と一致している必要がある。また、色彩のみからなる商標は、「カラーブロックにより色彩の組合せ方法を示し、かつ商標の説明を付す」または「図形輪郭を破線で描いて色彩を使用する位置を示し、商標の説明を付す」の２つのうちいずれか１つの方法で出願する。スチール（STIHL）社の色彩組合せ事件では、上記２つの方法をそれぞれ用いて登録出願が行われた。

もちろん現在の商標登録証および商標文書の検索においては、非伝統的商標の具体的な種類がいずれも明示されていないことから、権利者の権利保護が難しくなっており、商標局に対しては、権利者の利益を確実に保護するため、具体的な表示を望むところである。

2. 使用証拠の収集整理が特に重要となる

色彩のみからなる商標は伝統的商標と比較して、登録出願時の識別性の判別がよりクローズアップされる。例えば、商標に固有の指定色彩という概念により、関連公衆は通常、これを商標ではなく商品またはその包装の記述的または装飾的な特徴と認識する。また、これまでの実務においては、商標局・商標評審委員会・法院の色彩のみからなる商標に関する判断は、固有の識別性を有しておらず、使用により識別性を獲得する必要があるという方向に傾いている。したがって、証拠の収集および整理が特に重要となる。

1）使用による識別性の向上：色彩のみからなる商標の識別性不承認理由を解決するには、使用証拠が極めて重要となる。スチール社の色彩の組合せ事件においては、万慧達グループの担当者から当事者に対し、証拠収集に関する詳細な意見を提示したうえで、膨大な証拠を丹念に整理していった。以下にその例を挙げてみる。

a. 同社の 1972 年まで遡った過去の商標の使用状況を証明するため、国家図書館ウェブページで国内同業者の製品マニュアルおよび実

物画像を収集した
   b. 市場調査により識別要素を同業界の商品使用者・商品販売者・最終消費者に分類し、前記異なるグループの調査により知名度に関する直感的な報告書を作成した。また、色彩のみからなる商標は文字商標と組み合わせて使用されることがほとんどであり、色彩の組合せ単独の識別性をどう証明するかという点に難しさがあるが、これも市場調査を行う主な目的および意味であった。
2）独占的でないこと：出願する色彩の組合せが、これを使用する商品の色彩分野を独占していないことである。スチール社の色彩の組合せ事件では、他人も他の色彩の組合せを使用して販売使用を行っている中で、本件色彩のみからなる商標はそれ自体の優れた機能により消費者から評価され、使用により消費者に上がオレンジ、下がグレーの色彩と当事者との一対一の対応関係を認識させ、市場占有率を徐々に高めており、色彩の組合せと主体との対応関係も強まっていった。

3. 行政手続きと民事事件は相互の組合せ、補完が可能である

　商標事件はそれ自体に一定の連関性があることから、ある事件を扱う際には、手続き全体および事件の動向を踏まえたうえで相互に補完することで、大きな効果につながることが往々にしてある。スチール社の色彩のみからなる商標の2つの権利付与・権利確定事件では、相互に完璧な補完を行いつつ、過去の民事での成功例を勘案したことにより、いずれにおいても当局に主張が認められることとなった。

事例1：商標評審委員会が第9137205号「🪚」色彩のみからなる商標の無効審判手続きで示した識別性を認める判断

　アンドレアス・スチールAG＆カンパニーKGが国際分類第7類「林業・園芸用チェーンソー」などの商品区分で第9137205号「オレンジとグレーの色彩の組合せ」商標を登録した後、上海友拓実業有限公司が無効審判を請求した。その理由は(1)本件商標は独自性・新規性・識別性を欠いており、商標とすべき顕著な特徴を有していない(2)黒・グレーは商品そのものの色彩であり、単一の鮮やかな赤では色彩のみからなる商標として出願することはできない(3)本件商標の登録は市場秩序を損ない、不正競争を招き、信義誠実の原則に反し、他人の合法的な権利利益、公

正な競争による市場秩序を損なうものであり、登録は取り消されるべきであるというものであった。スチール社は次のような答弁を行った。

本件商標「🪚」はオレンジとグレーの色彩の組合せによるものである。被請求人は1972年から現在まで、中国および世界中で被請求人が生産販売するチェーンソーその他の動力道具に、オレンジとグレーの色彩の組合せを継続的かつ恒常的に使用している。長期的かつ広範な使用および宣伝により、本件商標は被請求人と被請求人が生産販売する林業・園芸用チェーンソーとの間に一対一かつ安定的な関係を築いており、中国の関連公衆に広く知られている。本件商標の「オレンジとグレーの色彩の組合せ」は林業・園芸用チェーンソーに使用され、商標が備えるべき識別性および識別機能を獲得しており、商標法の規定に適うものである。関連公衆は出願人が林業・園芸用チェーンソーに使用するオレンジとグレーの色彩の組合せにより、商品の出所を識別し、同業他社のチェーンソーと区別している。

被請求人は拒絶査定不服審判手続きにおいて、本件商標の識別性および登録可能性を証明するための証拠を商標評審委員会に大量に提出しており、登録は維持されるべきである。被請求人は中国市場において本件商標の使用および宣伝を継続的に行っており、業界において高い知名度・名声・市場占有率を獲得している。オレンジとグレーの色彩の組合せはすでに、被請求人が販売するスチールブランドの動力道具に固有の色彩となっている。被請求人のオレンジとグレーの色彩の組合せは、その識別性および知名度から、多くの模倣者の模倣の対象となっている。これらの模倣者は被請求人の製品デザインを複製盗用するばかりか、被請求人製品に固有のオレンジとライトグレーの外装を模倣し、関連公衆に誤認・混同を生じさせている。これにつき、法院および工商当局は、被請求人の「オレンジとグレーの色彩の組合せ」が知名商品（市場で一定程度の知名度を有し、関連公衆に知られた商品——訳注）に固有の包装・装飾であることを幾度も認定し、権利侵害行為を取り締まる姿勢を示している。

上海友拓実業有限公司およびその関連会社は、被請求人アンドレアス・スチールAG＆カンパニーKGの製品を繰り返し模倣し、被請求人の合法的な権利利益を侵害しており、その権利侵害行為に対しては、被請求人の告発を受けた地方工商当局から幾度も罰が科されている。請求人で

ある上海友拓実業有限公司が、本件商標につき請求した無効審判は明らかに悪意のある報復行為である。請求人から提出された同業他社が出版物に出稿した類似する色彩のチェーンソー広告は、被請求人が確認したところ、ほとんどが被請求人製品を模倣した権利侵害製品であった。これらの権利侵害者は、被請求人のオレンジとグレーの色彩の組合せが有するブランド価値に目をつけ、被請求人の色彩の組合せを盗用複製することにより、誤認・混同を生じさせようとしたのである。これらの権利侵害製品の存在は、本件商標「オレンジとグレーの色彩の組合せ」の一般性を証明するものではないどころか、本件商標と被請求人との間の一対一の対応関係および知名度を示すものである。したがって、本件商標は商標法の規定に沿ったものであり、識別性および識別機能を有し、商標の出所を識別する作用を果たし、本件商標の登録は信義誠実の原則に完全に適うものであるから、登録は維持されるべきである。

商標評審委員会は審理の結果、2018 年 5 月 18 日に審決（商評字［2018］第 0000086341 号）を下した。商標評審委員会は審決で次のような判断を示した。被請求人から提出された証拠と商標評審委員会が明らかにした事実に基づけば、被請求人は 1972 年からチェーンソーなどの商品に本件色彩のみからなる商標を継続的に使用してきた。本件商標は被請求人により長期的かつ広範に使用、宣伝され、被請求人との間に一対一の対応関係を構築し、被請求人商品の主要な識別標識として関連公衆および業界に広く知られており、商標として高い識別性および識別機能を獲得している。

上海友拓実業有限公司から提出された他企業による色彩のみからなる商標のチェーンソー製品への使用を示す証拠は、本件商標の登録出願以降のものであるか、本件商標が使用する「上がオレンジ、下がグレー」の組合せではないものであり、本件商標は業界において普遍的に使用されており、識別機能を有していないとする主張は十分な事実的根拠を欠いており、これを支持しない。したがって、本件商標の登録を維持する。

事例 2：法院が第 17165071 号「▨▨▨▨」色彩のみからなる商標の拒絶査定不服審判の審決取消訴訟手続きで示した識別性を認める判断

申立人アンドレアス・スチール AG ＆カンパニーKG は 2015 年 6 月 10 日、「オレンジとグレーの色彩の組合せ」商標（以下「出願商標」）

につき、国家工商行政管理総局商標局に商品・役務国際分類第 7 類「チェーンソー」を指定商品として登録出願を行った（出願番号17165071）。

　商標局は審査の結果、出願商標の図形は商標として指定商品に使用するには商標が備えるべき識別性が欠けており、商標の識別機能を有しておらず、商標として登録することはできないとして、出願商標の登録出願を拒絶した。スチール社はこれを不服として、商標評審委員会に対して拒絶査定不服審判を請求した。商標評審委員会は、(1)出願商標はオレンジとグレーの 2 つの色彩のみにより構成され、チェーンソー商品に使用するうえで商標が備えるべき顕著な特徴を欠き、商品の出所を識別する機能を有しておらず、提出された証拠によっても出願商標が顕著な特徴を備えていることを裏付けることができない(2)提出された証拠によっては出願商標が申立人の先行的に保有する第 9137205 号図形の拡張登録であることを証明することができない旨の判断を示し、出願商標の拒絶査定不服審判請求を却下した。

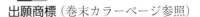

出願商標（巻末カラーページ参照）

　スチール社はこれを不服として、北京知的財産法院に訴訟を提起した。その趣旨は以下のとおりである。1) 本件出願商標の指定商品は「チェーンソー」であり、林業および園芸業界において主に使用される工業製品であり、本来色彩を有していない。チェーンソーという商品は例えばれんが、瓦のように、粘土色、青灰色を本来持っているのではなく、そのものに固有の色彩を有していない。次に、原告の市場調査によれば、チェーンソー市場において一般的な色彩は緑、黒または赤・黒、黄・黒の組合せである。密生林および緑の庭園で使用するためのチェーンソーにオレンジとグレーの色彩を組合せた出願商標は、特徴あるデザインおよび極めて顕著な識別性を有している。2) 識別性の判断主体は、当該商標商品を使用する消費者、潜在消費者およびマーケティングなどと密接に関連する関連公衆であるべきである。3) スチール社は 1972 年にオレンジとグレーの色彩をその製品の識別要素として使用し始めて以降、長期的な宣伝と使用の結果、オレンジとグレーの色彩の識別性は向上し、商品の出所の識別機能も獲得している。4) スチール社は第 9137205 号

のオレンジとグレーの色彩のみからなる商標を保有しており、本件出願商標との関係は表現形式が異なる同一の商標であるのに、商標評審委員会は同一事件で異なる判断を下している。

北京知的財産法院の最終判断：第一に、本件商標そのものには固有の識別性はない。現代の商業取引では、色彩の組合せを商品または役務識別の手段とする企業が増えており、色彩の組合せも次第に消費者の主要な識別手段となりつつある。しかし、現時点で中国の消費者は、色彩の組合せを商標として商品または役務の出所を識別することにまだ慣れていない。すなわち、中国の消費者にとって色彩の組合せを商標として識別を行うのは困難を伴うことから、本件商標そのものは商標とすべき固有の識別性を欠いている。

第二に、本件商標そのものは固有の識別性を有しないものの、使用により高い識別性を獲得している。商標法第11条第2項では「前項に掲げる標章が、使用により顕著な特徴を獲得し、かつ、容易に識別可能なものとなったときは、商標として登録することができる」と規定されている。本件においては、原告から提出された証拠により、原告のチェーンソー製品が中国市場において高い市場占有率を有し、それとともに本件商標のオレンジとグレーの色彩の組合せも関連公衆に広く知られていることが証明された。原告は北京・天津・上海・広州・安徽・広西・海南・河北・黒龍江・河南・湖北・湖南・吉林・浙江・江蘇・江西・遼寧・山東・山西・四川・貴州・福建など中国各地の省・市に600を超える販売代理店を有し、市場の製品の65％が原告製のものであり、本件商標と原告商品との間には必然的な関係が構築されている。原告による本件商標の長期的かつ広範な使用により、本件商標の顕著な特徴はさらに向上しており、関連公衆はこれを商品の出所および原告の標章として完全かつ正確に認識している。すなわち、本件商標は使用を通じて識別性を獲得している。

最後に、原告が登録出願した第9137205号色彩商標は第7類林業・園芸用チェーンソー商品に登録が認められており、本件商標と第9137205号色彩商標の色見本帳の番号および色彩を使用する位置はいずれも完全に同一である。これは、商標評審委員会が色彩商標につき識別性を欠くとは判断しなかったことを示すものであり、審査基準の一貫性の原則および同一事件同一判断の原則に基づき、本件商標は長期的かつ広範な使

用により識別性を欠くと認められるべきではない。商標審査には個別的審査の原則が適用されるものの、状況が基本的に同一である場合には、前後の審査基準の一貫性、連関性が担保されるべきである。これらが担保されなければ、行政法上の信頼保護の原則は損なわれ、商標出願人は途方に暮れる結果となろう。このため、本件商標の登録出願が商標法第11条第1項第3号の規定に反するとした被告の審決は誤りであり、取り消されるべきである（北京知的財産法院（2017）京73行初6150号2018年8月7日）。

第3 単に商標の登録を維持することのみを目的とした単発的、象徴的な使用は商標の実際の使用に当たらない—ゼネラル・ミルズ社による他人の象徴的な使用を理由とした商標登録取消請求

　登録商標三年不使用取消請求制度の導入は、休眠商標の整理、商標権者の商標の商業上の効果的な使用の促進を目的とするものである。単に登録を維持することだけを目的として行われる商標の象徴的な使用は、商標法49条の立法趣旨に反するものであり、登録を維持されるべきではない。本件は、クライアントの依頼を受けた万慧達が、商標の象徴的な使用により法の適用を回避しようとする行為を阻止し、北京市高級法院および最高人民法院に主張が認められた事例である。本件は、2015年最高法院知的財産権審判年次報告書に掲載されている。

【事案の概要】
　中山市南区の火鍋店「百鳥帰巣」は2000年3月31日、第42類の喫茶店・セルフサービスレストラン・レストランなどを指定役務として商標「湾仔碼頭」（不服審判商標）を登録出願した。登録番号は1591629、更新後の存続期間は2021年6月20日までであった。「百鳥帰巣」は2008年6月4日に成超との間で「商標譲渡契約」を締結し、商標局に許可され、不服審判商標は2009年8月13日に成超に譲渡された。
　ゼネラル・ミルズ社は2009年8月21日、不服審判商標が3年間不使

用であったことを理由に、商標局に登録取消しを請求した。ゼネラル・ミルズ社により成超が保有する第1591629号「湾仔碼頭」商標（以下「不服審判商標」）につき行われた登録取消し請求に対し、商標局は2011年10月17日付第200903384号「第1591629号湾仔碼頭登録商標3年不使用による登録取消し請求についての審決」（以下「第200903384号取消審決」）により、不服審判商標の登録取消しの審決を下した。成超はこれを不服として、商標評審委員会に不服審判を請求した。商標評審委員会は2013年6月24日付商評字〔2013〕第18947号「第1591629号湾仔碼頭商標登録取消不服審判審決書」（以下「第18947号審決」）により、2001年に改正された「中華人民共和国商標法」（以下「商標法」）第44条第（四）号、第49条の規定に基づき、不服審判商標の登録取消しの審決を下した。

　成超はこれを不服として、北京市第一中級人民法院に行政訴訟を提起した。北京市第一中級法院は次のような判断を示した。成超による不服審判商標の自己使用または他人へのライセンス行為は、不服審判商標の実際の商業上の使用に該当し、商標評審委員会による不服審判商標に対する所定の期間に実際の商業上の使用が行われなかったとする認定は事実的根拠を欠くものであり、これを支持しない。

　ゼネラル・ミルズ社は原判決を不服として、原判決の取消し、第18947号審決の維持を求めて北京市高級法院に控訴した。その主な趣旨は(1)ゼネラル・ミルズ社が不服審判請求手続きおよび訴訟手続きにおいて成超から提出された証拠を逐一検討したところ、提出された使用証拠はほとんどが虚偽または象徴的な使用の証拠であり、同人による実際の使用行為を示すものではないことが確認された(2)成超は商標の冒認登録を業とする者であり、過去には不服審判商標をゼネラル・ミルズ社に高額で売却しようとしたことがあり、実際の使用意図がないことが分かる。成超の不服審判請求の主観的な悪意は明らかであり、原審法院による第18947号審決取消しは誤りである。

【判決】

　北京市高級法院は審理を経て、2014年12月19日に（2014）高行終字第1934号判決を下した。判決では次のように認定された。

一．成超が中山市南区の火鍋店「百鳥帰巣」と「商標譲渡契約」を締結

した後に蘇州呉越春秋文化伝媒有限公司と締結した「広告代理店契約」「広告契約」および契約履行状況を証明するために成超から提出された発票（インボイス）、「姑蘇晩報」の湾仔碼頭軽食店の業者誘致広告によっては、店舗入口の看板を制作し、「姑蘇晩報」に湾仔碼頭軽食店の業者誘致広告が1回掲載されたことしか証明することができず、店舗入口の看板の使用状況を証明することはできない。契約書および業者誘致広告によって、所定の期間に使用役務で不服審判商標の実際の商業上の使用が行われたことを証明することはできない

二. 成超が蘇州凌琳日化有限公司食堂と締結した「湾仔碼頭商標提携契約」および契約履行状況を証明するために成超から提出された納品書、写真は、契約が履行されたことを示す領収書が存在せず、納品書は内部で作成されたものに過ぎず、その真実性を確認することはできない。写真には時間が付されておらず、当該証拠では所定の期間に使用役務で不服審判商標の実際の商業上の使用が行われたことを証明することはできないとした商標評審委員会の認定は妥当である

三. （2009）蘇蘇東証民内字第5365号公正証書認証「商標ライセンス契約書」によっては、契約の真実性が証明されるのみである。「デジタル絵画制作契約書」は内部で作成されたものに過ぎず、その真実性を確認することはできない。垂れ幕広告の写真のみでは、ライセンシーが所定の期間に使用役務で不服審判商標の実際の商業上の使用を行ったことを証明することはできず、商標評審委員会の認定は妥当である

四. 成超が寧波海曙天一湾仔碼頭茶餐庁と締結した「商標提携契約」については、寧波海曙天一湾仔碼頭茶餐庁の主体的状況につき両者から提出された証拠に明らかな矛盾があり、かつ、寧波海曙天一湾仔碼頭茶餐庁による実際の使用を示す証憑が存在しない

五. 行政訴訟手続きにおいて成超、ゼネラル・ミルズ社から提出された証拠を総合すると、阜寧県公興鎮工業街49号で営業されていたのは「無極軽食店」であり、法に基づいて設立された個人営業店「湾仔碼頭」ではなかった。したがって、行政処罰決定に記載された「湾仔碼頭軽食店」の内容は行政機関による不規則な表示であり、不服審判商標の合法的な使用を証明することはできない

六. また、ゼネラル・ミルズ社から提出された証拠によれば、成超は他人の周知商標と同一または類似の商標の登録を 50 余件出願しており、これが実際に使用する意図によるものであるということはできない。成超から提出された不服審判商標の使用証拠も、多くは不服審判商標登録を維持するための単発的、象徴的な使用である。

　上記を総合すると、不服審判商標の実際の商業上の使用が所定の期間に行われていなかったとした商標評審委員会の判断は妥当である。北京市第一中級人民法院(2013)一中知行初字第 2541 号行政判決は取消され、国家工商行政管理総局商標評審委員会の商評字〔2013〕第 18947 号「第 1591629 号湾仔碼頭商標登録取消不服審判審決書」は維持されるべきである。

　成超はこれを不服として、最高人民法院に再審請求を行ったものの、最高人民法院は（2015）知行字第 181 号により成超の請求を却下した。

　万慧達の弁護士は、ゼネラル・ミルズの代理人として本件の全過程に関わった。

【解説】

　「3 年不使用」を理由とした登録取消事件においては、係争商標の使用が実際の使用意図に基づき、その程度が一定程度以上である必要がある。単に商標登録を維持するためだけの単発的、象徴的な使用は、実際の商業上の目的のために行われる商標の使用とはみなされない。

　二審法院は、係争商標の 3 年不使用についての審理において、使用の目的（善意または悪意）、使用行為そのもの（実際の使用、象徴的な使用、虚偽の使用）および使用効果（識別または混同）を全体的に検討した。成超から提出された虚偽の証拠、矛盾している証拠の能力を否定するとともに、象徴的な使用の証拠については、単に商標登録を維持するためだけの単発的、象徴的な使用として、実際に商業上の目的に基づく商標使用であるとは認めなかった。これに基づき、法院は成超から提出された証拠の事実は存在しないものと判断し、市場影響力を持たない単独の新聞などの証拠の能力を否定した。この判断は最高法院にも支持された。

第4 マツモトキヨシ社「薬および図」商標事件における状況の変化に応じた再審請求時期の選択

　中国では生活水準の向上に伴い、海外旅行はもはや手の届かないぜいたくではなくなっている。とりわけ多くの国民に人気なのが、隣国の日本である。旅行にはショッピングがつきものである。日本のドラッグストアは商品の品質と価格から、多くの観光客を魅了している。日本最大のドラッグストアグループである「マツモトキヨシ」は中国人観光客も多く訪れる店舗である。黄の背景に青で縁取られた赤の「薬」の字は、他のドラッグストアと区別するための顕著な標章となっている。しかし、中国に進出したマツモトキヨシ社は商標展開において繰り返しつまずくこととなった。他人の先行登録商標により中核商標の登録が認められなかったのである。マツモトキヨシ社の引用商標の登録取消しは、「状況の変化」を見て再審請求を行い、主張が認められる結果となった。登録出願から再審請求まで、足掛け5年に及ぶ事例であった。

【事案の概要】
　マツモトキヨシ社は1932年に設立され、1951年には屋号を創業者の氏名「松本清」にちなんで変更、独自の経営を展開し、ユニークな商標「薬および図」を使用して現在に至る。

（出願商標）

　マツモトキヨシ社は2016年2月、国家知識産権局に第35類「広告・販売促進のための企画および実行の代理」などを指定役務として商標登録を出願した。国家知識産権局は審理の結果、「商標部分拒絶通知書」を発出し、出願商標が他人により先行出願された引用商標3件と同一または類似の役務で使用される類似商標であることを理由に、当該商標の

一部役務の登録出願を拒絶した（時間・関係図を後掲）。

（引用商標1、3）　　（引用商標2）

　マツモトキヨシ社はこれを不服として、拒絶査定不服審判請求を行った。国家知識産権局は、出願商標が2013年改正の商標法第30条の規定に反しているとして、出願商標の拒絶の対象としている役務の登録出願を拒絶した。マツモトキヨシ社は拒絶査定不服審判請求の審決を不服として、行政訴訟を提起したものの、請求は北京知的財産法院、北京市高級人民法院のいずれにも認められなかった。

　マツモトキヨシ社はこの間、3年間不使用であることを理由に、引用商標3件につきそれぞれ登録の取消しを請求した。不使用取消審判では各引用商標権保有者がいずれも使用証拠を提出しなかったため、国家知識産権局は引用商標3件の登録を取り消すこととした。引用商標1は2020年2月6日に、引用商標2は2020年6月6日に、引用商標3は2019年8月27日にそれぞれ登録取消しが公示された。

【判決】
　このため、マツモトキヨシ社は最高人民法院に再審請求を行った。最高人民法院は審理の結果、引用商標はすでに本件商標登録を妨げる先行権利ではないと認め、国家知識産権局に対して新たな事実状態を基礎に再度審決を求める判断を示した（(2022) 最高法行再166号）。

（上図の拡大カラー図は巻末カラーページ参照）

253

【解説】

　商標は、消費者がブランドを識別して商品を購入するための道しるべであり、商標権者の営業上の信用の証として商品および役務の品質を保証するものである。登録商標には莫大な商業的価値が秘められており、その専用使用権は商標権者を守る力となる。商標出願数の増加、審査基準の厳格化にともない、貴重な資源である登録商標は冒認登録・盗用・投機の対象となっている。登録されたのに使用されない一部の商標は、実際に使用する意図を持つ商標出願人の正当な権利取得の障害ともなる。商標「薬および図」の拒絶査定不服審判事件がこうした状況であった。当該商標は他人の先行登録のために登録を受けることができなかった。当事務所は、「薬および図」商標拒絶査定不服審判事件の全体像を検討し、3年間不使用を理由とした登録取消手続きにより、障害となっていた当該商標登録の先行権利を排除したうえで再審手続きをとることで、マツモトキヨシ社の商標を登録するに至った。

一．不使用取消不服審判手続きによる先行登録の排除

　実務において商標「薬および図」と似たような状況は決して少なくない。出願商標が初回登録であり、かつ、出願人の中核商標でないときは、登録出願が商標審査当局に拒絶された場合、商標標章を変更することが、商標出願人にとっては手間や費用が最もかからない方法となることがある。しかし、域外において実際に長年使用され、商標出願人との間に商品の出所に関する関係を構築し、一定の市場影響力を有する商標である場合は、商標標章の変更が商標出願の目的に敵わないことは明らかであり、出願商標を中国で登録することができないと、商標出願人は多大な損害を被ることとなる。こうした場合には、本件のように引用商標につき登録取消しを請求することを検討してみてもいいであろう。

　中国の商標法は、登録商標が正当な理由なく3年使用されていない場合に、すべての組織または個人に対して商標局に当該商標の登録取消しを請求することを認めている。このため、引用商標の登録取消手続きは、要件も少なく、障害も通常はなく、開始するのはさほど難しくない。国家知識産権局はここ数年、悪意の投機的商標などを決して許さないという姿勢で対応を恒常化しており、登録されたのに使用されていない商標、悪意の投機的商標の登録取消し請求が認められる確率は60〜70％に達している。また、法院の不使用取消不服審判事件における使用証拠の審

理は商標審査当局の審理以上に厳格であり、登録取消し、不使用取消不服審判手続きで取消しに至らなかった商標も、司法手続きにより取消しが認められる余地が残されている。

商標登録取消し制度導入の趣旨は、商標権者に実際に登録商標を使用することを促し、商標資源の浪費および休眠を抑制することにある。国家知識産権局はこのほど、「商標の悪意による登録行為の厳格な取締り継続に関する通達」を発出した。通達では、「社会に商標登録秩序の根本的な管理への幅広い参加を促し、『公益的な登録商標三年不使用取消請求（登録商標が３年連続で不使用の状態にある場合は、誰でも商標局に対して当該商標の取消しを申し立てることができる制度——訳注)』を秩序的に推進し、休眠商標資源を活用する」方針を掲げ、登録されたのに使用されていない商標の整理に力を入れていく考えを示した。商標登録出願の妨げとなる引用商標に確実な使用証拠がない場合には、商標出願人にとっては、引用商標の登録取消審判を行うことが、商標登録出願上の障害を排除するための有益な手立てとなる。

二．登録上の障害排除から６か月以内の再審請求による商標権取得支援

登録不許可関連事件の審理期間は比較的短く、登録取消関連事件の審理期間は登録不許可関連事件よりも大幅に長くなる。したがって、これら２種類の事件の審理の進行が完全に一致することは難しく、登録不許可事件の二審判決が下された時点でも、登録取消事件の結果はまだ明らかになっていないことさえある。

こうした場合の再審請求の時期については誤った判断が見受けられ、一部の事件では、引用商標登録取消しの結果が明らかになっていないにもかかわらず、出願商標拒絶査定不服審判事件の二審判決が確定してから**６か月以内**に再審請求が行われている。こうしたやり方には一定のリスクが伴う。

再審審理に入ってもまだ引用商標登録取消しの結果が示されていない場合には、商標出願人の再審請求が棄却されることがあるのである。状況に変化が生じてから改めて再審請求を行うやり方が必ずしも良いとは限らず、かえって有効な救済手段を失いかねない。

では、再審請求はいつ行うのが良いのであろうか。最高人民法院は「『中華人民共和国行政訴訟法』の適用に関する解釈」において、法院の裁定が確定してから**６か月以内**の請求を当事者に求めるほか、原判決・決定

を覆すに足る新たな証拠が発見された場合には、再審請求はこれを知り得、または知るべきであった日から6か月以内に行わなければならないとしている。商標「薬および図」の拒絶査定不服審判事件においては、引用商標3件は最終的に指定商品すべての登録が取り消されている。最後の1件の引用商標の登録が取消されてから6か月以内に、出願商標拒絶の事実的基礎に根本的な変化が生じたことを理由に再審請求を行った。二審の判決日からは18か月が経過していた。最高人民法院は審理の結果、マツモトキヨシ社の請求は再審の要件を満たしているとして請求を受理し、マツモトキヨシ社の再審請求の主張を認め、国家知識産権局に再度審決を下すよう命じた。

　ここから、拒絶査定不服審判事件では、商標登録出願審査が終了していない限り、引用商標の登録取消しを待って登録を受ける可能性が残されていることが分かる。引用商標の登録が取り消されるまで、商標出願人としては、商標登録不許可・拒絶査定不服審判手続き、一審・二審手続き、再審手続きを含む出願商標の審査・審理手続きを断固として進めていく姿勢を示す必要がある。また、再審請求は焦らず、登録の障害が完全に排除されてから行う必要がある。この方が手堅く、かつ再審請求が認められる確率も高くなる。本件は同種の事件の参考となる事例である。

おわりに

　中国の商標登録制度は、商標権者が取得した商標権を保護するのみならず、商標使用状態の確認および基準でもあり、登録商標市場をより健全なものとするため、中国では休眠商標の整理への取り組みを強化するとともに、実際の使用意図を持つ商標出願人に対して強力な知的財産権保護網および国際的な商取引環境を提供している。

　商標、とりわけすでに使用中の商標の登録に行き詰まった場合は、登録取消手続きにより先行登録を排除することで、出願商標の登録が進み始めることがある。代理人としては、法的手続きを正確に理解し、活用することができなければ、当事者の利益を十分に保護することはできない。

　万慧達はマツモトキヨシ社の再審手続きの代理人として、商標「薬および図」の登録を支援した。

第5　馳名商標訳名の保護範囲―ミシュラン社と米芝蓮ミルクティーとの紛争

　外国語商標が中国に入ってくると、文化的な違いから、複数の中国語訳を同時に使用したり、異なる時期に使用したりすることがある。こうした場合には、商標法第13条の外国語馳名商標の中国語訳の保護に関する規定をいかに正確に適用するかが極めて重要となる。本件は、2023の中国法院知的財産権代表事例50件、湖北省高級法院2023年知的財産権司法保護10大代表事例に選出されている。

【事案の概要】

　原告ミシュラングループ（「ミシュラン社」）は次のように主張した。原告が1980年に登録した第136402号商標「MICHELIN」および1990年に登録した第519749号商標「米其林」（第12類タイヤなどを指定商品とする）は、継続的な使用および広告宣伝により馳名商標となり、数十回にわたり馳名商標として認定保護されている。「米芝蓮」は「MICHELIN」の香港・マカオ・広東などの広東語圏における広東語訳であり、かつ、中国本土の関連公衆に認知されており、特にミシュラン社が発行するレストランガイドブック「ミシュランガイド（中国語表記：「米芝蓮指南」または「米其林指南」）」の権威は全世界および中国の関連公衆に広く知られ、認められている。被告の上海米某餐飲管理有限公司は2013年から、直営およびフランチャイズのミルクティー販売店において「米芝蓮」商標を使用しており、公式ウェブページのブランドストーリーページの宣伝文では「私の名前は『米芝蓮』。香港語で『米芝蓮』とはミシュランのこと。そう、世界的に有名なあのレストランガイドです……」とうたっている。ミシュラン社は、その「MICHELIN」および「米其林」商標を馳名商標として認定すること、被告による「米芝蓮」標章の使用の禁止を命じるよう求めた。

(原告の「米芝蓮指南」)　　(被告の米芝蓮ミルクティー)

　被告は、「米芝蓮」は第12類商標「MICHELIN」「米其林」の翻訳・模倣ではない、中国本土の関連公衆はミシュラン社製のタイヤを「米芝蓮タイヤ」と呼んだことはない、ミシュラン社は中国本土において「米芝蓮」標章を使用したことはないと主張した。

　国家商標局は、訴外人による「米芝蓮」「米芝蓮」商標登録出願を拒絶する審決において、「米芝蓮」は「MICHELIN」との間に対応関係を構築し、かつ、ミシュラン社は長期的かつ大規模に使用し、その「米芝蓮」標章は飲食業界において一定の知名度を獲得しており、当該業界と密接に関連する商品に被異議商標を使用すれば、消費者に混同を容易に生じさせるとの認識を示し、登録を不許可とした。国家知識産権局は、本件被告により出願された複数の「米芝蓮」および関連商標についても、「米芝蓮」が「MICHELIN」との間に安定的な対応関係を構築していることを理由に、登録不許可または無効の審決を下した。

【判決】

　武漢市中級人民法院は2021年8月に下した(2018)鄂01民初3552号民事一審判決において、被告のミシュラン社馳名商標侵害を認定し、権利侵害の差止めと1,000万の賠償を命じた。湖北省高級人民法院は2023年11月、(2022)鄂知民終190号民事二審判決により原判決を維持した。

　発効判決では次のような判断が示された。ミシュラン社が保護を求めた「MICHELIN」「米其林」商標はすでに馳名商標となっている。馳名商標制度でいう「翻訳」とは、商標が他人の馳名商標を別の言語の文字

により表現し、かつ、当該言語の文字が他人の馳名商標との間に対応関係を構築し、さらに関連公衆に広く知られ、もしくは習慣的に使用され、または当該言語の文字が他人の馳名商標と相当程度の関係を構築しているとの誤認を容易に関連公衆に生じさせることをいう。商標の外国語訳は単なる言語上のものにとどまらず、文化的なものでもあり、言語を単に置き換えるのではなく、文化的な違いを考慮して別の言語・文化と適ったものとすることが求められる。外国語商標の中国語訳には複数の異なる中国語訳が存在する可能性があり、また存在してよく、特定の言語現象である。

　例えば、本件の場合、「MICHELIN」の標準中国語訳は「米其林」であり、かつ、中国本土においては「MICHELIN」に対応する中国語訳として「米其林」が一般に知られている。しかし、そうだからといって、「米芝蓮」と「MICHELIN」の言語上の対応関係を否定することはできない。中国の国内共通語は標準中国語であるが、文化的・歴史的な違いなどから、各地域に方言が存在する。広東語は他の方言とは異なり、香港・マカオにおいては公用語、広東省においては共通語となっている。また、広東語は芸術表現・文化伝達・国際的影響力などの面において、いずれも重要な地位を占めている。「MICHELIN」の中国語訳の一つとして「米其林」があるものの、ミシュラン社により立証された中国本土広東語伝播地域のインターネットメディア・新聞・雑誌では「米芝蓮」による記事または広告が確認され、一部の辞典でも「米芝蓮」の英語訳として「MICHELIN」が示されている。中国本土において、「米芝蓮」と「MICHELIN」「米其林」との間に不可分の言語上の対応関係が構築され、当該称呼および使用方法は香港・マカオの公衆に広く認知使用され、中国本土の関連公衆にも認知されていることは明らかである。全体を総合すると、上海米芝蓮社による「米芝蓮」商標の使用は馳名商標の権利侵害を構成する。

【解説】

　本件判決により、中国の特定の方言に由来し、すでに中国の公衆に認知されている外国語商標の中国語訳は、外国語商標の標準中国語訳と同様に商標法第13条の「翻訳」名に関する保護の対象となることが示された。最高人民法院の他の判例を踏まえ、外国語商標の中国語訳の保護

に関しては、以下に注意すべきであると考えられる。

1. 商標法第13条の「翻訳」は標準中国語の翻訳に限定されていない

「工業所有権の保護に関するパリ条約」第6条の2では、馳名商標の保護について「1の商標が複製である場合又は当該他の1の商標と混同を生じさせやすい模倣若しくは翻訳である場合」と規定されているものの、ここでは「翻訳」が、当該国の共通語を使用した馳名商標の翻訳でなければならない旨の制限は課されていない。「知的所有権の貿易関連の側面に関する協定（TRIPS協定）」第16条第3項ではさらに進んで、馳名商標の名声の保護について「当該類似していない商品又はサービスについての当該登録された商標の使用が、当該類似していない商品又はサービスと当該登録された商標の権利者との間の関連性を示唆し、かつ、当該権利者の利益が当該使用により害されるおそれがある場合に限る」と規定されている。当該条項では、馳名商標の翻訳に関して制限が課されていない。

「中華人民共和国商標法」第13条でも、上記の国際約束に従い、他人の馳名商標を翻訳する言語は標準中国語に限定されていない。商務印書館「現代中国語詞典（第6版）」では文理解釈の側面から、「翻訳」を「ある言語の文字の意味を、別の言語の文字により表現したもの（方言と民族共通語、方言と方言、古代語と現代語との間の1つの別の1つによる表現も含む）」としている。商標法第13条の「翻訳」とは、ある言語の別の言語の対応表現であり、外国語商標を翻訳する手段がある国の共通語であるのか、それとも方言であるのかは関係がないと考えられる。

2. 外国語馳名商標の中国語訳が、すでに関連公衆に当該外国語商標を想起させる働きを有し、その商標との対応関係を構築している場合、他人による当該馳名商標訳名の使用は制限されるべきである

訳名と外国語馳名商標との対応関係を示す証拠は、裁定者の判断に実質的な影響を与えることがままあるため、重要となる。馳名商標の訳名が知られておらず、使用証拠が限られ、または使用期間が短いために、関連公衆が当該訳名を見ても外国語馳名商標と結びつけて考えることがない場合、当該訳名は保護の対象とはされにくい。

外国語商標の複数の中国語訳がいずれも商標法の保護対象となるのかという問題については、最高人民法院が（2010）民申字第1468号「ルーホフ」事件において肯定的な意見を示している。最高人民法院は当該民

事事件の判決において、次のような判断を示した。「外国語商標の中国語訳には、音訳を含めた複数の中国語訳が存在する可能性があり、また存在してよい。その中の単数または複数の中国語訳が関連公衆に当該外国語商標を想起させる働きを有している場合、両者間には対応関係が構築されており、当該中国語訳を商標として使用することは、当該外国語商標と類似の商標の使用に該当すると認められるべきである」。ここから、外国語商標の訳名が保護の対象とされる要件は、中国語訳が外国語商標のただ一つの中国語訳であるかどうかにかかわらず、「関連公衆に当該外国語商標を想起させる働きを有している」ことであることが分かる。

3. ある中国語訳がもともと中国の方言に由来するものの、宣伝および使用により全国の関連公衆の間に当該方言による中国語訳と外国語商標との安定的な対応関係を構築していることが客観的に明白である場合も、商標法の保護対象となる

標準中国語は中国の国内共通語である。しかし、経済的・文化的・歴史的な違いなどから、特定の方言が全国的に広く認知されている。改革開放当初、そしてその後かなりの長期間にわたり、香港・マカオなどの広東語圏は、その経済的・文化的吸引力により、中国本土の言語・文化に多大な影響を与えてきた。「米芝蓮」は当初、香港・マカオなどの広東語圏における「MICHELIN」の訳名であったが、香港・マカオが返還され、中国本土との融合が進むにつれ、「米芝蓮」と「MICHELIN」との対応関係は本土の関連公衆の間でも明確に認識されるようになった。また、本土の新聞・雑誌・インターネットメディアなども、「MICHELIN」を指す中国語として、「米芝蓮」を長期的かつ広範に使用してきた。

したがって、「米芝蓮」と「MICHELIN」は中国本土において、不可分かつ客観的な言語上の対応関係を構築している。特定の言語上の対応関係を利用し、他人の馳名商標の名声にただ乗りし、公衆を混同誤認させ、競争優位性を不正に獲得しようとするこうした行為には、否定的な司法評価が加えられるべきである。これは、健全な市場競争秩序、そして社会主義の中核的価値観である「信義誠実・法治」の精神を維持することでもある。

上記を総合すると、本件判決は商標法の外国語商標の中国語訳の保護に係る基準を一層明確にさせるものであり、大きな意義があるといえる。

第6 「新華字典」事件に見る未登録馳名商標の権利侵害における損害賠償額算定―商務印書館の「新華字典」が未登録馳名商標に該当するとする主張が法院に認められた事例

商標法では未登録馳名商標侵害における損害賠償額算定基準が明示的に定められておらず、司法実務において損害賠償額算定についてはさまざまな意見がある。これまでの数少ない未登録馳名商標権の侵害事件では、法院は基本的に権利侵害者に権利侵害行為を止めさせるのみで、損害賠償責任を負わせる判決は下していない。本件においては、万慧達の弁護士は登録商標の権利侵害における損害賠償額を参照するよう主張した。北京知的財産法院は万慧達の弁護士の主張を採用し、商務印書館が請求した損害賠償額を全額認めた。本件は未登録馳名商標権の侵害における損害賠償額算定の先例となり、2017 年中国法院 10 大知的財産権事件、2017 年北京法院知的財産権司法保護 10 大事例、中華商標協会優秀商標代理事件、中華全国弁護士協会知的財産権専門委員会 10 大知的財産権筆頭事件、人民網-知的財産権チャンネル 2018 年度 10 大代表商標事件に選出されている。

【事案の概要】

「新華字典」は新中国成立後、新華辞書社（1952 年に人民教育出版社辞典編纂室に改組、1956 年 7 月に言語研究所辞典編纂室に編入）の一部編集者が 1950 年から 1953 年にかけて製作したポケット版の中国語参考図書である。編者署名は新華辞書社で、1953 年 12 月に人民教育出版社から初版された。人民教育出版社は 1954 年 11 月に「新華字典」を再版し（1954 年 8 月第 1 版）、1955 年 8 月までに 8 版を重ねている。

1955 年には「新華字典」の改訂が開始され、1956 年に改訂作業が終了、1957 年 6 月に商務印書館から「商務新 1 版」として発行された。編者署名は新華辞書社であった。その後、「新華字典」は何度も改訂を重ね、1953 年から 1965 年にかけて発行された「新華字典」6 版の編者署名はいずれも新華辞書社となっている。1970 年から 1992 年にかけてのもの

には編者署名はない。また、1955年改訂以降の「新華字典」はいずれも商務印書館から発行されている。

1957年の「商務新1版」以降は定期的に改訂が行われ、商務印書館はこれまで普及版の「新華字典」を11版発行している。中央・地方政府機関では1988年から、「新華字典」を図書館、中・小学生など向けの常用参考図書に指定している。「新華字典」第11版は2012年「農家書屋」重点出版物推薦目録にも所収され、「新華字典」は各省の教育庁に教育用図書に指定されている。2016年4月にはギネス世界記録に「最もポピュラーな辞典」「最も売れた本（定期改訂）」に認定され、世界発行部数は5億6,700冊に上っている。

華語出版社は2012年7月に「実用新華字典（新版）」など（以下「本件商品」）を発行した。奥付およびまえがきには「新華字典」の文字が示されていた。2015年に上記書籍が市販されていることを知った商務印書館は、万慧達に本件への対応を依頼した。

事案の概要を精査した万慧達の弁護士は、華語出版社が商務印書館の商標権を侵害しており、不正競争を構成すると判断した。このため、万慧達の弁護士は2つの方面から証拠を収集した。まず公証人に依頼して本件商品の販売（実店舗では書店、インターネット上では京東網・当当網・天猫網などのウェブページ、さらには本件商品のインターネット上販売に関するコメント）につき公正証書を作成した。また、「新華字典」が馳名商標として認定される基準を満たしていることを証明するため、商務印書館により発行された「新華字典」の市販状況および社会的評価に関する情報を収集した。

証拠収集が2016年に完了すると、商務印書館は北京知的財産法院に民事訴訟を提起した。万慧達の弁護士は、華語出版社が商務印書館の未登録馳名商標を侵害しており、不正競争を構成するとして、次の判決を求めた。1）華語出版社は、商務印書館の未登録馳名商標「新華字典」の使用を直ちに停止し、辞典製品に商務印書館の未登録馳名商標「新華字典」と同一または類似の商標を使用してはならない、2）華語出版社は、不正競争行為を直ちに停止し、商務印書館「新華字典」（第11版）に固有の包装・装飾と同一または類似の辞典を生産および販売してはならない、3）華語出版社は、「中国新聞出版広電報」「中国知的財産権報」および自身の公式ウェブページトップページ（http://www.sinolingua.

com.cn/）、自身の新浪微博（ウェイボー）公式アカウントトップページ（http://weibo.com/sinolingua）、自身の天猫ショップトップページ（https://hyjxcbs.tmall.com/）に謝罪文を掲載し（インターネットメディア掲載謝罪文は掲載開始日から7日以上継続して記載）、本件権利侵害行為により商務印書館が被った影響を排除する、4）華語出版社は、商務印書館の損害額300万元を賠償する(5)華語出版社は、商務印書館の権利保護のための合理的な費用40万元を賠償する。

　華語出版社は、商務印書館の請求に同意せず、商務印書館のすべての請求の棄却を求めた。その理由は次のようなものであった。(1)商務印書館は「新華字典」につき商標権を主張する権利を有しない。「新華字典」の編纂は国により主導された建国当初における国民識字率向上事業の一環であり、「新華字典」の命名・編纂・発行はいずれも国家の意思を体現すべく、国により推進されたものである。「新華字典」事業は機能的には当初、新中国当用漢字の標準化・普及および国民識字率の向上という歴史的な役割を担っていた。属性的には、当初は国家機関の専門家が編撰しており、その事業の名称には商品の出所を示す機能はない。当用漢字の標準化・普及および国民識字率の向上という目的がおおむね果たされると、「新華字典」は国家事業の名称から、公共圏における辞典の普通名称に転化した。したがって、当該辞典の普通名称を独占的に使用することを求める権利は誰にもない。(2)「新華字典」はすでに辞典の普通名称となっており、商務印書館に他人の正当な使用を禁ずる権利はない。「新華」そのものは特定の歴史的時期における一般的な語彙であり、商標標章としての機能はない。華語出版社をはじめとする複数の出版社が発行する「新華字典」の名称の辞典は中国の出版管理当局の審査を受け、中国の出版管理当局は「新華字典」を辞典の普通名称として扱っており、行政管理秩序が長期的かつ安定的に構築されている。さらに、AndroidとiOSという2大モバイルオペレーティングシステムにおいても、サードパーティーにより開発、発売された「新華字典」の名称の電子辞書ソフトウェアが数多く存在しており、「新華字典」はすでに辞典の一般的な名称となっている。(3)商務印書館の本件「新華字典」（第11版）の装飾は「反不正当競争法（不正競争防止法）」第5条第2項に規定する「固有の装飾」ではなく、消費者に誤認または混同を生じさせることはない。商品の出所を識別するための顕著な特徴を有する装飾で

なければ「固有の装飾」とは認められないところ、商務印書館の本件「新華字典」（第11版）の装飾は、上部が書名、中央が版数および商標、下部が発行者の名称という、業界では一般的な上中下構造のデザインである。華語出版社は2006年の段階で発行するシリーズ書籍に上下2色の装飾デザインを導入し、華語出版社の本件「新華字典」はその系譜を継ぐものであり、商務印書館の本件「新華字典」（第11版）の装飾デザインを盗用したものではない。

　華語出版社の抗弁事由に対し、商務印書館面は次のように主張した。
(1)商務印書館は「新華字典」につき商標権を主張する権利を有する。歴史的な背景から、中国において「新華」の文字を含む標章は一定の歴史性および段階性を持っている。「新華字典」も例外ではなく、その誕生当初から、辞典の内容の編纂にせよ、辞典の名称の取得にせよ、強い政治的色彩および国家意思を帯びたものであった。「新華字典」はこれまで何度も編纂改訂を重ねており、編纂主体としても、新華辞書社、中国社会科学院言語研究所、商務印書館などが存在する。ただ、一貫して変わらないのは、商務印書館は1957年に「新華字典」の「商務新1版」の発行を開始してから「新華字典」第11版を発行するまでの60年の間、「新華字典」を独占的に発行する主体として、辞典発行部数は5億冊を超え、度重なる改訂編纂の過程において旗振り役としての役割、「新華字典」の内容の改訂および品質保証に重要な役割を果たしてきた事実である。また、「新華字典」と商務印書館は辞典に組み合わせて使用され、かつ、商務印書館が2003年5月28日に登録出願した商標にも「新華字典」は含まれ、当該商標の使用により、「新華字典」と商務印書館との関係はある程度強化されている。商務印書館は、60年近い「新華字典」発行の歴史の中で、「新華字典」発行を商標使用の主観的な意図および客観的な使用行為として、「新華字典」と商務印書館との間に安定的な対応関係を構築している。「新華書目報」が2012年に公開した「出版業界ブランド影響力調査報告書」では、アンケートに協力した読者の70.34％が「新華字典を使用したことがある」、39.30％が「新華字典の発行者が商務印書館であることを知っている」と回答している。「新華字典」の知名度などの証拠も踏まえると、「新華字典」標章は商務印書館の発行する「新華字典」に長期的かつ広範に使用され、消費者の間にこれと商務印書館との対応関係を認識させるに至っており、かつ、こうした対

応関係は一貫して認知および維持されている。(2)華語出版社は、「新華字典」（第 11 版）の「固有の装飾」を侵害している。(1)で述べたように、商務印書館の本件「新華字典」（第 11 版）は知名商品である。華語出版社は 2009 年に自らが発行する辞典製品に装飾の使用を開始したと主張するが、華語出版社の先行出版辞典の文字、模様、色彩およびその組合せは、本件権利侵害製品と大きく異なる展開および継承関係にない別々の異なる装飾であり、本件権利侵害製品の装飾から展開された装飾であることを証明することはできない。商務印書館「新華字典」（第 11 版）の装飾は全体として独自および顕著な特徴を備え、商品の出所を識別する機能を有している。華語出版社の本件権利侵害製品の装飾は、商務印書館「新華字典」（第 11 版）の装飾と文字構造、模様（デザイン）、色彩の組合せ、配置などの全体的な視覚効果という点で類似しており、一般消費者において普通に払われる注意力では、商品の出所につき誤認・混同を容易に生じさせるものである。

【判決】

　北京知的財産法院は 2017 年 12 月、本件につき（2016）京 73 民初 277 号民事判決を下した。判決では、「新華字典」が未登録馳名商標であること、さらに被告に「新華字典」（第 11 版）に固有の装飾を侵害する不正競争行為があったことが認められた。損害賠償額算定に関しては、未登録馳名商標の権利侵害行為については損害賠償額を算定しないという従来の基準を覆し、未登録商標の権利侵害における損害賠償額算定条項（商標法第 63 条）を参照して原告の損害賠償請求を認め、被告が 300 万元の損害賠償責任を負うべきであるとの判決を下した。損害賠償額の算定については、(1)商標法は、未登録馳名商標は商標法により保護されると明確に規定する(2)「権利侵害責任法」では、他人の民事上の権利利益を侵害した場合、権利侵害の責任を負わなければならない旨が規定されている(3)未登録馳名商標が保護の対象となるのは、これが長期的かつ大規模に使用されて高い知名度を獲得しているためであり、他人がこれと同一または類似の商品に未登録馳名商標を使用することは、不当利得を得て、かつ、未登録馳名商標の利益を害するただ乗り行為に当たるという 3 つの理由を示した。当該判決は最後に、「権利侵害責任法」第 15 条などの規定を援用し、被告が損害賠償責任を負うべきであると

付録一

266　付録一：参考事案

の判決を下した。

　本件の主な争点については、次のような判断が示された。

一．華語出版社に商務印書館の商標権の侵害行為はあったか：行為はあったと認定され、その理由は次のようなものであった。

（一）「新華字典」は未登録馳名商標であり、その権利者は商務印書館である。第一に、「新華字典」は商標が備えるべき識別性を有する。商務印書館は1957年に「新華字典」の「商務新1版」の発行を開始してから「新華字典」第11版を発行するまでの60年の間、「新華字典」を独占的に発行する主体として、辞典発行部数は5億冊を超え、度重なる改訂編纂の過程において旗振り役としての役割、「新華字典」の内容の改訂および品質保証に重要な役割を果たしてきた。また、「新華字典」と商務印書館は辞典に結合的に使用され、かつ、商務印書館が2003年5月28日に登録出願した商標にも「新華字典」は含まれ、当該商標の使用により、「新華字典」と商務印書館との関係はある程度強化されている。商務印書館は、60年近い「新華字典」発行の歴史の中で、「新華字典」発行を商標使用の主観的な意図および客観的な使用行為として、「新華字典」と商務印書館との間に安定的な対応関係を構築している。第二に、「新華字典」は高い名声および影響力を有する。「新華字典」は60年近くの間、全国で数億冊が販売されており、販売部数は膨大で販売の範囲も極めて広範である。また、第3回中国出版政府賞・図書賞・候補賞を獲得し、ギネス世界記録に「最もポピュラーな辞典」「最も売れた本（定期改訂）」に認定されるなどの社会的評価を受けている。上記の理由を総合すると、「新華字典」は未登録馳名商標であり、その権利者は商務印書館である。

（二）華語出版社には、商務印書館の未登録馳名商標「新華字典」を複製模倣し、容易に混同を生じさせる行為があった。本件においては、商務印書館および華語出版社はいずれも「新華字典」の商品を第16類の辞典で使用しており、同一の商品である。また、華語出版社は発行する辞典に商務印書館の未登録馳名商標「新華字典」と完全に同一の商標を使用していた。これは複製により商務

付録一

267

印書館の未登録馳名商標を使用する行為であり、華語出版社の上記行為は、関連公衆に誤認・混同を極めて容易に生じさせるものである。

上記の理由を総合すると、華語出版社は商務印書館の商標権を侵害している。

二. 華語出版社は「新華字典」（第 11 版）知名商品に固有の装飾を無断で使用する不正競争行為はあったか：行為はあったと認定され、その理由は次のようなものであった。

（一）商務印書館の「新華字典」（第 11 版）装飾は知名商品に固有の装飾である。前述のように、「新華字典」はすでに未登録馳名商標となっている。「新華字典」第 11 版は 2011 年 6 月に発行されており、本件行為発生時にはすでに全国的に大規模に発行され、高い知名度を獲得していた。また、「新華字典」は 11 版発行されており、その知名度も版を重ねるごとに蓄積されている。商務印書館が「新華字典」を全国的に宣伝および販売していた事実、ならびに「新華字典」シリーズの辞典が受けていた社会的評価を踏まえれば、商務印書館の「新華字典」（第 11 版）は知名商品に該当する。したがって、商務印書館の「新華字典」（第 11 版）装飾は知名商品に固有の装飾である。

（二）華語出版社は「新華字典」（第 11 版）知名商品に固有の装飾を使用しており、公衆に混同を容易に生じさせる。華語出版社の本件権利侵害製品の装飾は、商務印書館「新華字典」（第 11 版）の装飾と文字構造、模様（デザイン）、色彩の組合せ、配置などの全体的な視覚効果という点で類似しており、一般消費者において普通に払われる注意力では、商品の出所につき誤認・混同を容易に生じさせるものである。また、本件権利侵害製品はすでに市場において消費者の誤認・混同を生じさせている。

上記の理由を総合すると、華語出版社に「新華字典」（第 11 版）知名商品に固有の装飾を無断で使用する不正競争行為があったと認められる。

三. 華語出版社が負うべき法的責任について：商標法では未登録馳名商標侵害における損害賠償額算定基準が明示的に定められておらず、本件では未登録商標を参照して権利侵害の損害賠償額を算定した。

算定は証拠に基づいて次のように行われた。北京市新聞出版広電局が

届け出た一部被疑侵害品である辞典の印刷委託書の統計表によれば、華語出版社は2012年9月30日から2016年9月30日まで、当該辞典95万2,700冊総額203万1,160元相当を発行印刷した。（2016）京東方内民証字第3352号公正証書によれば、国家新聞出版広電総局ウェブページに掲載された「2014年中国本土上場出版社年間経営状態分析報告書」統計の平均自己資本収益率は11.29％であった。したがって、華語出版社は権利侵害により得た利益は、少なくとも203万1,160×11.29％＝229万3,017.064元であった。また、華語出版社の権利侵害に悪意があったことを踏まえ、本件の損害賠償額は上記方法により算定した額の1.5倍とした。商務印書館が請求した損害賠償額300万元は本件で算定された損害賠償額よりも少なく、全額を認められることが相当である。これに商務印書館の権利侵害行為を差し止めるための合理的な費用27万元を加えた合計327万元を損害賠償額とする。

【解説】

本件判決ではまず、2010年に新たに規定された「権利侵害責任法」第2条および第15条に基づいて未登録馳名商標権につき「権利侵害の損害賠償責任」を推定した。「権利侵害責任法」第2条では、商標専用使用権などの人格、財産上の権利利益を侵害した場合権利侵害の責任を負わなければならない、また第15条では権利侵害者は「侵害行為の差止め」および「損害賠償」などにより権利侵害の責任を負う旨が規定されている。「新華字典」事件の判決は次に、商標法による未登録馳名商標の保護の立法趣旨に着目し、基本的事実である原告の客観的な損害および被告の客観的な不当利得を踏まえ、未登録馳名商標権利侵害の損害賠償額は、未登録商標の権利侵害における損害賠償額算定条項、すなわち現行の商標法第63条の規定を参照して判断することができると判断した。

上記から分かるように、「新華字典」事件判決において採用された未登録馳名商標権の侵害の損害賠償額算定基準は、基準の空白を埋めるものであり、今後の類似の事件の重要な前例となった。

また、本件ではさらに、権利者に対して次のような指摘も行われた。

1. 知名度の高い商標標章が権利侵害を受けた場合、希釈化を防ぐため、速やかに権利保護を行う必要がある。

2. 長い歴史を持つ商標標章につき立証を行う場合、ブランドの歴史を体系的に整理し、ブランドの歴史的発展の過程および権利者のブランド発展への寄与を全体的に証明する必要がある。
3. 未登録馳名商標権の侵害については損害賠償を積極的に求めてよい。出版業界における権利侵害行為については、出版管理当局・専門業界データ会社などの業界ルートを通じて業界の権利侵害の規模、業界利益率といった特性に関する情報を取得することができる。

第7 附帯私訴の活用による商標権の効果的な保護—スチール社登録商標模倣附帯私訴事件

　　万慧達がスチール社の代理人として権利保護に成功した事件では、附帯私訴（中国語は「刑事附帯民事訴訟」）を活用して権利侵害者への懲罰を重くするとともに、被告から経済的な損害賠償を引き出し、貴重な司法資源を効率的に使用しつつ、権利者の権利保護コストを効果的に抑制低減した。本件は、寧波市中級法院 2021 年 10 大知的財産権司法保護革新事例、北京商標協会 2021 年度商標訴訟 10 大代表事例、浙江省検察院知的財産権保護代表事例、余姚法院知的財産権刑事代表事例に選出されている。

【事案の概要】

　　アンドレアス・スチール AG ＆カンパニーKG(以下「スチール社」)は 1926 年にドイツ法に基づいて設立されて存続する国際企業グループ、世界的な造園および建設業界用の工業動力道具メーカーである。スチール社は 2000 年 9 月 14 日、第 7 類「チェーンソー（機械）およびその部品（ソーチェーンなど）」商品で第 1445026 号商標「_STIHL_」の登録を受けた。

　　（第 1445026 号商標 _STIHL_　以下「STIHL」と記載）

　　スチール社の長期的な使用および広範な宣伝の結果、第 1445026 号商標「STIHL」は行政機関、司法機関により、チェーンソー（機械）などの商品の馳名商標として何度も認められている。スチール社は中国において、「STIHL」ブランドのソーチェーンの模倣行為から自らの合法

的な権利利益を守るため、毎年多くの資源を投じている。

　製造業が発展している浙江省には、チェーンソーおよびその部品であるソーチェーンのメーカーが非常に多く集まっている。本件の魯某君および同人が支配する寧波某鋸鏈科技有限公司はチェーンソー業界関係者であり、魯某君はソーチェーン業界の専門家として、国内外のソーチェーンブランドおよび業界の発展状況に精通しており、「STIHL」ソーチェーンブランドの知名度およびその商業的価値については当然よく認識していた。魯某君は2003年にソーチェーンを生産販売する会社を設立した。魯某君らは不当利得を得るため、2014年から「STIHL」ブランドのソーチェーンの模倣品の製造を開始した。魯某君が経営する余姚某道具有限公司は2014年、「STIHL」ブランドのソーチェーンを模倣したために、市場規制当局から行政処罰を3回受けた。魯某君および同人が支配する寧波某鋸鏈科技有限公司、魯某嫂、魯某棟は2020年1月8日、「STIHL」ブランドのソーチェーンの模倣品を製造したことにより、刑事訴追を受けることとなった。

　余姚市人民検察院は2021年3月29日、登録商標模倣罪で寧波某鋸鏈科技有限公司および魯某君、魯某嫂、魯某棟につき公訴を提起するとともに、各被告人（被告人会社）に認罪認罰従寛制度（罪を認め、処罰を受け入れた者は寛大な処分とする制度——訳注）を適用し、法院に求刑を行った。余姚市人民法院は同年4月9日、本件の審理を開始し、検察のすべての求刑を採用し、附帯私訴原告の請求と併せ、登録商標模倣罪で寧波某鋸鏈科技有限公司を罰金12万元、魯某甲ら被告人3名を懲役2年から3年に処する判決を下した。いずれも執行猶予を適用し、罰金を科した。また、寧波某鋸鏈科技有限公司に対しては、原告アンドレアス・スチールAG＆カンパニーKGに経済的な損害50万元を賠償するよう命じた。

　一審判決が下されると、双方はいずれも控訴しない旨の意思を示し、判決はすでに確定している。

【解説】

　知的財産権附帯私訴ではこれまで、知的財産権者の権利保護に必要な時間・コストが過大になりやすい割に、最終的な権利保護効果に乏しいといった問題が未解決のままで、貴重な司法資源を浪費し、各方面に利

益となる社会的効果をあげられずにいた。万慧達が担当した浙江省最初の知的財産権附帯私訴事件での成功は、上記の不足を補うものであり、附帯私訴の必要性および有効性が十分に示されることともなった。

1. 最新の司法動向に即した対応

　知的財産権保護の総合的な強化は国家意思となっている。中国共産党中央弁公庁・国務院弁公庁は 2018 年 2 月 27 日に「知的財産権審理分野の改革革新をめぐる若干の問題についての意見」、2019 年 11 月 24 日に「知的財産権保護の強化についての意見」を発表し、「知的財産権訴訟制度を整備し、知的財産権侵害行為への懲罰を厳格化し、権利保護コストを低減し、制度的制約を強化し、知的財産権の厳格な保護に向けた政策的方向性を確立する」よう求めた。最高人民法院・地方高級人民法院はすぐさま、国の知的財産権保護強化政策を積極的に展開するための司法意見を発表した。最高人民法院は 2020 年 4 月 15 日付の「知的財産権司法保護の総合的な強化についての意見」において、「『三審合一』の審理体制の整備を推進し、知的財産権刑事・行政・民事交錯事件を適切に処理し、知的財産権司法保護の全体の効果を向上させる」よう求めた。浙江省高級人民法院は 2021 年 1 月 18 日付の「知的財産権司法保護の総合的な強化の実施についての意見」において、「法に基づく附帯私訴提起を権利者に促す」ことを強調した。

　知的財産権の厳格な保護の流れが強まる中、万慧達はこれに対応し、スチール社の代理人として附帯私訴を適切に活用し、権利保護を実現した。

2. 権利保護手段の積極的な拡大と効果的な統合

　知的財産権の保護手段には、行政手続き、民事手続き、刑事手続きがある。上記 3 つの権利保護手段は互いに独立し、それぞれに長所と短所がある。行政手続きは比較的迅速に権利侵害行為を停止させることができるものの、権利侵害者に科される懲罰は刑事手続きほど重くなく、経済的補償がなされることも少ない。民事手続きでは、権利侵害者に対し、権利者の経済的な損害を賠償するよう命じることができる。しかし、権利者は権利侵害行為保全に要するコストを単独で負担しなければならず、判決確定後の契約の履行・執行にも一定の不確実性があり、懲罰も刑事手続きほど重くならない。刑事手続きは懲罰が最も重く、抑止効果も最も強くなるものの、捜査、送致・公訴提起、審理の 3 つの手続きを経る必要があり、権利保護の実現に必要な期間は長くなる。経済的な損

害賠償も受けにくく、刑事手続きで罰金を支払った権利侵害者は、その後の民事手続きではすでに賠償能力を失っていることもままある。附帯私訴では、上記３つの権利保護手段の不足をうまく補いつつ、期待される懲罰効果を実現することが可能である。さらに、権利者が受ける経済的な損害賠償もかなりの程度保証され、罰金を支払った権利侵害者が経済的な損害賠償能力を失っていても、罰金を主張することで損害賠償金の支払いを先行して受けることができる。

魯某君らの登録商標模倣事件においては、万慧達は新たな権利保護手段を活用して附帯私訴を提起し、刑事手続き、民事手続きの２つの権利保護手段を効果的に組み合わせ、魯某君らの刑事責任とともに魯某君が支配する寧波某鋸鏈科技有限公司の民事責任を追及し、刑事責任と民事責任とを統合し、権利侵害者への懲罰、抑止効果を大きく高めた。また、スチール社に早期に経済的な損害賠償をもたらし、より効果的にスチール社の利益を守った。

3. 権利者の権利保護コストを効果的に抑制低減

知的財産権者が第三者に権利保護を依頼する場合、行政手続き、民事手続き、刑事手続きのいずれにおいても依頼料を、刑事事件後の民事訴訟を含む民事手続きにおいては法院に申立手数料を支払う必要があり、しかも訴額が多いほど申立手数料も高額になる。民事上の権利侵害訴訟を単独で提起する場合には、さらに権利侵害行為保全措置費用の支払いも求められる。附帯私訴は刑事手続きと民事手続きを１つの手続きに併合する制度であり、権利保護の実現に必要な期間は短くなる。その分、権利者が負担する依頼料は少なくなり、附帯私訴の申立手数料を支払う必要もない。

魯某君らの登録商標模倣事件においては、万慧達は附帯私訴を提起することで、権利保護の実現に必要な期間を短縮するとともに、スチール社の権利保護費用を抑制し、権利保護コストを効果的に低減した。

4. 社会的便益を最大化

前述のように、附帯私訴は司法手続きにより刑事と民事という２つの司法手続きにおける法的問題を解決し、権利者の合法的な権利利益をより有効に保護し、権利保護コストを効果的に低減し、権利侵害者により重い懲罰を科し、貴重な司法資源を効率的に使用しつつ、各方面に利益となる社会的効果をあげ、社会的便益の最大化を図るものである。

第二節　反不正競争法関連事案

第1　反不正競争による悪意ある商標冒認登録の規制およびコスト低減

　本件は、中国において悪意ある冒認登録の取締りが進む中で発生した直近の代表事例である。法院は本件において、商標の悪意ある冒認登録行為は不正競争に当たると認定し、権利侵害者に対して権利者の権利確定のための合理的な費用を支払うよう求めるとともに、権利侵害者の類似商標の維持および出願を禁じた。これは権利者による権利保護の効率向上、権利保護に要するコストの低減につながるものである。

【事案の概要】

　原告株式会社MTGは1996年に日本で設立された、主に美容機器などを開発する会社である。当該会社は2012年に中国に進出し、ReFa（黎珐）ブランドで美容機器、美容ローラー、ドライヤーなどの商品の生産・販売を手がけている。

出典：株式会社MTGのHP　https://www.mtg.gr.jp

　被告1ないし5の主体は、いずれも同一の自然人が相互に株式を保有し、経営幹部を務めており、人員上の重複性が高く、密接な関係性を有していた。各被告は、原告商標権の侵害および不正競争行為において分業し、相互に緊密に協力し合う体制を構築していた。被告1・浙江朴素電器有限公司は権利侵害ドライヤー、美顔器を生産、被告2・寧波市致

知電器有限公司は権利侵害ドライヤー、美顔器を販売し、被告3ないし5・寧波奇才控股有限公司、寧波全度網絡科技有限公司、寧波吉登電子科技有限公司は他の被告の権利的基礎として、複数の区分で商標「ReFa」「黎珐」を大量に冒認登録していた。

原告は、各被告を相手方とした民事訴訟を提起する前に、被告3ないし5の商標につき大量の異議を申し立て、無効審判を請求した。国家知識産権局は、被告3ないし5の商標登録行為は信義誠実の原則に反し、商標登録秩序を乱すものと認定し、被告3ないし5の「ReFa/黎珐」商標の登録を拒絶または無効とする審決または裁定を行ったものの、各被告はその後も商標権の侵害および商標の冒認登録行為を続けていた。

原告株式会社MTGは2022年末、被告1ないし5を相手方とした商標権の侵害および不正競争に係る訴訟の提起を万慧達律師事務所に依頼した。原告は被告1、2に商標権の侵害行為は、被告3ないし5に商標の冒認登録による不正競争行為の差止めを求めた。また、被告5社に対し、(1)商標権の侵害(2)異議申立て・無効審判請求などの行政手続きの費用(3)本件の合理的な費用等の経済的損害を連帯して賠償するよう求めた。行政手続きでは、異議申立て・無効審判請求29件、7区分の商標「ReFa」「黎珐」拒絶査定不服審判、行政訴訟、追加登録につき費用を支出していた。

寧波市鄞州区人民法院は2023年12月28日、一審判決（（2023）浙0212民初4045号）を言い渡し、被告1ないし5の共同権利侵害行為を認定した。被告1、2の行為は商標権の侵害行為は、被告3ないし5の行為は投機的商標行為に当たり、原告ブランドの営業上の信用を利用して不正競争を行う意図があり、信義誠実の原則に反し、競争秩序を乱し、原告の利益を害し、不正競争を構成すると認めた。一審法院は被告1、2に対しては商標権の侵害の即刻停止、被告3ないし5に対しては原告株式会社MTGの商標「ReFa」「黎珐」と同一または類似の商標の出願の即刻中止、既出願商標の取下げ、既登録商標の取消しを行い、被告1ないし5に対しては経済的な損害および合理的な費用65万元を共同で賠償するよう命じた。

判決が下された後、双方はいずれも控訴しない旨の意思を示し、判決はすでに確定している。損害賠償金はこれまでにすべて支払われ（財産保全が行われた）、残りの類似商標の取消しおよび取下げも行われている。

【解説】

一．商標の冒認登録行為の「反不正当競争法」による規制の法的検討

（一）商標の冒認登録において「反不正当競争法」による救済を求める必要性

　冒認者による商標の冒認登録には、一般に次の３つの形態がある。1) 商標の冒認登録後に実際に使用する。最も一般的な形態であり、この場合、権利者は冒認登録された商標を排除した後に商標権侵害訴訟を提起することができることが多い。冒認出願人の冒認登録行為は通常、商標権の侵害行為の悪意の形態として併せて検討され、損害賠償額の算定に影響する。2) 商標の冒認登録後に権利を侵害したとして権利者を相手方とした訴訟を提起する。「歌力思」事件、「古北水鎮」事件[18]はいずれもこの形態であった。「古北水鎮」事件では、北京知的財産法院は悪意ある登録、商標権濫用行為が不競法（反不正当競争法）第２条に反し、不正競争に当たると判断した。3) 商標の冒認登録行為のみで実際に使用せず、権利者を相手方とした訴訟を提起することもない。この場合、直接的な損害は被らないように見えるが、実質的には権利者の資源が占有されることで真の権利者の商標登録が妨げられ、さらには冒認者が利得を得るために売却する可能性がある。したがって、上記のいずれの態様であっても、権利者の合法的な権利利益を実質的に侵害し、権利者に悪影響を及ぼしていることには変わりがない。

　これに先立ち国家知識産権局が公開した商標法（法案）第83条の「悪意ある冒認登録の民事損害賠償」条項では、「悪意ある商標登録出願により他人に損害を与えた場合には、当該他人は人民法院に訴訟を提起し、損害賠償を請求することができる。損害賠償額は、当該他人が悪意ある商標登録出願行為を停止させるために支払った合理的な費用以上とする」と規定されている。

　しかし、現行の商標法においては、権利者は法条に基づいて商標の冒認登録に対する異議申立て・無効審判請求などの排除措置を講じることしかできない。また、国家知識産権局も登録不許可の判断・無効審決を下すことしかできず、冒認者に他の法的責任を負わせることはできない。これはすなわち、権利侵害者が冒認登録行為をした場合に受ける懲罰は

---

[18] 参考事例：北京知的財産法院（2021）京73民終4553号判決

商標登録不許可または無効審決だけで、損害賠償などの責任を負う必要はないということである。権利者が商標の冒認登録に対抗するために支払ったコスト、受けた損害については、商標法による救済を直接に受けられない。一方、事業者としての合法的な権利利益は、単純な冒認登録および悪意ある冒認登録により実質的に害されている。こうした場合、「反不正当競争法」による救済を求める必要性が生じる。

（二）「反不正当競争法」により商標の冒認登録を規制する場合の適用条項および構成要件

不競法は行為規制法であり、規制する行為および保護する権利利益は多様である。不競法第1条では、事業者または消費者の合法的な権利利益を侵害する行為はすべて、不正競争行為に当たる可能性があるとされる。

悪意ある商標冒認登録行為については、不競法では明示的に規定されていない。法律条項および法院の判例に従えば、不競法第2条の原則的規定を主な根拠とすることができる。不競法第2条では、「事業者は、事業活動において、自由意思、平等、公正、信義誠実の原則に従い、法律及び企業倫理を遵守しなければならない。この法律において不正競争行為とは、事業者が事業活動において、この法律の規定に反し、市場競争秩序を乱し、他の事業者又は消費者の合法的な権利利益を害する行為をいう」と規定されている。

原則的規定である不競法第2条の適用には、厳格な基準が設けられている。冒認登録行為が不正競争に当たるかどうかを判断する場合、通常は権利侵害の責任における過失責任の4つの要件（主観的な過失、不法行為、損害の結果、因果関係）による。また、双方に競争関係があったかなども考慮する必要がある。本件においては、寧波市鄞州区人民法院も上記の各要件について検討を行い、最終的に各被告の冒認登録行為が不正競争に当たると認定している。

競争関係について：原告およびReFaブランドは美容家電業界において一定の知名度を有していた。各被告の事業内容は家庭電器製造、家庭電器部品販売、美容機器卸売などであり、原告と各被告は競争関係にあった。

主観的な過失および不法行為について：法院は、各被告が2014年8月から商標「REFA」「黎珐」を登録出願し、2017年から前記商標の大規模な登録出願を開始し、2020年8月時点で15の商品・役務区分において前記商標を計52件登録出願していた。原告の「ReFa'」「黎珐」

などの商標が中国の家庭用美容機器業界において一定の影響力を有する中で、各被告は原告商標との類似性の程度が極めて高い商標を大量に登録出願し、かつ、商標登録の意図およびデザインの出所について合理的な説明をしておらず、原告商標を故意に模倣、盗用する意図があった。被告3名の出願商標の区分および数を見れば、その事業の正常な運営上の必要性を明らかに超えており、被告3名には投機的商標行為、原告ブランドの営業上の信用を利用した不正競争の意図があった。

損害の結果および因果関係について：被告の上記行為の結果、原告の正常な運営のために登録出願を必要とする商標「ReFa」「黎珐」は、被告の先行登録商標と抵触するものとして登録を拒絶され、原告は自らの合法的な権利利益を守るため、被告登録商標に対する異議申立て・無効審判請求を行い、自らの登録出願商標につき不服審判・行政訴訟手続きを行い、多額の依頼料を支出せざるを得ず、客観的に原告に経済的な損害が生じた。当該行為は信義誠実の原則に反し、公正競争による市場秩序を乱し、原告の合法的な権利利益を害するものであり、不正競争行為を構成する。

（三）不競法による商標の冒認登録行為の規制事例

2023年末までに、多くの法院が民事事件において商標の冒認登録行為が不正競争を構成すると認定している。その一部を以下に整理した。

事件番号	法院	適用法条	判決の概要
(2017) 滬0112民初26614号 判決日：2020年9月25日	上海市閔行区人民法院	不競法2条	分析：被告が特定の区分において「徳碧然徳」などの原告登録商標と同一、類似の商標を、悪意により冒認登録した行為は、商標異議申立手続きなどを濫用し、信義誠実の原則および一般に受け入れられている企業倫理に反し、市場競争秩序を乱すものであり、原告の2つの合法的な権利利益は当該競争行為により実際に害されている。したがって、被告の行為は反不正当競争法第2条に規定する不正競争行為の要件を完全に満たしており、その違法性を認め、被告に相応の民事責任を負わせることが妥当である。 判決：損害賠償額の算定においては、被告の悪意の商標冒認登録などの不正競争行為により碧然徳社に生じた直接的な経済的な損害を考慮した。

（2021）閩民終 1129号 判決日：2021年 9月27日	福建省 高級人 民法院	不競法2条	分析：和美泉社などの商標の冒認登録行為は、善意の、かつ正常な営業活動または自らの知的財産権を維持するために必要なものであったと認めることはできず、明らかな投機的商標により利得を得る行為に該当し、かつ、各被告は冒認登録した商標を会社ウェブページなどの営業活動に使用しており、他人の著名なブランドを利用して不正競争などをする意図があると認める。各被告がエマソン社の先行権利を侵害して悪意をもって取得し、商標権を行使した行為は信義誠実の原則、商標登録管理秩序を乱し、公正競争による市場秩序を損ない、エマソン社の合法的な権利利益を害しており、不正競争行為に当たる。 判決：各被告は、判決確定の日からエマソン社の商標「In-Sink-Erator」「愛适易」「in:」「a」と同一または類似の商標の登録出願を直ちに中止せよ。
（2022）閩05民 初1791号 判決日：2023年 7月25日	福建省 泉州市 中級人 民法院	不競法2条	分析：権利者に各被告が登録出願または登録した一部本件商標につき異議申立てまたは無効審判請求を行い、行政手続きおよび行政訴訟の依頼料および手数料などの費用を支出させた各被告の商標登録行為は、「中華人民共和国商標法」などの法律の規定および基本的な企業倫理に反している。本件行為は公正競争による市場取引秩序を損ない、権利者への直接または間接の経済的な損害のほか、行政・司法資源の浪費ももたらしており、「中華人民共和国反不正当競争法」第2条第2項に規定する不正競争行為に当たる。 判決：各被告は、権利者の先行商号、固有の名称、先使用商標などと同一または類似の商標の使用および登録出願を直ちに中止せよ。
（2023）浙03民 初423号 判決日：2023年 12月14日	浙江省 温州市 中級人 民法院	不競法2条	分析：被告は、小米社の「小愛同学」の知名度を知りながら、複数の商品区分で「小愛同学」「小愛同学有大愛」「XIAOAIMATE」などの商標の登録を大量かつ段階的に出願しており、明らかな商標の冒認登録および営業上の信用へのただ乗りの主観的な故意があり、小米社の合法的な権利利益を深刻に損なっている。また、正常な商標登録管理秩序を乱し、公正競争による市場秩序を損なっており、小米社に対する不正競争に当たる。 判決：損害賠償額の算定においては、小米社が商標異議申立て、無効審判請求、行政訴訟などの手続きにおいて支払った権利保護費用を考慮したものの、各被告の商標の冒認登録による不正競争行為を差し止めさせる請求は認められなかった。

(2021) 蘇民終2452号 判決日：2023年12月20日	江蘇省高級人民法院	不競法2条	分析：源時社、行立社が世康社の商標「maskin」「BENBHAL」「必利好」および商号「世康」と同一または類似の商標を登録、使用した行為は、信義誠実の原則および一般に受け入れられている企業倫理に反し、公正競争による市場秩序を損なっており、反不正当競争法第2条に規定する不正競争行為に当たる。 判決：各被告は、本件不正競争行為（商標の冒認登録行為を含む）を直ちに停止せよ。
(2023) 浙0212民初4045号 判決日：2023年12月28日	浙江省寧波市鄞州区人民法院	不競法2条	分析：各被告の商標「ReFa」「黎珐」の冒認登録行為は、信義誠実の原則に反し、公正競争による市場秩序を乱し、原告の合法的な権利利益を害しており、不正競争行為に当たる。 判決：原告株式会社MTGの商標「*ReFa*」「黎珐」と同一または類似の商標の登録出願を直ちに差止め、既出願商標を取下げ、既登録商標を取消せ。

二．商標の冒認登録により権利者に生じた権利保護上の課題の解消

（一）禁止命令：ReFa事件の意義

　これまでの権利保護の課題は、単純な盗用・模倣行為が減少する一方、「商標登録」を武器とした複雑な権利侵害が増加するという点にあった。権利保護行為を開始するには、商標権の帰属をめぐる紛争を解決し、冒認登録された商標につき異議申立て・無効審判請求を行う必要がある。中国においては商標登録コストが低いことから、権利侵害者は連続かつ大量に登録出願することがままある。権利者がこれらの商標を排除するための異議申立て・無効審判請求などは、そのコストが商標出願コストよりはるかに高く、費用の補償を受けられることはほとんどないという、非対称的な消耗戦となる。

　実際には、悪意ある冒認登録への司法的対応が厳しくなる中、民事判決の多くで、原告の権利確定コストを合理的な費用と認め、被告に支払いを命じる判断が示されている。しかし、被告が冒認登録により保有し、または出願中の商標については、審理の対象とされることは少なく、原告には権利確定のための行政手続きにより解決するよう求められるのが一般的である。例えば、一．の（三）で取り上げた事例のように、たとえ商標の冒認登録行為が不正競争に当たると認められても、権利者の冒認者の商標の冒認登録行為差止請求は認められなかったり、被告の商標

冒認登録行為を即刻差止めを求めるのみで、冒認者の出願・登録済み商標につき併せて判断を示すことはなされなかったりすることがある。

こうした場合、権利者には、権利確定―民事訴訟―損害賠償という新たな権利保護サイクルを始動させることが求められる。権利者は、たとえ民事判決で主張が認められたとしても、商標の大量の冒認登録排除のため、さらに苦心を重ねる必要があるのである。一方、権利侵害者の商標の冒認登録および維持コストは極めて低く、形式上は有効な商標の冒認登録により、原告の権利行使に対抗することが可能である。非対称的な消耗戦が続けば、多大な司法資源・行政資源を浪費し、原告および消費者の正当な利益が害されることとなる。

本件においては、寧波市鄞州区人民法院は被告に出願を取下げ、登録した類似商標を取り消すよう命じる判決を下した。こうした権利確定手続きのための合理的な費用の補償以外にも、商標主管当局は多くの確定決定で、禁止命令により権利侵害者の類似商標の登録維持を禁じる判断を示している。これは、権利者による権利保護の効率向上、前記問題の解決に資するものである。前述のように、原告および法院のフォローアップにより、被告はすでに国家知識産権局に対し、他の悪意ある商標冒認登録の取消しを申し出ている。

しかし、こうした禁止命令は結局、法院の民事判決と国家知識産権局の行政手続きとの連携によるものである。被告が他の商標の冒認登録の取下げ・取消しに応じない場合、決定の履行を迫る他の手段はあるのであろうか。例えば、当該商標出願の「取下げ・取消し」についてのみ強制執行を申し立てることは可能であろうか。強制執行を申立てても相手が履行に応じない場合、これを高額消費被制限者名簿に加えることは可能であろうか。確定判決を根拠として、登録済みの商標を無効としたり、出願中の商標を拒絶したりするよう国家知識産権局に求めることは可能であろうか。当該主体を被拒絶者名簿に加え、これが権利者と同一または類似の商標の登録を出願した場合に拒絶理由とすることは可能であろうか。これらについては、今後の具体化が待たれる。

（二）検討：商標行政事件において経済的手段により悪意ある登録を規制する可能性

冒認登録をめぐる問題に関しては、実務においてこれまでも「行政附帯私訴」の可能性について議論されてきた。これは、悪意をもって冒認

登録された商標につき異議申立て・無効審判請求を行った商標行政事件において、民事損害賠償請求も併せて行い、権利保護費用の補償を冒認登録者に求めるというものである。しかし、その後、この取り組みが推進されることはなかった。

筆者としては実際に、悪意ある冒認登録に対しては、禁止命令よりも行政附帯私訴の方が、経済的かつ効果的な手段だと考えている。

明らかに悪意のある登録行為に経済的懲罰を加えようとする場合、当事者が主張する必要がある。当事者がこうした事件を行政手続きによらず、民事訴訟によるとすれば、当事者の訴訟上の負担、法院の審理上の負担は増大する。行政附帯私訴において損害賠償請求を行う場合、当初こそ行政審理業務は少し増すであろうが、商標行政権利確定事件の審理を担当する北京知的財産法院は、「三審合一」による審理体制の推進者であり、行政事件において当事者間の民事紛争を併せて解決する能力を有する。さらに多額の損害賠償により、悪意ある冒認登録行為を抑制し、大量の冒認登録を根源から減少させることが可能であり、長期的に見れば、商標紛争、商標行政訴訟事件の数を減らすうえで大きく益することとなろう。

また、商標行政事件は非伝統的行政訴訟事件ではなく、その背景には莫大な民事上の利害の奪い合いが存在する。商標権は民事的な権利であり、ここに知的財産権の特殊性がある。したがって、商標行政事件は民事紛争を伴う非伝統的行政訴訟事件である。こうした特殊な事件においては、実際の状況に応じて司法の刷新および改善を進め、司法手段の調整作用をよりよく発揮させ、商標管理秩序の適正化と維持を促し、商標審理分野において信義誠実の原則による司法の方向性を十二分に示す必要がある。

中国においては現在、商標法の第5次改正が進むなど、商標の悪意ある冒認登録の取り締まりが強化されている。冒認登録を根絶し、悪意ある商標登録を取り締まり、公共の利益の重要性を訴えることが、今回の改正の最優先課題となっている。悪意ある訴訟への反訴提起、検察に国家・公共の利益を害する権利侵害行為につき公益訴訟の提起を認めるなどの制度により、悪意ある商標冒認登録、悪意ある権利保護および権利侵害行為の規制および対策はさらに進んでいくこととなろう。

冒認登録により権利を侵害された企業には、自らの商標の確実な登録を確保しつつ、冒認登録者に毅然として「NO」を突きつけ、異議申立て・無効審判請求などの権利確定手続きおよび行政・民事などによる権利保護を積極的かつ速やかに進めていくことが求められる。悪意ある冒認登録に対応するに当たっては、権利者自身の権利を守ることが最も重要な前提となる。各方面が努力を尽くせば、商標がただ乗りにより利得を得る道具としてではなく、製品の出所を識別するための機能を取り戻し、自らのブランドの商標登録を本当に必要とする市場主体の商標保護を実現することができると確信している。

第2 商標の冒認登録をめぐる紛争—ウェイクワード「小愛同学」に法的な保護が認められた事件

　本件は、人工知能音声ウェイクワードに係る権利利益の保護をめぐる代表的事例である。本件判決では、使用により一定の影響力を獲得したウェイクワードは反不正当競争法保護の合法的な権利利益に該当すると認め、他人のウェイクワードの悪意ある冒認登録、権利の濫用を効果的に制限し、革新的企業のブランドの営業上の信用を十分に保護する判断が示された。本件は、2023 中国法院 10 大知的財産権事件、浙江省高級法院 2023 年度 10 大知的財産権代表事例に選出されている。

【事案の概要】

小某科技有限責任公司は 2017 年 7 月に「小愛同学」をウェイクワードとする最初のスマートスピーカーを発売し、その後もスマートフォン、テレビなどの製品に「小愛同学」をウェイクワードとする人工知能音声対話エンジンを搭載していた。陳某は 2017 年 8 月から 2020 年 6 月までの間、複数の商品区分において「小愛同学」などの 66 件の商標を登録出願した。その後、陳某の「小愛同学」商標権の侵害差止めを求める警告書を小某科技有限責任公司の関連会社に送付し、深セン市雲某科技有限公司とともにスポーツウォッチ、目覚まし時計などの商品に「小愛同学」商標を使用し、ともに製品宣伝文句を公開した。小某科技有限責任

公司は、陳某、深セン市雲某科技有限公司の行為が不正競争に当たるとして、不正競争行為の差止め、小米社の経済的な損害500万元の賠償を命じるよう求める民事訴訟を温州市中級法院に提起した。

　法院は審理の結果、次のような判断を示した。小米社の「小愛同学」をウェイクワードとする人工知能音声対話エンジンの名称および人工知能音声対話エンジンを搭載したスマートスピーカーの商品名称は、一定の市場影響力および知名度を有する。モノのインターネット（IoT）技術の広範な利用にともない、「小愛同学」は複数の区分の大量の商品において使用されるようになり、極めて高い市場価値を獲得している。したがって、「小愛同学」は反不正当競争法の保護の対象となる。陳雄が小米社の「小愛同学」の知名度を知りながら、直近の3年間に21の区分において「小愛同学」に係る商標の登録を大量に出願したことは、正常な営業上の必要性を明らかに超えている。また、その関連会社が京東社（JD.com）のスマートブランドと同一の「小京魚」「京魚座」などの商標を大量に登録したことには、商標の冒認登録および営業上の信用にただ乗りする明らかな故意があり、小米社の合法的な権利利益を害し、正常な商標登録管理秩序を乱し、公正競争による市場秩序を損なうものであり、小米社に対する不正競争に当たる。陳雄が小米社の関連会社に警告書を送付した行為も、不正競争行為に当たる。

　また、損害賠償額の算定に関しては、陳雄により冒認登録された「小愛同学」の関連商標についての小米社の異議申立て・無効審判請求、陳雄の商標登録を原因とする拒絶査定不服審判およびその後の行政訴訟の依頼料・雑費などの費用により小米社に生じた実際の損害を認め、上記な損害、陳雄からの小米社およびその関連会社への警告書送付により正常な営業活動に生じた損害、本件権利保護費用などを総合的に考慮し、陳雄に小米社に対して120万元を賠償するよう命じた。

　万慧達は小米社の代理人として本件を担当した。

【解説】
　人工知能技術およびモノのインターネット技術の進歩にともない、スマート家電業界はますます発展している。テクノロジー大手各社は特定の「ウェイクワード」を設定した人工知能端末を発売しており、多くの「ウェイクワード」が役務の出所を識別する機能を有していることから、

「ウェイクワード」商標を大量に冒認登録する行為が生じている。「ウェイクワード」が民事上の権利利益に該当するとする規定は現行法には存在しない。本件においては、「ウェイクワード」の知名度から、「反不正当競争法」を適用して市場影響力および知名度を有する「ウェイクワード」を保護し、一定の影響力を有するウェイクワードが反不正当競争法により保護される合法的な権利利益に該当することを明確にした。

また、本件判決では、「ウェイクワード」がどの商品・役務区分において保護されるかについても検討している。本件において、小米社は自社のスマートフォン、テレビ、スピーカーなどの複数の製品に「小愛同学」をウェイクワードとする人工知能音声対話エンジンを搭載していた。ユーザーは「小愛同学」と呼びかけることでこれとコミュニケーションし、扇風機、炊飯器、エアコン、掃除用ロボットなどさまざまなスマート家電を操作することが可能であり、スマート家電、スマート交通、スマートラーニングなどさまざまな分野において利用されている。ここから、「ウェイクワード」はモノのインターネット技術の発展にともない、複数の区分の大量の商品において使用されており、人工知能音声対話エンジンを搭載可能な製品との間に関係および識別性が生じ得ることが分かる。

本件判決では最後に、企業が商標を冒認登録された場合に、拒絶査定不服審判・無効審判請求など行政手続き・訴訟のコスト支出を求められるという点に着目し、企業が支払ったコスト・損害の補償の道も開いている。

この種の事件においては、訴訟において「ウェイクワード」が一定の知名度および影響力を有し、かつ、商品・役務の出所を識別する機能を獲得していることの証明が要となるが、これには困難を伴う。したがって、こうした事業を営む企業は、日常的な使用において「ウェイクワード」の知名度に係る証拠を積極的に収集保存しておき、自らの権利を積極的に行使し、冒認登録された商標につき無効審判請求などの手立てを講じるとよい。同一の主体が冒認登録を集中的かつ大量に行っている場合、不正競争を理由とする訴訟の提起を検討してもよいであろう。

付録一

第3 コニャック VS フォード―他人の地理的表示の不正な使用によるコラボレーションマーケティングが不正競争と認められた事件

　　人々の関心が希少性を持つ現代においては、コラボレーションマーケティングにより消費者の関心を引く手法が一般的になりつつある。本件は自動車のコラボレーションマーケティングにおいて他人の著名な地理的表示が不正に使用された事例であり、事案の特殊な態様により示された裁定の精神は、大いに類似事件の参考になると思われる。本件は、2023年度蘇州法院知的財産権司法保護10大代表事例、2023年度フランス製造業者連合優秀事例（Unifab Award）、「商法」の「2023年度傑出取引」に選出されている。

【事案の概要】

　フランス南西部にある COGNAC（一般的な中国語訳は「干邑」）は、フランス産ブランデーの著名な地理的表示として、代当該地域のコニャックブランデーに固有の品質を示すものである。ヘネシー、マーテル、レミーマルタンに代表されるコニャックの売上は、洋酒市場において上位にあり、高消費層にとって重要な選択肢となっている。フランスでは 1987 年に法律に基づき、民事訴訟などによりコニャックに係る権利利益を保護することを目的として、フランスコニャック協会（以下「BNIC」）が設立された。国家質量監督検験検疫総局は 2009 年 12 月 16 日、中国と欧州連合が 2005 年に締結した「地理的表示に関する了解覚書」に基づき、フランス農業・食料・漁業・農村省の推薦を受け、「国家質検総局は、『地理的表示産品保護規定』に基づき、我が国におけるフランスコニャック協会によるコニャックの地理的表示の保護出願を審査した結果、本日よりコニャック（Cognac）を地理的表示として保護することを承認した」と発表した。コニャック（COGNAC）はこうして、中国において正式に保護される最初の外国の地理的表示となった。

　長安福特自動車有限公司は 2018 年、クーガ COGNAC 特別仕様車、ニューモンデオ Eco Boost 180 COGNAC 特別仕様車、ニューモンデオ Eco Boost 200 COGNAC 特別仕様車、トーラス COGNAC 特別仕様車

の３車種４車型の自動車を発売した。福特汽車（中国）有限公司は公式ウェブページにおいて、これらの自動車を宣伝し、当該ウェブページから試乗を予約できるようになっていた。

（巻末カラーページ参照）

　フォード社中国法人は公式ウェブページにおいて、「ヨーロッパ的センスをそのままに……デザイナーはコニャックの洗練された上品なたたずまいをフォード車に……COGNAC 特別仕様車、ノーブルな外観に秘めた人生の味わい」とうたう宣伝文を掲載した。宣伝文ではこのほか、車両購入者には抽選で「ヨーロッパコニャックツアー」が当選するとうたっていた。関係証拠によれば、被告は車両購入者のうち 10 名にフランスコニャックツアーを贈呈し、当該ツアーについては「コニャックの魅力を感じる」「コニャック探訪の旅」であると宣伝していた。

　また、汽車の家、捜狐網などのプラットフォームにおいて、本件自動車につき「ブランデーがすべて『COGNAC』と呼ばれるわけではありません。」「コニャックブランデーの口当たりはブランドごとに全く異なります。例えば、ヘネシーのコニャックブランデーは芳醇で上品な口当たりが特徴で、レミーマルタンのコニャックブランデーは純粋でやさしく、香りは濃厚で色合いも鮮やかです。マーテルのコニャックブランデーは使用されるぶどうにより 4 種類の異なる口当たりを楽しめます…トーラスとヘネシーの上品さ、モンデオとマーテルの『変化』、レミーマルタンとクーガの落ち着きが互いに引き立て合っているようです。ひょっとすると、これが特別仕様車を発売し、『Cognac』の名を冠した理由な

のかもしれません。『Cognac』とはコニャックのこと。高級酒のように味わい深く、内に秘めた最高の品質をお届けします。」という宣伝文を掲載していた。

　原告は本件行為を確認した後、被告に警告書を送付して不正競争行為の差止めを求めたものの、被告は原告の要求を拒絶する回答を行った。ここにおいて原告は、被告に自動車製品および関係自動車製品に「干邑」「COGNAC」の名称を冠して色彩を組み合わせる不正競争行為の差止めを命じ、損害賠償責任を負わせることを求める民事訴訟を法院に提起した。

【法院の判断】

　本件は、蘇州市中級人民法院において一審、江蘇省高級人民法院において二審がすでに終結している。法院は被告の行為が不正競争を構成すると認定した。主な判決理由は次のようなものであった。

一．地理的表示の保護は反不正当競争法による救済を受けることができる

　「反不正当競争法」は行為規制法であり、第1条において多元的な立法趣旨（競争秩序を維持し、事業者とともに消費者を保護する）について説明している。したがって、競合会社、他の事業者または消費者の権利を侵害する行為は不正競争行為になり得る。したがって、本件における被告が企業倫理または信義誠実の原則に反してその地理的表示を侵害したとするコニャック協会の主張、被告の不法行為差止め、損害賠償の請求に法的障害はなく、地理的表示の保護につき反不正当競争法による救済を受けることができることは明らかである。TRIPS協定第22条では実際に、こうした問題について「地理的表示に関して、加盟国は、利害関係を有する者に対し次の行為を防止するための法的手段を確保する。……（b）1967年のパリ条約第10条の2に規定する不正競争行為を構成する使用」と明確に規定されている。中国はTRIPS協定の加盟国であり、反不正当競争法の枠組みのもとで地理的表示を法的に保護することは、条約の義務でもある。

二．「干邑」「干邑棕（コニャックブラウン）」が一般に慣用された普通名称であることを示す証拠が不十分である

　本件においては、「干邑」「干邑棕」が一般に慣用された普通名称であることを証明するため、被告から個別の海外ウェブページの製品スク

リーンショット、少数の国内ウェブページの個別商品のスクリーンショットが提出された。しかし、これらの証拠の一部は域外ウェブページのものであり、中国の関連公衆間の知名度を示すものではない。一部ウェブページの内容に対してはコニャック協会から侵害的な使用の可能性があると指摘されている。また、上記証拠は数が非常に少なく、全国的な関連公衆の認知度を基準とすれば、「干邑」「干邑棕」が一般に慣用された普通名称であることを示すには全く不十分である。

三．双方は業界こそ異なるものの、競争資源を奪い合う競争関係にある

自らはコニャック協会とは異なる業界に属し、競争関係にないとするフォード社中国法人、長安福特社の主張は、競争関係を曲解したものである。本件においてコニャック協会と被告2社との間に競争関係があったか否かは、被告がコニャック協会と同一の業界に属するか否かではなく、被告が不正な手段により競争優位性を獲得したか否かにより判断すべきである。本件において、コニャック協会は主にブランデー業界、フォード社中国法人および長安福特社は主に自動車業界に属しており、両者間には製品の直接的な代替関係こそないものの、競争資源を奪い合う競争関係にある。競争資源には、消費者の関心、業種間の連携の機会などが含まれる。

四．被告の行為は不正競争に当たる

1．被告の行為は不当である

関係証拠によれば、被告2社が自動車内装の色彩としてコニャック（Cognac）を使用したことは、色彩使用上の必要性を超え、コニャック（Cognac）の名声を不正に利用して自らの製品イメージを高め、コニャック製品と同程度に高い被告2社の自動車の品質および洗練された印象を潜在消費者に植付けようとするものであったことが認められる。その顧客もコニャック製品を日常的に消費する高消費層であり、これをもって他の競合会社をしのぐ優越的地位および販売機会を得ようとするものであった。被告2社のこうした行為は、一般に受け入れられている企業倫理に反し、反不正当競争法に定められている自由意思、公正、信義誠実の原則に基づく市場競争秩序を損なうものである。

コニャック（Cognac）の関連公衆には高消費層が含まれ、被告2社のフォード自動車消費者とは一定の重複性がある。フォード社中国法人、長安福特社の上記行為は、関連公衆を誤った方向に導き、本件3車種4

車型の自動車とコニャック協会との間に何らかの関係があり、関連公衆に被告とコニャック協会との業務提携によるものとの誤認を生じさせるに足るものである。地理的表示としてのコニャック（Cognac）は主にブランデーを指すが、産業が多様化する現代においては、異業種の業者との提携および多角化経営は一般化しつつあり、フォード社中国法人、長安福特社が「干邑」および「COGNAC」を使用した行為は、関連公衆に混同を極めて容易に生じさせるものである。当該行為が「干邑」の営業上の信用を不正に利用して行われ、コニャック商品であり、またはコニャックとの間に何らかの関係があるとの誤認・混同を生じさせるに足る行為であることは明らかであり、不正競争に当たる。

2. 被告の行為は原告に損害を与えており、「他人の利益を害さずに自己の利益を図る」行為ではない

(1) 普通名称化の可能性の増大：被告2社の本件行為は、コニャック（Cognac）地理的表示の普通名称化の可能性を増大させている。「海外地理的表示産品保護規定」第33条第2項では、「国家知識産権局は、中国本土において保護される海外地理的表示産品が中国本土内において普通名称に該当し、又は普通名称に転化した場合には、その登録を取り消す。」と規定されている。被告2社は3車種の名称および自動車内装の色彩にコニャック（Cognac）を無断で使用し、インターネット上で大規模に宣伝しており、コニャック協会のコニャック地理的表示の普通名称化の可能性、コニャック協会の地理的表示登録が取り消される可能性を増大させ、コニャック協会によるコニャック地理的表示に対する長期的かつ大規模な投資および努力を害することは明らかである。二審法院は、本件における普通名称化の可能性を重点的に検討し、これが重要な「利益衡量」要素であると強調している。

(2) 異業種の業者との業務提携機会の剥奪：フォード社中国法人、長安福特社は自らの製品イメージを向上させるため、悪意をもって「干邑」の名声にただ乗りし、コニャック協会とは実際には関係のない本件自動車を「干邑特別仕様車」と名づけ、コニャックブラウンの内装および不正な大規模宣伝により、消費者に本件自動車がコニャック協会の高級ブランデーと同程度の個性および特性を有するとの誤認を生じさせ、他の事業者をしのぐ競争優位性および販売機

会を不正に得ようとしたものである。市場競争が熾烈化する中、異業種間の相互接続・交流が進み、異業種の業者との業務提携は世界的な流れとなっているが、コニャック協会がコニャックの良好な営業上の信用を利用して他の高級自動車メーカーと協業する機会およびコニャック協会が享受するはずであった商業的利益が、被告2社の行為により奪われたことは明らかである。

(3) 原告の製品イメージの低下：被告がコニャック協会に与えた損害には、コニャック（Cognac）の製品イメージの低下もある。コニャック地理的表示産品には高級な製品イメージがあるのに対し、本件自動車は販売価格12万元の低価格帯の車種であった。被告2社は、コニャック協会の同意なく無断でコニャックの名称を低価格帯の車種に冠して宣伝しており、コニャック地理的表示産品の市場ポジショニングおよび製品イメージならびにコニャック地理的表示産品のイメージを低下させ、コニャック製品の既存消費者の維持および新規消費者の獲得を妨げ、コニャック地理的表示産品の潜在的販売機会を奪ったことは明らかである。

(4) 「干邑棕」の不正な逆制限による原告の販促費の増大：被告の行為はコニャックブランデーの色彩を不正に逆制限し、コニャック協会の販売機会を奪い、コニャック協会の販促費を増大させている。前述のように、中国の色彩に関する国家規格においては、ブラウン系の色としてのタン、コルク、キャラメル、イエローオーカー、ブラウン、ブリックレッドなどがあるものの、「コニャックブラウン」という色名も、慣用色名も存在しない。実際にコニャックブランデーの色彩は唯一不変のものではなく、光線の具合、各メーカーの醸造技術などにより異なる色彩に変化する。被告2社は「コニャックブラウン」使用により、本件車種に使用されたブラウンのコニャックブランデーだけが純正品であるという紋切り型の印象を関連公衆に与えている。消費者が購入したコニャックブランデーの色彩が特定の光線条件、または異なるコニャックメーカーの醸造技術の違いなどにより本件自動車に使用されたブラウンとは異なっている場合に、消費者は当該コニャックブランデーが純正品ではないと考える可能性がある。これによりコニャック地理的表示とコニャックブランデーとの間にあった対応関係が断ち切られ、または希釈化されれ

ば、コニャック協会の製品販売機会は奪われ、コニャック協会は消費者を説得して被告2社の「コニャックブラウン」使用による悪影響を軽減するために、より多くの販促費を投じざるを得なくなる。

3. 法院は競争法の立法趣旨および競争秩序の維持を強調した

法院は最後に、本件におけるコニャック海外地理的表示の法的権利の保護は権利自体の保護に限定されず、市場主体行為の正当性も考慮することを強調した。反不正当競争法の根本的な目的は、自由意思、公正、信義誠実の原則、および一般に受け入れられている企業倫理に基づく競争秩序を構築、維持し、直接的な競争関係にある事業者間の正当な競争とともに関係市場を含む市場競争秩序全体を維持し、事業者が不正な手段により消費者の「愛顧」を得て他の誠実かつ正当な事業者以上の販売機会を不正に獲得することを禁止することである。上記の検討に基づき、フォード社中国法人および長安福特社の行為に否定的な評価を加えるとともに、他の市場主体の行為に法的指針を与えている。

【解説】

筆者が見る限り、本件は反不正当競争法の枠組みのもとで地理的表示の保護につき判断した数少ない不正競争事件であり、コラボレーションマーケティング不正競争事件として詳細に検討するに値するものである。個人的に、本件は次の点に注目したい。

一. 本件の不正競争に関する論述は、国際条約および中国反不正当競争法の立法趣旨および価値志向に沿ったものである。

「工業所有権の保護に関するパリ条約」第10条の2(2)では「工業上又は商業上の公正な慣習に反するすべての競争行為は、不正競争行為を構成する」、TRIPS協定第22条では「地理的表示に関して、加盟国は、利害関係を有する者に対し次の行為を防止するための法的手段を確保する。……（b）1967年のパリ条約第10条の2に規定する不正競争行為を構成する使用」と規定されている。世界知的所有権機関事務局の「不正競争の防止に関するモデル条項」第1条でも、「工業上又は商業上の公正な慣習に反するすべての競争行為又は手段は、不正競争行為を構成する」、中国反不正当競争法でも、第1条で「事業者は、事業活動において、自由意思、平等、公正、信義誠実の原則に従い、法律及び企業倫理を遵守しなければならない」とされ、また第2条では「事業者は、事

業活動において、自由意思、平等、公正、信義誠実の原則に従い、法律及び企業倫理を遵守しなければならない」と規定されている。

　本件においては、被告の行為が競争の自由の合理的な範囲を超えていることは明らかである。被告は宣伝においてコニャックを前面に押し出し、説明および対比によりコニャックを利用して本件自動車と一般の自動車との個性および特性上の違い（例：「トーラスとヘネシーの上品さ、モンデオとマーテルの『変化』、レミーマルタンとクーガの落ち着きが互いに引き立て合っているようです。ひょっとすると、これが特別仕様車を発売し、『Cognac』の名を冠した理由なのかもしれません」）を強調した。当該等行為には、潜在消費者にコニャックと同程度に特異な品質および個性があることを訴え、コニャックの競争資源を不正に利用し、競争優位性および販売機会を不正に獲得する意図があり、一般に受け入れられている企業倫理に反し、自由意思、公正および信義誠実の原則に基づく市場競争秩序を損なうものである。

　被告はさらに、車両を購入すればフランスコニャックツアーに当選する機会があることを宣伝し、かつ、「コニャックの魅力を感じる旅」「コニャック探訪の旅」とうたうフランスコニャックツアーを車両購入者10名に贈呈していた。産業が多様化する現代においては、コラボレーションマーケティングおよび多角化経営は一般化しつつある。本件被告の行為が、本件自動車が原告との業務提携モデルであり、または双方間に他の何らかの関係があることを公衆に容易に誤認させ、他の事業者以上の競争優位性および販売機会を不正に得ようとするものであり、正常な市場競争秩序を損なうものであることは明らかである。

　指摘しておくべきは、本件行為発生時において、COGNAC／コニャックはすでに業界所管当局に地理的表示として保護され、かつ、国内において広範な宣伝および使用を長期的に行っていた点である。当該地理的表示は、本件権利侵害行為発生時において商標所管当局に団体商標登録の審査こそ受けていなかったものの、このことは、その地理的表示のような商業標章が高い知名度および商業的価値を有し、貴重な競争資源を構成することを妨げるものではない。実際に、本件の審理中にCOGNAC／コニャックは商標登録に至っている。したがって、競争資源の奪い合いという観点からは、規定された良好な競争秩序は反不正当競争法の趣旨に適い、他人の競争資源の不正な使用は反不正当競争法の趣旨

に反するものである。

二. **本件行為は原告に複数の損害を与えたが、これらの損害は正当な競争上の損害ではなく、原告が不当に受けた損害である**

普通名称化の可能性に係る損害、異業種の業者との業務提携機会の剥奪、原告の製品イメージの低下、「干邑棕」の逆制限による原告の販促費の不当な増大はいずれも、公正競争秩序によりもたらされた当然の結果ではなく、他人の利益を侵害して自己の利益を図ろうとする被告の不正競争行為により生じた不当な損害である。本件行為は、消費者福利または社会福利の全体的な向上をもたらすことなく、市場競争秩序を乱し、他の事業者および消費者の合法的な権利利益を損なっている。当該等行為に否定的な評価を加えた本件判決は、他の事業者が自由意思、公正、信義誠実の原則および一般に受け入れられている企業倫理に基づく競争秩序を維持し、商取引環境の改善を促進するうえで有益である。

本件判決は、反不正当競争法に関する司法実務をさらに充実させ、コラボレーションマーケティングの適切な制限、健全な市場競争秩序の確立に向けた新たな出発点となろう。

第4　シャネルN°5ボトル包装・装飾の保護──シャネル社不正競争事件

本件において、当事者はその商品の包装・装飾につき立体商標権を有さず、商標法に基づく保護および損害賠償請求を行うことができない中、「反不正当競争法」第6条第1項の「他人の一定の影響力を有する商品名称、包装・装飾等と同一又は類似の標章を無断で使用し、他人の商品又は他人との間に何らかの関係があると誤認を生じさせる行為は、不正競争行為に当たる」という規定に基づいて権利侵害行為差止めおよび損害賠償の請求を行った。関係証拠に基づき、法院は最終的に、愛之語社および物生物の行為が不正競争に当たる旨を認め、万慧達の請求を支持し、シャネルN°5ボトルを包装・装飾として保護の対象とする判断を下した。本件は、西安市中級法院2020年知的財産権司法保護10大代表事例に選出されている。

【事案の概要】

シャネル社は 1910 年にココ・シャネル（Coco Chanel）によりフランス、パリにおいて創業された、著名な高級ファッション販売会社である。創業から 100 年以上を経たシャネル社は、高級服飾、女性用手袋、香水、化粧品、帽子、宝飾品、アクセサリーなどの女性用高級ファッションを取り扱っている。1921 年には定番のボトルをデザインして香水「シャネル N°5」を発売した。その後のシャネル N°5 シリーズ（シャネル N°5 オードゥ トワレット、シャネル N°5 ロー、シャネル N°5 オードゥ パルファム。以下併せて「シャネル N°5 シリーズ」）およびココマドモアゼル、シャネル N°9 などの香水はいずれも、当該定番ボトルを使用している。

シャネル社は 2001 年 2 月 23 日、中国法人香奈児（中国）貿易有限公司を上海自由貿易地域市場監督管理局に登記設立し、上海龍華空港においてファッションショーを開催、中国への進出を果たした。中国における 20 年近い使用宣伝により、シャネル社の香水は中国の知名商品となっており、その定番ボトルおよび外包装箱は業界において消費者間に極めて高い知名度および名声を獲得し、シャネル社の香水シリーズとの間に安定的な対応関係を構築している。

シャネル社は 2019 年、インターネット上においてその「シャネル N°5」香水の包装・装飾と類似する「N°9 女性用香水」を販売する店舗があることを確認し、万慧達に本件への対応を依頼した。万慧達はまず、北京市海誠公証役場に依頼し、本件商品のインターネット上における販売証拠につき公正証書を作成した。公正証書により、(1)西安物生物電子商務有限公司（以下「物生物社」）が京東商城において本件著作物を販売した(2)当該商品の製造者は義烏市愛之語化粧品有限公司（以下「愛之語社」）であった、という事実が確認される。万慧達はその後、本件と関連する他の証拠を収集した。

シャネル社は 2019 年 12 月 26 日、愛之語社および物生物社を被告とする民事訴訟を西安市中級法院に提起した。万慧達の弁護士の主張：「シャネル N°5」香水シリーズは関連公衆に広く認知された商品であり、これにはシャネル社独自のデザインの外包装箱およびボトルが使用されている。中国市場に進出して以降、その製品は洗練されたシンプルなデザインにより中国の消費者に広く受け入れられ、中国本土において継続

付録一

296　付録一：参考事案

的、大規模、広範に販売宣伝され、その定番ボトルおよび外包装箱はすでに業界および消費者間に極めて高い知名度および名声を獲得し、シャネル社との間に安定的な対応関係を構築している。愛之語社および物生物社が製造販売した香水の包装・装飾は「シャネル N°5」香水シリーズと極めて類似しており、その行為は不正競争に当たる。上記主張に基づき以下の判決を求めた。(1)愛之語社および物生物社は不正競争行為を直ちに停止する(2)愛之語社および物生物社はシャネル社の経済的損害100万元（シャネル社が権利侵害行為を停止させるために支払った合理的な費用を含む）を連帯して賠償する(3)愛之語社および物生物社は本件のすべての訴訟費用を負担する。

　西安市中級法院は審理の結果、2020年12月23日に万慧達の上記主張を認め、(1)愛之語社および物生物社に対し、本件商品の製造販売の中止、(2)愛之語社に対し、シャネル社が経済的な損害および権利侵害を停止させるために支払った合理的な費用60万元の賠償を命じる判決を下した。物生物社については、本件商品の出所が合法的であることが証明されたため、損害賠償責任は問われなかった。

　愛之語社はその後、西安市中級法院の判決を不服として、陝西省高級法院に控訴し、次のように主張した、(1)シャネル社の香水の包装は一般的または慣用構造の単純なものであり、同業界の製品と隔絶した顕著な特徴を有さないことから、シャネル社の香水シリーズの包装・装飾は商品の出所を識別するための顕著な特徴を有しておらず、これ自体に特別な保護を与えるべきではない(2)愛之語社が本件商品を販売した期間は極めて短く、数も極めて少なく、価格も極めて低く、本件商品の合計販売額は2000元を超えないことから、愛之語社にシャネル社の経済的な損害および権利保護のための合理的な費用60万元を命じた一審判決は明らかに不当である。

【判決】

　陝西省高級法院は2021年8月24日に判決を下し、次のように判断した。(1)シャネル N°5の外包装箱は「反不正当競争法」第6条で規定されている一定の影響力を有する商品包装・装飾には該当しないものの、その内包装、すなわちボトルは「反不正当競争法」第6条で規定されている一定の影響力を有する商品包装・装飾に該当する。理由：シャネル

社のシャネル N°5 の広告、とりわけ著名な芸能人を多数起用した広告は、ほとんどがシャネル N°5 の内包装ボトルを前面に押し出したものであり、香水のような商品の特殊性、その宣伝および販売の態様からすれば、宣伝は一般にすべて当該ボトルを強調し、販売もボトルを陳列台に並べて行うものと考えられ、香水に対する消費者の第一印象はボトルであり、シャネル社の当該ボトル包装・装飾は商品の出所の識別力を獲得している(2)損害賠償額を 40 万元に減額する。理由：愛之語社の生産規模は小さく、本件権利侵害商品の販売価格は低く、かつ販売数も少ない。

　本件の主な争点は物生物社および愛之語社が不正競争を行ったか否かであるが、法院は次のような判断を示した。
　「中華人民共和国反不正当競争法」第 6 条第 1 項では、「*他人の一定の影響力を有する商品名称、包装・装飾等と同一又は類似の標章を無断で使用し、他人の商品又は他人との間に何らかの関係があると誤認を生じさせる行為は、不正競争行為に当たる。*」と規定されている。この規定によれば、被告 2 社の本件権利侵害行為がシャネル社の商品の包装・装飾の不正競争行為に当たるか否かの判断に当たって、次の要件を考慮する必要がある。
一．シャネル社の商品の包装・装飾が一定の影響力を有する包装・装飾に当たるか否か。結果は、当たると認定。商品の包装・装飾が一定の影響力を有するか否かを判断するための主な要件は(1)当該商品が中国本土において一定の知名度を獲得し、関連公衆に認知されているか否か(2)当該商品の包装・装飾が商品の出所を識別するための顕著な特徴を有しているか否かである。(1)シャネル社から提出された 2014 年から 2018 年までの販売および広告費用監査報告書によれば、カウンター契約書、電子商取引プラットフォーム売上高などから、シャネル N°5 香水シリーズの中国における消費者数は非常に多く、売上高は莫大なものであった。シャネル社から提出された広告宣伝関係証拠、消費者調査報告書などによれば、シャネル N°5 香水シリーズは関連公衆に広く認知されていた。(2)香水は消費者に味覚により感知させ、自身の美感に対する認識を向上させる商品である。香水が詰められた容器は消費者にとって、香り以外に香水を識別するための最も直感的な判断の手がかりとなる。外包装箱は消

費者が香水を購入した後に最初に認識する香水の外観であり、香水との間に密接な関係があることから、香水が詰められたボトルおよび外箱包装は香水の重要な識別要素となる。シャネル N°5 の包装ボトルおよび外包装箱の使用の歴史は古く、関連公衆の間に名声を得ており、ボトル、ふた、ネックおよびボトルの文字および配色の特性は際立ち、シャネル N°5 を識別する顕著な特徴となっている。一審、二審法院はいずれも、ボトルが識別性を有し、一定の影響力を有する包装・装飾であることを認めた。

二. 本件侵害商品の包装・装飾はシャネル社の商品の包装・装飾と同一または類似であるか否か。結果は、同一であると認定。本件侵害ボトルは、シャネル N°5 のボトルの形状、材質と類似性の程度が極めて高く、いずれも直方体の透明ガラス製ボトルであり、ボトル肩部はわずかに湾曲し、ふたはダイヤモンド状で側面は長方八角形であった。ネック部分は突起した円状で、下部は 1 周約 5mm 幅の装飾で覆われ、装飾の上下はいずれも金色のラインが入っている。ボトル正面ラベルデザインの配色、文字配置、サイズ比および位置は極めて類似している。

三. 本件侵害商品の係争ボトル使用は、これがシャネル社またはシャネル社の商品と特定の関係があると他人に容易に誤認させるものであったか。結果は、誤認させると認定。隔離された状態で公衆において普通に払われる注意力では、全体的に観察しても、部分的に観察しても、両者は視覚的に類似している。

四. シャネル N°5 香水シリーズのボトルデザインが立体商標としての保護を受けておらず、識別性を有しないとする愛之語社の主張は成立するか。結果は、成立しないと認定。本件請求は、不正競争行為を停止させることにより、シャネル社の香水が使用する図形、色彩、形状、大小、フォントなどの諸要件により構成される包装・装飾の全体的デザインを保護するよう求めたものである。当該保護を受ける全体的イメージデザインは、立体標識としての立体商標とは異なり、さらには法的に保護される要件も異なり、関係当局の立体商標登録可能性に関する個別の判断には影響を与えない。したがって、本件シャネル社香水の包装・装飾が一定の影響力を有する商品の包装・装飾であるか否かについては、法院が個別に判断する権利を有

する。

　上記を総合すれば、愛之語社および物生物社の行為は不正競争に当たると認定することができる。

　陝西省高級法院の二審判決が下された後、当事者はいずれも上訴せず、当該判決は確定している。

【実務上の提言】

　模倣された商品の包装・装飾の権利保護を行う場合、当該包装・装飾が登録商標であるときは、商標法に基づいて侵害行為を停止させ、損害賠償を請求することができる。立体商標権を取得していない場合、「反不正当競争法」に基づいて侵害行為を停止させ、損害賠償を請求することを検討してもよいであろう。両者は道筋こそ異なるものの、法律適用の基準には一定の同一性があり、いずれも係争侵害標章、係争侵害包装・装飾の使用が関連公衆に混同誤認を容易に生じさせることを認めるよう求めるものである。また、不競法と商標法は、商業標章の法的保護上、同等の機能を有している。特に中国において立体商標権の取得が困難であるという現在の客観的な状況のもとでは、不競法による保護は権利保護の有力な手段であり、商標権を取得していなくても保護が認められる可能性がある。

第三節　著作権法関連事例

第1　他人のライブコマースショート動画の「無断利用」で主張できるのは著作権の侵害のみか

　インターネット技術の発展にともない、消費市場においては「ライブコマース」がブームになっている。ショート動画はインターネット視聴覚業界の代表的な形態であり、その高いソーシャルコミュニケーション力およびコンテンツ表現力により、「ライブコマース」の主なプラットフォームとなっている。個人の「ライブコマース」への参入が相次ぐ中、メーカー、サービス提供者も自社製品販売のために活用を始める例が見られ、独自の個人的魅力と高品質の動画

コンテンツにより多くの視聴者を引きつけ、自社製品の売上を増大させている。しかし、巨大な経済的誘惑に負けた一部の悪質な企業または配信者がショート動画配信者の名を借りて情報の「嫁接（他人のライブコマース用のショート動画を無断で修正（自身の情報と結合させるなど）して使用し、自分の製品を販売する。以下「無断利用」——訳注）」などにより集客し、不当な利得を得る例も相次いでいる。例えば、(1)自身の背景情報またはメーカー情報を他人のライブコマースショート動画と結合させ、または他人のライブコマースショート動画の背景情報またはメーカー情報と置き換える(2)その後の自作動画その他の情報による集客、ライブコマースに活用するため、他人のライブコマースショート動画を大量に頒布しつつ、類似のアカウント名、アイコンを使用することにより、当該配信者がそのメーカーと関係があることを示唆するといった事例である。

ライブコマースショート動画制作者または権利者の許諾を得ずにライブコマースショート動画を無断で使用するこうした行為は、「ただ乗り」により自身の「アカウント」の知名度を向上させたうえで、その他のメーカーの商品・サービスを紹介することによる「トラフィック収益化」を最終的な目的とする。北京インターネット法院は、今年4月20日に開催したショート動画事件審理状況説明会において、自身のメーカー情報と他人のライブコマースショート動画を「無断使用」する事例を紹介し、当該状況の解決に向けた考え方を提示した。

【事案の概要】

上肢欠損障害者である原告楊某は、甲プラットフォームのライブコマース配信者であり、その紆余曲折の境遇および独特の人格的魅力から、甲プラットフォームにおいて1,000万人近いフォロワーを持ち、数百本の自作動画を頒布していた。被告は原告の同意を得ずに原告が甲プラットフォーム上で頒布していたライブコマースショート動画を修正し、自身の販売商品情報を楊某のライブコマース動画と結合させたうえで、当該動画を被告A社が運営する乙プラットフォーム上で頒布した。原告は覃某にその著作権および肖像権を侵害した不正競争、A社に共同侵害があったと判断し、被告A社には侵害動画の公開差止め、被告覃某

には本件アカウントの停止、謝罪ならびに経済的な損害 10 万元および合理的な費用 2 万元の支払いを求めた。

　北京インターネット法院は、本件の審理および裁定において「著作権」および関連する法的問題、具体的には(1)本件ショート動画は著作物に該当するか否か(2)被告の行為は権利侵害に当たるか否かの 2 点に焦点を当てた。

　ライブコマースショート動画の独創性について、法院は次のような判断を示した。新しい形式の動画の著作物性の基準は、それ自体の特性、置かれた社会的環境および業界の状況などの背景を踏まえ、総合的に検討する必要がある。ショート動画の創作の奨励、公衆の多様な表現の促進および文化的繁栄の価値基準という観点からは、ショート動画の独創性に厳格な要件を設けることは適切ではなく、一定の個性的な表現および選択が反映されていれば、独創性を有すると認められる[19]。本件動画の台本作成、シーン設定、カメラワークおよび編集においては、動画制作者はテーマをめぐり独立した思考創作を行い、上記要素の有機的な融合により制作者の個性的な表現が反映されていることから、中国著作権法上の著作物とすべき「独創性」を有している[20]。

　被告の権利侵害行為の有無および具体的な権利侵害行為の定義については、被告が頒布した動画コンテンツは原告の著作物コンテンツと基本的に同一であることから、被告が動画を修正し、他のインターネットプラットフォームにおいて頒布した行為は原告の情報ネットワーク伝達権の侵害に当たる旨を認めた。情報の保存を行ったインターネットサービス提供者 A 社については、権利侵害行為を知り、または知るべきであった状態になかったとして、損害賠償責任を負わないとした。一審判決は

---

[19] 北京知的財産権司法保護研究会（4.26）北京インターネット法院：ショート動画著作権 10 大代表事例（事件審理状況報告書添付）．https://mp.weixin.qq.com/s?__biz=MzUzMTk4MTk2Nw==&mid=2247531525&idx=2&sn=3805c9df405354ec453a3e1ce72ef332&chksm=fab80fe5cdcf86f3efd88ac36a289b79241b53a0a0f71a0e851ec3ae0d41b545c65b082f4445&mpshare=1&scene=1&srcid=0421oe4O01KPpFEz2zJueh1d&sharer_sharetime=1650515592680&sharer_shareid=45660fa53f37b4dbcbc502c5efe80d5e&version=4.0.6.6516&platform=win#rd. 最終アクセス時間：2022 年 6 月 13 日

[20] 北京インターネット法院の楊莉と陳虹坂らの著作物情報ネットワーク伝達権侵害紛争一審民事判決、事件番号：（2021）京 0491 民初 9831 号

最終的に、被告覃某に原告楊某の経済的な損害 8 万元および合理的な訴訟費用 1 万元、公証人手数料 4,540 元の支払いを命じた。一審判決後、双方当事者はいずれも控訴せず、一審判決は確定している。

　北京インターネット法院は代表的事例により、「独創性」を有するライブコマースショート動画が著作物として保護されることを明確にしたと言うことができる。法院はまた、ショート動画それ自身の特性およびライブコマース業界の特性を踏まえ、ライブコマース動画の独創性の要件は厳格なものではなく、動画コンテンツまたは素材の選定などにおいて個性的な表現が「一定程度」反映されていれば、当該動画が独創性を有すると認めるに足ると判断した。したがって、制作者の同意を得ずに当該ライブコマースショート動画を公開した行為は、著作権者の情報ネットワーク伝達権の侵害行為に当たる。

　本件では、原告から被告覃某が原告のライブコマース動画を「無断利用」して不正に集客する行為が不正競争行為に当たるという主張も行われたものの、北京インターネット法院は「反不正当競争法は知的財産権専門法に対して限定的な補助的保護の役割を果たしており、知的財産権専門法において特定の行為につき明示的に定められている中にあっては、反不正当競争法の原則的規定ではなく知的財産権専門法により対応するべきである。原告楊某の利益は著作権法に付与された補助的な枠組みにより十分に補償されることから、不正競争に基づく請求は認められない」との判断を示した。

【解説】

　しかし、他人のライブコマースショート動画を「無断利用」して集客する行為が侵害するのは、著作権のみであろうか。それとも、ライブコマース配信者の逸失利益を補償するには、著作権法に付与された補助的な枠組みのみで十分ということであろうか。

一．著作権法と反不正当競争法による補償の枠組みの比較と選択

　北京市高級法院は「北京市高級法院の知的財産権侵害および不正競争事件の損害賠償額算定に関する指針および法定損害賠償の裁定基準（2020 年）」において、著作権法および反不正当競争法に基づく損害賠償の裁定要素および審理基準に関する指針を示した。当該指針を「ライブコマースショート動画」に関する審理基準と比較すれば、著作権法と

付録一

303

反不正当競争法による補償の枠組みの相違点、さらには著作権法のみによってライブコマースショート動画の「無断利用」により集客行為を行われた被侵害者の利益を補償するだけで十分なのかどうかが見えてくる。

	動画の著作物・製品の 法定損害賠償の裁定基準	不正競争
特別勘案要素	動画の種別、時間、再生率、原告が得た使用許諾の具体的な範囲および種別、原告が係争動画を提供するビジネスモデル、係争侵害動画の明瞭度、係争侵害動画の影響力など	不正競争行為が原告の実際の損害に与えた影響、不正競争行為により原告に生じた投資収益および販売機会の減少または喪失、競争優位性の低下、消費者の流出、市場占有率の低下および営業上の信用の毀損、被告が得たと考えられる利益その他の潜在的利得、業界の特性、ビジネスモデル
基本損害賠償基準	**著作物**：1点当たり損害賠償額は一般に 2,500 元以上。 **録画物**：1点当たり損害賠償額は一般に 500 元以上。	**混同行為**：被告に反不正当競争法第6条の規定に反する行為があった場合、損害賠償額は一般に 10 万元以上。同一事件において被告に複数の「模倣」行為があり、損害の結果が異なる場合、損害賠償額は個別に算定する。 **インターネット上の不正競争**：被告が主に技術的手段によりインターネットにおいて係争行為を行っている場合、流出トラフィックを基礎として損害賠償額を算定することができる。流出トラフィックは、原告にトラフィック減少により生じた逸失利益、広告再生回数減少による逸失利益、会員費の逸失、トラフィック基礎データおよびデータ製品の販売許諾機会の逸失、トラフィック収益化能力の低下などにより確定する。

増額基準	⑴インターネット上で係争動画の著作物・製品が許可なく公開され、ダウンロードに供されていた場合、前記インターネット公開の基本損害賠償基準に基づいて損害賠償額を2〜3倍に増額する⑵係争動画に再生率が高いなどの事情がある場合、前記基本損害賠償基準に基づいて損害賠償額を2〜6倍に増額する⑶係争動画が広告に使用され、またはスクリーンショットにより広告が制作された、係争動画をトップページ、推奨コーナーなどのユーザーからの注目度が高いページに推薦するなどの情状が重大な権利侵害行為の場合、前記基本損害賠償基準に基づいて損害賠償額を2〜6倍に増額する	
懲罰的損害賠償の勘案要素および額	**勘案要素**：権利者または権利の客体の知名度および影響力、権利の客体のビジネスモデル、費用徴収基準など、同一の著作権または著作権と関連する侵害件数、権利侵害行為の手段・方法、侵害者の侵害コンテンツによる不当利得の状況、侵害プラットフォームの規模、侵害頒布継続時間、侵害コンテンツの数および再生回数・ダウンロード数・ページビューの状況など	侵害者の主観的な過失の程度、権利侵害行為継続時間、侵害による不当利得および被侵害者に与えた損害などを総合的に勘案する

　上記表を見ると、著作権の損害賠償に関する判断は、「著作物または製品」自体が完全に中核であり、損害賠償基準には動画の再生回数、ダウンロード数、ページビューなども含まれている。ガイドラインでは「係争動画を広告に使用し、又はスクリーンショットにより広告を制作し、係争動画をトップページ、推奨コーナーなどのユーザーからの注目度が高いページに推薦するなど」の行為を情状が重大な権利侵害行為として認定し、「前記基本損害賠償基準に基づいて、損害賠償額を2〜6倍に増額することができる」と明確に規定されていても、実際は損害賠償の基数も動画自体についてのものであり、被侵害者が逸失した「直接的な利益」、被侵害者に「ライブコマース動画」の不正な使用により生じた製品売上高の減少などは勘案の対象に含められていない。これは、著作権法によるライブコマースショート動画の保護は、主としてそのショート

動画が創作性により獲得した文化的価値を基礎とするためである。だからこそ、インターネット法院は報告書において、法院は「ショート動画の創作の奨励、公衆の多様な表現の促進および文化的繁栄の価値基準に基づき、ライブコマース動画を著作権法上の革新的手段として保護の対象とする」と述べているのである。しかし、「トラフィック収益化」の主なメディア形式の1つであるライブコマースショート動画の核心は、その商業的価値にある。著作権法が主に保護するのは、ライブコマースショート動画の美学・観賞などの文化的な価値であり、ライブコマースショート動画の枠を超えて、不当な使用により影響を受ける「中核」に触れることはできない。

　一方、反不正当競争法により損害賠償額の算定を行う場合、「動画」という客体を超えて行為および主体を直接の対象とする。ガイドラインで言及されているように、インターネット上で係争行為が行われている場合、流出トラフィックを基礎に損害賠償額を算定することができる。流出トラフィックは、原告にトラフィック減少により生じた逸失利益、広告再生回数減少による逸失利益、会員費の逸失、トラフィック基礎データおよびデータ製品の販売許諾機会の逸失、トラフィック収益化能力の低下などにより確定する。反不正当競争法による補償の枠組みは、動画を迂回してライブコマース配信者の「市場競争主体」としての立場に不正競争行為により生じた損害を補償するものであると言うことができる。また、反不正当競争法に基づく損害賠償の勘案要素は幅広く、商品売上高、流出トラフィックなどが損害賠償基準とされていることから、最終的に得られる損害賠償は、単に著作権侵害を主張した場合よりも多額になることがままある。

　上記の視点から見れば、他人の「ライブコマースショート動画」を「無断利用」して不正に集客する行為に対しては、**著作権法による補償および反不正競争の補償は本質的に並列的なものである**。行為者はライブコマースショート動画を単に「使用」したのみならず、ライブコマースショート動画を宣伝広告に使用して営業を行い、市場を占有しようとしているのであるから、**行為者が負う責任は「複合的責任」であるべきである**。たとえ一歩譲って、不正な集客行為そのものについて言うとしても、著作権法が規制する行為と反不正当競争法が規制する行為とでは、置かれた段階も逸失利益も異なる。著作権法が規制する行為、つまりラ

イブコマースショート動画を使用することは手段的行為であり、「動画の著作物」およびその経済的利益の逸失をもたらす。反不正当競争法が規制する行為、つまり不正な宣伝行為により不正利得を得る行為は目的的行為であり、ライブコマース配信者の市場優位性の低下という結果をもたらす。両行為には一定の牽連性があり、時間の次元においては明確な境界がないものの、著作物自体のみを対象とする権利侵害行為が多く見られることから、当該目的的行為は当該原行為の必然的な結果または高度の可能性がある結果ではない。

　上記を総合すれば、本稿で論じた不正な集客行為についてのみ言えば、著作権法による救済および反不正当競争法による救済が当然排除されるものではない。しかし、現行法では知的財産権専門法と反不正当競争法の法的地位関係について明確な指針が示されていないため、**司法実務においては、反不正当競争法による救済を検討することができる**。これは(1)現実から逸脱して裁判官との法理的な議論に陥る事態を回避すること(2)不正な集客行為の中核目的的行為を規制の対象に含めること(3)高額の損害賠償を得る可能性を高めること、に主眼を置いたものである。

　したがって、本稿では、反不正当競争法による救済の枠組みにより不正な集客行為に対抗するための訴訟戦略を立案することを提案する。

二．ライブコマースショート動画を利用した集客行為の不正競争行為としての性質の検討

　ライブコマースショート動画を利用した集客行為とは、具体的にはライブコマースショート動画を利用して行為者とライブコマース配信者および制作陣との間に特定の関係があると関連公衆に誤認させ、当該実況陣の知名度および伝達力を利用して自身のアカウントに誘導し、または他のメーカーの商品・サービスを宣伝する行為である。一般的な他人の視聴覚著作物を「使用」する行為と比較した場合、ライブコマースショート動画を利用した集客行為により影響を受ける主体には、ライブコマースショート動画の原制作者陣、消費需要を持つ消費者および潜在的消費者の少なくとも２つがある。したがって、ライブコマースショート動画を利用した集客行為の性質を詳細に検討するに当たっては、前もって関連する主体の具体的な立場および利害関係を明確にしておくことが求められる。

　自分の製品を販売するライブコマースショート動画制作者の立場は、

付録一

その「ショート動画ライブコマース」の行為から検討されるべきである。独創性その他の文化的価値を有するか否かにかかわらず、ライブコマースショート動画制作の目的は、動画の頒布を通じて視聴者に自身の製品を紹介し、商業的利益を得ることである。したがって、「ライブコマースショート動画」には広告的特性、すなわち伝達性、紹介行為、商業性があり、広告の範疇に属する。中国広告法では「広告事業者とは、広告デザイン、制作、代行サービスを請け負う自然人、法人その他の団体をいう」と規定されている。広告代弁者とは、「広告において自身の名義又はイメージにより商品、サービスを推奨、証明する広告主以外の自然人、法人その他の団体」をいう。伝統的メディアにおいては広告代弁者が自身の商業的イメージを広告主または広告事業者に直接に貸与販売するのに対し、ライブコマースショート動画制作者は一般に自らが動画に出演し、ライブコマースショート動画の制作、コンテンツ、頒布方法などに支配的な役割を果たす。したがって、ライブコマースショート動画制作者は広告事業者に該当し、その広告代弁者の立場もその主な立場―広告事業者に吸収される[21]。最終商品製造者またはサービス提供者ではないとしても、宣伝段階についてのみ言えば、ライブコマースショート動画を利用した集客行為の実施者は原動画制作者と同様、広告業界に属する事業者であり、具体的な競争関係がある。結果の有害性から見れば、ライブコマースショート動画を利用した集客行為は、原自社製品販売動画配信者に対して「販売機会の減少、競争優位性の低下」という結果をもたらしており、その現実的および潜在的な利益に直接的な影響を与えている。

　消費需要を持つ消費者および潜在的消費者について言えば、ライブコマースショート動画を利用した集客行為は、行為者または行為者から提示されたメーカー情報と自分の製品を販売するライブコマース配信者との間に何らかの関係があるとの混同を生じさせており、これは購買前混同に該当する。すなわち、行為の有害性からは、こうした行為は消費者の知る権利を侵害している。しかし、消費者の権利利益は消費者権益保

---

[21] 民主与法制時報、「実況ライブコマース」における配信者の虚偽の宣伝は虚偽宣伝罪を構成するか | 法学院、http://m.thepaper.cn/baijiahao_5081250?sdkver=2f036b0f、最終アクセス時間：2022年6月17日

護法の規定により保護されるため、消費者は消費者権利利益保護手段により自身の権利利益を保護することが可能である。

上記を総合すれば、ライブコマースショート動画を利用した集客行為の行為の主体、侵害の対象、行為の違法性、結果の有害性はいずれも「不正競争行為」の構成要件を充足している。したがって、こうした行為は反不正当競争法が規制する不正競争行為に当たる。

三．他人の動画を「無断利用」した広告宣伝の不正競争行為の規制をめぐる視点

ライブコマースショート動画を利用した集客行為の不正競争性を確認した後は、さらに進んでこれを分類し、こうした行為の違法性の外延、すなわちこうした行為が中国反不正当競争法で規定されたどの不正競争行為に当たるかを確認する必要がある。

前記のように、ライブコマースショート動画を利用した集客行為は宣伝段階において消費者に混同を生じさせている。自分の製品を販売するライブコマースショート動画配信者は同様の立場にあることから、関連公衆の混同の対象はライブコマースショート動画を利用した集客行為の行為者ならびにその背後に存在するメーカーおよび原ライブコマース配信者となる。このため、「反不正当競争法」第6条第4項および司法解釈第12条第2項では、こうした行為について「他人の商品又は他人との間に特定の関係があると誤認させるに足るその他の混同行為」[22]となり得る旨が規定されている。本件においては、ライブコマースショート動画を利用した集客行為者と原動画配信者との間に関係があると誤認させる行為である。一方、行為者の背後に存在するメーカーと自分の製品を販売するライブコマース配信者との間には直接の明確な利害関係はない。ただし、行為者が置き換えた商品または役務と原商品または役務と

---

[22] 「反不正当競争法」第6条（事業者は次の各号に掲げる混同行為をし、他人の商品又は他人との間に特定の関係があると誤認を生じさせてはならない。（四）他人の商品又は他人との間に特定の関係があると誤認させるに足るその他の混同行為）、第12条（人民法院は、反不正当競争法第6条に規定する「一定の影響力を有する」標章との同一または類似につき判断するに当たり、商標と同一又は類似の判断に関する原則及び方法を参照することができる）。反不正当競争法第6条に規定する「他人の商品又は他人との間に特定の関係があるとの誤認を生じさせる」の「関係」には、他人との商業上の連携、使用許諾、命名権取得、広告推奨などの関係が含まれる。

の間に一定の類似性が認められる場合は、**実際の損害を決定する要素として商品売上高を基礎に客観的な損害賠償額を算定することができる。**例えば、2019年上海市楊浦区法院が審理した「大熊製薬しみ取りレーザーペン」模倣事件では、原告A社は製品の知名度を高めるために鄧紫棋、李佳琦などのタレントおよび美容系インフルエンサーを起用し、小紅書、TikTok、微博、淘宝（タオバオ）などのプラットフォーム上で実況、録画動画などにより製品宣伝を行い、注目度および「いいね」の数を大規模に蓄積していた。被告はTikTokでの動画宣伝時に、著名なライブコマース配信者である李佳琦がA社製品を宣伝したコンテンツおよび「李佳琦もおすすめ」という文字を使用しており、これにより不当利得を得ていた。本件においては、被告会社はライブコマース配信者李佳琦のライブコマース動画を不正に使用していたものの、法院は原告と被告が「同一の李佳琦のライブコマース広告」を使用していたために混同が生じたという点ではなく、置き換えられた製品すなわち被告会社が製造する「美白しみ消しクリーム」のボトルの色彩、形状およびプッシュタイプのペン先がA社の販売する製品に類似し、A社製品と同一の韓国語の宣伝文を使用していたという点に焦点を当てた。このため、反不正当競争法第6条第1項の規定に基づき、被告会社に具体的な「商品装飾混同」の不正競争行為があったとして、300万元の支払いが命じられた[23]。事実関係で被告のライブコマースショート動画の不正利用による集客行為に触れられてはいるが、法院および当事者がこの点について議論検討しなかったのは残念であった。

　宣伝する商品または役務が類似しない場合については、最高人民法院が張某、張某岳、北京泥人張芸術開発有限責任公司と張某、北京泥人張博古陶芸廠、北京泥人張芸術品有限公司との不正競争事件の審理において、双方の製品が互いに類似していなくても、両者の宣伝および販売地に一定の関連性があり、申立人のブランド「泥人張」が高い知名度を有することが申立人から提出された証拠により示されており、権利者の同意なく各種形式の商業上の使用を行うことは一般に関連公衆に誤認・混同を生じさせるに足ると認定している。また、関係証拠においては、関

---

[23] 沈敬傑、柯思婷、理財周刊、「李佳琦ライブコマース」模倣の結果、http://money.jrj.com.cn/2020/05/19145029711863.shtml、最終アクセス時間：2022年6月17日

連公衆が双方を誤認混同していたことをさらに示す、第三者メディアが申立人と被申立人を混同していた事実が明らかにされた（事件番号：（2010）民提字第113号）。これはすなわち、宣伝する商品または役務が類似しない場合には、他の証拠により行為者と被侵害者との間に特定の関係および混同された事実があることを証明する必要があること、さらに被侵害者の係争ブランドが高い知名度を有する必要があるということである。

宣伝する製品に特定の関係がない場合でも、当該「無断利用」による宣伝が「虚偽の宣伝」の不正競争行為に当たると主張することは可能である。金火把（泉州）工芸礼品有限公司と泉州富晨軽工有限公司との不正競争事件（事件番号：（2020）閩民終1995号）では、被告金火把社は原告富晨社において工場近景および製造中の製品などの細部を撮影した写真および動画を、十分な同意を得ることなく金火把社がアリババウェブページ、アリババ国際ウェブページに開設したインターネット3店舗ページにアップロードし、金火把社のものであるとうたった。金火把社は、実際は自身のものではない工場および製品加工中の動画および写真をアリババ、アリババ国際ウェブページにおいて使用して商業宣伝および表示を行っており、客観的に他人の情報を自身の情報に結合させ行為に当たる。福建省高級人民法院は、金火把社が2020年1月以降、富晨社の製造工場、製品の動画を正当な理由なく継続的に使用し、関連公衆に誤認を生じさせ、富晨社に損害を与え、これにより不正競争行為により優位性を獲得しようとした旨を認定した。そのうえで、金火把社に不正競争行為を認めた原審判断は妥当であるとして、控訴人すなわち原審被告の「虚偽の宣伝」の不正競争行為を認め、原審を維持し、控訴を棄却した。

他人のライブコマースショート動画を利用した集客行為と上記「無断利用」による広告宣伝の不正競争行為とは本質的に同一であり、いずれも不法行為により同業他社の「競争優位性」を損ない、競争市場における販売機会を奪うことを目的としており、反不正当競争法の観点からの判断が当然なされるべきである。具体的な行為の種別の判断については、事案の態様に応じて、条文または原則的規定を弾力的に適用することが可能である。しかし、他人のライブコマースショート動画の「無断利用」により集客する行為が影響を与える利益は動画自体に限定されず、「ラ

イブコマース動画」の背後に存在する市場競争にも目が向けられるべきであることは否定できない。

第2 「皮換えゲーム」の映画に類似する著作物権利侵害の裁判実務および視点

近年のオンラインゲーム産業の急速な発展にともない、新しい形式の侵害侵害・権利保護をめぐる法的問題も噴出している。中でも「皮換えゲーム」に関する事件は多いが、これは侵害認定が難しく、法院の見解も分かれており、オンラインゲームの著作権領域が抱える大きな課題となっている。本稿では、立法および実務の状況を踏まえ、「皮換えゲーム」に対抗して映画に類似する著作物としての保護を主張する問題について検討する。

いわゆる「皮換えゲーム」とは、人気ゲームの中核となるプレイ、デザインを模倣・盗用し、ゲームのアート・キャラクターイメージなどの素材を置き換えて「別のゲーム」に仕立てられたものをいう。参考にするという名目で実際には盗用行為を、業界では「皮換え」と呼んでいる[24]。

「皮換えゲーム」に対抗するために、伝統的なオンラインゲームのさまざまな要素（キャラクター、シーン、ストーリー、BGM、説明など）をそれぞれ別々の著作物として個別に保護するというやり方では、裁判実務上の必要に対応することができなくなってきている。各地法院では、反不正当競争法、著作権法により編集著作物、その他の著作物、映画に類似する著作物（映画の撮影に類似する方法で表された著作物。以下「映画に類似する著作物」）として保護する裁判実務が多く示されており、全体としてゲームを映画に類似する著作物として保護する判例が目立つ。

広東省高級法院は2020年4月13日に公布した「オンラインゲーム知的財産権民事事件の審理に関する指針（試行）」（以下「指針」）の一部

---

[24] 広州市弁護士会｜オンラインゲーム皮換え訴訟司法保護の2つの手段および5つの見解 https://kuaibao.qq.com/s/20200426AZP45Z00?refer=spider

の条文において、ゲームの映画に類似する著作物としての保護について詳細に規定されており、第17条の「ゲーム影像の著作物構成に関する審理」では「特定の時間に形成されるオンラインゲームの動きのある連続的な影像が映画の撮影に類似する方法で表された著作物の構成要件を充足する場合には、保護の対象となる」としている。

　ここでは、「皮換えゲーム」の裁判実務を紹介し、広東省高級法院の審理に関する指針を踏まえつつ、映画に類似する著作物としての保護の要件および論点について考察してみたい。

【事案の概要】

1. ハースストーン事件

　上海市第一中級法院は「ハースストーン」VS「卧龍伝説」事件[25]の審理において次のような判断を示した。原告が保護を求める動画およびアニメーション効果は一連の影像から構成され、映画の撮影に類似する方法で表された特徴を有している。また、映画の撮影に類似する方法で表された著作物は、独創性を有していなければならないとされているものの、法律上、創作性の程度については明確にされていない。したがって、原告が保護を求める動画およびアニメーション効果が自身の創作した物でないことを示す証拠も、その内容がパブリックドメインまたはゲームにおける慣用表現であることを示す証拠も示されていないことから、映画の撮影に類似する方法で表された著作物として保護の対象となる。

　本件においては、オンラインゲームのアニメーションおよびアニメーション効果が映画に類似する著作物の構成要件を充足する場合には映画に類似する著作物として保護の対象となり、著作物の独創性については厳格な要件が適用されないことが示された。原告が主張する動画およびアニメーション効果とは、ゲームカードの配置、報酬、カードパック開放、分解、合成などのカードのアニメーション効果であり、その時間は数秒間から数分間とそれぞれ異なる。こうした効果にはストーリーも付与されず、時間は短く、互いに独立しており、単独で映画に類似する著作物であると認定することには検討の余地がある。

---

[25]（2014）滬一民5（知）初字第23号

2.「MU 奇蹟の大地」事件

上海知的財産法院が最終判決を下した「MU ―奇蹟の大地―」VS「奇跡神話」事件の一審判決[26]では、「表現形式について言えば、プレイヤーの操作に応じて、ゲームキャラクターがゲームシーンにおいてゲームストーリーを絶えず展開して作り出されるゲーム影像は、画像、文字などの複数の内容で構成され、プレイヤーの操作に応じて影像の連続的な変化が生じる。上記ゲーム影像は音声を伴う、または伴わない一連の影像により構成されてパソコンを通じて伝達されるものであり、映画の著作物に類似する表現形式を有する。ゲームの全体的影像が映画に類似する著作物に該当するか否かは、その表現形式が映画の著作物に類似するか否かにより判断される。したがって、本件著作物の全体的影像は、映画に類似する著作物として著作権法の保護を受けることができる」との判断が示された。

二審では、映画に類似する著作物をめぐる問題がさらに具体的に検討され、判決[27]では「オンラインゲームの動きのある連続的な影像はプレイヤーの操作に応じて変化するものであり、双方向性を有し、かつ、操作が異なれば提示される影像も異なる。伝統的な映画に類似する著作物の動きのある連続的な影像は単方向に固定されたものであり、観賞者によって変化することはない。したがって、映画に類似する著作物の特徴的な表現形式は動きのある連続的な影像にある。オンラインゲームにおいて操作によりさまざまな動きのある連続的な影像が提示されるのは、本質的には操作により生じる異なる選択であり、ゲームに設定された影像を超えるものではなく、ゲームから独立した創作物ではない」との判断が示された。

本件において、法院は「映画に類似する著作物の特徴的な構成要件は動きがあること」という見解を示し、動きのある連続的な影像は映画に類似する著作物の表現形式である旨を認めている。二審における控訴人の「MU ―奇蹟の大地―は映画の撮影に類似する方法で制作されたものではなく、映画に類似する著作物に該当しない」とする主張に対しては、法院も「撮影」は映画に類似する著作物の要件ではない。映画に類似す

---

[26] (2015) 浦民 3（知）初字第 52 9

[27] (2016) 滬 73 民終 190 号

る著作物は表現方法に関する規定であって、制作技術に関する規定ではない。本件オンラインゲームは映画に類似する著作物の特徴的な構成要件を充足している」との判断を示した。

3. 「夢幻西遊」事件

広東省高級法院が最終判決を下した「夢幻西遊2」実況プレイ事件の一審法院の判決[28]では、次のような判断が示された。ゲームはキャラクター、シナリオ、美術制作、BGM、衣装デザイン、小道具などの複数の手段を総合的に使用して制作されており、これは「映画撮影」の方法に類似する。したがって、端末上で提示される本件コンピュータゲームの連続的な影像は、映画に類似する著作物であると認定することができる。そして、ゲームシステムの開発者は、登場人物間の関係、ストーリー推断演繹関係を含むキャラクター、シーン、登場人物、BGMおよびその異なる組合せをあらかじめ設定しており、異なる動きのある影像は異なるユーザーによるあらかじめ設定されたシステム内における異なる操作によって生じる異なる操作・選択が提示された結果に過ぎず、ユーザーは動きのある影像の形成過程において著作権法上の創作活動を行っていない。また、あらかじめ設定されたゲームシステム内においては、機械的比較後に視覚を通じて得られる影像は異なる。例えば、具体的なシーンまたはキャラクターのアクションの変化などは、ゲームの主要タスクと全体的影像の提示との整合性を妨げるものではない。したがって、ゲームの連続的な影像はユーザーの相互作用により提示される結果ではあるものの、その全体的影像を映画に類似する著作物であると認定することができる。

二審法院の判決[29]の判断は次のようなものであった。映画に類似する著作物に対する見解は上海市高級法院とほぼ同様であり、ゲームデザイナーによるプレイ方法、ストーリー、キャラクターの相互作用、バランス調整などなどのゲーム内の仮想世界の全体的デザインは、映画の著作物における脚本および演出に類似する。アートディレクターによるマップ、建築構成物、キャラクターイメージ、装備・衣装、アート効果などの素材のデザインは、映画撮影班の美術スタッフ（照明、衣装、小道具、

---

[28] （2015）粤知法著民初字第 16 号
[29] （2018）粤民終 137 号

メイク、特撮）に類似する。ゲームプログラマーが上記構想設計をコンピュータが識別実行可能なコードにする過程は、ゲーム素材のビデオ影像としての「撮影」に類似する。さらに重要な点として、表現形式から見れば、本件ゲームは文字、音声、画像、アニメーションなどの素材により動きのある連続的な影像を集合的に表現しており、ストーリーがプレイヤーの個別の操作に応じて展開され、映画のような視聴覚的体験をプレイヤーに提供している。本件ゲームの全体的影像は、映画に類似する著作物の「音声を伴う、または伴わない一連の影像により構成され」という主要要件を充足し、その複雑な制作過程および最終的な視聴覚的表現には高い創作性が反映されており、映画に類似する著作物の独創性要件も充足している。したがって、本件ゲームの動きのある連続的な影像の制作過程および表現形式を全体から見れば、映画に類似する著作物としての本質的な特徴を備えている。

4.「太極熊猫」事件

蘇州市中級法院が審理した「太極熊猫」VS「花千骨」事件の一審判決[30]では、「オンラインゲームの全体的影像は、その全体的著作物の表現形態である。映画の著作物は録画物と比較して、連続的な影像の提示内容に対する独創性要件が高く、一定のストーリーを有することが要求される。『太極熊猫』の全体的影像の表現効果から見れば、プレイヤーの操作に応じて画面上に提示される『動きのある連続的な画像』は、映画に類似する著作物の要件を充足している。さらに進んで、アクションロールプレイングゲーム（ARPG）のゲームプレイ設定はそれ自体がストーリー性を有している。すなわち、主として含意に富んだ仮想世界が構築され、プレイヤーは当該世界の中でキャラクター選択、ペット育成、キャラクターの成長、対戦などの一連のゲームイベントおよびストーリーを体験し、映画の著作物の観賞体験に類似する没入感のある視聴覚的体験を得ることができる」との判断が示された。

二審判決[31]ではさらに踏み込み、次のような判断が示された。オンラインゲームのゲーム構成、プレイ方法、バランス調整、スキルシステム、インタフェース設計および相互作用などは、ゲームデザイン全体の主要

---

[30]（2015）蘇知民初字第 201 号
[31]（2018）蘇民終 1054 号

コンテンツであり、ゲームの骨組みに当たる。キャラクターイメージ、吹替え、BGM などはイメージデザインであり、ゲームの外観または衣装に当たる。だからこそ、業界において IP イメージ、BGM などの要素のみを置き換え、プレイ方法、バランス調整、スキルシステム、ユーザーインタフェースなどは本質的に類似する行為が「皮換え」と呼ばれているのである。本件「花千骨」は対戦インスタンス、キャラクタースキル、装備および武神（ペット）システムなどの ARPG の主要コンテンツにおいて「太極熊猫」と本質的な類似点が多く、かつ、一部の細部に存在する類似性は創作上の偶然をはるかに超えている。したがって、「花千骨」は「太極熊猫」の具体的なプレイ方法にデザインされた特定の表現を全体的に模倣および複製しており、著作権侵害に当たると認定することができる。

本件では法院はさらに、映画に類似する著作物の範囲を拡大し、ストーリー、戦闘、アクションをいずれも含む ARPG も映画に類似する著作物に含め、プレイ中のキャラクターの成長にストーリー性を認め、ゲームプレイは映画のストーリーに、ゲーム開発におけるグラフィック、デザイン表現は映画制作の脚本、撮影にそれぞれ類似し、こうしたゲーム影像を裏づけ、ゲームデザインを枠組み、プレイ方法を提示手段とする表現がゲームの著作物の表現であるとの判断を示している。

5. オーバーウォッチ事件

上海浦東新区法院が審理した「オーバーウォッチ」VS「槍戦前線」事件[32]では、法院はゲームの種別を FPS（ファーストパーソン・シューティングゲーム）にまで拡大した。被告は RPG を映画に類似する著作物として認めた先例はあるものの、FPS には豊富なストーリーデザインはなく、大量の連続的な影像もあらかじめ設定されたものではなく、多くのプレイヤーがゲームルールに従っており、それぞれの操作に応じて形成される動きのある影像は対戦状況の客観的な表現であり、その過程は不規則性および複製不可能性を、対戦結果は不確実性を有することから、シューティングゲームの全体的影像は映画に類似する著作物であると認定されるべきではない旨を主張した。

これに対し、法院は次のような判断を示した。ファーストパーソン・

---

[32]（2017）滬 0115 民初 77945 号

シューティングゲームはロールプレイングゲームと異なり、提示される全体的影像にはノンプレイヤーキャラクター（Non-PlayerCharacter）のシーンアニメーションも、ゲームキャラクターの背景説明も、相対的に完全なストーリーもなく、プレイヤーの自発的な操作による双方向体験をより重視していることはたしかである。しかし、こうしたシューティングゲームにおいては、マップ、各ヒーローのスキル、スキルの効果が変化することなく、プレイヤーがコントロールすることができるのは、キャラクターまたは武器スキルの発動（時間および角度）、キャラクターの移動ルート（前進、回避、ジャンプなどおよび前進ルートの選択）の2つのみである。プレイヤー操作の根本的な目的は、最終的に戦闘に勝利することであり、美感を有する動きのある影像を「創作」することではない。そのゲーム操作はそれ以上に技術的要件に基づくものであり、ゲーム影像の形成に独創性な貢献をしておらず、著作権法上の創作物に該当しない。関係法律を踏まえれば、映画に類似する著作物の定義も判断することができ、あらかじめ設定されたストーリーは映画に類似する著作物の要件ではない。例えば、環境映像またはドキュメンタリー著作物には、あらかじめ設定されたストーリーがないものがあるが、このことはこれが映画または映画に類似する著作物であると認定されることを妨げるものではない。オンラインゲームの動きのある連続的な影像は、プレイヤー操作によりさまざまな結果が提示され、その本質は操作によって生じる異なる選択であり、ゲームにあらかじめ設定された影像を超えるものではなく、ゲームから独立した創作物ではない。当該動きのある連続的な影像は唯一一定のものであり、操作に応じて異なる変化が生じることは、映画に類似する著作物としての認定に影響を及ぼすものではない。2つのゲームはマップ、移動ルート、キャラクタースキルなどにおいて本質的に類似している。

「皮換えゲーム」に対抗して映画に類似する著作物としての保護を求める際の論点

　裁判実務上、各地法院において映画に類似する著作物を認定して「皮換えゲーム」を規制する事例が数多く示され、認定基準、ゲームの種別も次第に明確化されてきている。技術の進歩にともない、法的枠組みに規定された著作物の範疇から外れた新しい形式のゲームの著作物が出現しており、新しい形式のゲームの著作物を伝統的著作物の法的規定に盲

目的に当てはめれば、必然的な結果として法的認定が困難になる。コンピュータゲームの連続的な影像を映画に類似する著作物であると認定して保護を与えることは、著作権法の立法趣旨にも、審理上の必要性にも適う。

　では、「皮換えゲーム」事件においては、いかなる場合でも映画に類似する著作物として保護を与えることができるのであろうか。実際の認定においてはどういった難しさ、議論があるのであろうか。「指針」第18条「動きのある連続的なゲーム影像の著作物構成に関する審理」では、「ゲーム影像が映画の撮影に類似する方法で表されている著作物の構成要件を判断するに当たり、一般に次の要素を総合的に勘案する。(1)独創性を有するか否か(2)技術装置により複製することができるか否か(3)音声を伴う、または伴わない動きのある連続的な影像で構成されているか否か(4)人間と計算機との相互的な作用によりゲーム影像内で提示される視聴覚的表現がゲームにあらかじめ設定された範囲に含まれるか否か」と規定されている。ここでは、このうち(1)と(4)について検討してみたい。

1. 独創性

　コンピュータゲームはその誕生当初から、盗用・創作をめぐる議論が止むことはなかった。コンピュータゲーム業界では現在、さまざまな種類のゲームが発売されており、没入感・ストーリー性を前面に押し出したRPG・MMORPG、操作・戦闘要素に重きを置いたACT・MOBA・RTS、カジュアルなカード・パズルゲームなどのカテゴリに明確に分類される。ゲームが重点を置くポイントはカテゴリごとに異なるが、相互に全く関係がないわけではなく、新たなカテゴリのゲームが既存の優れたゲームの参考および改良により誕生することもままある。コンピュータゲーム同士の相互の模倣はゲーム産業発展の原動力であり、ゲーム業界が抱える原罪でもあると言うことができる。

　太極熊猫事件では法院も、業界の現状から見れば、オンラインゲーム、とりわけARPGスマートフォンゲームの設計開発において「モジュール化」が進みつつある旨を指摘している。これはつまり、新しいゲームの全体的なゲームシステムの開発設計はゼロから始まるのではなく、既存の単独のゲームシステムを土台にゲームシステムまたは「モジュール化」の選択、組合せまたは一部の新しいゲームシステムの開発革新を進め、その基礎の上に詳細なユーザーインタフェース設計およびバランス

調整を行うことがしばしばあるということである。

今回調査した「皮換えゲーム」に係る事例では、「皮換えゲーム」の開発者がしばしば「原告が権利を侵害されたと主張するゲームも、他のゲームの要素を参考盗用したものであって、原告が創作したものではない」と主張している。これは主に、戦闘でよく見られる燃焼・凍結などの効果、または同種ゲームの基本的設定などのゲームに一般的な共通要素について述べたものであり、実際の全体的影像の表現上の相違も人きくはない。

筆者は、動きのある連続的なゲーム影像が独創性を有するか否かを判断するに当たっては、独立した制作が行われているか、個性的な取捨選択、配置、設計が反映されているかを主に勘案すべきであると考える。権利者が映画に類似する著作物としての認定を求めて「皮換えゲーム」に対抗する訴訟を提起する場合に、まず勘案すべきは当該被侵害ゲームの性質である。ゲームには、単純なパズルゲーム、カードゲームなど、ストーリーがないか、またはあってもストーリー性が弱いものがあり、この種のゲームでは多かれ少なかれ仕組みができあがっている。例えば、パズルゲームはストーリー性が弱いうえ、「パズル」のゲームルール、消去効果、ユーザーインタフェースなどの相違もそれほど大きくない。映画に類似する著作物の認定時には、同種ゲームの独占、他の著作物の創作の制約を生まないよう、基準をしっかり把握しておくことが必要である。

次に、提出する侵害の証拠は期間が短かったり、独創性が弱かったりするものを避け、可能な限り全面的なものとすることが必要である。上記の事件は、法院が実際の認定において、権利者が主張する証拠の数が多く、形式が多様であると認め、一部証拠が類似の数秒間のスキルアニメーションであっても、最終的な結果として全体的なゲーム影像を勘案し、他の証拠での補強により総合的に認定された。

2. プレイヤーとの双方向性

「指針」第18条では、映画に類似する著作物の構成要件について「人間と計算機との相互的な作用によりゲーム影像内で提示される視聴覚的表現がゲームにあらかじめ設定された範囲に含まれるか否か」と規定されている。すなわち、人間と計算機との相互的な作用により運用されるゲーム影像のうち、ゲームにあらかじめ設定された範囲に含まれる視聴覚的表現は映画に類似する著作物であると認定され、あらかじめ設定さ

れた範囲に含まれない視聴覚的表現は映画に類似する著作物であると認定されない。

　ゲームの著作物と映画の著作物との最も大きな違いは、ゲームの影像がプレイヤー操作に応じて双方向的な結果を生じるか否かという点にある。映画などの伝統的な美術の著作物のフィードバックは、映画の観賞者は映画の著作物の視聴覚的フィードバックを単方向に受け取り、観賞者が映画の著作物のストーリーの先行きを決定することができないというものである。ゲームの著作物はこれと異なり、プレイヤーがゲームプレイ中に能動的に操作を行い、ゲームソフトウェアにフィードバックし、ゲーム影像からその効果を受け取り、プレイヤーは視聴覚的鑑賞を享受する。コンピュータゲームはプロセスの不規則性、複製不可能性などにより独自の魅力を得て、ますます多くのプレイヤーおよび商機を獲得しているのである。

　相互作用はコンピュータゲーム独自の芸術言語の形態である。以前のコンピュータゲーム侵害事件の係争対象物であるゲームは、技術的要件などから、オフラインゲームが中心であった。オフラインゲームはプロセスが一定、スレッドが少ないなどの要因により「一定性・無尽蔵性」を有している。その後のゲーム技術の進歩にともない、現在ではコンピュータゲームは多様化し、エコシステムの構築とプレイヤーの参加・相互作用をより重視するようになり、ユーザーがUGC作成モジュールなどのモジュールを作成定義し、エディタを用いて自分でコンテンツを作成するゲームが増えていった[33]。

　映画に類似する著作物の認定が著作権法の規定に従っていることは、過去の複数の判決においても論じられている。上記「MU ―奇蹟の大地―」事件では、裁判官はプレイヤーの操作および相互的な作用はゲームの枠組み内でのフィードバックであり、新たなコンテンツを作り出しているわけではなく、プレイヤーの操作は映画に類似する著作物に該当するか否かとは無関係である旨を側面から指摘している。「夢幻西遊2」事件では、著作権法は映画に類似する著作物の定義について「音声を伴

付録一

---

[33] 無訟閲読｜オンラインゲーム全体が「映画に類似する著作物」に該当するという司法および論点　http://victory.itslaw.cn/victory/api/v1/articles/article/0eff1935-7dd4-407b-b277-a4782813e3c0

う、または伴わない一連の影像により構成され」ること、すなわち「動きのある連続的な影像」に着目しており、相互的な作用を排除していない。また、プレイヤーの操作はゲームプログラムを呼び出すコマンドであり、あらかじめ設定された範囲および動きのある連続的な影像という特徴を変更するものではないとしている。「オーバーウォッチ」事件では、ゲーム内各要素の組合せ・デザインの細部を評価したうえで、係争対象物であるゲームはデザインアーキテクチャおよび内部ロジックを完全に反映しており、著作権法の保護の対象になり得ると指摘している。

「指針」第20条「ゲームユーザーがゲーム影像に与える定性的な影響」では、「ゲーム影像がゲームプログラムのゲームユーザーの操作コマンド、所定のルールに基づいてゲーム開発者によりあらかじめ設定されたゲーム要素を自動的に生成する場合には、当該ユーザー操作行為は創作行為に該当せず、ゲーム影像に対する定性的な判断に影響しない。ゲームがゲームユーザーのあらかじめ確保された創作空間であり、創作ツールを提供し、ゲームユーザーがゲームにあらかじめ設定された視聴覚的表現の範囲外において他の表現要素を創作し、創作の成果が著作物構成要件を充足する場合には、当該ゲームユーザーは創作の成果の制作者として著作権を有する」と規定されている。

筆者は、プレイヤーの双方向性、相互的な作用要素が映画に類似する著作物に定性的な影響を与える場合は、ゲームの性質に応じて区分するべきだと考えている。大多数のコンピュータゲームでは、プレイヤーの相互的な作用のある操作がゲームそのものの枠組みを超えることはなく、ゲームの連続的な影像の構成要素に当たり、映画に類似する著作物として保護の対象となり得る。一方、自由度が高く、ルールが少なく、プレイヤーの創造性が高いオープンワールドのサンドボックスゲームについては、映画に類似する著作物として保護することは妥当ではないと考える。箱庭ゲームから進化したサンドボックスゲームでは、世界がサンドボックスゲームであるという特性を変え、影響を与え、さらには作り出すことが可能である。創造こそがこの種のゲームの主要な特性であり、ゲーム内で提供されるアイテムを用いてプレイヤー自身の創作物を作り出すのである[34]。サンドボックスゲームの特性は創造であり、ストー

---

[34] サンドボックスゲーム百度百科

リー性は低く、プレイヤーに創作を促し、プレイヤーはゲーム内の資源を用いて自由な発想に基づいて創造、さらにはプレイヤー自身の著作物を生み出す。

上記要件を満たすサンドボックスゲームでは、プレイヤーの創造はゲーム自体の枠組みを超えており、この場合、プレイヤーはゲーム開発者があらかじめデザイン・設定した範囲を飛び出して新たなコンテンツを作り出しているということになる。実際に、著名なサンドボックスゲーム「Minecraft」では、建築コンテストが頻繁に開催されており、高い評価を受けた建築物はインターネット上でプレイヤー向けに公開され、自由にダウンロードすることができるようになっている。ここでは、プレイヤーの新著作物はゲーム開発者の設定した範囲を超えており、映画に類似する著作物ではなく、プレイヤー自身の著作物として保護されるべきである。

第3　一部複製に実質的な類似性は認められるか―「ミシュランブローチ」事件の検討

> 本件では、類似性の判断に当たっては商標権侵害の判断基準を著作権侵害の判断に用いるべきではないこと、2つの著作物に相違があることは両者が実質的に類似しないことを意味するものではないこと、著作物または著作物の一部は著作物の独創性要件を満たせば著作権法の保護対象となることが明示された。

【事案の概要】

原告ミシュラングループ（以下「ミシュラン社」）は世界的に著名なタイヤメーカーであり、フォーチュン・グローバル 500 社にも選出されている。その著名な会社標章「走るミシュランマン」は世界的に知られている。当該「走るミシュランマン」美術著作物は、ミシュラン社により創作され、2010 年に中国において著作権登録がなされた。当該著作物はタイヤの線と丸みにより、走る人体の胴体、手足および頭部を表現している。

ミシュラン社は、被告会社がその運営する 1688 および天猫商城ショッ

プ内において、原告の「走るミシュランマン」美術著作物と実質的に類似するブローチ商品を、許可を得ずに販売していることを確認し、美術著作物の著作権を侵害しているとして、原告著作権侵害行為の差止め、損害賠償を求める訴訟を東莞市第二人民法院に提起した。

原告美術著作物および被告の被疑侵害品の写真は、下図のとおりである。

（巻末カラーページ参照）

一審法院は、原告美術著作物と被疑侵害品であるブローチ製品を比較すると、両者の胴体および手足の造型は相互に類似するものの、頭型、目、口などの各要素を含む頭部造型は明らかに異なり、頭部造型は擬人化された図形の重要な構成要素であり、頭部造型の相違により当該ブローチと本件美術著作物の図形は全体として明らかに相違することから、当該ブローチが本件美術著作物「走るミシュランマン」の著作権を侵害する商品であるとは認められないとして、原告の請求をすべて棄却した。

【判決】

ミシュラン社は一審判決を不服として、東莞市中級人民法院に控訴を提起した。二審法院は次のよう認定した。本件美術著作物は頭部、胴体、手足から構成され、胴体は複数のタイヤを何層にも積み重ねて構成し、走る状態を表現している点が、当該著作物の最も独創性が認められるところである。被疑侵害品であるブローチと比較すれば、両者は頭部造型こそ異なるものの、当該ブローチの胴体も複数のタイヤを何層にも積み

重ねて構成され、かつ、タイヤの個数、相対的位置および輪郭の弧度は本件美術著作物とほぼ同一であり、同一の走る状態を呈していることから、実質的に類似しており、被告の著作権侵害行為は成立する。

【解説】

⑴ 擬人化された図形の重要な構成要素である頭部の造型が異なれば実質的に類似しないのか

本件において、一審法院は2つの著作物が実質的に類似しない理由として、「頭部造型は擬人化された図形の重要な構成要素であり」、頭部造型の相違により2つの著作物の視覚上の相違が大きいことから、実質的に類似しないという判断を示した。一審法院の認定には2つの問題があると考えている。

第一に、商標権侵害の判断基準を著作権侵害の判断に用いるべきではないということである。

非擬人化著作物と比較して、擬人化された著作物は擬人化された外観を有することから、頭部の造型は一般の公衆の注意力を相対的に惹きやすいものの、このことは頭部造型が胴体、手足などの部位の造型よりも重要であり、または当該部位のみが独創性を有することを意味しない。イメージの識別という観点からは、頭部の特徴により当該キャラクター画像の具体的な「出所」を一般の公衆に識別させることは確かであるが、この「識別」機能は商標法上の商品または役務の出所を示す機能により近く、著作物の独創性の評価および著作物の実質的な類似性判断において勘案すべき要件ではない。著作物の一部は、当該一部表現を創作者が独自に創作し、高い進歩性を有していれば、当該表現に独創性が備わっていると認められるべきである。言い換えれば、著作権侵害の判断においては、その創作的な表現が一部であるかそれとも全体であるか、イメージの識別力を有する頭部であるか胴体であるかにかかわらず、被告が原告の創作的な表現を盗用しているか否かを勘案すべきであり、またこれのみを勘案するべきである、ということである。ミシュランブローチ事件に話を戻せば、当該著作物の創作的なタイヤの表現は、擬人化されたキャラクター造型の各部位に均一に分布しており、一審法院は「頭部造型は擬人化された図形の重要な構成要素である」としたうえで、頭部造型の表現が実質的な類似するか否かのみを考慮し、胴体部の創作的な表

325

現が実質的に類似するか否かを検討しておらず、判決は明らかに誤りである。

第二に、2つの著作物間に相違があることは、両者が実質的に類似しないことを意味しない。

たとえ2つの著作物間に相違があったとしても、被告が原告著作物の創作的な表現を盗用していれば、実質的な類似性の存在は否定されない。例えば、翻訳著作物と原著作物、映画の著作物と映画の脚本との間には当然に相違があり、絵画の一部と全体との間にも明らかな相違があるが、これをもって前者による後者の盗用、または後者との実質的な類似性の存在を否定することはできない。

2つの著作物の侵害の比較においては、相違点よりも類似点に重点が置かれるべきである。注意力を両者の相違点の比較に過度に集中させると、両者間に実質的な類似性が存在しないという結論が導き出される可能性が極めて高くなる。しかし、著作権侵害の比較は粗探しではなく、本来は後者が前者の創作的な表現を不正に使用したか否かにこそ着目すべきである。

ちょうど上海知的財産法院の（2017）滬73民終54号判決で述べられているように、「『K1』『K2』のキャラクター画像が『ライトニング・マックィーン』『フランチェスコ・ベルヌーイ』のキャラクター画像と実質的に類似するか否かを判断するための要は、上記類似点が実質的なものであるか否かである。『実質的』の認定に当たっては、類似点の量と質の両方を検討することが必要である。量とは主に類似点が一定の数に達しているか否か、質とは主な類似点が著作権法の保護対象となる創作的な表現であるか否かである」と判示している。

本件においては、被疑侵害品であるブローチの胴体および手足は本件美術著作物の胴体および手足と完全に同一であった。両者の胴体および手足はいずれも、複数のタイヤを何層にも積み重ねて構成され、走る状態を呈しており、タイヤの個数、相対的位置および輪郭の弧度などの具体的な表現上完全に同一であり、数も一定の数に達している。また、これらの同一の表現は、いずれも原告の創作的なデザインを反映するものであり、著作権法の保護対象となる創作的な表現に該当する。当該ブローチは本件美術著作物の独創性を有する手足および胴体を完全に模倣しており、両者間には実質的な類似性があると認められるべきである。両者

間に視覚的相違があることを理由として、実質的な類似性が存在しないと判断した一審法院の結論が成立しないことも明らかである。

(2) **本件美術著作物は頭部を取り除いた残りの身体部単独でも美術著作物に該当する。被疑侵害品であるブローチは本件美術著作物の身体部を完全に模倣しており、侵害が成立する**

著作物または著作物の一部は、著作物の独創性要件を満たせば、著作権法により保護される。例えば、小説の1章、絵画の一部であっても、独創性を有する限り、保護の対象となる。

本件美術著作物の主な独創性は、全身に一貫するタイヤの特徴による表現によるものであり、当該創作的な表現はその胴体および手足にも反映されており、著作権法により保護される美術著作物であると認定するに足りる。被疑侵害品であるブローチは本件美術著作物の胴体および手足を完全に模倣しており、侵害が成立することは明らかである。

第四節　特許法関連事例

第1　最高法院知的財産権法廷の審理による最初のキラル医薬品特許民事および行政交錯事件──特許権者の代理人として他人の無効審判請求に対抗して侵害訴訟に勝訴した事例

最高人民法院知的財産権法廷の最終判決では、ラセミ体医薬品の既知の光学異性体の新たな特性に基づいてなされた用途発明の進歩性および先行技術の抗弁、先使用権の抗弁などについて詳細な見解が示された。本件は、2022年中国法院知的財産権代表50事件、最高人民法院知的財産権法廷代表事例（2022）に選出されている。

付録一

【事案の概要】

本件は、専利番号200510083517.2、名称「レボルニダゾールによる抗寄生虫薬調合法」および専利番号200510068478.9、名称「レボルニダゾールによる嫌気性菌感染症治療剤調合法」の2つの特許（「本件特許」）に関する事件である。

327

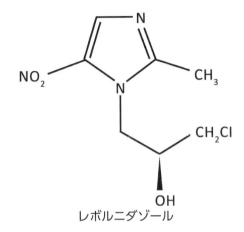

レボルニダゾール

特許関連行政訴訟の審理状況

　2件の発明専利(以下「特許」)権無効審判事件において、無効審判請求人は上記2つの特許について国家知識産権局に無効審判を請求した。国家知識産権局は第38074、第38076号無効審判請求審決(「本件審決」)を下し、2つの特許についていずれも進歩性を認め、特許権を維持する判断を示した。無効審判請求人はこれを不服として、北京知的財産法院に行政訴訟を提起した。北京知的財産法院は審理の結果、2つの特許はいずれも進歩性を有していないと判断し、判決登録取消し本件審決を取り消し、国家知識産権局に再度審査するよう命じる判決を下した。国家知識産権局と特許権者はいずれもこれを不服として、最高人民法院知的財産権法廷にそれぞれ上訴を提起した。

　特許権者は次のように主張した。一審法院は進歩性判断の3ステップによらず、本件特許が進歩性を有するか否かの認定において、本件特許が実際に解決する技術的課題を回避し、レボルニダゾールの「神経毒性の軽減」の作用を検討していない。進歩性判断の方法、製薬用途の立法趣旨に従えば、毒性の顕著な軽減という意図しない効果が検討されるべきである。明細書によれば、神経毒性の軽減は技術的思想実施の技術的効果であり、発明により実際に解決される技術的課題を特定する場合に当然検討すべきである。また、先行技術においては、オルニダゾールの鏡像体の活性および毒性について記載されておらず、レボルニダゾールの使用によりオルニダゾール神経毒性の軽減の問題を解決するための指

針も示されていない。先行技術が記載された文献によれば、当業者はオルニダゾールの毒性がキラル構造に関連することを認識することはなく、毒性がこれほど顕著に軽減することを予測することもない。また、先行技術の証拠においては、2種類の異性体の毒性が同等であるという指針が明記されている。本件特許の明細書に記載された効果によれば、レボルニダゾールはオルニダゾールの中枢毒性を顕著に軽減することができ、当該効果は臨床試験により確認されている。本件特許製品はこれにより国から複数の技術賞を受け、欧州、米国などにおいても登録されている。上記の事実は、本件特許の非自明性および得られる効果の予測不可能性を十分に示すものである。無効審判請求人は、類似する内容の後願特許および医薬品宣伝資料において、レボルニダゾールがオルニダゾールの中枢神経毒性を軽減することができることを明記しており、これは特許権者の主張を直接的に支持するものである。

　最高人民法院は最終的に特許権者の主張を認め、次のように判示した。本件特許の出願日以前に、証拠1、証拠2および当該分野の技術常識の教示のもとでは当業者がレボルニダゾールの毒性を研究し、これ単独で製薬を行おうとする動機付けとはならず、本件特許の技術的思想は当業者にとって自明的ではない。国家知識産権局、特許権者による、先行技術ではレボルニダゾールの使用によるラセミ体オルニダゾールの毒性の軽減に関する教示がないという上訴の請求には、事実上または法令上の根拠がある。一審法院は、3ステップによる審理原則に従わず、先行技術全体から教示がなされているか否かを判断しておらず、その認定には誤りがあり、判決は取り消されるべきである。最高人民法院は判決において次のような判断を示した。既知の化合物の医薬発明については、既知の化合物の医薬用途または効果に対して当業者の「合理的な成功の期待」がない、すなわち化合物自体の構造、構成、分子量、既知の物理化学的性質および当該化合物の先行用途から当該医薬用途または効果を自明に導き出し、または予測することができず、当該化合物に新たに発見された特性を利用し、かつ、有益な技術的効果を生み出し、当業者の合理的な期待を超える場合、こうした既知の化合物の医薬発明は進歩性を備えると認められるべきである。先行技術が当該分野の一般的な研究の方向性のみを示し、または反対の教示があり、キラルな鏡像体の毒性を研究する明示的かつ具体的な教示がない場合に、これのみにより先行技

術が教示すると認めれば、発明の進歩性を過小評価し、後知恵の誤りを犯す可能性が生じる。最高人民法院は本件特許権の進歩性を認めた（行政訴訟二審事件番号：（2020）最高法知行終 475、476 号）。

特許権侵害事件の審理状況

特許権侵害訴訟における審理の焦点について、最高人民法院は次のような見解を示している。

公知の化合物の用途請求項の保護範囲については、本件特許権は新たに発見された公知の化合物の特性に基づいてなされた発明であり、これが登録を認められたのは、化合物自体ではなく、主に特定の適応症について医薬品を調合する発見および応用によるものである。公知の化合物の医薬用途について言えば、請求項に明示的に記載された医薬用途によりその保護の範囲を特定すべきである。本件特許の請求項 1 では毒性が限定されていないことから、侵害の比較および先行技術の抗弁検討において毒性を勘案する必要はない。

先行技術の抗弁については、キラル医薬品の生物活性にはさまざまな態様があると考える。被疑侵害者は証拠 1 においてオルニダゾールの活性を開示し、オルニダゾールの分解によりレボルニダゾールとデキストロオルニダゾールを得ている。しかし、当業者によるレボルニダゾールとデキストロオルニダゾールへの分解では、その生物学的活性を合理的に期待することはできず、本件の先行技術の抗弁は成立しない。

先使用権の抗弁については、被疑侵害者の証拠では、本件特許の出願日前にレボルニダゾールを製造し、本件特許権により保護される医薬用途に使用していたことを示すに足りない。一方、特許権者の証拠によれば、特許の出願日から約 3 年間の被疑侵害者の生産は実験室的規模に過ぎなかったことが示される。また、被疑侵害者の先使用権の証拠の実施主体は訴外人であり、かつ、当該訴外人と被疑侵害者との間に事業主体上の譲渡または継承関係は存在しない。したがって、被疑侵害者の主張は、「最高人民法院　特許権侵害事件審理の法律適用における若干の問題に関する解釈」第 15 条第 3 項の規定に反する。

最高人民法院は、上海知的財産法院の民事一審判決を維持し、被疑侵害者に対し、経済的な損害および権利保護のための合理的な費用 80 万人民元を特許権者に支払うよう命じた（民事訴訟二審事件番号：（2020）最高法知民終 1156、1158 号）。

付録一：参考事案

【焦点】

公知の化合物の用途発明の進歩性基準、先行技術が教示しているか否かの判断、用途請求項の保護範囲の先使用権の抗弁の法的要件および証拠要件

【事件の取扱いに当たっての考え方】

公知の化合物の新たな用途発明は、医薬品分野における重要な発明であり、医薬品製品の保護において製品特許に引けを取らない効果を発揮することがままあることから、大いに注目されている。こうした発明では先行技術において、公知の物質または関連する物質が広範かつ詳細に研究されていることが多い。これらの研究成果が新たな用途発明の獲得を真の意味で教示するか否かが、発明の進歩性を判断するための重要な基準となる。本件特許権は、レボルニダゾールの嫌気性菌感染症治療感染および抗寄生虫用途に関するものである。証拠１ではラセミ化合物オルニダゾールの薬理活性を、証拠２ではオルニダゾール分解によるレボルニダゾールの取得を開示しているが、レボルニダゾールが嫌気性菌感染症治療活性または抗寄生虫活性を有することを開示する先行技術はない。特許権者は、先行技術の開示内容および関係証拠を踏まえ、先行技術の研究の方向性は分解による鏡像体取得の活性研究であって毒性研究ではないと指摘する。本件特許が解決する技術的課題は、オルニダゾールの毒性軽減による嫌気性菌感染症治療または抗寄生虫用途を提供することである。先行技術においては、技術的課題を解決する教示は開示されていない。

医薬品特許権侵害事件を扱うに当たっては、侵害製品が全国各地域での販売およびインターネット上での販売証拠に着目し、関連する特許無効事件との緊密な時間的連携を確保し、侵害行為差止め上最大の権利保護効果の実現を図ることに留意すべきである。

【実務上の提言】

本件は、最高人民法院知的財産権法廷（5人の合議制）が 2021 年知的財産権宣伝週間に公開審理したものである。本件は、進歩性判断における先行技術の教示の判断および用途発明の進歩性基準、用途請求項の保護範囲の解釈、公知の化合物の新たな用途特許への先使用権の抗弁の

適用など、業界が注目する複数の問題をはらんでいる。本件判決は、医薬品分野における進歩性判断において、必ずや大いに検討されるべき判例となろう。医薬品分野では近年になり、特許訴訟が増加しつつある。特許無効審判または侵害訴訟を抱えた場合には、特許、製品および関係事実を詳細に分析検討し、主観的な憶測を排除して客観性、包括性の証拠を積極的に収集し、事件の全体像を総合的に勘案し、適切な訴訟戦略を立案し、医薬品特許訴訟審理経験の豊富な管轄法院を選択する必要がある。

第2 最高法院が「V8 ビール缶」意匠無効審判事件において示した意匠が他人の先行権利と抵触する場合の審理の原則

最高人民法院は最終判決により、嘉士伯（中国）啤酒工貿有限公司（以下「嘉士伯工貿社」）による馬某の「V8 ビール缶」意匠が嘉士伯工貿社の商標「V8」の先行権利を侵害したとして無効にすべき旨の上訴の請求を認め、国家知識産権局による「V8 ビール缶」意匠の維持を認めた無効審判請求審決および北京知的財産法院による国家知識産権局審決を支持する一審行政訴訟判決を取り消し、嘉士伯工貿社が「V8 ビール缶」意匠について行った無効審判請求の再審を行うよう国家知識産権局に命じた。本件は一見単純なようではあるが、合法的な先行権利の範囲および抵触の判断基準という、意匠と合法的な先行権利との抵触に関する重要な問題をはらんでいる。最高法院は上記2点について詳細に判示し、合法的な先行権利の範囲および抵触の有無の判断基準を明らかにしており、同種の事件において大いに検討されるべき判例である。本件は、最高人民法院知的財産権法廷裁定事例要旨（2023）に収載されている。

付録一

V8ビール缶意匠の正面図　　嘉士伯工貿社の「V8」ビール缶
（巻末カラーページ参照）

【事案の概要】

　大理啤酒廠の「大理V8ビール」を前身とする嘉士伯工貿社の「V8」ビールは21世紀初めに発売され、雲南および周辺地域において継続的かつ広範に宣伝販売され、市場での一定の知名度を獲得していた。嘉士伯工貿社は2016年12月30日に商標「V8」の登録を出願し、2018年7月27日に登録決定が公告され、2018年10月28日に登録された。

　雲南在住の馬某は2018年5月28日に、名称を「ビール缶」とする外観設計（以下「意匠」）の登録を国家知識産権局に出願した。当該意匠（「V8ビール缶」）の図案には「V8」の文字が含まれており、登録決定公告日は2018年12月18日であった。

　嘉士伯工貿社は2020年6月16日に「V8ビール缶」の意匠無効審判を国家知識産権局に請求した。請求の理由は(1)当該意匠は嘉士伯工貿社の「大理V8ビール」プルタブ缶の全体的構図および図案デザインとほぼ同一であり、意匠は先行デザインまたは先行デザインの特徴の組合せとの間に明らかな相違がなければならないとする専利法第23条第2項の規定に反している(2)当該意匠の「V8」の文字は商品正面の目立つ部分に付され、一般消費者は商品の商標と認識する可能性が極めて高く、嘉士伯工貿社の商標「V8」の商標権と抵触し、意匠は他人が出願日以前に取得した合法的な権利と抵触してはならないとする専利法第23条第3項の規定に反しているというものであった。

　国家知識産権局は2020年11月3日、(1)嘉士伯工貿社が主張する公開

日および比較デザインによっては対応関係を認めるに足りず、当該意匠が先行商品により公開されていたという主張は認められない(2)嘉士伯工貿社の商標「V8」の登録日および登録決定公告日はいずれも本件専利(以下「本件意匠」)の出願日以降であることから、合法的な先行権利ではない――として、当該意匠権を維持する審決を下した。

嘉士伯工貿社は国家知識産権局の審決を不服として、北京知的財産法院に訴訟を提起した。請求の趣旨は(1)登録商標が意匠出願日以前に取得されていた合法的な権利であるか否かを判断するには、登録決定公告日または登録日を基準とするのではなく、商標法第31条の規定を類推適用して商標登録出願日を基準とするべきである(2)嘉士伯工貿社は本件意匠出願日以前から「V8」標章を大規模に使用し、当該標章は嘉士伯工貿社との間に安定的な対応関係を構築しており、合法的な先行権利を取得していたというものであった。

一審法院は次のような判断を示した。商標法第39条の規定に基づけば、登録商標の存続期間は登録の日から10年間である。嘉士伯工貿社は登録を許可された日(2018年10月28日)に「V8」の商標権を取得しており、これは本件意匠の出願日(2018年5月28日)より遅かった。本件意匠が出願の日時点では「V8」はまだ商標登録されておらず、本件意匠の出願日以前に取得された登録商標権ではないことから、本件意匠は先行権利と抵触していない。また、嘉士伯工貿社の証拠によっては、「V8」標章自体が嘉士伯工貿社との間に対応関係を構築していた事実を認めるには足りず、かつ、本件意匠の保護範囲には「V8」の文字内容は含まれず、他人が「V8」の文字自体に対して有する合法的な権利利益と抵触することもない。したがって、国家知識産権局の審決を支持し、嘉士伯工貿社の請求を棄却する。

嘉士伯工貿社は一審判決を不服として、最高人民法院に上訴を提起した。上訴の趣旨は(1)専利法第23条第3項では合法的な先行権利には商標出願権が含まれると規定されている(2)嘉士伯工貿社は本件の出願日以前から「V8」標章の広範な使用および宣伝を行っており、公衆に広く認知され、商品の出所を識別する機能を獲得していた(3)意匠が先行商標権と抵触するか否かを判断するための要は、意匠に先行商標権と同一または類似の標章が含まれるか否かであるというものであった。

【判決】

最高人民法院は 2023 年末、嘉士伯工貿社の上訴の請求を認め、一審判決は事実認定、法令の適用に誤りがあり、是正されるべきであるとする最終判決を下した。

最高法院は次のように判示した。専利法第 23 条第 3 項の立法趣旨は、意匠の実施と他人の先行する合法的な権利との抵触を回避することにある。これは、意匠が形式審査を経て登録されて以降、その実施が出願日以前に他人が合法的に取得した権利と抵触し、先行権利者の合法的な権利を侵害することがあるためである。これにより、当該意匠の実施により他人の先行権利が侵害されるおそれがある場合には、当該規定の規制の対象となる。したがって、意匠権の確定に係る行政事件を審理するに当たり、専利法第 23 条第 3 項で規定された「合法的な権利」を狭義に解釈することは相当でない。意匠出願日以前に法に基づき取得され、意匠登録無効審判請求の時点において存続する権利または利益は、一般にいずれもこれに含まれるべきである。原則として、商標権者の登録商標の出願日が意匠の出願日以前であり、かつ、意匠登録無効審判請求の時点において商標がすでに登録されて存続し、または意匠の出願日以前に商品もしくは役務の出所を識別する機能を獲得していた未登録商標は、商標権者との間に対応関係を構築しており、商標権者の先願商標権または商標権者との間に対応関係を構築していた未登録商標に係る合法的な権利利益は、意匠権がこれと抵触するか否かを判断するために用いることができる。同一の商品または類似の商品の意匠に、他人が先に出願した登録商標またはこれとの間に先行して対応関係を構築していた未登録商標と同一または類似の標章を使用すれば、意匠権の実施により商品の出所が商標権者であるとの誤認を公衆に生じさせ、先行権利者の合法的な権利を侵害するおそれがあることから、通常は当該意匠の他人が出願日以前に取得した合法的な権利との抵触を認定することができる。こうした抵触の判断基準は、実質的に意匠権の実施が先行権利者の先行登録商標または先行権利者との間に対応関係を構築していた未登録商標に係る合法的な権利または利益を侵害するか否かを審理することである。

したがって、文字の具体的な内容が意匠の保護範囲に含まれないことを理由に、文字を含む意匠につき他人の文字自体に対する合法的な権利利益と抵触することはないと一審判決が恣意的に認定したことは、法律

を機械的に解釈、適用したものであり、抵触規定の立法趣旨から逸脱するものである。文字の具体的な内容は意匠の保護範囲には含まれないものの、意匠が文字を含む場合、当該意匠が先行商標権と抵触するか否かを判断するための要は、当該意匠の実施によって先行商標権が侵害されるか否かである。意匠が含む文字が先行商標標章と同一または類似であり、かつ、両者が使用する商品が同一または類似であり、当該意匠権の実施により公衆に誤認・混同を生じさせるおそれがある場合には、当該意匠は先行する商標権と抵触する。具体的に本件について見れば、嘉士伯工貿社が「V8」標章を付した製品をビールに使用して宣伝し始めたのは、本件意匠の出願日から12年も前であり、高い知名度および影響力を獲得し、関係製品との間に対応関係を構築していた。本件意匠権の実施は、公衆に商品が嘉士伯工貿社のものであるとの誤認を生じさせ、嘉士伯工貿社による「V8」標章の先使用の合法的な権利利益を侵害し、本件意匠権と他人の先行する権利利益の抵触を生じるおそれがある。

【解説】

　本件は最高人民法院の最終判決であることから、同種の事件において大いに検討されるべき判例となった。中でも、専利法第23条第3項の立法趣旨、合法的な先行権利の範囲、先行商標権の判断基準および意匠が商標権と抵触するか否かを判断知るための原則については、詳細かつ十分に論じられている。

（一）専利法の立法趣旨：専利法第23条第3項の立法趣旨は、意匠の実施と他人の先行する合法的な権利との抵触を回避することにある。これは、意匠が方式審査を経て登録されて以降に、その実施が出願日以前に他人が合法的に取得した権利と抵触し、先行権利者の合法的な権利を侵害することがあるためである。これにより、当該意匠の実施により他人の先行権利が侵害されるおそれがある場合には、当該規定の規制の対象となる。

（二）合法的な権利の範囲：意匠出願日以前に法に基づき取得され、意匠登録無効審判請求時点において存続する権利または利益は、一般にいずれもこれに含まれるべきである。「最高人民法院　専利権事件審理における法律適用の若干問題に関する規定」第12条では「専利法第23条でいう合法的な権利には、著作物、商標、

地理的表示、氏名、会社名称、肖像及び一定の影響力を有する商品名称、包装、装飾等に係る合法的な権利又は権利利益を含む」と規定されている。

（三）先行商標権：原則として、商標権者の登録商標の出願日が意匠の出願日以前であり、かつ、意匠登録無効審判請求時点において商標がすでに登録されて存続し、または意匠の出願日以前に商品もしくは役務の出所を識別する機能を獲得していた未登録商標は、商標権者との間に対応関係を構築していた場合、合法的な先行商標権に該当する。この原則は、最高法院が（2014）知行字第4号行政決定（「白象事件」）において一定程度明示的している。最高法院は「白象事件」において、商標出願権は専利法第23条でいう先行的に取得された合法的な権利とはならないものの、商標出願権は意匠権が登録商標権と抵触するか否かを判断するうえで重要な要素となり、商標出願日が意匠の出願日以前であれば、先登録商標権をもって後願の意匠権に対抗することができるとの判断を示した。最高法院は本件において、先願商標が登録されていれば合法的な先行権利に該当すること、またさらに進んで、未登録商標であっても、意匠の出願日以前に商品または役務の出所を識別する機能を獲得していれば、合法的な先行商標権として保護の対象となることを明示している。

（四）意匠と先行商標権との抵触の判断基準：同一の商品または類似の商品の意匠に、他人が先に出願した登録商標またはこれとの間に先行して対応関係を構築していた未登録商標と同一または類似の標章を使用すれば、意匠権の実施により商品の出所が商標権者であるとの誤認を公衆に生じさせ、先行権利者の合法的な権利を侵害するおそれがあることから、通常は当該意匠の他人が出願日以前に取得した合法的な権利との抵触を認定することができる。こうした抵触の判断基準は、実質的に意匠権の実施が先行権利者の先行登録商標または先行権利者との間に対応関係を構築していた未登録商標に係る合法的な権利または利益を侵害するか否かを審理することである。

付録一

337

第3 意匠優先権の判断基準―デカトロン社意匠無効事件

> 国家知識産権局専利復審委員会は本件において、意匠優先権の同一性について「たとえ後願と先願の図面または写真が完全に同一でなく、または先願が一部図面を欠いていたとしても、後願で保護を求める意匠が先願において明確に示されている場合には、同一であると認めることができる」という判断基準を示した。

【事案の概要】

無効審判請求人である深セン市百雄新派貿易有限公司（「請求人」）は2017年10月25日、本件意匠の権利が侵害されたとして、デカトロン社の第201430112503.9号意匠「シュノーケリングマスク」（出願日2014年4月30日、優先日2013年11月6日）に対する無効審判を請求した。請求の理由は(1)本件意匠は被請求人が主張する優先権を有していない(2)本件意匠の商品は出願日以前、優先日以降に公開されているため、本件意匠は先行デザインに該当せず、意匠権は認められるべきではないというものであった。本件の主な争点は、本件意匠の優先権の維持である。

請求人は次のように主張した。欧州の優先権は三面図であるのに対し、中国の意匠は六面図であり、図面の角度が欧州の優先権とは大きく相違しており、欧州の優先権には中国の意匠の特徴の多くが反映されていない。例えば、下図の円で囲まれた7か所の特徴は、優先権書類においては確認できない。

これらの不備は(1)欧州と中国の意匠出願制度の相違による一部図面の欠損(2)図面作成時の誤り(3)写真を撮影する角度および距離による図面に提示される外観の相違(4)意匠商品商標の節略による外観の相違というものである。

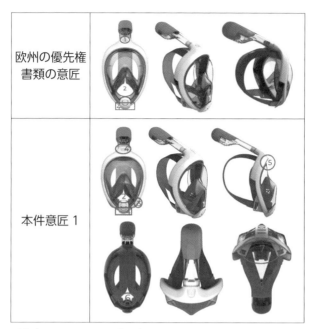

(巻末カラーページ参照)

　中国専利法は意匠優先権の審査において、後願と先願の主題が同一であることを求めている。「専利審査ガイドライン」(「審査ガイドライン」)ではさらに進んで、主題が同一の意匠は(1)同一の商品の意匠である(2)中国の後願の意匠が第一国の最初の出願に明示的に記載されているという条件を同時に満たさなければならない旨が規定されている。また、「審査ガイドライン」では、後願が第一国の最初の出願の図面または写真と完全に一致せず、または最初の出願において一部の図面を欠いていても、後願の意匠が先願において明示的に記載されていれば、同一性の認定を妨げないない旨が示されている。

　口頭審理および実演が行われた後、復審委員会は最終的に本件意匠の優先権を維持した。復審委員会の判断は次のようなものであった。(1)前記表の相違点1は図案の一部（デカトロン社の登録商標）を節略したものであり、同一でないと認めるに足りない(2)相違点2および3は撮影距離の遠近および傾斜角度の相違により生じたに過ぎず、相違点3はマスクバンドの投影であり、表示されていないだけで優先権書類の意匠にも

存在する(3)相違点4については、請求人は欧州の優先権書類の図案では曲線は1本であると主張するが、図面を拡大すると実際には2本ある(4)請求人は本件意匠マスクのフレームと外装が「5」の部分で連結しているのは外装の一部であり、優先権書類の図案には示されていないと主張するが、復審委員会は、優先権書類の図案も同様に連結しており、左右図面がないに過ぎないと判断する(5)相違点6および7については、優先権書類では底面図および背面図が示されていないものの、斜視図を見れば優先権書類にも図中の円で囲まれた長方形の切り欠きおよび台形の輪郭があることが分かり、この2つの相違点は実質的には存在しない。

【審決】

　復審委員会は最終的に、請求人が主張する相違点は、一部図案の節略、撮影距離の遠近および傾斜角度の相違により生じたものであり、優先権書類の三面図を複数の角度から比較すると、これらのいわゆる相違点を確認することができるという判断を下し、本件意匠権の維持を決定した。請求人も復審委員会の審決を受け入れ、訴訟を提起することはなかった。

【解説】

　「審査ガイドライン」では、同一性の判断基準が規定されているものの、上記複数部位の相違点または不備をもって本件意匠がその優先権書類に「明示的に記載されている」と認定することができるか否かは明らかにされていない。請求人は優先権の審査基準は新規性基準よりも厳格であり、たとえ一般消費者が容易に認識することができないような微細な局所的差異であっても検討すべきであると主張する。これについては、当事務所はデカトロン社の代理人として、十分な法的検証を行った。確認された数少ない事例からは、各国の意匠出願制度の相違を十分に勘案したうえで、中国の意匠出願に対して外国の優先権図面と完全に同一であることを機械的に求めるのではなく、中国の意匠が外国の優先権書類に記載されているか否かを検討しており、図面角度の相違点、図面作成時の微細な差異は一般に同一性の認定には影響しないとする復審委員会および法院の意匠の同一性に対する基本的な姿勢が伺える。

　当事務所では、復審委員会および法院のこうした問題に対する姿勢および理論的背景を十分に把握したうえで細心の準備を進めていった。図

面の拡大、クロス比較により中国の意匠と欧州の優先権との一貫性について説明し、法廷における実演を行うことで、顧客の優先権主張を伴う出願における問題を排除した。

意匠出願制度には各国間で大きな相違が存在する。中国の意匠出願においては、外国の優先権を主張する場合に、外国の優先権のデザイン図面が国内の意匠図面と完全に一致しない事態が起こり、優先権の主張の可否について法的論争が生じることがしばしばある。中国においては、中国の意匠と外国の優先権書類の意匠の不一致を理由として無効を主張する事件はまれであり、問題解決の難度も高くなる。本件代理人は中国の意匠図面と優先権図面の詳細な比較、意匠製品の実演により、中国の意匠と欧州の優先権を主張した意匠が同一のデザインであることを明確に示し、関連当局を説得して本件優先権の成立支援に持ち込んだ。優先権の成立要件に対しては、体系的な検討を行い、この種の事件の裁定基準を詳細に分析しており、意匠の出願および無効事件において大いに参考とされるべき前例となった。

第五節　独占禁止法関連事例

「デスロラタジンクエン酸2ナトリウム」原薬の市場支配的地位濫用事件

本件は原薬分野における最初の市場支配的地位濫用事件であり、特許権の保護範囲の認定および特許権の正当な行使に関わるものでもある。本件は、2023年人民法院独占禁止および反不正当競争代表10事例、最高人民法院知的財産権法廷裁定事例要旨（2023）、「商法」の「2023年度傑出取引」に選出されている。

【事案の概要】

上訴人合肥医工医薬股份有限公司およびその子会社である合肥恩瑞特薬業有限公司（以下併せて「医工社側」）は、デスロラタジンクエン酸2ナトリウム原薬の特許権者であり、デスロラタジンクエン酸2ナトリウム原薬の唯一の合法的な供給者でもある。

付録一

揚子江薬業集団有限公司およびその子会社（以下併せて「揚子江社側」）は次のように主張した。自身が商品名称を「貝雪」とする抗アレルギー薬デスロラタジンクエン酸２ナトリウム錠剤の製造者であり、医工社側はデスロラタジンクエン酸２ナトリウム原薬以外にデスロラタジンクエン酸２ナトリウムハードカプセル剤も製造している。このため、医工社側と揚子江社側は、本件原薬の需給双方であるとともに、本件製剤については競合相手でもあった。医工社側は本件原薬市場における支配的地位を利用し、揚子江社側が医工社側からしか本件原薬を購入することができないように仕向け、本件原薬価格を大幅に釣り上げ、揚子江社側に多大な損害を与え、独占禁止法上の不当な取引制限、不公正な取引方法などの市場支配的地位濫用行為を行ったとして、医工社側に市場支配的地位濫用行為の差止め、揚子江社側の損害および権利保護のための合理的な費用１億元の支払いを命じる判決を求めた。一審法院は、医工社側が不当な取引制限、不公正な取引方法などの市場支配的地位濫用行為を行ったと判断し、医工社側に上記行為を速やかに停止し、揚子江社側に6,800万元余りを支払うよう命じる判決を下した。双方はいずれもこれを不服として、上訴を提起した。医工社側は関係市場において支配的地位を有さず、市場支配的地位濫用行為を行っていないとして、原審取消し、揚子江社側の請求の棄却を求めた。揚子江社側は一審の損害賠償額が少なすぎるとして、損害賠償額を7,800万人民元余りに増額するよう求めた。

【判決】

　最高人民法院は二審において次のような判断を示した。医工社側は中国本土のデスロラタジンクエン酸２ナトリウム原薬市場において市場支配的地位を有するものの、間接的な川下の第２世代抗ヒスタミン製剤市場からの競争圧力によりその市場支配的地位は一定程度減退しており、かつ、入手可能な証拠によっては医工社側が市場支配的地位濫用行為をしていたことを証明することはできない。第一に、デスロラタジンクエン酸２ナトリウムは医工社側の特許権の保護範囲に含まれており、医工社側が揚子江社側を一定の期間および範囲内において本件特許原薬を医工社側からしか購入することができないよう制限していた行為は特許権の正当な行使であり、これにより生じた市場閉鎖効果も特許の法的排他

342 　付録一：参考事案

力の範囲を超えるものではなく、不当な取引制限行為には当たらない。第二に、値上げ後の内部収益率および価格と経済的価値との整合性を総合的に検討すれば、本件特許原薬の初期価格は販売促進を図るための価格であり、その後の値上げは販売促進を図るための価格から正当な価格への合理的な調整であった可能性が高く、値上げ幅が原価上昇幅を大きく超えていたという主張のみによっては、不公正な取引方法に該当すると認定することはできない。第三に、入手可能な証拠によっては、医工社側に訴外製品と本件特許原薬を抱合わせ販売する明示または示唆があったことを証明するには足りないことから、不合理な取引条件の付加行為があったと認定することはできない。最高人民法院は最終判決において一審判決を取り消し、揚子江社側の請求を棄却した。

　万慧達の弁護士は、合肥恩瑞特薬業有限公司の代理人として本件訴訟に参加した。

【解説】
　本件は原薬分野における独占事件であり、最高人民法院は判決において、中間財事業者の市場支配的地位の判断に当たっては、間接的な川下市場からの競争圧力、取引制限行為による市場閉鎖効果と特許権の行使との関連性および判断方法、不公正な取引方法、附加不合理な取引条件の付加などの行為の認定および規制を勘案する必要があるとの判断を明確に示した。本件においては、特許権保護と独占禁止の関係が適切に処理され、革新の奨励と市場競争秩序の保護が両立され、経済的分析を用いた独占行為の補助的判断などにおいて有益な指摘がなされており、独占禁止法の的確な適用、医薬品市場における公正競争の効果的な保護に重要な意味を持つ。

付録二：キーワード索引
　キーワードは、検索を容易にするためにキーワード索引を作成した。キーワードはピンイン順で、その位置は「章、大見出し、小見出し」に対応する数字で示されている。例えば、「第一章　第2大見出し　第3小見出し」は「1.2.3」である。

343

付録 二

キーワード索引

A

安全港规则（セーフハーバールール）：7.2.2

B

巴黎公约（パリ条約）：2.2.9

版式设计权（レイアウトデザイン権）：3.3.1

包装（包装）：3.3.1

保护客体（保護対象）：4.2.5

保护期（保護期間）：4.2.2

保护途径的选择（保護手段の選択）：4.2.2

保密措施（秘密保持措置）：4.2.3

保密法（秘密保持法）：4.2.4

保密审查（秘密保持審査）：4.2.4

保密专利（秘密保持専利）：4.2.4

报酬（報酬）：4.3.1

比较广告（比較広告）：5.5.2

比较性使用（比較的使用）：2.4.4

必要性（必要性）：2.4.3

避免申请前公开（出願前公開を避ける）：4.2.3

标准（標準）：4.3.5

标准必要专利（標準必須特許）：4.3.5，7.2.5

标准的类型（標準の類型）：4.3.5

标准内容（基準の内容）：4.3.4

标准制定（標準制定）：7.2.2

表演权（上演権・演奏権）：3.3.1

表演者（実演家）：3.3.3

表演者权（実演家の権利）：3.3.1

不得擅自再许可与委托加工（無断での再ライセンスおよび加工委託の禁止）：4.3.3

不兼容（互換性を持たせない）：5.6.3

不良影响（悪影響）：2.2.1

不予注册并禁止使用（登録を許可せず、かつ使用を禁止する）：2.5.2

不授予专利权的主题（専利権が付与されない主題）：4.2.5

不正当手段（不正な手段）：2.2.8

不质疑条款（不争義務条項）：7.2.2

部分显著要素（一部の顕著な要素）：5.3.1

C

插入链接（リンクの挿入）：5.6.1

差别待遇（待遇の差別化）：7.2.3

超出指定商品范围（商品指定範囲
　の超過）：2.3.6

撤三（撤三（登録商標三年不使用
　取消請求））：2.2.7，2.3.4，2.3.6

撤通（撤通（普通名称の取消））：
　2.3.5

撤销商标（商標の取消）：2.3.6

诚实信用（信義誠実の原則）：5.2.1

惩罚性赔偿（懲罰的損害賠償）：
　2.4.1，4.4.1

驰名商标（馳名商標）：2.2.4

未注册驰名商标（未登録の馳名商
　標）：2.4.1

充分公开（十分な開示）：4.2.5

出品单位（配給会社）：3.3.3

出品人（制作者）：3.3.3

出租权（貸与権）：3.3.1

创造性（進歩性）：4.2.5

创作人（創作者）：3.3.3

D

搭售（抱き合わせ販売）：7.2.3

代表人（代表者）：2.2.6

单一性（単一性）：4.2.3

地理标志（地理的表示）：2.2.4

地理标志构成（地理的表示の構
　成）：2.5.2

地理标志集体商标、证明商标的审
　查审理（地理的表示の団体・証

明商標の審査審理）：2.5.2

地理标志集体商标、证明商标的显
　著性要求（地理的表示の団体・
　証明商標の識別性要件）：2.5.2

地理标志集体商标、证明商标特有
　事项的审查（地理的表示の団体・
　証明商標の特有事項の審査）：
　2.5.3

地理标志集体商标、证明商标的注
　册（地理的表示の団体・証明商
　標の登録）：2.5.2

地理标志集体商标、证明商标转让
　/移转（地理的表示の団体・証
　明商標の譲渡／移転）：2.5.3

地域范围保护（地域範囲保護）：
　3.3.2

独创性（独創性）：3.2.1

独创性表达（創作的な表現）：3.2.1

独立创作（独自に創作）：3.2.1

独占性回授（独占的グラントバッ
　ク）：7.2.2

E

恶意（悪意）：5.6.3

恶意干扰（悪意をもって妨害す
　る）：5.6.2

恶意注册商标（悪意ある商標登
　録）：2.2.4，2.2.7

二选一（二者択一）：5.6.6

F

发行权（頒布権）：3.3.1

法定报酬标准（法律で定められた

報酬基準）：4.3.1

法定奖励标准（法律で定められた
報奨基準）：4.3.1

法定许可（法定許可）：3.3.2

法律和公共利益强制要求（法律お
よび公共の利益に関する強制的
要求）：4.2.5

法律责任（法的責任）：5.3.1, 5.3.2,
6.3.3

翻译权（翻訳権）：3.3.1

防御商标（防御商標）：2.2.7

访问拦截（アクセス遮断）：5.6.5

放映权（上映権）：3.3.1

非职务发明（非職務発明）：4.2.1

非专有使用许可（非専有ライセン
ス）：3.3.2

分销（代理販売）：2.4.5

附加不合理交易条件（不合理な取
引条件の付加）：7.2.3

复制权（複製権）：3.3.1

G

改编权（翻案権）：3.3.1

改变包装（包装の変更）：2.4.5

公开充分（十分な開示）：4.2.3

公有领域作品（パブリックドメイ
ン著作物）：3.3.3

功能性（機能性）：2.2.3

共存协议（併存同意）：2.2.6

共同权利人（共同権利者）：3.3.2

共同注册（共同登録）：2.2.6

共有商标权（共有商標権）：2.2.6

关闭（閉鎖）：5.6.2

关键词（キーワード）：5.6.4

关联主体共存（関連主体の併存）：
2.2.6

关联主体转让（関連主体による譲
渡）：2.2.6

广播权（放送権）：3.3.1

广播组织权（放送事業者権）：3.3.1

广告（広告）：5.6.5

广告管理（広告管理）：2.2.1

国防专利（国防専利）：4.2.4

国际注册（国際登録）：2.2.9

H

合法来源抗辩（合法的な出所に関
する抗弁）：2.4.1

合法权益（合法的な権利利益）：
5.2.1

合理（合理的）：2.4.2, 2.4.3

合理使用（合理的使用）：3.3.2

合同登记（契約の登記）：4.3.2

合同条款（契約条項）：2.3.2

合同效力（契約の効力）：2.3.2

合作完成的发明创造（共同で完成
させた発明創造）：4.2.1

合作作品（共同著作物）：3.2.2

合作作者（共同著作者）：3.2.2

核心商标（中核商標）：2.3.3

核准制（許可制）：2.3.1, 2.5.3

汇编权（編集権）：3.3.1

混淆（混同）：2.4.1

混淆行为（混同行為）：5.5.2

基础商标（基礎商標）：2.2.9

J

技术成果权（技術成果権）：4.2.1

技术进出口管理（技術輸出入管理）：4.3.2

技术垄断及其导致的合同无效（技術の独占およびそれにより引き起こされる契約の無効化）：4.3.3

技术手段（技術的手段）：5.6.1

技术信息（技術情報）：6.2.3

假冒专利的责任（専利詐称の責任）：4.3.4

假冒专利行为（専利詐称行為）：4.3.4

价值性（価値性）：6.2.3

奖励（報奨）：4.3.1

交叉许可（クロスライセンス）：7.2.2

禁用商标（使用禁止商標）：2.2.1

禁止反悔（エストッペル）：4.2.5

禁注商标（登録禁止商標）：2.2.2

经营信息（経営情報）：6.2.3

经营者（事業者）：5.2.1

经营者集中（事業者集中）：7.2.4

经营者集中审查（事業者集中の審査）：7.2.4

竞争影响（競争に及ぼす影響）：7.2.1

竞争优势（競争優位性）：5.4.1

竞争秩序（競争秩序）：5.2.1

旧品翻新（旧製品のリニューアル）：2.4.5

拒绝许可知识产权（知的財産権のライセンス拒絶）：7.2.3

绝对理由（絶対的理由）：2.2.8

L

拦截（遮断）：5.6.5

滥用（濫用）：7.2.3

连续三年不使用（連続三年不使用）：2.3.4

联合研发（共同研究開発）：7.2.2

邻接权（著作隣接権）：3.3.2

流量劫持（市場支配的地位）：5.6.1

垄断行为（独占行為）：7.2.1

录音录像制作者（録音・録画制作者）：3.3.3

录制者权（録音・録画制作者権）：3.3.1

M

马德里体系（マドリッド体制）：2.2.9

冒充注册商标（登録商標偽称）：2.2.7

美术作品（美術著作物）：3.3.3

秘密性（非公知性）：6.2.3

描述特征（特徴の記述）：2.4.2

名称权（名称権）：5.6.4

P

排他性回授（排他的グラントバック）：7.2.2

赔偿责任免除（賠償責任の免除）：2.3.6

批量抢注（大量の冒認登録）：2.2.7

平行进口（並行輸入）：2.4.5

平装香烟（プレーン・パッケージング）：2.2.5

Q

欺骗（欺瞞（欺く））：5.4.1，5.6.2

欺骗性（欺瞞性）：2.2.1

企业字号（企業商号）：2.2.4

强制跳转（強制的な移動）：5.6.1

强制注册（強制登録）：2.2.5

侵犯商业秘密（営業秘密の侵害）：6.3.1

侵犯商业秘密罪（営業秘密侵害罪）：6.3.3

侵权警告（侵害警告）：5.5.1

侵权行为（権利侵害行為）：4.4.1

侵权责任（権利侵害の責任）：4.4.1

清楚性（明確性）：4.2.5

区别式攀附（区別的便乗）：5.6.4

权利用尽例外（権利の消尽原則の例外）：2.4.5

权利转让合同（権利譲渡契約）：3.3.2

确定公开范围（公開範囲の確定）：4.2.3

确定申请主题（出願主題の決定）：4.2.3

R

人格权属性（人格権属性）：5.3.2

S

三维标志（立体標識）：2.2.3

善意使用（好意的な使用）：5.3.2

商标共存（商標の併存）：2.2.6

商标侵权（商標権の侵害）：2.2.7，2.3.6，2.4.1，2.4.5，5.3.3，5.5.2

商标权保护范围（商標権の保護範囲）：2.2.7

商标使用（商標使用）：2.3.5

商标使用许可（商標の使用ライセンス）：2.3.2

商标使用义务（商標の使用義務）：2.3.4

商标退化（商標の普通名称化）：2.3.5

商标移转（商標の移転）：2.3.1

商标异议（商標異議申立て）：2.2.8

商标质押（商標の質権設定）：2.3.3

商标转让（商標の譲渡）：2.3.1

商品／服务选取原则（商品／役務選択の原則）：2.2.7

商业标识属性（商業標識属性）：5.3.2

商业标识性（商業標識性）：5.3.1

商业标识一体化（商業標識一体化）：5.3.3

商业道德（企業倫理）：5.2.1，5.6.7

商业诋毁（信用毀損）：2.4.4，5.5.1，5.5.2

商业惯例（商習慣）：2.4.2，2.4.3

商业秘密（営業秘密）：4.2.2，5.6.7

商业宣传（商業宣伝）：5.4.1

付録二：キーワード索引

商誉（営業上の信用）：5.3.3
摂影作品（撮影著作物）：3.3.3
摂制単位（撮影事業者）：3.3.3
摂制权（撮影制作権）：3.3.1
申请文件（出願書類）：4.2.5
申请优先权（出願優先権）：2.2.9
申请专利的权利（専利出願の権利）：4.2.1
实用新型(实用新型(実用新案))：2.2.3
实用性（実用性）：4.2.5
实质要求（実質的要件）：4.2.5
使用获得显著性（使用による識別性の獲得）：2.2.2
使用限制（使用制限）：2.2.5
市场支配地位(市場支配的地位)：7.2.3
市场知名度（市場での知名度）：5.3.3
视听作品（視聴覚著作物）：3.3.3
首次申请（初回登録）：2.2.9
受委托完成的发明创造（委託を受けて完成させた発明創造）：4.2.1
数据利益（データ利益）：5.6.7
数据抓取（データスクレイピング）：5.6.7
刷单炒信（サクラ行為）：5.4.2
说明来源（出所の説明）：2.4.3
说明书对权利要求的支持（明細書の請求項に対する支持）：4.2.5
损害赔偿确定(损害賠償の確定)：4.4.1

T

特殊职务作品（特殊な職務著作物）：3.2.2
通用名称（普通名称）：2.2.2，2.3.5
同业监督（同業監督）：5.5.1
突出使用（目立つように使用）：2.4.2
突出使用企业字号（企業名称を目立たせて使用）：5.3.2

W

外观设计(外観設計(意匠))：2.2.3
网页（ウェブページ）：5.3.3
网站名称（ウェブサイト名称）：5.3.3
违反声明承诺的后果（声明での承諾に違反することへの責任）：4.3.5
维持专利有效的义务（専利の有効性を維持する義務）：4.3.3
委托作品（委託著作物）：3.2.2
文字作品（文字著作物）：3.3.3
无效宣告（無効審判）：2.2.8
无效宣告时限商标监控（無効審判の期間、商標監視）：2.2.8
误导(誤導(誤った方向に導く))：5.4.1，5.6.2

X

先申请原则（先願主義）：2.2.7
显著特征（顕著な特徴）：5.3.3
显著性（識別性）：2.2.2，2.2.3

付録二

349

显著性要求（識別性要件）：5.3.1
限制行为（制限行為）：7.2.2
相对理由（相対的）：2.2.8
相关市场（関連市場）：7.2.1，7.2.3
向外国申请专利（特許または実用
　新案の外国出願）：4.2.4
消费者（消費者）：5.2.1
卸载（アンインストール）：5.6.2
新颖性（新規性）：4.2.3，4.2.5
新颖性宽限期（新規性の猶予期
　間）：4.2.3
信息披露（情報開示）：4.3.5
信息网络传播权（情報ネットワー
　ク伝達権）：3.3.1
形式要求（形式的要件）：4.2.5
姓名权（氏名権）：2.2.4，5.6.4
修改（修正）：5.6.2
修改超范围（範囲を超える補正）：
　4.2.5
虚假（虚偽）：5.4.1
虚假宣传（虚偽宣伝）：2.4.4，5.4.2，
　5.5.2
许可备案（許諾の届出）：2.3.2
许可方式（ライセンス方式）：4.3.3
许可合同的期限限制（ライセンス
　契約の期間の制限）：4.3.3
许可使用合同（使用ライセンス契
　約）：3.3.2
叙述性词汇（記述性語彙）：2.2.2
叙述性使用（記述的使用）：2.4.2

Y

烟草及药品广告管理（たばこおよ

び医薬品の広告管理）：2.2.5
烟草商标（たばこ商標）：2.2.5
烟草商标印制管理（たばこ商標の
　印刷管理）：2.2.5
演绎权（派生的権利）：3.3.1
药品商标（医薬品商標）：2.2.5
一并移转（一括移転）：2.3.1
一并转让（一括譲渡）：2.2.6，2.3.1
一定影响（一定の影響力）：5.3.1
以不公平高价许可知识产权（不当
　に高い価格での知的財産権のラ
　イセンス供与）：7.2.3
异议时限（異議申立期間）：2.2.8
音乐作品（音楽著作物）：3.3.3
引流（集客行為）：5.6.4
引人误解（誤解を生じさせる）：
　5.4.1
引证商标转让（引用商標の譲渡）：
　2.2.6
优先权（優先権）：2.2.9
有一定影响（一定の影響力を有す
　る）：5.3.3
域名（ドメイン名）：5.3.3
域名侵权（ドメイン名の権利侵
　害）：2.4.1
原始权利人（原権利者）：3.3.2
约定的限制（取り決めに対する制
　限）：4.3.1
约定归属（帰属の取り決め）：4.2.1
约定优先（取り決め優先）：4.3.1

Z

在先权利（先行権利）：2.2.4

在先权益（先行権利利益）：5.3.3

在先商标权（先行商標権）：2.2.4

在先使用（先使用）：2.2.4

在先著作权（先行著作権）：2.2.4

责令整改（是正命令）：2.3.6

展览权（展示権）：3.3.1

展览优先权（展示優先権）：2.2.9

著作财产权（著作財産権）：3.3.1

著作邻接权（著作隣接権）：3.3.1

著作权（著作権）：3.2.2, 4.2.2

著作权保护（著作権保護）：3.2.1

著作权集体管理（著作権の集団管理）：7.2.5

著作权人（著作権者）：3.2.2

著作权授权（著作権授権）：3.3.2

著作权许可（著作権許諾）：3.3.2

正当（正当）：2.4.2

正当使用（正当な使用）：2.2.2, 2.2.3

知名度（知名度）：5.3.1

知名度要求（知名度の要件）：5.3.2

知识产权协议（知的財産権契約）：7.2.2

执行本单位的任务（その事業体の任務の遂行）：4.2.1

职务发明（職務発明）：4.2.1

职务发明奖酬（職務発明の報奨・報酬）：4.3.1

职务作品（職務著作物）：3.2.2

指示性使用（指示的使用）：2.4.3

指示用途（用途の指示）：2.4.3

质量瑕疵（品質の瑕疵）：2.4.5

中心打击（国際登録の従属性（セ

ントラルアタック））：2.2.9

注册商标申请日（登録商標出願日）：2.2.4

专利（専利）：4.2.2

专利保护范围（専利の保護範囲）：4.4.1

专利标识（専利表示）：4.3.4

专利联营（パテントプール）：7.2.5

专利实施许可声明（専利のライセンス声明）：4.3.5

专利许可合同备案及其效力（専利ライセンス契約の届け出およびその効力）：4.3.3

专利许可及许可合同的形式（専利のライセンシングおよびライセンス契約の形式）：4.3.3

专利转让（専利譲渡）：4.3.2

专有出版权（専用出著作権）：3.3.1

专有使用权许可（専有使用権ライセンス）：3.3.2

转让对实施及许可行为的影响（譲渡が実施および許諾行為に及ぼす影響）：4.3.2

转委托权（再委託権）：3.3.2

装潢（装飾）：5.3.1

字号侵权（商号の権利侵害）：2.4.1

自行改变商标标志（商標標識を自ら変更する）：2.3.6

纵向垄断协议（垂直的独占協定）：2.3.2

作词人（作詞者）：3.3.3

作品（著作物）：3.2.1

作品类型（著作物の種類）：3.3.3

付録二

作品权利归属（著作物の権利の帰
　属）：3.2.2

あ行

アクセス遮断：5.6.5
アンインストール：5.6.2
悪意：5.6.3
悪意ある商標登録：2.2.4，2.2.7
悪意をもって妨害する：5.6.2
悪影響：2.2.1
委託を受けて完成させた発明創
　造：4.2.1
委託著作物：3.2.2
異議申立期間：2.2.8
医薬品商標：2.2.5
一括移転：2.3.1
一括譲渡：2.2.6，2.3.1
一定の影響力：5.3.1
一定の影響力を有する：5.3.3
一般的な名称：2.2.2
一部の顕著な要素：5.3.1
引用商標の譲渡：2.2.6
ウェブサイト名称：5.3.3
ウェブページ：5.3.3
エストッペル：4.2.5
営業上の信用：5.3.3
営業秘密：4.2.2，5.6.7
営業秘密の侵害：6.3.1
営業秘密侵害罪：6.3.3
音楽著作物：3.3.3

か行

価値性：6.2.3
外観設計（意匠）：2.2.3
関連市場：7.2.1，7.2.3
関連主体による譲渡：2.2.6
関連主体の併存：2.2.6
キーワード：5.6.4
企業商号：2.2.4
企業名称を目立たせて使用：5.3.2
企業倫理：5.2.1，5.6.7
基準の内容：4.3.4
基礎商標：2.2.9
機能性：2.2.3
帰属の取り決め：4.2.1
記述性語彙：2.2.2
記述的使用：2.4.2
技術の独占およびそれにより引き
　起こされる契約の無効化：4.3.3
技術情報：6.2.3
技術成果権：4.2.1
技術的手段：5.6.1
技術輸出入管理：4.3.2
欺瞞（欺く）：5.4.1，5.6.2
欺瞞性：2.2.1
旧製品のリニューアル：2.4.5
虚偽：5.4.1
虚偽宣伝：2.4.4，5.4.2，5.5.2
許可制：2.3.1，2.5.3
許諾の届出：2.3.2
競争に及ぼす影響：7.2.1
競争秩序：5.2.1
競争優位性：5.4.1

共同で完成させた発明創造：4.2.1

共同権利者：3.3.2

共同研究開発：7.2.2

共同著作者：3.2.2

共同著作物：3.2.2

共同登録：2.2.6

共有商標権：2.2.6

強制的な移動：5.6.1

強制登録：2.2.5

クロスライセンス：7.2.2

区別的便乗：5.6.4

契約の効力：2.3.2

契約の登記：4.3.2

契約条項：2.3.2

形式的要件：4.2.5

経営情報：6.2.3

権利の消尽原則の例外：2.4.5

権利譲渡契約：3.3.2

権利侵害の責任：4.4.1

権利侵害行為：4.4.1

顕著な特徴：5.3.3

原権利者：3.3.2

互換性を持たせない：5.6.3

誤解を生じさせる：5.4.1

誤導（誤った方向に導く）：
　5.4.1，5.6.2

公開範囲の確定：4.2.3

好意的な使用：5.3.2

広告：5.6.5

広告管理：2.2.1

合法的な権利利益：5.2.1

合法的な出所に関する抗弁：2.4.1

合理的：2.4.2，2.4.3

合理的使用：3.3.2

国際登録：2.2.9

国際登録の従属性（セントラルア
　タック）：2.2.9

国防専利：4.2.4

混同：2.4.1

混同行為：5.5.2

さ行

サクラ行為：5.4.2

再委託権：3.3.2

作詞者：3.3.3

撮影事業者：3.3.3

撮影制作権：3.3.1

撮影著作物：3.3.3

使用による識別性の獲得：2.2.2

使用ライセンス契約：3.3.2

使用禁止商標：2.2.1

使用制限：2.2.5

市場での知名度：5.3.3

市場支配的地位：7.2.3

指示的使用：2.4.3

氏名権：2.2.4，5.6.4

視聴覚著作物：3.3.3

事業者：5.2.1

事業者集中：7.2.4

事業者集中の審査：7.2.4

識別性：2.2.2，2.2.3

識別性要件：5.3.1

実演家：3.3.3

実演家の権利：3.3.1

実質的要件：4.2.5

実用新型（実用新案）：2.2.3

353

実用性：4.2.5
遮断：5.6.5
取り決めに対する制限：4.3.1
取り決め優先：4.3.1
修正：5.6.2
集客行為：5.6.4
十分な開示：4.2.3，4.2.5
出願主題の決定：4.2.3
出願書類：4.2.5
出願前公開を避ける：4.2.3
出願優先権：2.2.9
出所の説明：2.4.3
処罰的損害賠償：2.4.1，4.4.1
初回登録：2.2.9
商業宣伝：5.4.1
商業標識一体化：5.3.3
商業標識性：5.3.1
商業標識属性：5.3.2
商号の権利侵害：2.4.1
商習慣：2.4.2，2.4.3
商標の移転：2.3.1
商標の使用ライセンス：2.3.2
商標の使用義務：2.3.4
商標の質権設定：2.3.3
商標の取消：2.3.6
商標の譲渡：2.3.1
商標の普通名称化：2.3.5
商標の併存：2.2.6
商標異議申立て：2.2.8
商標権の侵害：2.2.7，2.3.6，2.4.1，
　　2.4.5，5.3.3，5.5.2
商標権の保護範囲：2.2.7
商標使用：2.3.5

商標標識を自ら変更する：2.3.6
商品／役務選択の原則：2.2.7
商品指定範囲の超過：2.3.6
消費者：5.2.1
上映権：3.3.1
上演権・演奏権：3.3.1
情報ネットワーク伝達権：3.3.1
情報開示：4.3.5
譲渡が実施および許諾行為に及ぼ
　　す影響：4.3.2
職務著作物：3.2.2
職務発明：4.2.1
職務発明の報奨・報酬：4.3.1
信義誠実の原則：5.2.1
信用毀損：2.4.4，5.5.1，5.5.2
侵害警告：5.5.1
新規性：4.2.3，4.2.5
新規性の猶予期間：4.2.3
進歩性：4.2.5
人格権属性：5.3.2
垂直的独占協定：2.3.2
セーフハーバールール：7.2.2
是正命令：2.3.6
制限行為：7.2.2
制作者：3.3.3
正当：2.4.2
正当な使用：2.2.2，2.2.3
声明での承諾に違反することへの
　　責任：4.3.5
絶対的理由：2.2.8
先願主義：2.2.7
先行権利：2.2.4
先行権利利益：5.3.3

先行商標権：2.2.4
先行著作権：2.2.4
先使用：2.2.4
専有使用権ライセンス：3.3.2
専用出著作権：3.3.1
専利：4.2.2
専利のライセンシングおよびライ
　センス契約の形式：4.3.3
専利のライセンス声明：4.3.5
専利の保護範囲：4.4.1
専利の有効性を維持する義務：
　4.3.3
専利ライセンス契約の届け出およ
　びその効力：4.3.3
専利権が付与されない主題：2.5.2
専利権が付与されない主題：4.2.5
専利詐称の責任：4.3.4
専利詐称行為：4.3.4
専利出願の権利：4.2.1
専利譲渡：4.3.2
専利表示：4.3.4
その事業体の任務の遂行：4.2.1
創作者：3.3.3
創作的な表現：3.2.1
相対的：2.2.8
装飾：5.3.1
損害賠償の確定：4.4.1

た行

たばこおよび医薬品の広告管理：
　2.2.5
たばこ商標：2.2.5
たばこ商標の印刷管理：2.2.5

待遇の差別化：7.2.3
貸与権：3.3.1
代表者：2.2.6
代理販売：2.4.5
大量の冒認登録：2.2.7
単一性：4.2.3
知的財産権のライセンス拒絶：
　7.2.3
知的財産権契約：7.2.2
知名度：5.3.1
知名度の要件：5.3.2
地域範囲保護：3.3.2
地理的表示：2.2.4
地理的表示の構成：2.5.2
地理的表示の団体・証明商標の識
　別性要件：2.5.2
地理的表示の団体・証明商標の譲
　渡／移転：2.5.3
地理的表示の団体・証明商標の審
　査審理：2.5.2
地理的表示の団体・証明商標の登
　録：2.5.2
地理的表示の団体・証明商標の特
　有事項の審査：2.5.3
馳名商標：2.2.4
馳名名称：2.4.1
中核商標：2.3.3
著作権：3.2.2，4.2.2
著作権の集団管理：7.2.5
著作権許諾：3.3.2
著作権者：3.2.2
著作権授権：3.3.2
著作権保護：3.2.1

付録二

355

著作財産権：3.3.1
著作物：3.2.1
著作物の権利の帰属：3.2.2
著作物の種類：3.3.3
著作隣接権：3.3.1
著作隣接権：3.3.2
撤三（登録商標三年不使用取消請
　求）：2.2.7，2.3.4，2.3.6
撤通（普通名称の取消）：2.3.5
展示権：3.3.1
展示優先権：2.2.9
データスクレイピング：5.6.7
データ利益：5.6.7
ドメイン名：5.3.3
ドメイン名の権利侵害：2.4.1
トラフィック乗っ取り：5.6.1
登録禁止商標：2.2.2
登録商標偽称：2.2.7
登録商標出願日：2.2.4
同業監督：5.5.1
特許または実用新案の外国出願：
　4.2.4
特殊な職務著作物：3.2.2
特徴の記述：2.4.2
独自に創作：3.2.1
独占行為：7.2.1
独占的グラントバック：7.2.2
独創性：3.2.1

な行

二者択一：5.6.6

は行

派生的権利：3.3.1
排他的グラントバック：7.2.2
配給会社：3.3.3
賠償責任の免除：2.3.6
範囲を超える補正：4.2.5
頒布権：3.3.1
パテントプール：7.2.5
パブリックドメイン著作物：3.3.3
パリ条約：2.2.9
比較広告：5.5.2
比較的使用：2.4.4
秘密保持審査：4.2.4
秘密保持専利：4.2.4
秘密保持措置：4.2.3
秘密保持法：4.2.4
非公知性：6.2.3
非職務発明：4.2.1
非専有ライセンス：3.3.2
美術著作物：3.3.3
必要性：2.4.3
標準：4.3.5
標準の類型：4.3.5
標準制定：7.2.2
標準必須特許：4.3.5，7.2.5
品質の瑕疵：2.4.5
不合理な取引条件の付加：7.2.3
不正な手段：2.2.8
不争義務条項：7.2.2
不当に高い価格での知的財産権の
　ライセンス供与：7.2.3
普通名称：2.3.5

複製権：3.3.1
プレーン・パッケージング：2.2.5
文字著作物：3.3.3
併存同意：2.2.6
並行輸入：2.4.5
閉鎖：5.6.2
編集権：3.3.1
保護期間：4.2.2
保護手段の選択：4.2.2
保護対象：4.2.5
包装：3.3.1
包装の変更：2.4.5
報酬：4.3.1
報奨：4.3.1
抱き合わせ販売：7.2.3
放送権：3.3.1
放送事業者権：3.3.1
法定許可：3.3.2
法的責任：5.3.1，5.3.2，6.3.3
法律および公共の利益に関する強
　制的要求：4.2.5
法律で定められた報酬基準：4.3.1
法律で定められた報奨基準：4.3.1
防御商標：2.2.7
翻案権：3.3.1
翻訳権：3.3.1

ま行

マドリッド体制：2.2.9
無効審判：2.2.8
無効審判の期間、商標監視：2.2.8
無断での再ライセンスおよび加工
　委託の禁止：4.3.3

名称権：5.6.4
明確性：4.2.5
明細書の請求項に対する支持：
　4.2.5
目立つように使用：2.4.2

や行

優先権：2.2.9
用途の指示：2.4.3

ら行

ライセンス契約の期間の制限：
　4.3.3
ライセンス方式：4.3.3
濫用：7.2.3
リンクの挿入：5.6.1
立体標識：2.2.3
レイアウトデザイン権：3.3.1
連続三年不使用：2.3.4
録音・録画制作者：3.3.3
録音・録画制作者権：3.3.1

監修者紹介

白剛のプロファイル
万慧達知識産権　管理委員会主席／首席パートナー
業務分野：商標、不正競争防止法、調査及び行政取締、海外サービス、戦略企画

　白剛は中国知的財産業界において広く認められる最も有名な専門家の一人である。1992年以来、白剛は多くの各種知的財産権案件を取り扱っている。また、知的財産の権利化、行政保護や紛争解決などの面で非常に素晴らしい実力を示しており、代理した多くの困難かつ複雑な案件は業界のみならずマスコミによって一般にも大きい反響を引き起こした。

　白剛とその専門家チームは国家知的財産権の戦略や商標法、特許法、著作権法など重要な立法や法律改正活動に招かれ、白剛らの意見が立法機関に採用されたこともある。

　白剛は知的財産権に対して常に高い情熱を持ち、業界内での影響力を有することから、多くのセミナーにおいて司会や講演者として招かれ、業界内の多くの専門家及び実務者と知的財産権の理論と実務を共有するなど、権利保護の有効な道を模索している。

業界の役職
　国際商標協会（INTA）取締役会メンバー兼INTA中国グローバル顧問委員会主席（2018-2019）、国家知識産権戦略専門人材の専門家、北京知的財産権ハイレベル人材の専門家、中国政法大学無形資産管理研究センターの客員研究員。

　国威知識産権司法鑑定センター専門家、中華商標協会代理分会会長、中国知的財産権研究会理事長、中国著作権協会理事、首都知識産権サービス業協会副会長、北京君策知識産権発展センター理事。

受賞歴

　白剛は、卓越した専門性と影響力を有し、多く社会的な役職を担い、また、長年にわたって国際的に著名な知財専門メディアから表彰と栄誉を獲得」している。

・The LEAG500 アジア太平洋地区名人分野（2021 年-2024 年）

・The LEAG500 中国区知的財産業務傑出個人（2010 年-2024 年）；

・『知的所有権管理』（Managing Intellectual Property）中国地域知的財産所有権分野の傑出個人（2014 年-2023 年）；

・『チェンバース』（Chambers & Partners）中国地域知的財産権分野の傑出個人（2009 年、2011 年-2024 年）；

・『アジア法律評論』（Asialaw Profiles）中国地域知的財産権分野の傑出個人（2016 年-2024 年）；

・『世界商標評論』（World Trademark Review）中国地域「商標保護及び訴訟」分野の傑出個人（2019 年-2024 年）。

論文と著書

　白剛は『中国商標報告』、『中国商標四十年 1978-2018』などの重要な専門書の編集に参加し、数多く中国・外国の専門メディアに中国語・英語の論文、解説を発表した。最近発表した論文等は主に次のようなものがある。

・『2023 年中国知識産権概要』（共著、2023 年 The Legal500）

・「2022 年中国知識産権保護要約」（共著、2022 年 The Legal500）

・『浙江省余姚市法院審理した商標刑事付民事案件』（共著、2021 年 5 月 17 日「アジア法律評論」）

・『中国国家知的財産戦略推進計画 2018』（2019 年 1 月 15 日「国際商標通信」74 集第 1 期）

・「中国知的財産権分野の機構の改革—国家知識産権局と市場管理監督総局三定案」（2018 年 11 月 1 日「国際商標通信」73 集第 19 期）；

・「中国機構改革の大背景に知的財産権とブランド所有者の未来の展望」（共著、2018 年 5 月 1 日「国際商標通信」73 集第 8 期）

・「苦戦十二載、悪意駆け込み登録商標は最終拒絶された」（2017 年 9 月「商法」8 集第 8 期）

謝辞

『中国知的財産権標準テキスト』出版にあたり、正林国際特許商標事務所の佐藤淳先生、志賀未知子先生、朱振霞先生、山口亜哉さん、株式会社知成堂 大樹七海先生には、出版記念講演会も含めご支援を受けましたこと、ここに謝意を表します。

万慧達知識産権

『中国知的財産権標準テキスト』

2024 年 12 月 13 日　第 1 版第 1 刷発行

著作・監修　万慧達知識産権　白剛

翻　　訳　万慧達知識産権

翻訳校正　志賀未知子

発　行　者　大樹七海

発　行　所　（株）知成堂
　　　　　　〒 108-0075 東京都港区港南 4 丁目 6 番 7 号 3605
　　　　　　電話　03（4400）3423　FAX　03（4400）3718
　　　　　　https://chiseidou.com
　　　　　　印刷所：勝美印刷株式会社
　　　　　　ISBN978-4-911415-00-9　C2032

新刊落丁・乱丁本はお取替えしますので、発行所住所までご送付ください。（送料小社負担）
本書の利用により生じる直接的または間接的被害について、著者ならびに弊社では一切の責任を負いかねます。予めご了承下さい。
本書を無断で複写複製（コピー）することは、著作権法上の例外を除き、禁じられています。事前に（株）知成堂の許諾を受けて下さい。

©2024 Printed in Japan

参考事案　巻末カラーページ

第一節　第2

第一節　第4　（裏ページへ）

第一節　第5

第二節　第1

出典：株式会社 MTG の HP
　　　https://www.mtg.gr.jp

第三節　第3

第四節　第2

第二節　第3

第四節　第3

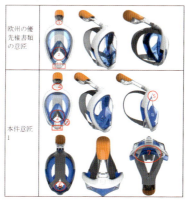

第一節 第 4

(出願商標)

(引用商標 1、3)

(引用商標 2)

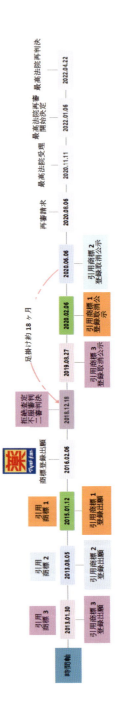